中国旅游院校五星联盟教材编写出版项目
中国骨干旅游高职院校教材编写出版项目
智慧景区开发与管理专业国家级教学资源库核心课程配套教材

旅游资源调查与评价

（第三版）

主　编　郎富平　陈友军

副主编　于　丹　陈洁菡

参　编　陈　璐　刘莎莎　徐　莉　陈添珍　高恬宇

中国旅游出版社

编审委员会名单

（排名不分先后）

第三版前言

　　自 2011 年出版《旅游资源调查与评价》第一版以来，至今已 13 年有余。尤其是自 2020 年第二版出版以来，我国文旅行业与旅游职业教育发生了天翻地覆的变化，《旅游资源调查与评价》的在线课程建设也取得了长足的进步，亟须对配套教材进行同步的迭代更新。2019 年 11 月至 2022 年 12 月间，依托智慧景区开发与管理专业国家级教学资源库（2019-17）建设项目和浙江省首批"十四五"课程思政示范课建设项目，《旅游资源调查与评价》同步完成了标准化课程建设，更新了颗粒化的素材资源约 500 个和题库题目 300 余个。截至 2023 年年底，《旅游资源调查与评价》先后被评为职业教育浙江省级在线精品课程和浙江省首批"十四五"课程思政示范课。

　　与第一版、第二版相比，本次修订的第三版教材主要彰显在"四个背景""四个传承""四个创新"方面。

　　首先，彰显当下的"四个背景"。一是要契合文旅融合与新业态的不断涌现的实际情况。随着文化和旅游部的正式组建，文旅融合已经成为当下旅游行业发展的主旋律，新型文旅资源、文旅消费场景也不断涌现，需要在本教材修订中予以彰显。二是要契合文旅数字化与专业的转型升级需要。伴随着全国各行各业的加速数字化，文旅行业也快速推进数字化的转型升级，而新版《职业教育专业目录（2021 年版）》则充分印证了这一点，本教材也加快数字化的改造与升级。三是要契合新一轮国家级教学资源库的建设需要。2023 年 8 月，新一轮教学资源库建设项目全面启动，《职业教育专业教学资源库建设指南（2023 年版）》正式发布实施。本教材作为智慧景区开发与管理专业国家级教学资源库匹配的标准化课程，也应该同步开展相应的更新工作。四是要契合职业教育产教融合与"三教"改革的需要。《关于加快推进现代职业教育体系建设改革重点任务的通知》等政策文件的相继出台，使得新时期的课程建设、教材建设等均应特别注重产教融合，与教法改革实现同步创新。

其次，有序实现"四个传承"。一是实现教材编写的体例的延续与"新形态"教材的传承。本次修订教材基本沿用了第二版教材"项目驱动、任务导向"的编写体例，在每个项目前增加了思维导图，继续配套了在线资源。二是实现教材与"标准"的融合。本次修订教材不仅继续与国家标准《旅游资源分类、调查与评价》（GB/T 18972—2017）无缝对接，且适当修正了标准中不甚科学合理的地方，而且与《职业教育专科智慧景区开发与管理专业教学标准（征求意见稿）》、课程标准等进行了无缝对接，使其更具普适性。三是教材的案例和阅读材料等全面更新。本次修订教材对相关案例和阅读材料进行了全面更新或替换，以彰显文旅深度融合的新需求与文旅新业态的快速涌现。四是同步更新与调整了全部 PPT 和视频等线上颗粒化素材资源，配置了部分虚拟仿真素材资源。

最后，积极探索"四个创新"。一是依托第二轮智慧景区开发与管理专业国家级教学资源库共建共享联盟与第二批国家级职业教育教师教学创新团队文体旅游（二）协作共同体，设置了旅游资源调查与评价课程虚拟教研室，共同推进《旅游资源调查与评价》课程标准的修订工作，并征求第三版教材的修订意见，以增强课程与教材的普适性。二是探索师生联合、校企协同制作教学案例与颗粒化素材资源，其中在日常教学中筛选优秀学生参与设计、制作 110 个基本类型的案例素材资源，以增强对职业教育专科学生的吸引力。三是深入挖掘"五色"旅游资源，全面融入课程思政。本次教材修订已经全面融入了前期课程思政示范课的建设成果，即通过"红色"革命历史类旅游资源提升政党认同，通过"绿色"山水生态类旅游资源贯彻"两山"理论，通过"黑色"战争与灾害类旅游资源激发责任意识与忧患意识，通过"蓝色"水系与现代工程类旅游资源培养"三牛"精神，通过"紫色"历史遗存类旅游资源树立文化自信，同步增设了每个项目的素质学习目标。四是鼓励开展线上线下混合式教学改革，设计多元应用（教学）场景。本教材将配套提供系列教学设计类素材资源及智慧职教的 MOOC 课程，可以随时开展互动讨论。

第三版教材除绪论外，共设学习项目 13 个及附录 3 个。其中，郎富平负责项目 2、项目 8、项目 9、项目 10、项目 11 和附录，陈友军负责项目 3、项目 4 和项目 6，于丹负责项目 7 和项目 12，陈璐负责项目 1，刘莎莎负责项目 13，陈洁菡负责项目 5。全书由郎富平设计大纲和编写体例并总纂、统稿，对部分项目内容进行了修改和增补。在线上素材资源制作方面，还要特别感谢浙江旅游职业学院王昆欣教授、周国忠教授、陈添珍老师、徐莉老师、高恬宇老师，浙江旅游职业学院智慧景区开发与管理专业的郑盈、莫蒋意、沈鑫涛、商强、姜一加等同学在课程思政案例、颗粒化素材资源制作方面做出的贡献。在课程标准的修订过程中，要特别感谢本课程虚拟教研室的全体成员。教材中的部分图片、视频资源得到了浙江大学、浙江省文化广电和旅游厅等单位、人员的大力支持，在此一并表示衷心的感谢！

本书在编写过程中得到行业、企业及院校专家的大力支持与指导，特别感谢全国旅游职业教育教学指导委员会副主任委员、浙江旅游职业学院原党委书记、二级教授王昆欣，浙江大学地球科学学院教授、博士生导师金平斌，浙江自然博物院院长严洪明，北京第二外国语学院首都文化和旅游发展研究院执行院长、教授、博士生导师厉新建，中国科学院地理科学与资源研究所副研究员、硕士生导师虞虎，原浙江省旅游局副巡视员肖歌，云南旅游职业学院副院长、教授符继红，南京旅游职业学院副院长、教授张骏，浙江省文化和旅游发展研究院执行副院长王相华及宋城演艺发展股份有限公司副总裁、高级经济师赵雪璎对本书进行的审核与建议。

旅游资源调查与评价虚拟教研室

2024 年 5 月

　　自 2011 年 8 月由中国旅游出版社出版《旅游资源调查与评价》以来，受到了国内各大高职院校师生及旅游行业、企业从业人员的欢迎。在将近 9 年的课堂教学实践与旅游行业企业相关项目参与过程中，对第一版教材及 2003 版的《旅游资源分类、调查与评价》国家标准也有了更新的认识。

　　2017 年 12 月 29 日，由中华人民共和国国家质量监督检验检疫总局、中国国家标准化管理委员会联合发布了 2017 版的《旅游资源分类、调查与评价》（GB/T 18972—2017）。该版标准对 2003 版国家标准进行了较大的调整（见附录 1 的前言说明）。因此，本教材编写组也认为非常有必要对 2011 年版本的教材进行修订。

　　与此同时，近年来浙江旅游职业学院旅游资源调查与评价课程教材组也充分认识到信息化教学的重要性。早在 2013 年年底的时候，就以王昆欣教授为首，以 2004 年国家级精品课程"旅游资源评价与开发"为基础，以"旅游资源评价与开发"为课程名称成功申报教育部全国第三批精品资源共享课程建设项目，并于 2015 年在爱课程网上顺利通过验收；2017 年上半年，以"旅游资源评价与开发"为课程名称，作为浙江省级专业教学资源库——景区开发与管理专业教学资源库的核心课程之一，顺利在高等教育出版社智慧职教平台上投入使用；2018 年年底，为配合教育部发布的《全国高等职业院校景区开发与管理专业教学标准（征求意见稿）》中专业核心课程名称"旅游资源调查与评价"，遂将景区开发与管理专业教学资源库的核心课程"旅游资源评价与开发"调整为"旅游资源调查与评价"。2019 年 3 月，根据浙江省精品在线开放课程建设的相关要求，同步将"旅游资源调查与评价"课程作为省级精品在线开放课程建设项目在浙江省精品在线开放课程联盟平台上线。

因此，在新的《旅游资源分类、调查与评价》（GB/T 18972—2017）国家标准颁布实施、新的旅游资源发展观、新的信息化教学形势及新形态教材出版等全新的背景与形势要求下，浙江旅游职业学院旅游资源调查与评价课程教材组迅速与中国旅游出版社沟通联系，并于2019年1月确定了第二版教材的出版计划，并同步展开了教材的重新编写与修订工作。与第一版教材相比，第二版的教材重点凸显了六个"新"。

一是新标准。第二版教材全面根据2017版的《旅游资源分类、调查与评价》对教材中涉及的相关内容进行了更新，且在多处注明了2003版和2017版标准的差异点。

二是新体例。第二版教材全面颠覆了第一版的章、节式编写体例，改用了更加符合现代高等职业教育项目式、情境化的编写体例，更加符合现代课堂项目化或任务驱动型的教学改革与创新需求。

三是新资源。第二版教材在继承第一版教材扩展阅读材料的基础上，不仅对原有扩展阅读材料、想一想等进行了更新，而且充分利用网络课程平台增加了新的二维码链接视频、课件等新资源。

四是新形态。第二版教材全面采用新形态教材编写思路与方法，即充分利用本课程的三个网络课程平台资源，将项目案例、课程视频、教学课件、拓展知识或视频等转换为二维码，便于学习者利用智能手机随时在线学习或自学。

五是新内容。第二版教材对新标准及旅游行业发生的新情况、新资源等进行了全面的充实、更新或添加，比如不仅增加了景观农田、书画作等新型旅游资源基本类型的知识与案例，而且还增加了旅游景区景观质量评价等新的实训内容；不仅增加了每次项目实训任务的成果评价细则与标准，而且全面更新充实了项目测试的内容。

六是新成员。与第一版教材编写时相比，因张春丽老师已经调整至其他专业，所以为充实编写组的力量，第二版教材由郎富平和陈友军联合担任主编，并吸收增加了于丹、陈箫和陈洁菡3名教师。

第二版教材共设项目任务13个及附录3个。其中，郎富平负责项目2、项目8、项目9、项目10、项目11和附录，陈友军负责项目3、项目4和项目6，于丹负责项目7和项目12，陈箫负责项目1和项目13，陈洁菡负责项目5。全书由郎富平设计大纲和编写体例并总纂、统稿，对部分章节内容进行了修改和增补。浙江旅游职业学院王昆欣教授、周国忠教授对教材的编制进行了悉心的指导；书中的部分图片、视频资源得到了浙江大学方龙龙教授、浙江省文化和旅游厅刘卉妍女士等单位、人员的大力支持。在此，一并表示衷心的感谢！

由于编者水平有限，书中难免存在疏漏之处，还请广大读者批评指正，以便今后不断完善。

旅游资源调查与评价课程教材组

2020 年 2 月

　　自中国骨干旅游高职院校教材编写出版项目、"中国旅游院校五星联盟"教材编写出版项目杭州启动会议以后，本教材编制小组即着手展开教材的编制工作。经过一年半的辛勤工作与反复思考，会集了专业教师和多位行业专业人员编写的《旅游资源调查与评价》教材即将顺利出版。

　　高等职业教育必须紧跟行业发展的实际需求，高等职业教育的教材也必须贴近行业实践与操作流程，才能培养出符合时代发展与企业发展需要的高技能专业人才。本教材就是以此为指引，紧跟高等职业教育课程的改革步伐，针对旅游资源的调查、评价、保护与开发等专业从业人员职业能力的要求，教材编制组总结了自 2002 年杭州市旅游资源普查项目（国家试点），尤其是《旅游资源分类、调查与评价》（GB/T 18972—2003）颁布实施以来多年从事职业教育教学经验与开展多项旅游资源调查、评价、保护与开发等相关产学合作课题的经验，本着系统性、科学性、适用性、导向性、先进性的原则，编写了这本《旅游资源调查与评价》教材。

　　本教材体例新颖、内容编排科学。在编写过程中，以高等职业教育的特性和学生的学习认知规律为基础，以旅游资源分类、调查、评价、保护与开发的工作过程为导向展开编写，即在阐述旅游资源的相关概念、内涵、成因、分类等基础知识的基础上，先后设计了准备工作阶段、现场工作阶段、成果编制阶段、成果应用阶段的动手操作要领，使学生既能掌握相关旅游资源的类型特征、成因等知识，又能掌握现场数据采集的技巧与后续保护开发的要义。

　　本教材的设计框架，我们结合旅游资源调查与评价的实际工作任务和对专业技术人员的能力要求，按照浙江旅游职业学院国家级精品课程"旅游资源评价与开发"教学改革所提出的要求，在内容上以专业学生将来要从事的相关工作内容和本专业教学要求的知识、能力标准为依据，进行了必要的整合。教材采用学习目标、本章导读、案例导入、专题实训、本章小结、自测题的结构模式，突出了技能的训练、知识的运用及其要求，以求更加接近岗位的实际并及时做好复习总结。

　　本教材共三篇、十四章。由浙江旅游职业学院郎富平老师任主编，参加编写的有：浙江旅游职业学院郎富平老师（第二、三、十二、十三、十四章），陈友军老师（第四、五、六、九章），张春丽老师（第一、八、十、十一章），南京舜天大酒店厨师长、高级面点技师董在明（第七章）。全书由郎富平设计大纲和编写体例并总纂、统稿，对部分章节内容进行了修改和增补，并提供了插图。浙江旅游职业学院王昆欣院长、周国忠教授对教材的编制进行了悉心的指导；书中的部分图片得到了浙江大学城市与区域发展研究所、浙江省会稽山省级旅游度假区等单位的支持提供，在此一并表示衷心的感谢！

　　在编写过程中由于时间比较仓促，加之水平有限，书中的疏漏在所难免，恳请广大师生、读者不吝赐教，以便今后不断完善。

编者

2011 年 8 月

目　录

0.1　深入学习贯彻党的二十大精神

党的二十大是在全党全国各族人民迈上全面建设社会主义现代化国家新征程、向第二个百年奋斗目标进军的关键时刻召开的一次十分重要的大会，是一次高举旗帜、凝聚力量、团结奋进的大会。党的二十大在政治上、理论上、实践上取得了一系列重大成果，就新时代新征程党和国家事业发展制定了大政方针和战略部署，是我们党团结带领人民全面建设社会主义现代化国家、全面推进中华民族伟大复兴的政治宣言和行动纲领，对于全党全国各族人民更加紧密团结在以习近平同志为核心的党中央周围，万众一心、接续奋斗，在新时代新征程夺取中国特色社会主义新的伟大胜利，具有极其重大而深远的意义。学习贯彻党的二十大精神，习近平总书记强调的"五个牢牢把握"是最精准的解读、最权威的辅导。要从战略和全局高度完整、准确、全面理解把握党的二十大精神，增强学习贯彻的政治自觉、思想自觉、行动自觉，为实现党的二十大确定的目标任务不懈奋斗。

0.1.1　深刻认识党的二十大胜利召开的伟大意义，提升新时代大学生政治站位

党的二十大担负起全党的重托和人民的期待，从战略全局深刻阐述了新时代坚持和发展中国特色社会主义的一系列重大理论和实践问题，科学谋划了未来一个时期党和国家事业发展的目标任务和大政方针，在党和国家历史上具有重大而深远的意义。

0.1.1.1　这是中国共产党在百年辉煌成就和十年伟大变革的高起点上创造新时代更大荣光的大会

中国共产党在百年历程中共召开了十九次全国代表大会。党的二十大是我们党在建党百年后召开的首次全国代表大会，也是在新时代十年伟大变革的时间坐标上召开的全国代表大会，具有特别的里程碑意义。

0.1.1.2　这是推进实践基础上的理论创新、开辟马克思主义中国化时代化新境界的大会

马克思主义中国化时代化既是马克思主义的自身要求，又是中国共产党坚持和发展马克思主义的必然路径。中国共产党为什么能，中国特色社会主义为什么好，归根到底是马克思主义行，是中国化时代化的马克思主义行。党的二十大深刻阐述了习近平新时代中国特色社会主义思想的科学内涵和精神实质，深入阐释了开辟马克思主义中国化时代化新境界的重大命题并提出了明确要求，具有重大理论意义。

0.1.1.3　这是谋划全面建设社会主义现代化国家、以中国式现代化全面推进中华民族伟大复兴的大会

现代化是各国人民的共同期待和目标。百年来，我们党团结带领人民进行的一切奋斗、一切牺牲、一切创造，就是为了把我国建设成为现代化强国，实现中华民族伟大复兴。在新中国成立特别是改革开放以来的长期探索和实践基础上，经过党的十八大以来在理论和实践上的创新突破，我们党成功推进和拓展了中国式现代化，创造了人类文明新形态。党的二十大明确提出以中国式现代化全面推进中华民族伟大复兴的使命任务，精辟论述了中国式现代化的中国特色、本质要求和重大原则，深刻阐释了中国式现代化的历史渊源、理论逻辑、实践特征和战略部署，大大深化了我们党关于中国式现代化的理论和实践。

0.1.1.4　这是致力于推动构建人类命运共同体、携手开创人类更加美好未来的大会

当前，世界之变、时代之变、历史之变正以前所未有的方式展开，人类社会面临前所未有的挑战。世界又一次站在历史的十字路口，何去何从取决于各国人民的抉择。党的二十大深刻把握世界大势和时代潮流，宣示中国在变局、乱局中促进世界和平与发展、推动构建人类命运共同体的政策主张和坚定决心，为共创人类更加美好的未来注入强大信心和力量。

0.1.1.5　这是推动解决大党独有难题、以党的自我革命引领社会革命的大会

全面建设社会主义现代化国家、全面推进中华民族伟大复兴，关键在党。党的二十大明确提出：我们党作为世界上最大的马克思主义执政党，要始终赢得人民拥护、巩固长期执政地位，必须时刻保持解决大党独有难题的清醒和坚定。

0.1.2　深刻把握党的二十大主题，激发新时代大学生爱国热情

党的二十大的主题，正是我们党对这些事关党和国家事业继往开来、事关中国特色社会主义前途命运、事关中华民族伟大复兴战略性问题的明确宣示，是大会的灵魂。习近平总书记在党的二十大报告中，开宗明义指出大会的主题："高举中国特色社会主义伟大旗帜，全面贯彻新时代中国特色社会主义思想，弘扬伟大建党精神，自信自强、守正创新，踔厉奋发、勇毅前行，为全面建设社会主义现代化国家、全面推进中华民族伟大复兴而团结奋斗。"这一主题明确宣示了我们党在新征程上带领人民举什么旗、走什么路、以什么样的精神状态、朝着什么样的目标继续前进等重大问题。《中国共产党第二十次全国代表大会关于十九届中央委员会报告的决议》指出："报告阐明的大会主题是大会的灵魂，是党和国家事业发展的总纲。"学习领会党的二十大精神，必须把握这一"灵魂"，抓住这一"总纲"。大会主题中的六个关键词语值得我们高度重视。

0.1.2.1　旗帜

新时代新征程党高举的旗帜就是"中国特色社会主义伟大旗帜"。大会主题写入这一根本要求，既体现了中国特色社会主义历史演进的连续性、继承性，又体现了新时代党坚持和发展中国特色社会主义的坚定性、恒久性。

0.1.2.2　思想

大会主题所指示的"全面贯彻新时代中国特色社会主义思想"，就是要求在新时代新征程必须全面贯彻习近平新时代中国特色社会主义思想。党的二十大报告对此作出全面部署。

0.1.2.3　精神

继在庆祝中国共产党成立 100 周年大会上习近平总书记提出并号召继承发扬伟大建党精神后，党的二十大主题写入了"弘扬伟大建党精神"的要求，新修改的党章载入了伟大建党精神"坚持真理、坚守理想，践行初心、担当使命，不怕牺牲、英勇斗争，对党忠诚、不负人民"的内涵，这是党在自己最高权力机关及最高章程上的庄严宣示，明

确回答了党以什么样的精神状态走好新的赶考之路的重大问题，不仅是贯穿大会报告的重要红线，也是今后党的全部理论和实践的重要遵循。

0.1.2.4 现代化

"现代化"即"全面建设社会主义现代化国家"。这一重要主题彰显了当前和今后一个时期党的中心任务。党的二十大庄严宣告："从现在起，中国共产党的中心任务就是团结带领全国各族人民全面建成社会主义现代化强国、实现第二个百年奋斗目标，以中国式现代化全面推进中华民族伟大复兴。""中国式现代化"成为这次大会的重要标识。

0.1.2.5 复兴

在党的二十大主题中，前后用了三个"全面"，即"全面贯彻新时代中国特色社会主义思想""全面建设社会主义现代化国家""全面推进中华民族伟大复兴"。第一个"全面"规定了新时代党的创新科学理论的指导地位，第二个"全面"规定了新时代新征程的中心任务，第三个"全面"规定了党在新时代新征程的奋斗目标。大会主题中的前两个"全面"，以及报告全文使用的其他一百多个"全面"，都是为了实现"全面推进中华民族伟大复兴"这一根本目标。

0.1.2.6 团结奋斗

"团结奋斗"是党的二十大主题的鲜明特色。除了在主题中要求"为全面建设社会主义现代化国家、全面推进中华民族伟大复兴而团结奋斗"外，"团结奋斗"一词还体现在党的二十大报告的标题、导语、正文、结束语各个部分。报告全文共使用 7 次"团结奋斗"、27 次"团结"，突出表达了这次大会的主基调。

0.1.3 深入学习领悟过去五年工作和新时代十年伟大变革的重大意义，增强新时代大学生民族自豪感

过去五年和新时代以来的十年，在党和国家发展进程中极不寻常、极不平凡。习近平总书记在党的二十大报告中全面回顾总结了过去五年的工作和新时代十年的伟大变革，深刻指出新时代十年的伟大变革，在党史、新中国史、改革开放史、社会主义发展史、中华民族发展史上具有里程碑意义。学习宣传、贯彻落实党的二十大精神，必须深入学习领悟过去五年工作和新时代十年伟大变革的重大意义，坚定历史自信、增强历史主动，自觉在思想上政治上行动上同以习近平同志为核心的党中央保持高度一致。

党的二十大报告在总结党的十九大以来五年工作基础上，用"三件大事"、三个"历史性胜利"高度概括新时代十年走过的极不寻常、极不平凡的奋斗历程，从 16 个方面全面回顾党和国家事业发展取得的举世瞩目的重大成就，从 4 个方面总结提炼新时代十年伟大变革的里程碑意义。新时代十年的伟大变革，充分证明中国特色社会主义道路不仅走得对、走得通，而且走得稳、走得好。

0.1.4　深刻领会"两个结合"是推进马克思主义中国化时代化的根本途径，加强新时代大学生弘扬中华优秀传统文化教育

党的二十大报告提出，中国共产党为什么能，中国特色社会主义为什么好，归根到底是马克思主义行，是中国化时代化的马克思主义行。100 多年来，我们党洞察时代大势，把握历史主动，进行艰辛探索，坚持解放思想和实事求是相统一、培元固本和守正创新相统一，把马克思主义基本原理同中国具体实际相结合、同中华优秀传统文化相结合，不断推进理论创新、进行理论创造，不断推进马克思主义中国化时代化，带领中国人民不懈奋斗，中华民族迎来了从站起来、富起来到强起来的伟大飞跃，实现中华民族伟大复兴进入了不可逆转的历史进程。

马克思主义理论不是教条，而是行动指南。习近平总书记在党的二十大报告中指出："我们坚持以马克思主义为指导，是要运用其科学的世界观和方法论解决中国的问题，而不是要背诵和重复其具体结论和词句，更不能把马克思主义当成一成不变的教条。"坚持和发展马克思主义，必须同中国具体实际相结合。100 多年来，我们党把坚持马克思主义和发展马克思主义统一起来，既始终坚持马克思主义基本原理不动摇，又根据中国革命、建设、改革实际，创造性地解决自己的问题，不断开辟马克思主义中国化时代化新境界。坚持和发展马克思主义，必须同中华优秀传统文化相结合。只有植根本国、本民族历史文化沃土，马克思主义真理之树才能根深叶茂。中华优秀传统文化源远流长、博大精深，是中华文明的智慧结晶，其中蕴含的天下为公、民为邦本、为政以德、革故鼎新、任人唯贤、天人合一、自强不息、厚德载物、讲信修睦、亲仁善邻等，是中国人民在长期生产生活中积累的宇宙观、天下观、社会观、道德观的重要体现，同科学社会主义核心价值观主张具有高度契合性。中国共产党之所以能够领导人民成功走出中国式现代化道路、创造人类文明新形态，很重要的一个原因就在于植根中华文化沃土，不断推进马克思主义中国化时代化，推动中华优秀传统文化创造性转化、创新性

发展。

0.1.5 牢牢把握全面建设社会主义现代化国家开局起步的战略部署，指引新时代大学生守正创新促发展

党的二十大站在党和国家事业发展的制高点，科学谋划了未来五年乃至更长时期党和国家事业发展的目标任务和大政方针，发出了全面建设社会主义现代化国家、全面推进中华民族伟大复兴的动员令。

"全面建成社会主义现代化强国，总的战略安排是分两步走：从二〇二〇年到二〇三五年基本实现社会主义现代化；从二〇三五年到本世纪中叶把我国建成富强民主文明和谐美丽的社会主义现代化强国。"党的二十大对全面建成社会主义现代化强国两步走战略安排进行了宏观展望，又围绕统筹推进"五位一体"总体布局、协调推进"四个全面"战略布局，从11个方面对未来五年工作作出全面部署，全面构建了推进社会主义现代化建设的实践体系。特别是把教育科技人才、全面依法治国、维护国家安全和社会稳定单列部分进行具体安排，充分体现了抓关键、补短板、防风险的战略考量，是党中央基于新的战略机遇、新的战略任务、新的战略阶段、新的战略要求、新的战略环境做出的科学判断和战略安排，必将引领全党全国各族人民有效应对世界之变、时代之变、历史之变，推动全面建设社会主义现代化国家开好局、起好步。

0.1.6 深入把握党的二十大关于文化和旅游工作的部署要求，推动文旅融合高质量发展

党的二十大作出推进文化自信自强、铸就社会主义文化新辉煌的重大战略部署，要准确把握社会主义文化建设的指导思想和原则目标、战略重点和主要任务以及中国立场和时代要求。

0.1.6.1 要准确把握社会主义文化建设的指导思想和原则目标

报告指出："全面建设社会主义现代化国家，必须坚持中国特色社会主义文化发展道路，增强文化自信，围绕举旗帜、聚民心、育新人、兴文化、展形象建设社会主义文化强国，发展面向现代化、面向世界、面向未来的，民族的科学的大众的社会主义文化，激发全民族文化创新创造活力，增强实现中华民族伟大复兴的精神力量。"报告明确提出了社会主义文化建设的根本指导思想、基本原则和奋斗目标，坚持为人民服务、

为社会主义服务，以社会主义核心价值观为引领，发展社会主义先进文化，弘扬革命文化，传承中华优秀传统文化，满足人民日益增长的精神文化需求，巩固全党全国各族人民团结奋斗的共同思想基础，不断提升国家文化软实力和中华文化影响力。

0.1.6.2　要准确把握社会主义文化建设的战略重点和主要任务

党的二十大报告提出了建设具有强大凝聚力和引领力的社会主义意识形态、广泛践行社会主义核心价值观、提高全社会文明程度、繁荣发展文化事业和文化产业、增强中华文明传播力影响力五个方面的战略任务，准确把握、全面落实好这些战略重点和主要任务，对推进文化自信自强、铸就社会主义文化新辉煌具有重要基础支撑作用。

0.1.6.3　要准确把握社会主义文化建设的中国立场和时代要求

党的二十大报告指出："中华优秀传统文化源远流长、博大精深，是中华文明的智慧结晶。"要把马克思主义基本原理与中华优秀传统文化相结合，不断推进马克思主义中国化，增强中华文明的传播力和影响力。

0.1.6.4　以文塑旅、以旅彰文，推进文化和旅游深度融合发展

党的二十大报告明确提出："加大文物和文化遗产保护力度，加强城乡建设中历史文化保护传承，建好用好国家文化公园。坚持以文塑旅、以旅彰文，推进文化和旅游深度融合发展。"这些重要论述，为文旅行业把握新发展阶段，贯彻新发展理念，构建新发展格局，推动高质量发展点明了方向，指明了路径，是未来5年乃至更长一段时间内文旅行业融合发展实践的根本遵循和行动指南，对文旅行业实现理念重构和实践创新具有非常重要的现实指导意义。

0.1.7　深刻把握团结奋斗的新时代要求，为文旅行业培养高素质人才

在党的二十大上，习近平总书记宣示新时代新征程党的使命任务，发出了全面建设社会主义现代化国家、全面推进中华民族伟大复兴的动员令。从现在起，中国共产党的中心任务就是团结带领全国各族人民全面建成社会主义现代化强国、实现第二个百年奋斗目标，以中国式现代化全面推进中华民族伟大复兴。

美好的蓝图需要埋头苦干、团结奋斗才能变为现实。习近平总书记的铿锵宣示充满信心和力量——"党用伟大奋斗创造了百年伟业，也一定能用新的伟大奋斗创造新的伟业"。让我们更加紧密地团结在以习近平同志为核心的党中央周围，全面贯彻习近平新时代中国特色社会主义思想，坚定信心、同心同德，埋头苦干、奋勇前进，深入贯彻落

实党的二十大精神和党中央决策部署，为全面建设社会主义现代化国家、全面推进中华民族伟大复兴而团结奋斗，在新的赶考之路上向历史和人民交出新的优异答卷！

相关链接 1：关于党的二十大报告，必须知道的"关键词"

2022 年 10 月 16 日，中国共产党第二十次全国代表大会开幕，习近平代表第十九届中央委员会向大会作报告。一起学习报告里的这些"关键词"。

【大会的主题】

大会的主题是：高举中国特色社会主义伟大旗帜，全面贯彻新时代中国特色社会主义思想，弘扬伟大建党精神，自信自强、守正创新，踔厉奋发、勇毅前行，为全面建设社会主义现代化国家、全面推进中华民族伟大复兴而团结奋斗。

【三个"务必"】

中国共产党已走过百年奋斗历程。我们党立志于中华民族千秋伟业，致力于人类和平与发展崇高事业，责任无比重大，使命无上光荣。全党同志务必不忘初心、牢记使命，务必谦虚谨慎、艰苦奋斗，务必敢于斗争、善于斗争，坚定历史自信，增强历史主动，谱写新时代中国特色社会主义更加绚丽的华章。

【极不寻常、极不平凡的五年】

党的十九大以来的五年，是极不寻常、极不平凡的五年。党中央统筹中华民族伟大复兴战略全局和世界百年未有之大变局，就党和国家事业发展作出重大战略部署，团结带领全党全军全国各族人民有效应对严峻复杂的国际形势和接踵而至的巨大风险挑战，以奋发有为的精神把新时代中国特色社会主义不断推向前进。

【三件大事】

十年来，我们经历了对党和人民事业具有重大现实意义和深远历史意义的三件大事：一是迎来中国共产党成立一百周年；二是中国特色社会主义进入新时代；三是完成脱贫攻坚、全面建成小康社会的历史任务，实现第一个百年奋斗目标。

【新时代十年的伟大变革】

新时代十年的伟大变革，在党史、新中国史、改革开放史、社会主义发展史、中华民族发展史上具有里程碑意义。

【归根到底是两个"行"】

实践告诉我们，中国共产党为什么能，中国特色社会主义为什么好，归根到底是马克思主义行，是中国化时代化的马克思主义行。拥有马克思主义科学理论指导是我们党坚定信仰信念、把握历史主动的根本所在。

【中国共产党的中心任务】

从现在起，中国共产党的中心任务就是团结带领全国各族人民全面建成社会主义现代化强国、实现第二个百年奋斗目标，以中国式现代化全面推进中华民族伟大复兴。

【中国式现代化】

中国式现代化，是中国共产党领导的社会主义现代化，既有各国现代化的共同特征，更有基于自己国情的中国特色。

——中国式现代化是人口规模巨大的现代化。

——中国式现代化是全体人民共同富裕的现代化。

——中国式现代化是物质文明和精神文明相协调的现代化。

——中国式现代化是人与自然和谐共生的现代化。

——中国式现代化是走和平发展道路的现代化。

中国式现代化的本质要求是：坚持中国共产党领导，坚持中国特色社会主义，实现高质量发展，发展全过程人民民主，丰富人民精神世界，实现全体人民共同富裕，促进人与自然和谐共生，推动构建人类命运共同体，创造人类文明新形态。

【全面建设社会主义现代化国家开局起步的关键时期】

未来五年是全面建设社会主义现代化国家开局起步的关键时期。

【五个"坚持"】

我国发展进入战略机遇和风险挑战并存、不确定难预料因素增多的时期，各种"黑天鹅""灰犀牛"事件随时可能发生。我们必须增强忧患意识，坚持底线思维，做到居安思危、未雨绸缪，准备经受风高浪急甚至惊涛骇浪的重大考验。前进道路上，必须牢牢把握以下重大原则。

——坚持和加强党的全面领导。

——坚持中国特色社会主义道路。

——坚持以人民为中心的发展思想。

——坚持深化改革开放。

——坚持发扬斗争精神。

【加快构建新发展格局】

必须完整、准确、全面贯彻新发展理念，坚持社会主义市场经济改革方向，坚持高水平对外开放，加快构建以国内大循环为主体、国内国际双循环相互促进的新发展格局。

【发展经济着力点】

坚持把发展经济的着力点放在实体经济上，推进新型工业化，加快建设制造强国、质量强国、航天强国、交通强国、网络强国、数字中国。

【实施科教兴国战略】

必须坚持科技是第一生产力、人才是第一资源、创新是第一动力，深入实施科教兴国战略、人才强国战略、创新驱动发展战略，开辟发展新领域新赛道，不断塑造发展新动能新优势。

坚持创新在我国现代化建设全局中的核心地位。完善党中央对科技工作统一领导的体制，健全新型举国体制，强化国家战略科技力量，优化配置创新资源，提升国家创新体系整体效能。

【全过程人民民主】

全过程人民民主是社会主义民主政治的本质属性，是最广泛、最真实、最管用的民主。必须坚定不移走中国特色社会主义政治发展道路，坚持党的领导、人民当家做主、依法治国有机统一。

【全面依法治国】

全面依法治国是国家治理的一场深刻革命，关系党执政兴国，关系人民幸福安康，关系党和国家长治久安。必须更好发挥法治固根本、稳预期、利长远的保障作用，在法治轨道上全面建设社会主义现代化国家。

【文化自信自强】

全面建设社会主义现代化国家，必须坚持中国特色社会主义文化发展道路，增强文化自信，围绕举旗帜、聚民心、育新人、兴文化、展形象建设社会主义文化强国，发展面向现代化、面向世界、面向未来的，民族的科学的大众的社会主义文化，激发全民族文化创新创造活力，增强实现中华民族伟大复兴的精神力量。

【为民造福】

治国有常，利民为本。为民造福是立党为公、执政为民的本质要求。必须坚持在发展中保障和改善民生，鼓励共同奋斗创造美好生活，不断实现人民对美好生活的向往。

【完善分配制度】

坚持按劳分配为主体、多种分配方式并存，构建初次分配、再分配、第三次分配协调配套的制度体系。努力提高居民收入在国民收入分配中的比重，提高劳动报酬在初次分配中的比重。坚持多劳多得，鼓励勤劳致富，促进机会公平，增加低收入者收入，扩大中等收入群体。规范收入分配秩序，规范财富积累机制，保护合法收入，调节过高收入，取缔非法收入。

【推动绿色发展】

大自然是人类赖以生存发展的基本条件。尊重自然、顺应自然、保护自然，是全面建设社会主义现代化国家的内在要求。必须牢固树立和践行绿水青山就是金山银山的理念，站在人与自然和谐共生的高度谋划发展。

【总体国家安全观】

国家安全是民族复兴的根基，社会稳定是国家强盛的前提。必须坚定不移贯彻总体国家安全观，把维护国家安全贯穿党和国家工作各方面全过程，确保国家安全和社会稳定。

【新安全格局】

我们要坚持以人民安全为宗旨、以政治安全为根本、以经济安全为基础、以军事科技文化社会安全为保障、以促进国际安全为依托，统筹外部安全和内部安全、国土安全和国民安全、传统安全和非传统安全、自身安全和共同安全，统筹维护和塑造国家安全，夯实国家安全和社会稳定基层基础，完善参与全球安全治理机制，建设更高水平的平安中国，以新安全格局保障新发展格局。

【开创国防和军队现代化新局面】

实现建军一百年奋斗目标，开创国防和军队现代化新局面。

如期实现建军一百年奋斗目标，加快把人民军队建成世界一流军队，是全面建设社会主义现代化国家的战略要求。必须贯彻新时代党的强军思想，贯彻新时代军事战略方针，坚持党对人民军队的绝对领导，坚持政治建军、改革强军、科技强军、人才强军、依法治军，坚持边斗争、边备战、边建设，坚持机械化信息化智能化融合发展，加快军事理论现代化、军队组织形态现代化、军事人员现代化、武器装备现代化，提高捍卫国家主权、安全、发展利益战略能力，有效履行新时代人民军队使命任务。

【坚持和完善"一国两制"，推进祖国统一】

"一国两制"是中国特色社会主义的伟大创举，是香港、澳门回归后保持长期繁荣稳定的最佳制度安排，必须长期坚持。

坚持贯彻新时代党解决台湾问题的总体方略，牢牢把握两岸关系主导权和主动权，坚定不移推进祖国统一大业。

解决台湾问题是中国人自己的事，要由中国人来决定。我们坚持以最大诚意、尽最大努力争取和平统一的前景，但决不承诺放弃使用武力，保留采取一切必要措施的选项，这针对的是外部势力干涉和极少数"台独"分裂分子及其分裂活动，绝非针对广大台湾同胞。国家统一、民族复兴的历史车轮滚滚向前，祖国完全统一一定要实现，也一定能够实现！

【人类命运共同体】

中国提出了全球发展倡议、全球安全倡议，愿同国际社会一道努力落实。我们真诚呼吁，世界各国弘扬和平、发展、公平、正义、民主、自由的全人类共同价值，促进各国人民相知相亲，尊重世界文明多样性，以文明交流超越文明隔阂、文明互鉴超越文明冲突、文明共存超越文明优越，共同应对各种全球性挑战。中国人民愿同世界人民携手开创人类更加美好的未来。

【新时代党的建设新的伟大工程】

全面建设社会主义现代化国家、全面推进中华民族伟大复兴，关键在党。我们党作为世界上最大的马克思主义执政党，要始终赢得人民拥护、巩固长期执政地位，必须时刻保持解决大党独有难题的清醒和坚定。全党必须牢记，全面从严治党永远在路上，党的自我革命永远在路上，决不能有松劲歇脚、疲劳厌战的情绪，必须持之以恒推进全面从严治党，深入推进新时代党的建设新的伟大工程，以党的自我革命引领社会革命。

【五个"必由之路"】

全党必须牢记，坚持党的全面领导是坚持和发展中国特色社会主义的必由之路，中国特色社会主义是实现中华民族伟大复兴的必由之路，团结奋斗是中国人民创造历史伟业的必由之路，贯彻新发展理念是新时代我国发展壮大的必由之路，全面从严治党是党永葆生机活力、走好新的赶考之路的必由之路。

【战略性工作】

青年强，则国家强。当代中国青年生逢其时，施展才干的舞台无比广阔，实现梦想的前景无比光明。全党要把青年工作作为战略性工作来抓，用党的科学理论武装青年，用党的初心使命感召青年，做青年朋友的知心人、青年工作的热心人、青年群众的引路人。

（引自：人民网·中国共产党新闻网）

相关链接2：9个重要表述，带你理解高质量发展

习近平在党的二十大报告中提出，必须完整、准确、全面贯彻新发展理念，坚持社会主义市场经济改革方向，坚持高水平对外开放，加快构建以国内大循环为主体、国内国际双循环相互促进的新发展格局。

中国式现代化

报告原文

在新中国成立特别是改革开放以来长期探索和实践基础上，经过十八大以来在理论和实践上的创新突破，我们党成功推进和拓展了中国式现代化。

中国式现代化，是中国共产党领导的社会主义现代化，既有各国现代化的共同特征，更有基于自己国情的中国特色。

高水平社会主义市场经济体制

报告原文

构建高水平社会主义市场经济体制。坚持和完善社会主义基本经济制度，毫不动摇巩固和发展公有制经济，毫不动摇鼓励、支持、引导非公有制经济发展，充分发挥市场在资源配置中的决定性作用，更好发挥政府作用。

现代化产业体系

报告原文

建设现代化产业体系。坚持把发展经济的着力点放在实体经济上，推进新型工业化，加快建设制造强国、质量强国、航天强国、交通强国、网络强国、数字中国。

乡村振兴

报告原文

全面推进乡村振兴。坚持农业农村优先发展，坚持城乡融合发展，畅通城乡要素流动。扎实推动乡村产业、人才、文化、生态、组织振兴。全方位夯实粮食安全根基，牢牢守住十八亿亩耕地红线。深化农村土地制度改革，赋予农民更加充分的财产权益。保障进城落户农民合法土地权益，鼓励依法自愿有偿转让。

区域协调发展

报告原文

促进区域协调发展。深入实施区域协调发展战略、区域重大战略、主体功能区战略、新型城镇化战略，优化重大生产力布局，构建优势互补、高质量发展的区域经济布局和国土空间体系。

高水平对外开放

报告原文

推进高水平对外开放。稳步扩大规则、规制、管理、标准等制度型开放。加快建设贸易强国。营造市场化、法治化、国际化一流营商环境。推动共建"一带一路"高质量发展。有序推进人民币国际化。深度参与全球产业分工和合作，维护多元稳定的国际经济格局和经贸关系。

新领域新赛道

报告原文

必须坚持科技是第一生产力、人才是第一资源、创新是第一动力，深入实施科教兴国战略、人才强国战略、创新驱动发展战略，开辟发展新领域新赛道，不断塑造发展新动能新优势。

共同富裕

报告原文

我们要实现好、维护好、发展好最广大人民根本利益，紧紧抓住人民最关心最直接最现实的利益问题，坚持尽力而为、量力而行，深入群众、深入基层，采取更多惠民生、暖民心举措，着力解决好人民群众急难愁盼问题，健全基本公共服务体系，提高公共服务水平，增强均衡性和可及性，扎实推进共同富裕。

和谐共生

报告原文

大自然是人类赖以生存发展的基本条件。尊重自然、顺应自然、保护自然，是全面建设社会主义现代化国家的内在要求。必须牢固树立和践行绿水青山就是金山银山的理念，站在人与自然和谐共生的高度谋划发展。

（引自：http://finance.people.com.cn/n1/2022/1018/c1004-32547280.html）

相关链接 3：高举中国特色社会主义伟大旗帜为全面建设社会主义现代化国家而团结奋斗——在中国共产党第二十次全国代表大会上的报告（节选）

八、推进文化自信自强，铸就社会主义文化新辉煌

全面建设社会主义现代化国家，必须坚持中国特色社会主义文化发展道路，增强文化自信，围绕举旗帜、聚民心、育新人、兴文化、展形象建设社会主义文化强国，发展面向现代化、面向世界、面向未来的，民族的科学的大众的社会主义文化，激发全民族文化创新创造活力，增强实现中华民族伟大复兴的精神力量。

我们要坚持马克思主义在意识形态领域指导地位的根本制度，坚持为人民服务、为社会主义服务，坚持百花齐放、百家争鸣，坚持创造性转化、创新性发展，以社会主义核心价值观为引领，发展社会主义先进文化，弘扬革命文化，传承中华优秀传统文化，满足人民日益增长的精神文化需求，巩固全党全国各族人民团结奋斗的共同思想基础，不断提升国家文化软实力和中华文化影响力。

（一）建设具有强大凝聚力和引领力的社会主义意识形态

意识形态工作是为国家立心、为民族立魂的工作。牢牢掌握党对意识形态工作领导权，全面落实意识形态工作责任制，巩固壮大奋进新时代的主流思想舆论。健全用党的创新理论武装全党、教育人民、指导实践工作体系。加强全媒体传播体系建设，塑造主流舆论新格局。健全网络综合治理体系，推动形成良好网络生态。

（二）广泛践行社会主义核心价值观

社会主义核心价值观是凝聚人心、汇聚民力的强大力量。弘扬以伟大建党精神为源头的中国共产党人精神谱系，用好红色资源，深入开展社会主义核心价值观宣传教育，深化爱国主义、集体主义、社会主义教育，着力培养担当民族复兴大任的时代新人。推动理想信念教育常态化制度化，持续抓好党史、新中国史、改革开放史、社会主义发展史宣传教育，引导人民知史爱党、知史爱国，不断坚定中国特色社会主义共同理想。用社会主义核心价值观铸魂育人，完善思想政治工作体系，推进大中小学思想政治教育一体化建设。坚持依法治国和以德治国相结合，把社会主义核心价值观融入法治建设、融入社会发展、融入日常生活。

（三）提高全社会文明程度

实施公民道德建设工程，弘扬中华传统美德，加强家庭家教家风建设，加强和改进未成年人思想道德建设，推动明大德、守公德、严私德，提高人民道德水准和文明素养。统筹推动文明培育、文明实践、文明创建，推进城乡精神文明建设融合发展，在全社会弘扬劳动精神、奋斗精神、奉献精神、创造精神、勤俭节约精神，培育时代新风新貌。加强国家科普能力建设，深化全民阅读活动。完善志愿服务制度和工作体系。弘扬诚信文化，健全诚信建设长效机制。发挥党和国家功勋荣誉表彰的精神引领、典型示范作用，推动全社会见贤思齐、崇尚英雄、争做先锋。

（四）繁荣发展文化事业和文化产业

坚持以人民为中心的创作导向，推出更多增强人民精神力量的优秀作品，培育造就大批德艺双馨的文学艺术家和规模宏大的文化文艺人才队伍。坚持把社会效益放在首位、社会效益和经济效益相统一，深化文化体制改革，完善文化经济政策。实施国家文化数字化战略，健全现代公共文化服务体系，创新实施文化惠民工程。健全现代文化产业体系和市场体系，实施重大文化产业项目带动战略。加大文物和文化遗产保护力度，加强城乡建设中历史文化保护传承，建好用好国家文化公园。坚持以文塑旅、以旅彰文，推进文化和旅游深度融合发展。广泛开展全民健身活动，加强青少年体育工作，促进群众体育和竞技体育全面发展，加快建设体育强国。

（五）增强中华文明传播力影响力

坚守中华文化立场，提炼展示中华文明的精神标识和文化精髓，加快构建中国话语和中国叙事体系，讲好中国故事、传播好中国声音，展现可信、可爱、可敬的中国形象。加强国际传播能力建设，全面提升国际传播效能，形成同我国综合国力和国际地位相匹配的国际话语权。深化文明交流互鉴，推动中华文化更好走向世界。

（引自：http://www.gov.cn/xinwen/2022-10/25/content_5721685.htm）

0.2 深入学习领会习近平文化思想

在全国宣传思想文化工作会议上，党中央正式提出并系统阐述了习近平文化思想。这是一个重大决策，在党的理论创新进程中具有重大意义，在党的宣传思想文化事业发展史上具有里程碑意义。

习近平文化思想，是新时代党领导文化建设实践经验的理论总结，是对马克思主义文化理论的丰富和发展，是习近平新时代中国特色社会主义思想的文化篇。

习近平文化思想的形成，标志着我们党对中国特色社会主义文化建设规律的认识达到了新高度，表明我们党的历史自信、文化自信达到了新高度。

习近平文化思想内涵丰富、思想深邃、博大精深，为我们在新时代新征程继续推动文化繁荣、建设文化强国、建设中华民族现代文明提供了强大思想武器和科学行动指南。

深入学习领会习近平文化思想，是全党尤其是全国宣传思想文化战线的一项重要政治任务。

0.2.1　深入学习领会关于坚持党的文化领导权的重要论述

坚持党的文化领导权是事关党和国家前途命运的大事。坚持党的文化领导权，是习近平总书记深刻总结党的历史经验、洞察时代发展大势提出来的，充分体现了对新时代文化地位作用的深刻认识，体现了对党的意识形态工作的科学把握。习近平总书记指出，意识形态关乎旗帜、关乎道路、关乎国家政治安全。"经济建设是党的中心工作，意识形态工作是党的一项极端重要的工作。面对改革发展稳定复杂局面和社会思想意识多元多样、媒体格局深刻变化，在集中精力进行经济建设的同时，一刻也不能放松和削弱意识形态工作，必须把意识形态工作的领导权、管理权、话语权牢牢掌握在手中，任何时候都不能旁落，否则就要犯无可挽回的历史性错误。"党管宣传、党管意识形态、党管媒体是坚持党的领导的重要方面，要"坚持政治家办报、办刊、办台、办新闻网站"。他强调："所有宣传思想部门和单位，所有宣传思想战线上的党员、干部，都要旗帜鲜明坚持党性原则。""坚持党性，核心就是坚持正确政治方向，站稳政治立场，坚定宣传党的理论和路线方针政策，坚定宣传中央重大工作部署，坚定宣传中央关于形势的重大分析判断，坚决同党中央保持高度一致，坚决维护党中央权威。""做到爱党、护党、为党。"他要求，要全面落实意识形态工作责任制，"各级党委要负起政治责任和领导责任，把宣传思想工作摆在全局工作的重要位置，加强对宣传思想领域重大问题的分析研判和重大战略性任务的统筹指导""宣传思想战线的同志要履行好自己的神圣职责和光荣使命，以战斗的姿态、战士的担当，积极投身宣传思想领域斗争一线""要牢牢掌握意识形态工作领导权""建设具有强大凝聚力和引领力的社会主义意识形态"。习近平总书记的这些重要论述，深刻阐明了加强党对宣传思想文化工作领导的极端重要性，明确了做好宣传思想文化工作必须坚持的政治保证。

0.2.2　深入学习领会关于推动物质文明和精神文明协调发展的重要论述

推动物质文明和精神文明协调发展是坚持和发展中国特色社会主义的本质特征。立足中国特色社会主义事业发展全局，正确把握物质文明和精神文明的辩证关系，体现了对社会主义精神文明建设重要性和中国国情的深刻认识和全面把握。习近平总书记指出，实现中华民族伟大复兴的中国梦，物质财富要极大丰富，精神财富也要极大丰富。中国式现代化是物质文明和精神文明相协调的现代化。物质富足、精神富有是社会主义现代化的根本要求。物质贫困不是社会主义，精神贫乏也不是社会主义。他强调："人无精神则不立，国无精神则不强。精神是一个民族赖以长久生存的灵魂，唯有精神上达到一定的高度，这个民族才能在历史的洪流中屹立不倒、奋勇向前。""我们要继续锲而不舍、一以贯之抓好社会主义精神文明建设，为全国各族人民不断前进提供坚强的思想保证、强大的精神力量、丰润的道德滋养。"他指出，我们不断厚植现代化的物质基础，不断夯实人民幸福生活的物质条件，同时大力发展社会主义先进文化，加强理想信念教育，传承中华文明，促进物的全面丰富和人的全面发展。他要求，"加强思想道德建设，深入实施公民道德建设工程，加强和改进思想政治工作，推进新时代文明实践中心建设，不断提升人民思想觉悟、道德水准、文明素养和全社会文明程度""深入开展群众性精神文明创建活动""深化文明城市、文明村镇、文明单位、文明家庭、文明校园创建工作，推进诚信建设和志愿服务制度化，提高全社会道德水平""深入挖掘、继承、创新优秀传统乡土文化，弘扬新风正气，推进移风易俗，培育文明乡风、良好家风、淳朴民风，焕发乡村文明新气象"。习近平总书记的这些重要论述，站在经济建设和上层建筑关系的哲学高度，深刻阐释了社会运动规律，深刻阐明了精神文明的重要作用，具有极为重要的本体论和认识论意义，为新时代坚持和发展中国特色社会主义、推进中国式现代化提供了科学指引。

0.2.3　深入学习领会关于"两个结合"的根本要求的重要论述

"两个结合"的根本要求拓展了中国特色社会主义文化发展道路。创造性提出并阐述"两个结合"，揭示了开辟和发展中国特色社会主义的必由之路，也揭示了党推动理论创新和文化繁荣的必由之路。习近平总书记指出，新的征程上，我们必须"坚持把马克思主义基本原理同中国具体实际相结合、同中华优秀传统文化相结合""中国共产党人深刻认识到，只有把马克思主义基本原理同中国具体实际相结合、同中华优秀传统文化相结合，坚持运用辩证唯物主义和历史唯物主义，才能正确回答时代和实践提出的重大问题，才能始终保持马克思主义的蓬勃生机和旺盛活力"。他指出，在五千多年中华文明深厚基础上开辟和发展中国特色社会主义，把马克思主义基本原理同中国具体实际、同中华优秀传统文化相结合是必由之路。"如果没有中华五千年文明，哪里有什么中国特色？如果不是中国特色，哪有我们今天这么成功的中国特色社会主义道路？"只有立足波澜壮阔的中华五千多年文明史，才能真正理解中国道路的历史必然、文化内涵与独特优势。他强调，历史正反两方面的经验表明，"两个结合"是我们取得成功的最大法宝。第一，"结合"的前提是彼此契合。马克思主义和中华优秀传统文化来源不同，但彼此存在高度的契合性。相互契合才能有机结合。正是在这个意义上，我们才说中国共产党既是马克思主义的坚定信仰者和践行者，又是中华优秀传统文化的忠实继承者和弘扬者。第二，"结合"的结果是互相成就。"结合"不是"拼盘"，不是简单的"物理反应"，而是深刻的"化学反应"，造就了一个有机统一的新的文化生命体。"第二个结合"让马克思主义成为中国的，中华优秀传统文化成为现代的，让经由"结合"而形成的新文化成为中国式现代化的文化形态。第三，"结合"筑牢了道路根基。我们的社会主义为什么不一样？为什么能够生机勃勃、充满活力？关键就在于中国特色。中国特色的关键就在于"两个结合"。中国式现代化赋予中华文明以现代力量，中华文明赋予中国式现代化以深厚底蕴。第四，"结合"打开了创新空间。"结合"本身就是创新，同时又开启了广阔的理论和实践创新空间。"第二个结合"让我们掌握了思想和文化主动，并有力地作用于道路、理论和制度。"第二个结合"是又一次的思想解放，让我们能够在更广阔的文化空间中，充分运用中华优秀传统文化的宝贵资源，探索面向未来的理论和制度创新。第五，"结合"巩固了文化主体性。任何文化要立得住、行得远，要有引领力、凝聚力、塑造力、辐射力，就必须有自己的主体性。文化自信就来自我们的文化主体性。这一主体性是中国共产党带领中国人民在中国大地上建立起来的；是在创造性转化、创新性发展中华优秀传统文化，继承革命文化，发展社会主义先进文化的基础上，借鉴吸收人类一切优秀文明成果的基础上建立起来的；是通过把马克思主义基本原理同中国具体实际、同中华优秀传统文化相结合建立起来的。创立习近平新时代中国特色社会主义思想就是这一文化主体性的最有力体现。习近平总书记的这些重要论述，充分表明我们党对中国道路、中国理论、中国制度的认识进一步升华，拓展了中国特色社会主义道路的文化根基。

0.2.4　深入学习领会关于新的文化使命的重要论述

新的文化使命彰显了我们党促进中华文化繁荣、创造人类文明新形态的历史担当。在强国建设、民族复兴伟业深入推进的关键时刻，高瞻远瞩提出新的文化使命，具有强大感召力和引领力。习近平总书记指出，"做好新形势下宣传思想工作，必须自觉承担起举旗帜、聚民心、育新人、兴文化、展形象的使命任务""巩固马克思主义在意识形态领域的指导地位、巩固全党全国各族人民团结奋斗的共同思想基础""在新的起点上继续推动文化繁荣、建设文化强国、建设中华民族现代文明，是我们在新时代新的文化使命"。他强调，要坚持中国特色社会主义文化发展道路，发展社会主义先进文化，弘扬革命文化，传承中华优秀传统文化，激发全民族文化创新创造活力，增强实现中华民族伟大复兴的精神力量。他指出："中国特色社会主义文化，源自中华民族五千多年文明历史所孕育的中华优秀传统文化，熔铸于党领导人民在革命、建设、改革中创造的革命文化和社会主义先进文化，植根于中国特色社会主义伟大实践。发展中国特色社会主义文化，就是以马克思主义为指导，坚守中华文化立场，立足当代中国现实，结合当今时代条件，发展面向现代化、面向世界、面向未来的，民族的科学的大众的社会主义文化，推动社会主义精神文明和物质文明协调发展。要坚持为人民服务、为社会主义服务，坚持百花齐放、百家争鸣，坚持创造性转化、创新性发展，不断铸就中华文化新辉煌。"他强调："对历史最好的继承就是创造新的历史，对人类文明最大的礼敬就是创造人类文明新形态。"他要求，新时代的文化工作者必须以守正创新的正气和锐气，赓续历史文脉、谱写当代华章。习近平总书记的这些重要论述，强调了新的文化使命是新时代新征程党的使命任务对文化发展的必然要求，落脚点是铸就社会主义文化新辉煌、建设中华民族现代文明。

0.2.5　深入学习领会关于坚定文化自信的重要论述

坚定文化自信，是事关国运兴衰、事关文化安全、事关民族精神独立性的大问题。

习近平总书记指出："一个国家、一个民族的强盛，总是以文化兴盛为支撑的，中华民族伟大复兴需要以中华文化发展繁荣为条件。""我们说要坚定中国特色社会主义道路自信、理论自信、制度自信，说到底是要坚定文化自信。""文化自信，是更基础、更广泛、更深厚的自信，是更基本、更深沉、更持久的力量。"他强调："中华文明历经数千年而绵延不绝、迭遭忧患而经久不衰，这是人类文明的奇迹，也是我们自信的底气。坚定文化自信，就是坚持走自己的路。坚定文化自信的首要任务，就是立足中华民族伟大历史实践和当代实践，用中国道理总结好中国经验，把中国经验提升为中国理论，既不盲从各种教条，也不照搬外国理论，实现精神上的独立自主。要把文化自信融入全民族的精神气质与文化品格中，养成昂扬向上的风貌和理性平和的心态。"习近平总书记的这些重要论述，深刻阐明了文化自信的特殊重要性，彰显了我们党高度的文化自觉和文化担当，把我们党对文化地位和作用的认识提升到一个新高度。

0.2.6　深入学习领会关于培育和践行社会主义核心价值观的重要论述

培育和践行社会主义核心价值观是凝魂聚气、强基固本的基础工程。坚持以德树人、以文化人，是习近平总书记始终念兹在兹、谆谆教诲的一件大事。习近平总书记指出："人类社会发展的历史表明，对一个民族、一个国家来说，最持久、最深层的力量是全社会共同认可的核心价值观。核心价值观，承载着一个民族、一个国家的精神追求，体现着一个社会评判是非曲直的价值标准。""核心价值观是一个国家的重要稳定器，能否构建具有强大感召力的核心价值观，关系社会和谐稳定，关系国家长治久安。""如果没有共同的核心价值观，一个民族、一个国家就会魂无定所、行无依归。"他指出："我们提出要倡导富强、民主、文明、和谐，倡导自由、平等、公正、法治，倡导爱国、敬业、诚信、友善，积极培育和践行社会主义核心价值观。富强、民主、文明、和谐是国家层面的价值要求，自由、平等、公正、法治是社会层面的价值要求，爱国、敬业、诚信、友善是公民层面的价值要求。这个概括，实际上回答了我们要建设什么样的国家、建设什么样的社会、培育什么样的公民的重大问题。"他强调："核心价值观的养成绝非一日之功，要坚持由易到难、由近及远，努力把核心价值观的要求变成日常的行为准则，进而形成自觉奉行的信念理念。""要注意把社会主义核心价值观日常化、具体化、形象化、生活化，使每个人都能感知它、领悟它，内化为精神追求，外化为实际行动，做到明大德、守公德、严私德。"他要求，弘扬以伟大建党精神为源头的中国共产党人精神谱系，用好红色资源。"要以培养担当民族复兴大任的时代新人为着眼点，强化教育引导、实践养成、制度保障，发挥社会主义核心价值观对国民教育、精神文明创建、精神文化产品创作生产传播的引领作用，把社会主义核心价值观融入社会发展各方面，转化为人们的情感认同和行为习惯。坚持全民行动、干部带头，从家庭做起，从娃娃抓起。深入挖掘中华优秀传统文化蕴含的思想观念、人文精神、道德规范，结合时代要求继承创新，让中华文化展现出永久魅力和时代风采。"习近平总书记的这些重要论述，深刻阐明了中国特色社会主义文化建设的一项根本任务，明确了推进社会主义核心价值观建设的重点和着力点。

0.2.7　深入学习领会关于掌握信息化条件下舆论主导权、广泛凝聚社会共识的重要论述

掌握信息化条件下舆论主导权、广泛凝聚社会共识是巩固壮大主流思想文化的必然要求。习近平总书记站在时代和科技前沿，对如何做好信息化条件下宣传思想文化工作进行了深邃思考。习近平总书记指出，当今世界，一场新的全方位综合国力竞争正在全球展开。能不能适应和引领互联网发展，成为决定大国兴衰的一个关键。世界各大国均把信息化作为国家战略重点和优先发展方向，围绕网络空间发展主导权、制网权的争夺日趋激烈，世界权力图谱因信息化而被重新绘制，互联网成为影响世界的重要力量。当今世界，谁掌握了互联网，谁就把握住了时代主动权；谁轻视互联网，谁就会被时代所抛弃。一定程度上可以说，得网络者得天下。他深刻指出："没有网络安全就没有国家安全，没有信息化就没有现代化，网络安全和信息化事关党的长期执政，事关国家长治久安，事关经济社会发展和人民群众福祉，过不了互联网这一关，就过不了长期执政这一关，要把网信工作摆在党和国家事业全局中来谋划，切实加强党的集中统一领导。"网络空间是亿万民众共同的精神家园。网络空间天朗气清、生态良好，符合人民利益。网络空间乌烟瘴气、生态恶化，不符合人民利益。互联网已经成为舆论斗争的主战场。在互联网这个战场上，我们能否顶得住、打得赢，直接关系我国意识形态安全和政权安全。他特别提出："管好用好互联网，是新形势下掌控新闻舆论阵地的关键，重点要解决好谁来管、怎么管的问题。"我们必须科学认识网络传播规律，准确把握网上舆情生成演化机理，不断推进工作理念、方法手段、载体渠道、制度机制创新，提高用网治网水平，使互联网这个最大变量变成事业发展的最大增量。"我们要本着对社会负责、对

人民负责的态度，依法加强网络空间治理，加强网络内容建设，做强网上正面宣传，培育积极健康、向上向善的网络文化，用社会主义核心价值观和人类优秀文明成果滋养人心、滋养社会，做到正能量充沛、主旋律高昂，为广大网民特别是青少年营造一个风清气正的网络空间。""随着5G、大数据、云计算、物联网、人工智能等技术不断发展，移动媒体将进入加速发展新阶段。要坚持移动优先策略，建设好自己的移动传播平台，管好用好商业化、社会化的互联网平台，让主流媒体借助移动传播，牢牢占据舆论引导、思想引领、文化传承、服务人民的传播制高点。"习近平总书记的这些重要论述，是我们党对信息化时代新闻传播规律的深刻总结，明确了做好党的新闻舆论工作的原则要求和方法路径。

0.2.8 深入学习领会关于以人民为中心的工作导向的重要论述

以人民为中心的工作导向体现了我们党领导和推动文化建设的鲜明立场。新时代以来宣传思想文化改革发展历程，贯穿着以人民为中心的鲜明主线，充分展现了习近平总书记深厚的人民情怀。习近平总书记指出，"人民性是马克思主义的本质属性""人民立场是中国共产党的根本政治立场""中国共产党的根本宗旨是全心全意为人民服务"。宣传思想文化工作必须坚持以人民为中心的工作导向。他强调："文艺要反映好人民心声，就要坚持为人民服务、为社会主义服务这个根本方向。""以人民为中心，就是要把满足人民精神文化需求作为文艺和文艺工作的出发点和落脚点，把人民作为文艺表现的主体，把人民作为文艺审美的鉴赏家和评判者，把为人民服务作为文艺工作者的天职。"他强调，哲学社会科学研究要"坚持以马克思主义为指导，核心要解决好为什么人的问题。为什么人的问题是哲学社会科学研究的根本性、原则性问题。我国哲学社会科学为谁著书、为谁立说，是为少数人服务还是为绝大多数人服务，是必须搞清楚的问题"。他指出："我们的党是全心全意为人民服务的党，我们的国家是人民当家作主的国家，党和国家一切工作的出发点和落脚点是实现好、维护好、发展好最广大人民根本利益。我国哲学社会科学要有所作为，就必须坚持以人民为中心的研究导向。脱离了人民，哲学社会科学就不会有吸引力、感染力、影响力、生命力。我国广大哲学社会科学工作者要坚持人民是历史创造者的观点，树立为人民做学问的理想，尊重人民主体地位，聚焦人民实践创造，自觉把个人学术追求同国家和民族发展紧紧联系在一起，努力多出经得起实践、人民、历史检验的研究成果。"习近平总书记的这些重要论述，深刻回答了文化为什么人的问题，彰显了党的性质宗旨和初心使命。

0.2.9　深入学习领会关于保护历史文化遗产的重要论述

保护历史文化遗产是推动文化传承发展的重要基础。历史文化遗产承载着中华民族的基因和血脉。习近平总书记对文化遗产保护高度重视，展现了强烈的文明担当、深沉的文化情怀。习近平总书记指出，中华文明探源工程等重大工程的研究成果，实证了我国百万年的人类史、一万年的文化史、五千多年的文明史。历史文化遗产"不仅属于我们这一代人，也属于子孙万代"。"革命文物承载党和人民英勇奋斗的光荣历史，记载中国革命的伟大历程和感人事迹，是党和国家的宝贵财富，是弘扬革命传统和革命文化、加强社会主义精神文明建设、激发爱国热情、振奋民族精神的生动教材。"中华文化是我们提高国家文化软实力最深厚的源泉，是我们提高国家文化软实力的重要途径。要使中华民族最基本的文化基因与当代文化相适应、与现代社会相协调，以人们喜闻乐见、具有广泛参与性的方式推广开来，把跨越时空、超越国度、富有永恒魅力、具有当代价值的文化精神弘扬起来，把继承传统优秀文化又弘扬时代精神、立足本国又面向世界的当代中国文化创新成果传播出去。要系统梳理传统文化资源，让收藏在禁宫里的文物、陈列在广阔大地上的遗产、书写在古籍里的文字都活起来。"要敬畏历史、敬畏文化、敬畏生态，全面保护好历史文化遗产，统筹好旅游发展、特色经营、古城保护，筑牢文物安全底线，守护好前人留给我们的宝贵财富。"他指出："不忘历史才能开辟未来，善于继承才能善于创新。优秀传统文化是一个国家、一个民族传承和发展的根本，如果丢掉了，就割断了精神命脉。我们要善于把弘扬优秀传统文化和发展现实文化有机统一起来，紧密结合起来，在继承中发展，在发展中继承。传统文化在其形成和发展过程中，不可避免会受到当时人们的认识水平、时代条件、社会制度的局限性的制约和影响，因而也不可避免会存在陈旧过时或已成为糟粕性的东西。这就要求人们在学习、研究、应用传统文化时坚持古为今用、推陈出新，结合新的实践和时代要求进行正确取舍，而不能一股脑儿都拿到今天来照套照用。"他强调，要坚持古为今用、以古鉴今，坚持有鉴别的对待、有扬弃的继承，而不能搞厚古薄今、以古非今，努力实现传统文化的创造性转化、创新性发展，使之与现实文化相融相通，共同服务以文化人的时代任务，"为更好建设中华民族现代文明提供借鉴"。他要求："各级党委和政府要增强对历史文物的敬畏之心，树立保护文物也是政绩的科学理念，统筹好文物保护与经济社会发展，全面贯彻'保护为主、抢救第一、合理利用、加强管理'的工作方针，切实加大文物保护力度，推进文物合理适度利用，使文物保护成果更多惠及人民群众。各级文物部门要不辱使命，守土尽责，提高素质能力和依法管理水平，广泛动员社会力量参与，努力走出一条符合国情的文物保护利用之路，为实现'两个一百年'奋斗目标、实现中华民族伟大复兴的中国梦作出更大贡献。"习近平总书记的这些重要论述，体现了马克思主义历史观，宣示了我们党对待民族历史文化的基本态度。

0.2.10　深入学习领会关于构建中国话语和中国叙事体系的重要论述

构建中国话语和中国叙事体系体现了我们党提高国家文化软实力、占据国际道义制高点的战略谋划。习近平总书记提出增强我国国际话语权的重要任务并摆上突出位置，体现了宽广的世界眼光和高超的战略思维。习近平总书记指出，要"增强中华文明传播力影响力。坚守中华文化立场，提炼展示中华文明的精神标识和文化精髓，加快构建中国话语和中国叙事体系，讲好中国故事、传播好中国声音，展现可信、可爱、可敬的中国形象""要讲清楚中国是什么样的文明和什么样的国家，讲清楚中国人的宇宙观、天下观、社会观、道德观，展现中华文明的悠久历史和人文底蕴，促使世界读懂中国、读懂中国人民、读懂中国共产党、读懂中华民族"。他认为，讲故事，是国际传播的最佳方式。要讲好中国特色社会主义的故事，讲好中国梦的故事，讲好中国人的故事，讲好中华优秀文化的故事，讲好中国和平发展的故事。讲故事就是讲事实、讲形象、讲情感、讲道理，讲事实才能说服人，讲形象才能打动人，讲情感才能感染人，讲道理才能影响人。他要求，要组织各种精彩、精炼的故事载体，把中国道路、中国理论、中国制度、中国精神、中国力量寓于其中，使人想听爱听，听有所思，听有所得。要创新对外话语表达方式，研究国外不同受众的习惯和特点，采用融通中外的概念、范畴、表述，把我们想讲的和国外受众想听的结合起来，把"陈情"和"说理"结合起来，把"自己讲"和"别人讲"结合起来，使故事更多为国际社会和海外受众所认同。要加强国际传播能力建设，全面提升国际传播效能，形成同我国综合国力和国际地位相匹配的国际话语权。深化文明交流互鉴，推动中华文化更好走向世界。要完善人文交流机制，创新人文交流方式，发挥各地区各部门各方面作用，综合运用大众传播、群体传播、人际传播等多种方式展示中华文化魅力。习近平总书记的这些重要论述，既是思想理念又是工作方法，指明了提升国家文化软实力的关键点和着力点。

0.2.11　深入学习领会关于促进文明交流互鉴的重要论述

促进文明交流互鉴彰显了中国共产党人开放包容的胸襟格局。习近平总书记提出弘扬全人类共同价值、落实全球文明倡议等重要理念、重大主张，着眼的就是开放包容，为推动人类文明进步、应对全球共同挑战提供了战略指引。习近平总书记指出："文明没有高下、优劣之分，只有特色、地域之别。""每一种文明都扎根于自己的生存土壤，凝聚着一个国家、一个民族的非凡智慧和精神追求，都有自己存在的价值。""历史告诉我们，只有交流互鉴，一种文明才能充满生命力。""文明因交流而多彩，文明因互鉴而丰富。文明交流互鉴，是推动人类文明进步和世界和平发展的重要动力。"推动文明交流互鉴，可以丰富人类文明的色彩，让各国人民享受更富内涵的精神生活、开创更有选择的未来。他强调："我们应该推动不同文明相互尊重、和谐共处，让文明交流互鉴成为增进各国人民友谊的桥梁、推动人类社会进步的动力、维护世界和平的纽带。我们应该从不同文明中寻求智慧、汲取营养，为人们提供精神支撑和心灵慰藉，携手解决人类共同面临的各种挑战。"坚持美人之美、美美与共。担负起凝聚共识的责任，坚守和弘扬全人类共同价值。本着对人类前途命运高度负责的态度，做全人类共同价值的倡导者，以宽广胸怀理解不同文明对价值内涵的认识，尊重不同国家人民对价值实现路径的探索，把全人类共同价值具体地、现实地体现到实现本国人民利益的实践中去。他特别指出："在各国前途命运紧密相连的今天，不同文明包容共存、交流互鉴，在推动人类社会现代化进程、繁荣世界文明百花园中具有不可替代的作用。"为此，习近平总书记提出了全球文明倡议："共同倡导尊重世界文明多样性""共同倡导弘扬全人类共同价值""共同倡导重视文明传承和创新""共同倡导加强国际人文交流合作"。习近平总书记的这些重要论述，深刻揭示了人类文明发展的基本规律，体现了我们大党大国的天下情怀和责任担当。

习近平文化思想是一个不断展开的、开放式的思想体系，必将随着实践深入不断丰富发展。我们必须及时跟进，不断深入学习领会和贯彻落实[①]。

---

① 资料来源：曲青山.深入学习领会习近平文化思想［N］.学习时报，2023-10-23（1）.

0.3　习近平对旅游工作作出的重要指示

0.3.1　着力完善现代旅游业体系加快建设旅游强国　推动旅游业高质量发展行稳致远

中共中央总书记、国家主席、中央军委主席习近平近日对旅游工作作出重要指示指出，改革开放特别是党的十八大以来，我国旅游发展步入快车道，形成全球最大国内旅游市场，成为国际旅游最大客源国和主要目的地，旅游业从小到大、由弱渐强，日益成为新兴的战略性支柱产业和具有显著时代特征的民生产业、幸福产业，成功走出了一条独具特色的中国旅游发展之路。

习近平强调，新时代新征程，旅游发展面临新机遇新挑战。要以新时代中国特色社会主义思想为指导，完整准确全面贯彻新发展理念，坚持守正创新、提质增效、融合发展，统筹政府与市场、供给与需求、保护与开发、国内与国际、发展与安全，着力完善现代旅游业体系，加快建设旅游强国，让旅游业更好服务美好生活、促进经济发展、构筑精神家园、展示中国形象、增进文明互鉴。各地区各部门要切实增强工作责任感使命感，分工协作、狠抓落实，推动旅游业高质量发展行稳致远。

全国旅游发展大会于 2024 年 5 月 17 日在京召开。中共中央政治局委员、中宣部部长李书磊在会上传达习近平重要指示并讲话，表示要深入学习贯彻习近平总书记重要指示和关于旅游发展的一系列重要论述，坚持以文塑旅、以旅彰文，走独具特色的中国旅游发展之路。要推动旅游业高质量发展、加快建设旅游强国，强化系统谋划和科学布局，保护文化遗产和生态资源，提升供给水平和服务质量，深化国际旅游交流合作，不断开创旅游发展新局面[①]。

0.3.2　加快建设旅游强国　总书记提出新要求

全国旅游发展大会是党中央首次以旅游发展为主题召开的重要会议，会上传达了习

---

① 　资料来源：《人民日报》2024 年 5 月 18 日第 01 版。

近平总书记对旅游工作作出的重要指示。

"新时代新征程，旅游发展面临新机遇新挑战。"在重要指示中，总书记既充分肯定改革开放特别是党的十八大以来旅游工作取得的显著成绩，又对加快建设旅游强国、推动旅游业高质量发展作出全面部署、提出明确要求。

0.3.2.1　肯定一条道路

习近平总书记指出，改革开放特别是党的十八大以来，我国旅游发展步入快车道。

快车道，意味着发展速度快：2012年到2021年，国内旅游收入年均增长约10.6%；2012年到2019年，国内出游人数实现翻番。我国已形成全球最大国内旅游市场，也是国际旅游最大客源国和主要目的地。

快车道，也意味着发展方式别具一格：在中国，旅游是人民群众提升获得感、幸福感的重要方式，是传承弘扬中华文化的重要载体，是践行"绿水青山就是金山银山"理念的重要领域，还是乡村振兴的重要抓手……

对此，习近平总书记曾作出深刻阐释：

在黑龙江漠河北极村，指出"坚持林下经济和旅游业两业并举，让北国边塞风光、冰雪资源为乡亲们带来源源不断的收入"；

在山西云冈石窟，强调"让旅游成为人们感悟中华文化、增强文化自信的过程"；

在河南新县的民宿店，赞许"依托丰富的红色文化资源和绿色生态资源发展乡村旅游，搞活了农村经济，是振兴乡村的好做法"……

从小到大、由弱渐强，特色突出、前景广阔。在重要指示中，总书记指出旅游业"日益成为新兴的战略性支柱产业和具有显著时代特征的民生产业、幸福产业""成功走出了一条独具特色的中国旅游发展之路"。

0.3.2.2　坚持三个原则

习近平总书记对旅游发展有着深刻认识和丰富实践。在《之江新语》中，他就写过一篇《重视打造旅游精品》的文章，指出：随着经济发展和人民群众生活水平不断提高，以观光为主的旅游已不能满足人们的需求。"求新、求奇、求知、求乐"的旅游愿望，要求我们不断推出更多更好的旅游产品。

如何把握新机遇、迎接新挑战？此次，习近平总书记鲜明提出了旅游发展要坚持的三个原则：

（1）守正创新。守正，守的是"基本盘"。绿水青山、历史文化、优质服务……这些都是旅游发展的基础，必须始终守护。创新，则是旅游发展的驱动力。只有开动脑筋，大胆求变，才能实现传统旅游业态、产品和服务的全面升级。

（2）提质增效。鼓励创新，也要防止"一哄而上"。旅游创新的目的应始终围绕提高质量、提高效率。如何将有限的旅游资源合理开发，创造更多旅游精品、名品？如何进一步发挥旅游的带动作用，让更多人受益？关心旅游"发展了什么"，更要注重"有什么效果"。

（3）融合发展。2020 年 9 月，习近平总书记在教育文化卫生体育领域专家代表座谈会上强调，要坚持以文塑旅、以旅彰文，推动文化和旅游融合发展。更多领域正与旅游相加相融、协同发展。科技、教育、交通、体育、工业……越多融合，越有助于延伸产业链、创造新价值、催生新业态。

0.3.2.3　统筹五对关系

三个原则之外，总书记还强调统筹五对关系，体现了对旅游发展过程中若干重大关系的深刻把握。

统筹政府与市场。在旅游发展过程中，既充分发挥市场在旅游资源配置中的决定性作用，又发挥好政府在优化旅游规划布局、公共服务、营商环境等方面的重要作用。

统筹供给与需求。从"有没有"到"好不好"，人民的旅游需求呈现多样化、个性化、品质化趋势，这就要求旅游业继续推进供给侧结构性改革。

统筹保护与开发。开发是发展的客观要求，保护是开发的重要前提。只有科学合理的开发，才能促进旅游的快速发展。只有积极有效的保护，才能保证旅游的健康发展。

统筹国内与国际。做强做优做大国内旅游市场之外，提升中国旅游竞争力和影响力要求坚定不移扩大开放，发展好入出境旅游。

统筹发展与安全。安全是发展的前提，发展是安全的保障。要将安全作为检验行业可持续发展的重要标尺，守住安全生产底线、生态安全底线、意识形态安全底线。

0.3.2.4　明确五项任务

有党中央高度重视，有人民群众积极支持，有老祖宗和大自然留给我们的丰厚资源，我们完全有条件、有能力建设旅游强国。

在重要指示中，总书记还提出旅游业的五项使命任务：服务美好生活、促进经济发展、构筑精神家园、展示中国形象、增进文明互鉴。

从个体层面看，旅游是人民生活水平提高的一个重要指标。发展旅游，就是要让人们在领略自然之美中感悟文化之美、陶冶心灵之美，让生活更加美好。

从社会层面看，发展旅游业是推动高质量发展的重要着力点，旅游也是文化的重要载体。这就要求我们既关注旅游的经济作用，也关注其增强人民精神力量的作用。

从国家层面看，旅游是不同国家、不同文化交流互鉴的重要渠道。只有进一步发展旅游，才能更好展示新时代的中国形象，在"双向奔赴"中交流文化、增进友谊。

这五项使命任务，是总书记对于旅游业作用的深刻总结，也是总书记对旅游业未来的殷切期许[1]。

---

① 资料来源：https://news.cnr.cn/native/gd/sz/20240518/t20240518_526709689.shtml.

认识旅游资源

【思维导图】

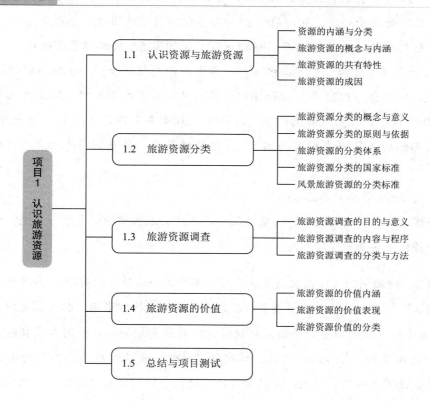

项目1 认识旅游资源

1.1 认识资源与旅游资源
- 资源的内涵与分类
- 旅游资源的概念与内涵
- 旅游资源的共有特性
- 旅游资源的成因

1.2 旅游资源分类
- 旅游资源分类的概念与意义
- 旅游资源分类的原则与依据
- 旅游资源的分类体系
- 旅游资源分类的国家标准
- 风景旅游资源的分类标准

1.3 旅游资源调查
- 旅游资源调查的目的与意义
- 旅游资源调查的内容与程序
- 旅游资源调查的分类与方法

1.4 旅游资源的价值
- 旅游资源的价值内涵
- 旅游资源的价值表现
- 旅游资源价值的分类

1.5 总结与项目测试

【项目案例导入】

案例1： 浙江云和梯田景区位于浙江省丽水市云和县崇头镇，距县城 10 千米，最早开发于唐初，兴于元、明，距今有 1000 多年历史，总面积 8.02 平方千米，海拔跨度为 200 米至 1400 多米，垂直高度 1200 多米，跨越高山、丘陵、谷地三个地貌景观带，具有体量大、震撼力强、四季景观独特等特点，是华东地区最大的梯田群，被称为"中国最美梯田"。域内拥有千年历史、千层梯田、千米落差的"三千特色"和万亩云海、万亩杜鹃、万亩竹林、万亩稻浪的"四万景象"，是全球唯一可赏雪景、观日出云海的绝美梯田；同时，历经唐、元、明三代畲汉群众接力传承，积淀出国家重点文保单位梯田银矿遗址、填补了二十四节气在国遗目录中最后空白的梅源芒种开犁节等人文景观。2017 年，云和县全面启动云和梯田创建国家 5A 级旅游景区工作，投入 5 亿元用于改造提升通景公路。2018 年，云和与原杭州商旅集团达成总投资 13.5 亿元的开发协议，创建实现加速。2020 年，梯田景区获得国家 5A 级旅游景区创建"入场券"。2022 年，云和梯田作为"中国山水工程"典型案例亮相联合国《生物多样性公约》第十五次缔约方大会。2023 年，云和梯田景区接待游客 105 万人次，同比增长 174.15%；实现旅游收入 2.1 亿元，同比增长 114.29%。2024 年 2 月 6 日，文化和旅游部发布消息，云和梯田景区正式晋升为国家 5A 级旅游景区，是全国首个梯田型 5A 级旅游景区。

（引自：https://www.yhtt.com.cn）

想一想： 云和梯田究竟有什么魅力让全国各地的游客都纷纷奔赴而来呢？体现了当下人们一种什么样的资源观？

案例2： 陶渊明的《归园田居》共 5 首，其中之一有这样的句子："方宅十余亩，草屋八九间。榆柳荫后檐，桃李罗堂前。暧暧远人村，依依墟里烟。狗吠深巷中，鸡鸣桑树颠。"其系列《归园田居》恰恰是对耕读生活的最真切描述。我国古代农村是耕读乡村，秉承耕读传家，劳作滋养身体，读书修身养性，由此形成古代乡村特有的物质与精神生活良性循环的发展模式。就旅游资源来说，中国社会的封建时代较之于欧美"封闭"而漫长，其最典型的形态是农耕经济，最直接的外在表现是田园风光和乡土风情。而在工业化乃至后工业革命时代所带来的诸多弊端面前，其截然相反的发展模式或典型状态，恰恰是现代城市人群向往的一种生活方式，更是一种乡土情怀和乡愁情结。

想一想： 从传统的耕读文化看，中国乡村的资源价值体现在哪些方面？

【项目导读】

学习目的意义： 旅游资源是旅游业赖以生存和发展的基础，决定旅游开发的方向和规模，是激起旅游者旅游动机的最直接因素。旅游资源调查是建立在对旅游资源充分认识基础上所进行的系统工作，针对需要开发与规划区域内的旅游资源有系统、有重点地调查其类型、数量、特点、性质、未来经济价值、未来可开发程度，为旅游规划与开发提供直接的数据资料和科学依据，具有重大意义。旅游资源价值是评价旅游资源质量的重要依据，主要看其是否具备较高的美学价值、科学价值、历史文化价值和经济价值。

项目内容概述： 通过对旅游资源的内涵、特征、分类和形成因素的分析阐述，加深我们对旅游资源的基础性认识；立足于不同的分类依据，从多角度对旅游资源进行分类；详细阐述旅游资源调查的要求、技术要点、调查的三种方式——概查、普查、详查以及旅游资源调查的方法；简要介绍旅游资源的价值内涵、表现及分类。

【项目学习目标】

知识目标： 理解资源、旅游资源的含义与特性；掌握旅游资源的不同类型；理解旅游资源的成因；掌握旅游资源调查的不同方式；掌握旅游资源普查的相关知识；了解旅游资源的价值内涵、表现及分类。

技能目标： 能识别不同类型的旅游资源；讲述旅游资源的形成成因；分析不同类型旅游资源的特征；能制订旅游资源调查的方案；分析旅游资源的价值表现和类型。

素质目标： 感知和领悟资源所承载的生态、历史、文化与科学价值，激发文化自信；探索和发掘工作、生活和自然界中蕴含的美感与吸引力，满足人民对美好生活的需求。

1.1 认识资源与旅游资源

1.1.1 资源的内涵与分类

1.1.1.1 资源的内涵

资源，泛指生产和生活资料的来源，作为专有名词多指自然存在的和再生的资源[①]。即通常指在一定时期内，在自然界和社会中客观存在的有用之物或能够被人类利用并产生价值的物质，一般可以分为自然资源和社会资源。

自然资源，是指在自然界形成的，由于自然因素作用形成的资源，主要有矿产、水、气候、土地、森林、生物及山、河、湖、海等[②]。自然资源的概念是资源中最为重要、最为核心且使用最为广泛的概念，如煤炭资源、石油资源、森林资源、土地资源等。社会资源，是指在一定时空条件下，人类通过自身劳动在开发利用资源过程中所提供的物质和精神财富的统称[③]。社会资源通常只限于劳动力、物资、资金、科技、信息、文化等与自然资源演变有较密切关系的社会生产要素，如人力资源、技术资源、资本资源、信息资源等。

目前，资源学界对自然资源的研究比较系统、成熟，自然资源学及其分支学科发展也比较迅速。同时，对社会资源的认识和研究也越来越重视，尤其是党的二十大报告明确提出"坚持以文塑旅、以旅彰文，推进文化和旅游深度融合发展"，使得人文旅游资源的地位越来越高，相关研究及开发关注度也不断得到提升。

1.1.1.2 资源的分类

人们要认识复杂事物，最直接、最简要的方法就是对不同的事物，根据其形态、性质、特征、特性等维度进行分类比较鉴别。通过由表及里、由浅入深的比较分析之后，才能得到分门别类的结果。比如人们对雨、雪、霜、雹等天气现象的认知发展过程、对各种矿石矿产的认识发展过程。

[①] 谭见安.地理辞典［M］.北京：化学工业出版社，2008.
[②] 谭见安.地理辞典［M］.北京：化学工业出版社，2008.
[③] 孙鸿烈.中国资源科学百科全书［M］.北京：中国大百科全书出版社和石油大学出版社联合出版，2000.

　　资源是一个动态的、发展的客观实体，是随着时间和空间的变化而发展的。因此，在确定资源对象、研究资源分类时，必须关注在一定时空条件下资源内容与分类的变化，还要善于发现由于科技进步、人文文明发展而产生的资源新门类。

　　资源分类具有多样性。根据不同的研究目的、属性特征或判别维度，就有不同类型的分类结果。比如，人们为了研究资源的可持续问题，可将其分为可再生资源与不可再生资源；为了研究资源的空间分布特征，可将其划分为地表资源与地下资源等；当区分资源的可分程度时，可划分为单一性资源与复合性资源；当研究资源的属性、成因时，又可以将其划分为自然资源与社会资源。

　　想一想： 西双版纳原始森林公园是西双版纳最大的综合性生态旅游景区之一，园内森林覆盖率超过98%，品种繁多的热带植物遮天蔽日，龙树板根、独木成林、老茎生花、植物绞杀等植物奇观异景随处可见。请问，该原始森林公园属于哪一类资源？

　　本书主要介绍资源系统分类方法中的一种，具体如图1-1所示。

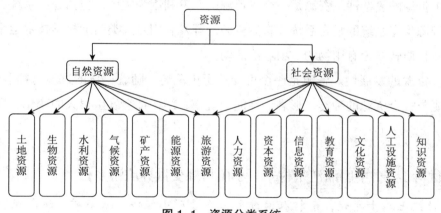

图1-1　资源分类系统

（引自：王昆欣.旅游资源评价与开发［M］.北京：清华大学出版社，2010：3，有删改）

1.1.1.3　资源的基本属性

　　（1）资源的价值性。每一种资源都有其使用价值，在一定的时空条件、科学技术与经济条件下，可以满足人类利用或创造更高、更多价值的功效与性能。以自然资源而论，资源的价值性是区别于自然条件的根本标志。自然资源的价值性是随科学进步而变化的，会随着科技进步不断被发现和开发，如风能、太阳能、潮汐能、核能等新型绿色能源的使用。

（2）资源的稀缺性。资源的稀缺性体现的是资源的经济属性，源于资源供给的有限性与人类需求的无限性之间的矛盾，两者的矛盾构成资源的稀缺性。资源的稀缺性又不断推动资源科学技术的进步，推动资源节约、资源替代和新资源的发现。

（3）资源的区域性。因不同的资源形成有其独特的自然条件与社会发展背景，导致所有资源在空间分布上均是不均匀的，都具有区域性。尤其是自然资源的空间分布更具有严格的区域性。不同区域资源组合和匹配都不一样，这是人类开发利用资源时必须遵守因地制宜原则的主要依据。如世界的石油资源主要集中在中东波斯湾沿岸、北美、欧洲及欧亚大陆、非洲、中南美洲、亚太地区；世界地热资源主要分布在全球几大地震带邻近国家或地区。

（4）资源的整体性。资源的整体性是资源系统所固有的属性特征，即各类资源均不可能孤立存在，而是相互联系、相互制约、相互依存的，以构成一个完整而又复杂的耦合系统。

（5）资源的复杂性。资源是一个以资源的开发利用为主体，包括经济系统、社会系统以及资源生态系统的复合系统。自然资源的开发利用是人类借助科学技术运用生产工具把自然物质转变为有用物的一项经济活动。

（6）资源的发展性。资源是一个可变的历史范畴。随着科技的进步与社会的发展，自然资源与社会资源的种类、形态、性能、规模、结构都会发生很大的变化，反映时代的特征。

阅读材料 1-1：中国浙江余村——小山村蝶变世界旅游乡村

20 世纪七八十年代，余村人通过大力发展矿山经济，采石矿、造水泥、烧石灰等，成为富裕村。但与之结伴而来的是土地裸露、满山"疤痕"、水土流失、扬尘四起。2003 年，随着浙江全面启动生态省建设，余村相继关停污染环境的矿山、水泥厂，村集体经济收入急转直下。2005 年 8 月 15 日，时任浙江省委书记的习近平为处于保护生态与发展经济"两难"困境的余村指明了方向。此后，"绿水青山就是金山银山"理念成为引领余村高质量绿色发展的一盏明灯。余村对矿山清危复绿、复垦改良、涵养水土，用"遗址公园"取代坑坑洼洼的矿山，用乡间绿道替换泥泞的村路，把水泥厂旧址改建成田园观光区……从寻回绿水青山开始，人与自然和谐共生的场景在余村重现。坚定不移举生态旗、打文化牌、走绿色路、吃旅游饭，余村从过去"卖石头"变为

"卖风景",从"卖资源"变为"卖生态",绿水青山的底色进一步擦亮,越来越多的游客纷至沓来。2021 年年底余村成功入选首批联合国世界旅游组织"最佳旅游乡村"名单。2022 年,余村全年的游客量高达 70 万人次,旅游收入约 3500 万元,村集体收入达 1305 万元,村民人均收入达 6.4 万元。

(引自:郭娜,俞丹,万小伟.乡村旅游助力共同富裕的"余村经验"[EB/OL]. https://mp.weixin.qq.com/s/LDzCbboH4IYzqSnkoWTYeQ,有删改)

想一想: 为什么乡村旅游、生态旅游、冰雪旅游、工业旅游、红色旅游、城市旅游、体育旅游、自驾旅游、轨道旅游、低空旅游、邮轮旅游、矿坑旅游等新型旅游业态不断涌现?其相关资源的开发利用说明了资源拥有哪些属性?

1.1.2　旅游资源的概念与内涵

旅游资源是旅游业赖以生存和发展的基础,也往往是旅游目的地的形象窗口。我国旅游资源丰富多样,随着社会的不断发展、旅游者的不断成熟,旅游资源所涵盖的范围越来越广,无论是旅游业界还是旅游学界,对于旅游资源的认识均在不断地深化。

自 20 世纪 70 年代末我国旅游业快速发展以来,我国旅游界对旅游资源的含义、价值、应用等理论与实用问题进行了多方面的研究。但由于旅游所涉及的行业和学科非常广泛,关于什么是旅游资源,不同的学者立足于不同的角度和层次,提出了不同的观点,积累了大量的文献。

邓观利(1983)指出,凡是足以构成吸引旅游者的自然和社会因素,即旅游者的旅游对象或目的物都是旅游资源。

黄辉实(1985)认为,旅游资源就是吸引人们前往游览、娱乐的各种事物的原材料。这些原材料可以是物质的,也可以是非物质的。它们本身不是游览的目的物和吸引物,必须经过开发才能成为吸引力的事物。

陈传康等(1990)认为,旅游资源是在现实条件下,能够吸引人们产生旅游动机并进行旅游活动的各种因素的总和,它是旅游业产生和发展的基础。

保继刚(1993)认为,旅游资源是指对旅游者具有吸引力的自然存在和历史文化遗产,以及直接作用于旅游目的的人工创造物。

傅文伟(1994)指出,凡是具有旅游吸引力的自然、社会景象和因素,统称为旅游资源。也就是说，旅游资源是指客观存在的包括已经开发利用和尚未开发利用的，能够吸引人们开展旅游活动的一切自然存在、人类活动以及它们在不同时期形成的各种产物的总称。

郭来喜（1982）与黄祥康（1995）认为，凡能为旅游者提供游览观赏、知识乐趣、度假疗养、娱乐休息、探险猎奇、考察研究以及友好往来和消磨闲暇时间的客体和劳务，均可称为旅游资源。

谢彦君（1999）指出，旅游资源是指客观地存在于一定地域空间并因其所具有的审美和愉悦价值而使旅游者向往的自然存在、历史文化遗迹或社会现象。

由国家旅游局资源开发司、中国科学院地理研究所在 1992 年制定的《中国旅游资源普查规范（试行稿）》中将旅游资源（tourism resources）定义为"自然界和人类社会凡能对旅游者产生吸引力，可以为旅游业开发利用，并可产生经济效益、社会效益和环境效益的各种事物和因素都可视为旅游资源"。2003 年《旅游资源分类、调查与评价》国家标准（GB/T 18972—2003）沿用了上述定义。2017 年修订并公布的《旅游资源分类、调查与评价》（GB/T 18972—2017）将旅游资源界定为"自然界和人类社会凡能对旅游者产生吸引力，可以为旅游业开发利用，并可产生经济效益、社会效益和环境效益的各种事物和现象"。

近年来，随着我国旅游业的持续发展壮大，尤其是人们消费观念的不断升级，对旅游资源的偏好细分程度也越来越明显，如湿地旅游资源、冰雪旅游资源、康养旅游资源、红色旅游资源、海洋旅游资源、白酒旅游资源等。

而西方国家将旅游资源称作旅游吸引物（tourist attractions），不仅包括旅游地的旅游资源，而且包括接待设施和优良的服务因素，甚至还包括舒适快捷的交通条件。

阅读材料 1-2：新加坡缘何成为海外热门旅游目的地

新加坡是世界上面积最小的国家之一，更是享誉世界的"花园城市国家"，这里集聚了现代与传统，融合了东西文化之精粹，再加上它的整洁环境和充满都市气息的氛围，让这个"小国"散发着莫大的魅力。旅游业对新加坡国内生产总值的贡献率为10%，是名副其实的"亚洲旅游王国"，也是世界十大旅游中心之一。那么，新加坡是如何做到仅以 700 多平方千米的国土，每年吸引着全球近 2000 万人次游客到访？

从新加坡机场奔赴市区时，会经过这样一条大道，两侧树木郁郁葱葱，搭配繁花似锦的三角梅，美不胜收，这就是新加坡著名的东海岸公园大道，道路两侧高大繁茂的行道树就是建国总理李光耀钦点的"雨树"。李光耀曾说："当外国领袖和投资人来到新加坡，沿着这条绿色大道抵达总统府时，肯定会对新加坡产生好印象。国家能打理得那么美，自然也是一个经商、旅游的好地方。"因此，多年来新加坡一直以"绿色、清洁和优美的环境"作为吸引游客的重要资源。

此外，新加坡对旅游业的发展有着明确的目标，并制订了长期计划，包括新加坡都市旅游总体规划、新加坡唐人街旧屋更新改造、新加坡河岸地区（克拉码头）规划设计改造等诸多项目，Marina Bay Sands、Gardens by the Bay、The Fullerton Bay Hotel、Capella Sentosa、环球影城、乌节路、牛车水甚至鸭子船、榴梿冰棍等都让游客津津乐道，新加坡用足了飞行中转站的地缘优势，把过境地用非同一般的城市魅力变成了目的地。几十年来，旅游业的发展明显地塑造了新加坡优美的城市环境，并影响了遗产与保护政策。旅游业的成功不仅为新加坡市民提供了更丰富的康乐、休闲选择，更增强了新加坡的全球声誉和吸引力。

（引自：王临.全球最佳"旅游目的地"新加坡是如何做到的［EB/OL］. https://mp.weixin.qq.com/s/2Qt8haUFUw2Y2t3zxDdGBQ，有删改）

想一想： 交通条件在新加坡旅游发展中的作用和地位主要体现在哪些方面？

尽管学者们各自的出发点和强调的重点有所不同，经过深入分析，我们不难发现其中的相似之处。

1.1.2.1　旅游资源是客观存在的

旅游资源是一种客观存在，作为旅游活动或旅游开发利用的客体，它是旅游开发利用、旅游活动赖以生存发展的基础与前提。无论是优美的山水、灵动的生物、百变的气象，还是优雅的艺术、惊世的古迹、完美的建筑、奇异的风俗与特色的商品，都是客观的、物质的。即使是无形的人文、艺术、传说等也均需依附于一定的物质基础而存在，也具有客观性。同时也正是因为它们的存在赋予了物质活的灵魂，使其对游客更具有难以抵挡的吸引力，这一点尤其表现在中国传统山水风景的审美意识上，如果没有那些流传千古的传世佳作，没有那些代代相传的凄美故事，没有凝聚在物质景点上的人文情怀，再美都难以引起游客的共鸣，无法产生深切的审美体验。

1.1.2.2　旅游资源具有吸引力

吸引力是旅游资源最大的特点，也是旅游资源理论的核心。正是因为旅游资源对游客的吸引力才使得旅游活动有了最初的可能，才使得旅游业得以发展运作。因此，只有那些能够激发旅游者的动机，吸引游客到异地进行游览观光、休闲度假、休憩疗养、文化交流等，能为旅游业所利用的各类事物和现象，才能成为旅游资源，这是旅游资源区别于其他资源的重要特性。

试一试： 如何创造和激发某一资源对游客的吸引力？请结合具体的例子讨论其对不同群体分别具有哪些吸引力。

1.1.2.3　旅游资源具有价值性

旅游资源是一个国家或地区旅游业发展的基础，它能为旅游业所利用，并带来经济效益，这是旅游资源价值性的体现。然而，旅游资源的价值性并不仅仅体现在经济效益方面，经过开发利用旅游资源同时还能带来巨大的社会效益。现代旅游业中，旅游资源本身的吸引力和它所赖以生存的生态环境，已经成为一个不可分割的整体，要想充分体现旅游资源的价值，就必须对其所依附的生态环境进行大力保护。因此，对旅游资源开发利用的同时，还会带来环境效益和社会效益。如杭州市在"十五"、"十一五"期间大力推进西湖综合整治工程中，对西湖进行了系统疏浚，大大改善了西湖的生态环境，持续多年落实"常态清淤、系统截污、一线考察"，真正实现了还湖于民，且开创了全域旅游的先河。

1.1.2.4　旅游资源是一个不断发展变化的概念

随着我国社会经济和科技水平的快速发展，旅游业不断发展提升，旅游者的消费需求不断多元化、个性化，很多我们以前无法利用的、没有意识到的物质和现象，在现代社会已经成为对旅游者具有强烈吸引力的旅游资源。因此，在旅游业发展的不同历史阶段，对旅游资源的内涵会有不同的理解和认识。而随着科学技术的进步，旅游者的旅游足迹范围正在日渐扩大，不仅已有的旅游资源潜能将进一步得到挖掘发挥，还会不断有新的旅游资源出现在世人面前。

阅读材料 1-3：全域旅游的资源观

全域旅游是基于解决旅游业优势产业地区高质量发展带动问题、落后的孤立发展思维问题、不合理的体制机制问题、发展时空的壁垒问题，具体而有针对性地提出的解决方案。全域旅游是指在一定区域内，以旅游业为优势产业，通过对区域内经济社会资源尤其是旅游资源、相关产业、生态环境、公共服务、体制机制、政策法规、文明素质等进行全方位、系统化的优化提升，实现区域资源有机整合、产业融合发展、社会共建共享，以旅游业带动和促进经济社会协调发展的一种新的区域协调发展理念和模式。全域旅游的实质是一种以旅游业作为重要产业工具的治理模式，是保障旅游业高质量发展的一项重要制度安排。在全域旅游中，各行业积极融入其中，各部门齐抓共管，全域居民共同参与，充分利用目的地全部的吸引要素，为前来旅游的游客提供全过程、全时空的体验产品，从而全面地满足游客的全方位体验需求。

［引自：戴学锋，杨明月. 全域旅游带动旅游业高质量发展［J］. 旅游学刊，2022，37（2）：6-8，有删改］

想一想： 全域旅游发展理念除了颠覆性地改变了新时期中国社会经济发展的资源观外，在发展观、服务观和大众旅游的消费观上体现了哪些变化？

阅读材料 1-4：新型的旅游资源观

传统的旅游资源观把旅游资源概念静态化、固着化，把一些非物质性资源排斥于旅游资源系统外，忽视了旅游资源开发利用的外部不经济性，致使旅游资源点多面广、旅游资源产权不清晰、旅游资源开发竞争激烈、旅游资源跨区域合作缓慢等问题尚未得到有效破解，旅游资源与旅游经济的空间错位现象普遍存在。新时代，旅游资源已经被抽象为一种价值要素或价值存在方式，越来越多的非旅游要素注入旅游系统中，只注重旅游经济增长而忽略旅游资源可持续性的传统模式，已经难以适应经济高质量发展的新需求。新型的旅游资源观是指在科学技术进步、价值观念变革、旅游需求提升、人均收入提高等背景下，人们对不同来源、不同结构、不同层次的旅游资源进行整合、配置、重组和优化的动态过程，表现为人们的思维认知对旅游资源性状改变的一种能动响应。在新型的旅游资源观时代，社会网络、制度、知识、智力、信息等无形资源在资源配置中起着主导作用，改变着旅游资源的数量结构、存在形式及空间形态，呈现出新旅游资源价值观、新旅游资源利用观、新旅游资源发展观、新旅游资源效益观和新旅游资源空间观等新的特征。

［引自：任以胜，陆林，韩玉刚. 新旅游资源观视角下旅游资源研究框架［J］. 自然资源学报，2022，37（3）：551-567，有删改］

想一想：从面向时代、面向未来、面向自然的新旅游资源观的角度，各地应该如何提升旅游资源利用效率和优化旅游资源空间布局？

综上所述，我们认为旅游资源应是客观存在的、具有吸引力的、能够体现价值和发展的。因此，本书选择《旅游资源分类、调查与评价》（GB/T 18972—2017）中对于旅游资源的界定，即旅游资源是"自然界和人类社会凡能对旅游者产生吸引力，可以为旅游业开发利用，并可产生经济效益、社会效益和环境效益的各种事物和现象"。

比一比：旅游资源、旅游产品和旅游吸引物的内涵差异。

1.1.3　旅游资源的共有特性

旅游资源作为资源的一种类型，既有与其他各种资源所共有的特性，又有许多其自身独有的特性。同时，不同类型的旅游资源之间既有共有特性，又有不同特性。其中，共有特性主要包括以下几点。

1.1.3.1　旅游资源分布的地域性

旅游资源分布的地域性，又称不可移动性或不可复制性，是指任何形式的旅游资源都必然受到当地的自然、社会、文化、历史、环境的影响和制约，某地的一种旅游资源移植到另一个地方，或许变异，或许不再是旅游资源，即所谓的"南橘北枳"。以闻名世界的法国巴黎埃菲尔铁塔为例，1889 年 3 月 31 日，当时世界第一高的埃菲尔铁塔落成使用，其高度达到 300 米，这座巨大的 A 型钢筋铁骨在一片争议中设计建成。目前，埃菲尔铁塔已经与巴黎共同度过了百余年，吸引了全世界无数游客登上铁塔俯瞰经过多年和谐发展的城市人文景观。登上瞭望台，淡黄色的凯旋门城楼、绿荫中的卢浮宫、白色的蒙马圣心教堂都清晰可见、色彩斑斓。21 世纪初，国内不少主题公园或地方城市时有仿效或复制国内外知名建筑人文景观或自然景观，但对游客而言始终会觉得不过瘾或有"失真"的问题存在。北有北京的"世界公园"，南有深圳的"世界之窗"，中有浙江杭州的"广厦天都城"，埃菲尔铁塔被一再"复制"或"移植"，但其"地格"是无法复制或移植的，游客既不可能体会到站在巴黎仰望铁塔的感受，又不可能领略到登上 300 米高的塔顶品味"一览众山小"的风景。

认识和理解旅游资源分布的地域性特征对地方旅游资源的开发利用、品牌塑造等具有重要意义。旅游资源开发的首要任务是确立地方风格、突出自身特色，具体可以从以下三个方面深入研究和分析。

（1）对自然地理特征进行研究和分析。俗话说"一方水土养一方人"，即不同的自然地理环境既能孕育独特的自然旅游资源，又能培育独具特色的民俗文化与人文旅游资源。例如，珠穆朗玛峰是世界最高峰，作为世界群山之首，屹立在亚欧板块和印度板块碰撞造就的喜马拉雅山脉群峰之中，其独有的气候环境、景观特征是世界其他地区均无法替代的。再如，在民居建筑中，黄土高原的窑洞、牧区的帐篷与毡房、土家族的吊脚楼、福建客家土楼（圆楼）、西南地区亚热带的竹楼、华北地区的四合院等建筑风格差异，均是历代先民顺应自然、适应自然后创造出来的独有的人文景观。在地方旅游资源开发利用、经营管理过程中，紧扣这些地理特征对潜在的旅游者很有吸引力。

（2）对历史文化特征进行研究和分析。对地方的历史过程、背景等进行考察研究、分析，寻找具有一定知名度和影响力的历史遗迹、历史人物、历史事件和历史文化背景，作为地域性的构成要素。利用当地独有的历史文化影响力进行旅游目的地的形象定位的成功案例不胜枚举。比如，西安古称长安，是丝绸之路的起点，与意大利的罗马、希腊的雅典、土耳其的伊斯坦布尔并称"世界四大古都"。深厚的历史文化积淀和浩瀚的文物古迹遗存使西安享有"天然历史博物馆"的美称，尤其是有"世界第八大奇迹"之称的秦始皇兵马俑坑（博物馆）与至今世界上保存最完整、规模最宏大的古城墙遗址——明代古城墙等顶级旅游资源，使得西安成为国外游客到内地的必到之地，也是国家级旅游线路的重要组成部分。

（3）对现代民俗文化进行研究和分析。在历史记载和考古发现尚未充分的地区，同样可以通过对当地现代民族文化和民俗文化的考察分析，提炼符合当地特色的景观特性。尤其是在一些少数民族集中聚居地区，民族文化往往构成具有号召力的精彩内容，为旅游形象的设计和旅游目的地的营销打下了坚实的基础。比如，泸沽湖又名左所海，俗称亮海，位于四川省凉山彝族自治州盐源县与云南省丽江市宁蒗彝族自治县之间。湖边的居民主要为摩梭人，至今仍然保留着母系氏族婚姻制度，被称为"东方女儿国"。在其旅游开发、经营管理过程中，充分发挥其特有的母系氏族文化尤为重要。

试一试： 你家乡有哪些民俗文化？如何利用这些民俗文化进行旅游开发，请结合具体的例子谈一谈。

1.1.3.2　旅游资源吸引力的选择性

旅游资源吸引力的选择性，与资源表现形式的多样性、功能的综合性相匹配。比如，国家 5A 级旅游景区千岛湖，不仅拥有梅峰观岛、五龙岛等知名观赏性景点，而且拥有豪华游轮观光、滨湖养生会所、滨湖景观别墅、创意休闲会所等新型服务设施。虽然各项旅游资源表现形式多样，功能丰富齐全，但不同的旅游者个体或群体的旅游需求形式或旅游动机也有较大区别，而旅游资源的吸引力在某种程度上是旅游者的主观反映。即不同的旅游者在面对同一样旅游资源时，该旅游资源在他们心目中的印象具有较大差异。因此，在旅游资源开发利用时就要结合区域目标细分市场的需求特征，充分考虑和重视资源的选择性问题，注重有效地发挥资源的综合效应，在详细评价分析旅游资源各种功能的基础上，选择综合效益最大化的开发方案。在对旅游资源的吸引力进行选择判断时，可重点参照如下四个方面进行。

（1）综合判断旅游资源的价值与典型景观。要尽可能地保持旅游资源的特色，旅游资源贵在稀有，其价值很大程度上表现在与众不同的特色上，要充分突出这种特色，即所谓的"人无我有，人有我优，人优我特"，同时尽可能地保持自然和历史形成的原始风貌。任何过分的修饰和全面毁旧翻新、人工仿制等做法均不可取。

（2）全面分析目标细分市场的需求特征。鉴于不同旅游者个体或群体有其独特的旅游动机与旅游消费习惯，因此要通过综合分析目标细分市场的需求，并根据分析研究结果来选择旅游资源的开发方向。

（3）合理选择旅游资源的开发利用方式。不同类型的旅游资源拥有不同的表现形式、多样的功能特征。要选择能够实现经济效益、社会效益、环境效益最大化的方案。

想一想：对于不同类型的旅游资源，该如何平衡其开发利用的经济效益、社会效益、环境效益？请举例说明。

（4）要实现各表现形式、功能特征的相融。对于旅游资源的多用途或多表现形式而言，要根据旅游者的选择性，要确保各个功能用途的相辅相成、各个表现形式的相融。比如，对于千岛湖旅游区而言，因其湖水较深，可以开展多样的水上运动、水上休闲、滨湖游赏等活动，但不能种植荷花来实现滨湖赏景活动。

1.1.3.3　旅游资源的可创新性

旅游资源并不是一成不变的、死板的，而是可以根据人们的意愿或认知的发展、结合自然规律特征对其进行创造、制作而再生再现。比如，北京颐和园、苏州园林等人文景观资源均是典型的再创旅游资源。旅游资源的可创性要求我们：一是随着时间的推移与人们旅游需求的转变，有必要对旅游产品进行不断创新，才能保证旅游业的可持续发展。二是在传统旅游资源匮乏的地区，为了发展旅游业，也可凭借其经济实力人为地创造一些旅游资源。比如，深圳是我国率先改革开放的经济特区，发展历史相对较短，缺乏深厚的历史文化底蕴、传统民俗文化资源与较高品质的自然旅游资源，但其加大了资金的投入与旅游资源、产品的创新，积极投资开发了以世界之窗、深圳欢乐谷、东部华侨城为代表的新型旅游产品，使深圳成为我国华南地区重要的旅游城市之一。

1.1.3.4　旅游资源的重复使用性

旅游资源的重复使用性，即旅游资源的共享性。与普通资源、商品不同，在旅游资源中，除了少部分资源在旅游活动中会被旅游者所消耗，需要通过自然繁殖、人工饲养栽培和再生产来补充之外，绝大多数旅游资源具有长期重复使用的特性。比如，当你购买了某样家用电器之后，该家用电器的所有权、使用权及其他相关权利（如销售权、租赁权等）均归你所有。但是，当你购买了某旅游景区的门票后，你购买的仅仅是该旅游景区相关旅游资源或产品的"一次性使用权"，而且在你使用该资源或产品时，必须与其他旅游者共享该资源或产品。所以在旅游资源的开发利用过程中，要重视旅游资源的保护与生态环境的培育，既要减少其对自然的、人为的破坏，又要为某些自然资源、人文资源的存在和发展创造良好的条件，以延长旅游资源的使用周期。

阅读材料 1-5:《中国公民出境旅游文明行为指南》与《中国公民国内旅游文明行为公约》

为提高公民文明素质，塑造中国公民良好国际形象，中央文明办、国家旅游局于2006年10月联合颁布《中国公民出境旅游文明行为指南》与《中国公民国内旅游文明行为公约》。

《中国公民出境旅游文明行为指南》

中国公民，出境旅游，注重礼仪，保持尊严。讲究卫生，爱护环境；衣着得体，请勿喧哗。

尊老爱幼，助人为乐；女士优先，礼貌谦让。出行办事，遵守时间；排队有序，不越黄线。

文明住宿，不损用品；安静用餐，请勿浪费。健康娱乐，有益身心；赌博色情，坚决拒绝。

参观游览，遵守规定；习俗禁忌，切勿冒犯。遇有疑难，咨询领馆；文明出行，一路平安。

《中国公民国内旅游文明行为公约》

营造文明、和谐的旅游环境，关系到每位游客的切身利益。做文明游客是我们大家的义务，请遵守以下公约：

1. 维护环境卫生。不随地吐痰和口香糖，不乱扔废弃物，不在禁烟场所吸烟。

2. 遵守公共秩序。不喧哗吵闹，排队遵守秩序，不并行挡道，不在公众场所高声交谈。

3. 保护生态环境。不踩踏绿地，不摘折花木和果实，不追捉、投打、乱喂动物。

4. 保护文物古迹。不在文物古迹上涂刻，不攀爬触摸文物，拍照摄像遵守规定。

5. 爱惜公共设施。不污损客房用品，不损坏公用设施，不贪占小便宜，节约用水用电，用餐不浪费。

6. 尊重别人权利。不强行和外宾合影，不对着别人打喷嚏，不长期占用公共设施，尊重服务人员的劳动，尊重各民族宗教习俗。

7. 讲究以礼待人。衣着整洁得体，不在公共场所袒胸赤膊；礼让老幼病残，礼让女士；不讲粗话。

8. 提倡健康娱乐。抵制封建迷信活动，拒绝黄、赌、毒。

想一想：旅游者消费行为素质的提升对旅游资源与生态环境的保护有何作用？

1.1.3.5 旅游资源的整体性

旅游资源的整体性，又称为旅游资源的组合性、群体性、依存性或系统性，是指旅游资源与旅游资源之间、旅游资源与自然环境及社会环境之间，都存在着内在的紧密联系，它们相互依存、相互作用、相互陪衬、互为条件、彼此影响，构成了一个有机整体。

（1）旅游资源整体性的表现。第一，旅游资源的整体性在自然旅游资源中表现得尤为明显，它们共同根植于特定的自然环境当中。如西双版纳属于热带湿润区，终年温暖、四季常青，在这2万多平方千米的土地上，孕育了全国15%的国家重点保护的珍稀和濒危植物、全国19%的一类保护动物，是名副其实的"动物王国"和"植物王国"，是国家级自然保护区与联合国国际生物圈保护区。第二，人文旅游资源的整体性表现也较为明显，因为任何一个地区只要有人类活动，就都凝结着不同时期社会文明的积淀和产物。无论是老祖宗创造传承下来的还是后代子孙另行创造的，都存在特定的文化脉络与属性，并通过建筑、民俗、文化、艺术等形式表现出千丝万缕的关系。第三，自然旅游资源与人文旅游资源之间也存在一定的内在联系。人类文明的发展史说明"一方水土养一方人"，即在特定时空条件下的自然环境与资源，形成了独具特色的天然景观或自然旅游资源，并产生了与之相匹配的生产关系、相融合的地方民族文化。而地方的民族文化又不断地反作用于自然环境，创造了相应的有其自身特点的人文景观，即实现了自然和人类活动的交融影响和渗透，构成了旅游资源在更大范围内的统一性和整体性。

（2）旅游资源整体性的思考。首先，在旅游资源的开发利用过程中，必须正确处理自然景观与人文景观的相互关系，做到建筑与环境的协调一致，自然与人类的"天人合一"。即在充分分析旅游资源及其地理环境、人文特征的基础上，以"反规划"理论为指导，继承和保持已有的整体性，不割断它们的内在联系，更不随意破坏。其次，要加强旅游资源的综合开发，发挥资源的整体优势与集聚效应。在发掘和利用某主体旅游资源的同时，还应注重其伴生资源的挖掘与利用，并深入研究与分析所在地的人文景观资源，否则就会失去灵魂与个性，自然就无法在区域旅游市场内树立个性与品牌。最后，鉴于旅游资源的整体性或系统性的特征，在旅游资源的开发利用过程中，要时刻谨记"勿以恶小而为之"。比如，在某湖泊型湿地公园内，开发商若无法有效控制环境容量或大规模地开展水上旅游活动，则很有可能导致湿地水生态系统的污染，进而导致湖泊内相关生物的锐减，并可能影响到区域内高端生物链（如鸟类）的生存与发展，最终导致整个湿地公园吸引力的锐减，甚至消失。

阅读材料 1-6："反规划"

"反规划"概念是在中国快速的城市进程和城市无序扩张背景下提出的，主要是一种物质空间的规划方法论。"反规划"不是简单的"绿地优先"，更不是反对规划，而是一种应对快速城市化和城市发展不确定性条件下如何进行城市空间发展的系统途径；与通常的"人口—性质—布局"的规划方法相反，"反规划"强调生命土地的完整性和地域景观的真实性是城市发展的基础。"反规划"是一种景观规划途径，是一种强调通过优先进行不建设区域的控制来进行城市空间规划的方法论，是对快速城市扩张的一种应对。

（引自：百度百科"反规划"，有删改）

1.1.3.6 旅游资源的相对稀缺性

旅游资源的相对稀缺性，是指旅游资源是有限的。在特定情况下，又是指旅游资源的不可再生性、独有性、时限性。

（1）不可再生性。无论是自然旅游资源还是部分人文旅游资源，一旦遭到损坏，其再利用便会很困难。虽然部分自然旅游资源（如生物景观类旅游资源）可以经过一定的时间得以恢复，但是其恢复周期往往相对较长，将严重影响到旅游资源与生态环境的可持续发展；而大部分自然旅游资源与人文旅游资源（尤其是一些重要的文物古迹等历史遗存），是在特定的地质条件（如火山喷发、地壳运动）与历史条件下形成的，很多是唯一的，遭到损坏后即便进行人工修复，也会丧失其科学价值、历史价值和观赏价值。

（2）独有性。各个旅游资源的形成都有其独特的地理环境条件或历史文化条件，不同地区的旅游资源均拥有较大的差异，这使得其他地区难以复制或移植，造就了旅游资源的稀缺性。如同样作为地文景观类旅游资源的"五岳"，就其自然景观而言，也存在较大差异性，即东岳泰山之雄、西岳华山之险、南岳衡山之秀、北岳恒山之幽、中岳嵩山之峻，泰山如坐、华山如立、衡山如飞、恒山如行、嵩山如卧。

（3）时限性。一方面，随着时间的变迁、季节的变化，旅游资源的含义、特性、吸引力大小等均会产生较大变化。如因生活节奏加快、城市交通拥堵等"城市病"的爆发，导致乡村旅游日益受到现代城镇居民的青睐。另一方面，气候的季节性变化，可直接对旅游资源产生影响，如亚布力滑雪场必然在每年的冬季最具吸引力，而大连的滨海旅游只有在暑假前后才会受到游客的追捧，海南亚龙湾则在每年冬季才能体现出其独特的竞争力；再如，蒙古族的"那达慕"、傣族的"泼水节"、藏族的"望果节"、新疆的"胡杨节"等，都只能在每年的特定时间内出现，造成了时间上的"稀缺性"。

旅游资源的相对稀缺性再次警示我们要合理地开发、利用旅游资源，要重视遗产保护与旅游开发的关系，遵循永续发展的原则，积极引进低碳技术，大力倡导低碳旅游。

1.1.4 旅游资源的成因

地理环境及人文环境的地域性差异是各类旅游资源形成的基本条件。即千差万别的自然、人文条件或系统经过相互影响、相互作用，形成了各具特色的旅游资源。

1.1.4.1 自然旅游资源的成因

（1）地质构造和地质作用形成地文景观旅游资源。地球的内营力是决定海陆分布、岩浆活动、地势起伏等的地球内能，它对自然景观旅游资源的类型与形成具有根本的控制作用。从全球地质构造和地壳结构来看，地壳可分为洋壳、陆壳、过渡型地壳。构造活动带有 6 大板块、20 多个小板块，各个板块构造的不同部位有不同的地质动力作用，形成不同的自然旅游资源。事实上，地壳运动最为活跃的地区，往往是自然景观资源数量最丰、品质最好的集聚区。如 2005 年，中国国家地理杂志社推出了 55 周年社庆专刊"选美中国"，通过对上榜美景的空间分布特征来看，各大顶级美景主要分布在我国第一阶梯向第二阶梯的过渡地带、第二阶梯向第三阶梯的过渡地带以及第三阶梯向海洋的过渡地带。太平洋板块与亚欧板块的俯冲带，形成火山与地震活动较强的阿留申群岛—日本群岛—琉球群岛—菲律宾群岛岛弧带，这是以海洋、岛屿、火山、温泉等自然景观为主的旅游区。印度板块与亚欧板块的碰撞，形成青藏高原，是以高山冰川为主要景观的旅游区。

各种内动力地质作用可以形成不同类型的自然景观，如火山作用形成现代火山地貌、地热景观；构造运动形成若干断陷湖泊、断块山、峡谷等旅游景观；地质作用下形成的岩石及地层中的化石也是重要的旅游资源。此外，风蚀、水蚀、冰蚀和岩溶等外营力作用在不断改变着地表形态，形成诸如雅丹地貌、喀斯特地貌和千奇百怪的冰蚀、海蚀、风蚀景观资源。

（2）地球水体的水文特征形成水域景观旅游资源。地球表面的水体有海洋、冰川、河流、湖泊、瀑布、涌泉等多种类型。它们与地质、地貌、气候、植被等因素相结合，形成丰富的水域景观旅游资源。海洋占地球表面的 71%，其中心部分为洋，边缘部分为海。在大洋型地壳地质构造与海底地貌特征、海洋气候与洋流、海洋生物等因素的控制影响下，陆地边缘形成滨海旅游资源，海洋内部形成珊瑚礁、海洋生物及海火、海光等海洋奇景旅游资源。河流既是重要的构景素材，又是刻画地表形态的主要动力。在同一条河流的上、中、下游河段，由于不同的水文特征，造成江河源头神秘莫测，上中游峡谷众多，下游河汊纵横、河网密布，特色迥然不同。在河流流经的不同景观带，既形成了不同的地貌部分，又形成了景观各异的风景走廊。如在亚洲中部的高原地区，大江大河呈放射状向四方奔流入海，形成高山峡谷、丘陵与平原、湖泊与洼淀等自然景观。在欧洲，陆地与海洋犬牙交错，河网密布，流量稳定，通航里程长，形成蓝色的多瑙河、清澈明亮的莱茵河等自然旅游景观。在美洲西部，科迪勒拉山系迫近太平洋，入海河流均比较短小，而东部地形开阔，在五大湖区形成尼亚加拉、安赫尔等世界著名的大瀑布旅游区。非洲地区的河流由于流经地区的地层软硬不同，地质构造复杂，地貌上多阶地陡崖，形成一系列巨大的河流瀑布景观，如赞比西河瀑布多达72处。此外，地表洼地积水而成的湖泊、地下水出露而成的温泉和矿泉等也都是重要的自然水体、水文旅游资源。

（3）地球生物的多样性形成生物景观旅游资源。生物是地球表面有生命物体的总称，从大的方面可以分为植物、动物、微生物三类。其中，地球动物种类不少于50万种，植物种类不少于100万种，微生物的种类目前尚难以统计。在地球发展的不同历史时期，由于地理环境条件的不同，生物种群也在不断演化。大量的古生物因地质历史环境的变迁而灭绝，其遗体或遗迹保存在地层中，成为重要的地文景观类旅游资源。另一些动植物在特定的条件下生存下来，成为再现古地理环境和研究古生物演变的"活化石"，如大熊猫、银杏、水杉等，成为重要的观赏性动植物。为保护这些珍稀动植物而建立的各类自然保护区，已成为科学研究、研学旅行和旅游开发的重要场所。

不同地理环境下生存的植物群落或动物群落，在景观上存在着明显的地域差异，可以形成独具吸引力的旅游资源。生物和自然地理环境密切相关，特别是绿色植物通过光合作用参与地球上的物质交换和能量循环，对净化空气和美化环境具有极为重要的作用。绿色植物已成为现代城市环境优劣的重要衡量标准和绝大多数旅游区必不可少的组成部分。

（4）气候的区域性差异形成天象与气候景观旅游资源。气候作为某一地区的多年天气综合特征，也是外动力作用的决定性因素之一，对旅游资源中风景地貌的塑造、风景水体的形成、观赏生物的生长和演变等有着控制性的影响。地球表面气候的差异，首先决定于太阳辐射。由于太阳辐射强度具有随纬度升高而减弱的趋势，导致高低纬度之间分别形成冰原带到热带雨林带等对比明显的自然景观类旅游资源。其次受制于海陆分布、巨型地貌形态和大气环流的特征，对大气能量和水汽输送与交换产生巨大影响，从而形成气候的区域性差异和不同的自然景观。如同处北温带，近海地区为阔叶林旅游景观，而远离海洋的内陆却形成干旱荒漠旅游景观。最后地表局部抬升（山地）导致气候要素（气温和降水）垂直向上的变化，形成随高度而变化的立体自然旅游景观。

此外，在特定的时空下，小气候环境和天象奇观等更是重要的旅游资源，前者如山岳与海滨的避暑胜地，热带与亚热带的避寒胜地等；后者如吉林雾凇、黄山云海、峨眉佛光、蓬莱仙境（海市蜃楼）等。

1.1.4.2　人文旅游资源的形成

人文旅游资源是整个人类生产、生活活动的艺术成就和文化的结晶，以其多姿多彩的造型、宏微有序的布局、五彩缤纷的色调、神奇奥妙的物象，展示了人类活动的大千世界，给游客以各种各样的美感。大体而言，其形成可归因于以下几个方面。

（1）珍贵的历史遗存。在人类发展的历史长河中，不同阶段具有不同的文化现象和特征，形成了许多反映时代特点的风物。它们从不同的角度展示了特定历史条件下的生产力发展水平和社会生活风情，是古代人类文明的珍贵遗产。随着现代旅游活动的日益兴盛，"好古""探秘""寻根"等成为广大旅游者普遍的心理倾向，凭吊悠久的历史文化古迹成为旅游者外出的旅游动机之一，更是彰显文化自信的重要载体。于是，众多的古人类遗迹遗址、古代建筑、雕塑、壁画、文学艺术、帝王陵寝、名人故居、历史街区、古镇古村等，成为重要的旅游资源。许多地方凭借文物古迹的强大吸引力成为人们游览的热点。如杭州的良渚古城遗址，实证我国上下五千年文明；周口店北京人遗址和陕西半坡遗址遗物，将人类文明的历史追溯到距今几十万年以前，因其对了解人类进化和社会发展具有重大意义而一直备受关注。历史上许多工程浩大的陵墓，如中国的秦始皇陵与明代十三陵、印度的泰姬陵、埃及的金字塔，建筑恢宏，文物价值极高，为众多猎奇寻古者所向往。被誉为"石头史书"的建筑，是最能反映时代风俗和文化特点的实体，也是旅游活动的中心，如城墙、堡垒、楼阁、殿堂、桥塔、亭榭等，都是重要旅游资源。其他诸如石碑、雕刻、水利工程、古都城等历史遗存，名人活动和重大历史事件的遗址遗迹，神话传说所依托的地点或建筑，也都以其独特的价值成为重要的旅游资源。

（2）显著的文化地域差异。不同地域、不同社会形态、不同民族的社会文化差异，是人文景观旅游资源形成的又一重要原因。正是社会文化的差异，造成不同居住地的人群对居住地以外区域的未知感，从而导致旅游者从一地向另一地移动。社会文化差异的形成，是文化地域分工的必然结果。文化是人类创造的，也是现实存在的。人与文化，就是人与其生活方式，总是分布于一定的地理空间范围内。世界上存在着多种文化，这些文化对其所在的地理环境产生着不同程度的影响。自然环境，是人类衣食住行等基本生活需要的物质基础。人类在长期适应环境、改造利用环境的过程中，不同的人群对于环境的感知不同，形成了对自然环境的不同看法，这种看法必然影响到人们利用自然的方式，使他们形成自己特有的生产、生活方式——文化，如内蒙古大草原孕育了游牧民族、大兴安岭孕育了鄂伦春族、三江平原孕育了赫哲族。也正是这种文化规范着人们的行为，使人类通过自己对自然环境施加影响而形成具有地方特色的文化现象。从这个意义上来说，社会文化差异导致了旅游者在不同地域上的流动；而文化地域分工，则是促使地方文化成为旅游资源的最根本的原因。

由于文化本身是一个涵盖面很广的概念，社会文化差异也具有十分丰富的内涵。无论是不同民族间在生产方式、生活习俗（民居、饮食、服饰等）、民族礼仪、神话传说、歌舞盛会、节日庆典等方面的差异，还是不同国家和地区人们（不管民族相同或不同）在生活习惯、生产方式乃至城镇布局、建筑风格等方面的差异，都是极具特色和开发价值的旅游资源。

想一想： 2023 年河南卫视"中国节日"系列节目推出了《唐宫夜宴》《洛神水赋》《龙门金刚》等出圈作品，节目播出后对河南省文化和旅游发展产生了哪些影响？

（3）深刻的宗教影响。宗教是一种特殊的社会文化现象，它自诞生之日起，就伴随着交通运输的发展、民族的迁移和日益频繁的地区间经济文化交流，而向世界各地迅速蔓延，并对世界经济、政治及社会生活产生极为深刻的影响。

宗教之所以能成为旅游资源，是与其作为一种意识形态的强大感召力和它在地域上的广泛分布分不开的。目前，世界性宗教有佛教、基督教和伊斯兰教，它们各自在早期的传播过程中与所传入地区的地域特点相结合，又衍生出许多的分支。基于对宗教的敬仰和对宗教圣地的向往，以"朝圣"为主要目的的宗教信徒在空间上的流动，自古就非常频繁，成为较早的旅游活动之一。宗教建筑、雕塑、壁画等宗教艺术，不仅对众多的教门弟子有着极强的吸引力，而且以其极高的美学价值和庄严隆重又颇具神秘感和新奇感的宗教活动一道成为广大非宗教信徒的重要游览对象。甚至在一些宗教历史悠久、宗教影响力较大的地区，这种非宗教朝拜目的的旅游者数量也已大大超过宗教信徒。由此看来，宗教文化是人文景观旅游资源的重要组成部分。

阅读材料 1-7：世界主要宗教的分布区

到目前为止，基督教遍及欧洲、美洲、亚洲北部大部分、南非、大洋洲等，是世界上信奉者最多的宗教，基督教中罗马天主教信奉者又最多，欧洲有大部分人口信奉此教，另外英国、北爱尔兰中部、荷兰北部、斯堪的纳维亚半岛、芬兰、爱尼波亚、德国等是新教势力范围。天主教在拉美占统治地位，一些原始部落和受英、德殖民文化及法律影响的国家除外。其他宗教占亚、非洲的绝大部分。伊斯兰教主要分布在亚洲、非洲、欧洲以及美洲，其中信奉者以西南亚与东南亚最多。佛教主要分布在东亚、东南亚。除三大宗教外，其他如犹太教、印度教、道教、神道教、摩门教等虽然没有形成世界性宗教，但也有非常重要的地位，它们的分布主要集中在这些宗教的起源地。

（引自：赵荣，等.人文地理学［M］.2版.北京：高等教育出版社，2018）

（4）快速发展的社会经济。20世纪以来快速发展的社会经济，一方面极大地推动了现代旅游业的发展，另一方面推动形成了独具特色的人文旅游资源。迪士尼的成功是一个很好的证明。迪士尼公司从动画电影行业起步，创作了卡通人物"米老鼠"和"唐老鸭"并闻名于世。迪士尼公司利用在动画片取得的轰动效应，把动画片所运用的色彩、刺激、魔幻等表现手法与游乐园的功能相结合，于1955年推出了世界上第一个现代意义上的主题公园——洛杉矶迪士尼乐园。目前，全球已建成的迪士尼乐园有6座，分别位于美国佛罗里达州和南加州以及日本东京、法国巴黎、中国香港和中国上海。迪士尼乐园涉及的各大产业都受到了广大消费者的一致好评，取得了丰硕的商业价值。

由于社会经济的发展，奥林匹克运动会、全球性的世界博览会、世界性的艺术活动（如戛纳电影节）以及各大城市的地标性建筑设施等都成为著名的人文旅游资源。

阅读材料 1-8：国内主题公园再掀投资热

目前，中国主题公园市场规模已居全球第二，并仍将保持增长态势。中国消费者对主题公园兴致盎然，运营商也加大投资力度，规划了一系列新景区。追溯中国主题公园发展，经历了起步、激增和转型三个特点鲜明的阶段。中国第一座主题公园——锦绣中华于1989年在深圳正式开园并迅速走红。此后，主题公园以其崭新体验吸引了大批游客，推动了市场发展。在成功起步的鼓舞下，行业自1996年起进入激增期，数百家本土企业竞相涉足这一迅速增长的市场，形成了差异化、多样化的发展格局。部分运营商选择基于IP打造特色品牌，而另一部分运营商则更多着眼于拓展房地产业务版图，主题公园仅作为地产综合体的构成元素之一，其业务发展重点是打造可快速复制的标准化主题公园产品。

2016年上海迪士尼开园后，行业进入了当前的转型期。为防止房地产泡沫膨胀，政策方面有所收紧；与此同时，拥有强大IP辨识度的国际运营商也争相入局抢夺市场，提高了全行业的竞争门槛。截至 2021 年年底，中国已拥有三座国际化连锁主题公园，即位于上海和香港的迪士尼乐园，以及位于北京的环球影城。尽管面临来自乐高乐园、环球影城和迪士尼等国际领先运营商的强势竞争压力，欢乐谷、方特和长隆等本土运营商依然表现强劲，并有望保持市场份额。凭借庞大的业务组合规模、连锁乐园数量和广泛的地理布局，本土头部主题公园始终占据大部分市场份额。预计到 2025 年，本土主题公园将继续服务 70%~75% 的游客。

（引自：余子健，陈洸，沈思文，陈子. 中国主题公园迎来新时代［EB/OL］. https://mp.weixin.qq.com/s/qSNh8aPdghJKEDWOc9v4yQ，有删改）

想一想： 为何在多数主题公园艰难盈利的背景下，我国主题公园投资热度依旧高涨？

1.2 旅游资源分类

1.2.1 旅游资源分类的概念与意义

分类是人们认识客观世界复杂事物的基本手段，它是了解和深入研究某种事物的一种方法。通常意义上的分类就是根据事物的特点和属性，按照不同的目的和依据，通过对分类对象进行比较，识别出事物之间的不同点，将事物区分为不同类别的过程。旅游资源分类，就是根据旅游资源的特点和属性，按照不同的目的和依据将旅游资源区分为不同类别的过程。旅游资源分类在旅游资源调查、评价、开发与保护的技术体系中具有举足轻重的地位，是旅游业可持续发展的重要前提与基础。

1.2.2 旅游资源分类的原则与依据

要对旅游资源进行科学分类，首先必须遵循分类的原则、确定分类的依据与标准。标准不同，其分类结果必然迥异。

1.2.2.1 旅游资源分类的原则

分类原则是分类的准绳与标准，是确保旅游资源分类科学性、合理性、实用性的前提与基础。在实际的操作过程中，宜遵循如下具体原则。

（1）相似性与排他性原则，又称为共轭性与排他性原则。这是旅游资源分类的首要原则，即不能把不具有共同属性特征的旅游资源归为一类，也不能将具有特定的共有属性的资源划分到不同类型。所划分的同一级同一类型旅游资源必须具有相似的属性，不同类型之间应具有特定的差异。

（2）隶属清晰原则，又称为对应性原则或系统性原则。即所划分出的次一级类型内容，必须完全对应于或隶属于上一级类型的内容，不能出现下一级内容超越上一级或少于上一级内容的现象，否则会出现隶属关系的逻辑错误。比如，生物景观类旅游资源进一步分类，应包括所有的生物景观类旅游资源，不能只包括植物景观资源，更不能包括非生物景观类旅游资源。

（3）可操作性原则。旅游资源的分类是一项实践性很强的工作，是旅游资源调查、评价与开发的前提。在进行分类的过程中，必须根据旅游资源调查、评价、开发或保护的目的，确定分类指标和体系，同时必须可以指导旅游资源的调查、评价、开发与保护等工作，否则将毫无意义，具体要做到：一是分类宜简不宜繁，宜宽不宜窄，应能直观体现资源的开发利用价值；二是根据实际需要灵活选定分级体系与分类方法；三是分类评价工作应因地制宜，有所侧重，不能生搬硬套。

（4）逐级划分原则，即分级与分类相结合的原则。旅游资源是一个复杂的系统，可以分不同级别、不同层次的亚系统。分类时，可以将分级、分类两个维度结合起来，逐级分类，避免出现越级划分的错误。

1.2.2.2 旅游资源分类的依据

在进行旅游资源分类过程中，除了要遵循前述四大基本原则之外，还必须有一定的依据或标准，即必须根据旅游资源的某项具体属性特征或关系来进行划分。常见的分类依据主要包括以下几种。

（1）成因是指旅游资源形成的基本原因、过程。例如，人文旅游资源可能是完全人为创造的，也可能是人类根据自然地理环境的实际情况改造的；自然旅游资源则是完全由自然地理环境的综合影响而成的，虽然可能经过一定的后续开发建设。在实际工作中，为更好地对旅游资源及其所处环境进行保护，通常需要根据其历史成因或形成过程进行相关分类，以便分类管理。

（2）属性是指旅游资源的性质、特征、存在方式、状态等。比如，自然旅游资源中的地文景观、水域景观、生物景观以及天象气候类资源，它们的性状特征存在明显差异，因而可以区分为不同的类型。

（3）功能是指旅游资源能够满足开展旅游与休闲活动的作用与功能。部分旅游资源可以满足多种功能，部分仅可满足某一种功能。根据旅游资源功能的不同，可以将旅游资源划分为诸如观光游览型、文化体验型、休闲度假型、运动健身型、科普研学型等。

（4）时间是指根据旅游资源形成的时间不同或持续时间的长短不同，可以将旅游资源划分为若干个类型。比如，根据建筑设施类旅游资源形成时代的不同，可以分为远古建筑、古代建筑、近代建筑、现代建筑等；根据旅游资源持续时间的长短不同，可以划分为永久性旅游资源、间歇性旅游资源（如日落日出等）、偶然性旅游资源（如海市蜃楼等）。

（5）等级是指根据旅游资源评价结果或管理等级的高低情况，可以将旅游资源划分为世界级、国家级、省级、市级等不同级别。

（6）其他是指其他能够影响到旅游资源的相关因素或指标，如开发建设情况、资源质量高低、城乡地域差异、游客心理体验、空间布局特征等。

1.2.3　旅游资源的分类体系

根据不同的目的，可以产生不同的分类标准和分类方法，众多的学者对此进行了深入的研究，积累了大量文献，最常见的包括如下几种。

1.2.3.1　按照旅游资源的成因及其基本属性分类

根据旅游资源的成因及其基本属性，可以将旅游资源划分为人文旅游资源和自然旅游资源，这种划分方法目前被学术界广泛接受。自然旅游资源是指主要由自然赋存形成的旅游资源，主要由地文景观、水域景观、生物景观和天文气象类旅游资源等组成。人文旅游资源主要指人类活动所形成的旅游资源，主要由建筑设施、历史遗迹、旅游购品、人文活动等旅游资源组成。

1.2.3.2　按旅游资源的功能分类

根据旅游资源能够满足人们不同旅游需求的功能来进行分类，可以将旅游资源分为观赏型旅游资源、康乐型旅游资源、科普型旅游资源、体验型旅游资源、度假型旅游资源、购物型旅游资源、探险型旅游资源、研学型旅游资源等不同类型。

1.2.3.3　按旅游资源的开发现状分类

按照旅游资源的开发现状来分类，可以将旅游资源分为两大类，即已开发旅游资源和尚未被开发的旅游资源，即潜在的旅游资源。已开发的旅游资源指已经被旅游业开发利用，开发历史相对长远的，或者新开发的旅游资源；潜在的旅游资源是指受开发条件所限等诸多因素影响目前还没有被旅游业所开发和利用。

1.2.3.4　按旅游资源的等级和管理范围分类

按照旅游资源的等级和管理范围来进行分类，可以将旅游资源分为：世界级旅游资源，如世界遗产、世界地质公园；国家级旅游资源，如国家级风景名胜区、国家级森林公园、国家级自然保护区、重点文物保护单位、国家级地质公园、国家级湿地公园等；以及省（自治区、直辖市）级、设区市级和县（市、区）级旅游资源。

1.2.3.5　以游客的体验为标准进行分类

1979 年美国的德赖弗（Driver）等以环境保护为目的，提出了人居环境—自然环境分类法，他们以游客的体验性质为标准，将旅游资源（旅游地）区分为五大类：原始地区、近原始地区、乡村地区、人类利用集中区和城市化地区。

1.2.4　旅游资源分类的国家标准

目前，旅游资源分类存在标准多样、定位复杂的情况，我国旅游业的迅速发展及旅游研究对旅游数量与质量要求的不断提高，使得在实践应用层面常常面临不知该如何选择的困惑，且往往分类的结果也不能很好地满足旅游研究及实际开发利用的需要。2003年 5 月 1 日，国家质量监督检验检疫总局发布的国家标准《旅游资源分类、调查与评价》（GB/T 18972—2003）开始在全国实施。该标准的发布实施，从实际应用层面对旅游资源进行分类、调查和评价，对此后十余年旅游资源的研究和认定、开发和利用等起了重要的推动作用。2017 年 12 月 29 日发布、2018 年 7 月 1 日实施的《旅游资源分类、调查与评价》（GB/T 18972—2017）充分考虑了 2003 版颁布以来，旅游界对旅游资源的含义、价值、应用等多方面的研究和实践成果，重点对旅游资源的类型划分进行了修订，使标准更加突出实际操作、突出资源与市场的有机对接、突出旅游资源开发利用的综合评价，更加适用于旅游资源开发与保护、旅游规划与项目建设、旅游行业管理与旅游法规建设、旅游资源信息管理与开发利用等方面的工作。

该系统将"属性"作为旅游资源类型划分的基础。旅游资源的属性，就是它的性质和特点，包括成因、存在状态等，按照属性进行分类比较简单明了，已为大家所认同。所以，《旅游资源分类、调查与评价》（GB/T 18972—2017）依据旅游资源的性状，即现存状况、形态、特性、特征划分类型。

国家标准将全部旅游资源划分为 3 个层次，依次称为"主类""亚类""基本类型"。其中主类和亚类为"构造层"，基本类型为"实体层"。"构造层"是旅游资源的框架支撑，"实体层"是分类、调查、评价的实际对象，因此基本类型在国家标准分类中是最实际的资源单位。

在 2017 年版标准中，旅游资源被分成 8 个主类和 23 个亚类，共 110 个基本类型。8 个旅游资源主类分别是地文景观、水域景观、生物景观、天象与气候景观（简称天象气候）、建筑与设施（简称建筑设施）、历史遗迹、旅游购品和人文活动，如表 1-1 所示。

表 1-1 《旅游资源分类、调查与评价》（GB/T 18792—2017）的旅游资源分类

主类	亚类	基本类型
A 地文景观	AA 自然景观综合体	AAA 山丘型景观 AAB 台地型景观 AAC 沟谷型景观 AAD 滩地型景观
	AB 地质与构造形迹	ABA 断裂景观 ABB 褶曲景观 ABC 地层剖面 ABD 生物化石点
	AC 地表形态	ACA 台丘状地景 ACB 峰柱状地景 ACC 垄岗状地景 ACD 沟壑与洞穴 ACE 奇特与象形山石 ACF 岩土圈灾变遗迹
	AD 自然标记与自然现象	ADA 奇异自然现象 ADB 自然标志地 ADC 垂直自然带
B 水域景观	BA 河系	BAA 游憩河段 BAB 瀑布 BAC 古河道段落
	BB 湖沼	BBA 游憩湖区 BBB 潭池 BBC 湿地
	BC 地下水	BCA 泉 BCB 埋藏水体
	BD 冰雪地	BDA 积雪地 BDB 现代冰川
	BE 海面	BEA 游憩海域 BEB 涌潮与击浪现象 BEC 小型岛礁
C 生物景观	CA 植被景观	CAA 林地 CAB 独树与丛树 CAC 草地 CAD 花卉地
	CB 野生动物栖息地	CBA 水生动物栖息地 CBB 陆地动物栖息地 CBC 鸟类栖息地 CBD 蝶类栖息地
D 天象与气候景观	DA 天象景观	DAA 太空景象观赏地 DAB 地表光现象
	DB 天气与气候现象	DBA 云雾多发区 DBB 极端与特殊气候显示地 DBC 物候景象

主类	亚类	基本类型
E 建筑与设施	EA 人文景观综合体	EAA 社会与商贸活动场所　EAB 军事遗址与古战场　EAC 教学科研实验场所　EAD 建设工程与生产地　EAE 文化活动场所　EAF 康体游乐休闲度假地　EAG 宗教与祭祀活动场所　EAH 交通运输场站　EAI 纪念地与纪念活动场所
	EB 实用建筑与核心设施	EBA 特色街区　EBB 特性屋舍　EBC 独立厅、室、馆　EBD 独立塔、所　EBE 桥梁　EBF 渠道、运河段落　EBG 堤坝段落　EBH 港口、渡口与码头　EBI 洞窟　EBJ 陵墓　EBK 景观农田　EBL 景观牧场　EBM 景观林场　EBN 景观养殖场　EBO 特色店铺　EBP 特色市场
	EC 景观与小品建筑	ECA 形象标志物　ECB 观景点　ECC 亭、台、楼、阁　ECD 书画作　ECE 雕塑　ECF 碑碣、碑林、经幢　ECG 牌坊牌楼、影壁　ECH 门廊、廊道　ECI 塔形建筑　ECJ 景观步道、甬道　ECK 花草坪　ECL 水井　ECM 喷泉　ECN 堆石
F 历史遗迹	FA 物质类文化遗存	FAA 建筑遗迹　FAB 可移动文物
	FB 非物质类文化遗存	FBA 民间文学艺术　FBB 地方习俗　FBC 传统服饰装饰　FBD 传统演艺　FBE 传统医药　FBF 传统体育赛事
G 旅游购品	GA 农业产品	GAA 种植业产品及制品　GAB 林业产品与制品　GAC 畜牧业产品与制品　GAD 水产品及制品　GAE 养殖业产品与制品
	GB 工业产品	GBA 日用工业品　GBB 旅游装备产品
	GC 手工工艺品	GCA 文房用品　GCB 织品、染织　GCC 家具　GCD 陶瓷　GCE 金石雕刻、雕塑制品　GCF 金石器　GCG 纸艺与灯艺　GCH 画作
H 人文活动	HA 人事记录活动记录	HAA 地方人物　HAB 地方事件
	HB 岁时节令	HBA 宗教活动与庙会　HBB 农时节日　HBC 现代节庆
数量统计		
8 主类	23 亚类	110 基本类型

1.2.5　风景旅游资源的分类标准

1999 年，《风景名胜区规划规范》（GB 50298—1999）正式颁布实施，对促进我国风景名胜区的规划、开发与建设等具有重大促进作用。2018 年，住房和城乡建设部分别颁布实施了《风景名胜区总体规划标准》（GB/T 50298—2018）和《风景名胜区详细规划标准》（GB/T 51294—2018）。其中，前者替代了 GB 50298—1999，并根据风景旅游资源的属性特征、性状特征等因素，将其划分为 2 个"大类"、8 个"中类"、79个"小类"。

2 个"大类"分别指自然景源、人文景源；8 个"中类"分别指天景、地景、水景、生景、园景、建筑、胜迹、风物，具体如表 1-2 所示。

表 1-2　风景旅游资源分类

大类	中类	小类
自然景源	天景	（1）日月星光（2）虹霞蜃景（3）风雨阴晴（4）气候景象（5）自然声象（6）云雾景观（7）冰雪霜露（8）其他天景
	地景	（1）大尺度山地（2）山景（3）奇峰（4）峡谷（5）洞府（6）石林石景（7）沙景沙漠（8）火山熔岩（9）蚀余景观（10）洲岛屿礁（11）海岸景观（12）海底地形（13）地质珍迹（14）其他地景
	水景	（1）泉井（2）溪流（3）江河（4）湖泊（5）潭池（6）瀑布跌水（7）沼泽滩涂（8）海湾海域（9）冰雪冰川（10）其他水景
	生景	（1）森林（2）草地草原（3）古树古木（4）珍稀生物（5）植物生态类群（6）动物群栖息地（7）物候季相景观（8）田园风光（9）其他生物景观
人文景源	园景	（1）历史名园（2）现代公园（3）植物园（4）动物园（5）庭宅花园（6）专类游园（7）陵坛墓园（8）游娱文体园区（9）其他园景
	建筑	（1）风景建筑（2）民居宗祠（3）文娱建筑（4）商业建筑（5）宫殿衙署（6）宗教建筑（7）纪念建筑（8）工交建筑（9）工程构筑物（10）特色建筑群（11）特色村寨（12）特色街区（13）古镇名城（13）其他建筑
	胜迹	（1）遗址遗迹（2）摩崖题刻（3）石窟（4）雕塑（5）纪念地（6）科技工程（7）古墓葬（8）其他胜迹
	风物	（1）节假庆典（2）民族民俗（3）宗教礼仪（4）神话传说（5）民间文艺（6）地方人物（7）地方物产（8）其他风物

［引自：《风景名胜区总体规划标准》（GB/T 50298—2018）］

1.3　旅游资源调查

旅游资源调查指的是查明可供旅游业利用的资源状况，从而可以全面系统地掌握旅游资源的数量、质量、分布、组合状况、成因、价值等，为旅游资源的评价、分级和规划等做准备，为合理开发旅游资源奠定基础，为旅游业发展提供决策性的依据。旅游资源调查是构成旅游资源知识体系的核心内容之一。

1.3.1　旅游资源调查的目的与意义

1.3.1.1　旅游资源调查的目的

旅游资源调查的目的在于围绕旅游业可持续发展的需要，依据既定的分类系统，运用科学合理、经济适宜的调查方法，对目标区域内的旅游资源（包括已知并已经开发、已知尚待开发及尚未发现的旅游资源）进行系统的、有重点的调查，以查清它们的类型、数量、质量、特点、级别、性质、未来价值、未来可开发程度及周边政治经济生态环境，为未来的旅游资源规划、开发建设、经营管理、保护培育等提供直接的数据资料，为科学决策提供参考数据。

1.3.1.2　旅游资源调查的意义

通过旅游资源调查，可以全面认识调查区域内旅游资源的类型、数量、特征、规模和开发潜力等因素，从而为其评价和开发工作奠定基础，提供可靠的第一手资料。

通过旅游资源的调查所获得的基本资料，可以为建立各级旅游资源信息库提供丰富的数据资料，从而起到摸清家底、了解现状的作用，对区域经济发展和旅游资源的管理、利用和保护工作有很大的参考价值。

通过旅游资源自身及其外部开发条件的深入调查，可以全面掌握旅游资源的开发、利用和保护的现状及存在的问题，从而为确定旅游资源的开发导向、开发时序、开发重点和提出有针对性的管理措施提供翔实、可靠的资料。

通过旅游资源的定期调查，可以动态、全面地掌握旅游资源开发、保护的进展状况，有效评估其保护的效果、开发的效益，从而及时、准确地为各级文化和旅游主管部门及其他相关部门提供有效信息，有利于其工作的科学化和现代化。

通过旅游资源的调查所获取的基本资料与环境背景条件资料，可以为旅游开发与策划过程提供大量的创新、创意来源，有利于充分挖掘区域旅游文化内涵、培育特色旅游产品、塑造旅游产品品牌等。

1.3.2　旅游资源调查的内容与程序

1.3.2.1　旅游资源调查的内容

旅游资源调查的内容主要包括旅游资源形成条件、旅游资源本体和旅游资源开发环境三个方面。

（1）旅游资源形成条件的调查。对旅游资源形成条件的调查主要在于了解和掌握调查区域内的基本情况，从而找出资源的整体特色及内在联系，主要包括以下五个方面。

①调查区的地貌特征。地貌特征包括调查区所处的地貌单元、地质构造状况、岩性、地壳活动状况（尤其是地壳活动状况与地震烈度）等内容。

②调查区的水文特征。水文特征包括地表水和地下水的类型、分布、水文特征及特殊的水文现象（特别是干旱、洪水、泥石流等灾害现象）。

③调查区的动植物特征。动植物特征包括调查区动植物的类型、分布、数量及其珍稀或特色动植物类型的基本状况。

④调查区的气象气候特征。气象气候特征包括调查区的降水、气温、光照、湿度、风力的基本状况和特殊的现象，尤其是涉及旱季、雨季、风季等相关内容，直接影响到后期的评价与开发。

⑤调查区的历史沿革。历史沿革特征包括调查区在人类历史上发展的历程及留下的各种遗址遗迹、人物传说、民俗文化与传统工艺等内容。

（2）旅游资源本体的调查。旅游资源本体的调查主要是深入细致地根据旅游资源的属性进行调查，为开发提供基本素材，其基本内容主要涉及其自然景观与人文景观。

①调查自然景观。首先是对调查区的基本自然条件进行调查，然后再有重点地调查可供开发、特色鲜明的资源，包括构成特色山体的岩石、岩层、构造，构成地貌形态的沟谷、洞穴等，构成水景的泉、溪、瀑、湖、江、河、海等，具有特色的动植物和气象因素等（具体可参照项目3至项目10的旅游资源单体调查的基本特征项）。

②调查人文景观。调查人文景观包括调查各类建筑与设施、历史遗迹、旅游购品与人文活动，不仅要调查现存的物化景观，还要调查历史上有影响但已毁掉的人文遗迹和民间传说等，便于开发时充分利用。

（3）旅游资源开发环境的调查。旅游资源开发环境的调查主要是对旅游资源开发有重要影响的依托环境及条件进行调查，其基本内容包括以下五个方面。

①经济环境。经济环境包括国民经济发展状况、国民生产总值、"三产"比例、人均国民生产总值、人口与居民、城镇居民人均可自由支配收入、农村居民人均纯收入、恩格尔系数、消费结构与消费水平、物价指数、就业率与劳动力价格等。

②社会文化环境。社会文化环境包括调查区文化教育设施、邮电通信设施、医疗环卫设施、安全保卫设施、道路交通设施、娱乐健身设施等的状况，当地居民的民族构成、受教育程度、宗教信仰、风俗习惯、社会审美观念、价值观念、文化禁忌、当地的旅游发展氛围以及采用新技术、新工艺、新设备的情况等。

③生态环境。生态环境包括调查区的水体质量、空气质量、噪声污染，调查区所处的生态功能区与"三区三线"，自然保护区、森林公园、湿地公园，以及环境优美乡镇、生态乡镇、生态示范区以及绿色设施的建设情况，调查区森林覆盖率、城镇绿化率水平，节能减排以及"三废"、垃圾的处理率等。

阅读材料 1-9：什么是"三区三线"

2019 年 3 月，习近平总书记在参加十三届全国人大二次会议内蒙古代表团审议时强调，"要坚持底线思维，以国土空间规划为依据，把城镇、农业、生态空间和生态保护红线、永久基本农田保护红线、城镇开发边界作为调整经济结构、规划产业发展、推进城镇化不可逾越的红线"。

因此，"三区三线"是指农业空间、生态空间、城镇空间三种类型空间，以及分别对应划定的永久基本农田保护红线、生态保护红线、城镇开发边界三条控制线。"三区三线"的划定及管控是发挥国土空间规划战略性、引领性、约束性、载体性作用的重要基础，是国土空间规划的核心内容。科学划定"三区三线"，对于加快形成生产空间集约高效、生活空间宜居适度、生态空间山清水秀的国土空间格局具有重大意义。

（1）严格控制耕地和永久基本农田调整，稳定农业空间。土地综合整治中确需对少量破碎的耕地和永久基本农田进行布局调整的，按照"总体稳定、优化微调"的原则，在数量有增加、质量有提升、生态有改善、布局更优化的前提下，稳妥有序实施。已建高标准农田、有良好水利灌溉设施的耕地应当优先划入永久基本农田；已经划入永久基本农田的，原则上不得调出。严禁在城乡建设中以单个项目占用为目的擅自调整永久基本农田。

（2）严禁调整生态保护红线，保护生态空间。土地综合整治涉及生态保护红线内零星破碎、不便耕种、以"开天窗"形式保留的永久基本农田，在保持生态保护红线外围边界不变、不破坏生态环境的前提下，可以适度予以整治、集中，确保生态保护红线面积不减少、生态系统功能不降低、完整性联通性有提升。严禁以土地综合整治名义调整生态保护红线。严禁破坏生态环境砍树挖山填湖，严禁违法占用林地、湿地、草地，不得采伐古树名木，不得以整治名义擅自毁林开垦。

（3）严守城镇开发边界，锁定城镇空间。原则上不得以土地综合整治的名义调整城镇开发边界。城镇开发边界范围内的耕地，以"开天窗"方式划为永久基本农田的，原则上应予以保留，充分发挥其生态和景观功能。对过于零星破碎、不便耕种、确需进行集中连片整治的，仍优先以"开天窗"方式保留，保持"开天窗"永久基本农田总面积不减少；确需调出、不再以"开天窗"方式保留的，必须确保城镇开发边界扩展倍数不增加。

（引自：农交网."三区三线"指的是什么？坚决维护"三区三线"划定成果的严肃性！［EB/OL］.https://m.nongjiao.com/news/read-35224.html，有删改）

④政策法规环境。政策法规环境包括地区文化和旅游主管部门或机构的设置变动情况及相关法律法规、管理措施等的执行落实情况。

⑤市场供需环境。首先是旅游客源需求市场的环境调查，具体包括对国际游客、国内游客、外地游客、本地游客的数量、比重、各自停留时间、旅游动机、消费构成、消费水平、出游率，以及性别、年龄、职业、收入、文化程度等基本情况。其次是旅游产品供给市场的环境调查，具体包括调查区及其邻近区域各类旅游产品的供给数量、特征、结构、等级、时间等方面的属性特征。

想一想： 是不是每一个旅游资源单体的调查或每一个层次的旅游资源调查均需要调查上述内容？为什么？

1.3.2.2 旅游资源调查的程序

旅游资源调查是一项复杂而细致的工作过程，无论采用哪种形式，进行哪一类的调查，都需要有组织、有计划的行动方案，才能保证旅游资源调查工作有条不紊地进行，并提高工作效率和调查质量。在实际工作过程中，按照调查内容繁简、调查任务要求、调查时间、范围和手段，以及调查人员的素质等具体条件而有所不同。一般而言，需要经过准备工作阶段、现场调查阶段、整理分析阶段（见图1-2）。

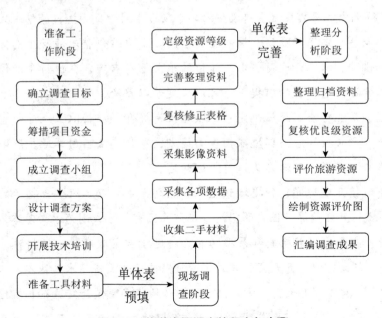

图1-2 旅游资源调查的程序与步骤

1.3.3 旅游资源调查的分类与方法

1.3.3.1 旅游资源调查的分类

在实际调查过程中，根据调查目的的不同，旅游资源调查大致可划分为旅游资源详查、旅游资源普查、旅游资源概查三类（见表 1-3）。

表 1-3 旅游资源调查的分类差异比较

比较项目	详查	普查	概查
性质	区域性的	区域性的	专题性的
目的	综合性目的	专题性目的	专题性目的
技术支撑	根据国家相关标准规范	根据国家相关标准规范	可自定相关标准规范
适用范围	旅游区规划、旅游资源研究、旅游资源保护、专项旅游产品开发等	区域旅游规划、旅游资源保护等	区域旅游规划、涉旅相关专题规划研究等
组织形式	成立调查组，成员组合合理	成立调查组，成员组合合理	不一定需要成立调查组
工作方式	规定标准程序	规定标准程序	适当简化程序
提交文件	标准要求的全部文件、图件	标准要求的全部文件、图件	根据实际要求提交

（1）旅游资源详查。即带有研究目的和旅游区域规划任务、旅游资源的保护培育的调查，所调查的内容不仅涉及旅游资源本身及其所处微观环境，而且对于所在地区的可进入性和社会经济发展情况（如当地的交通、能源、自然环境、社会经济环境、未来客源市场）都应该有一个详细的调查资料作为佐证，要求关键性数据的测量、图像资料要齐全。通常调查范围较小，可使用较大比例尺地形图（1∶500~1∶10000）进行。通过直接测量、校核收集的基础资料，对重点问题和地段进行专题研究和鉴定，系统调查开发的内部环境与外部条件，对关键问题提出规划性建议。旅游资源详查一般应以概查或普查的成果为基础，且须在普查的基础上在旅游景点的高质量和高层次上下功夫，进行更为详细的实地勘察工作。详查的适用范围和要求包括：适用于了解和掌握整个区域旅游资源全面情况的旅游资源调查；完成全部旅游资源调查程序，包括调查准备、实地调查；要求对全部旅游资源单体进行调查，提交全部"旅游资源单体调查表"。

（2）旅游资源普查。所谓旅游资源普查即为给保护和合理开发利用提供必要科学依据，而对特定区域所进行的详细、全面的调查，往往以实地调查为主。鉴于旅游资源普查的周期长、耗资大、技术水平高、成果要求高，对人、财、物要求高，因此，在开展旅游资源普查之前，须满足已成立正式旅游管理或开发机构（企业）、有一定实际工作经验和资料积累、普查区内有丰富的旅游资源相关资料数据、专业人员以及资金等要求，工作底图一般是 1∶10000~1∶50000 比例尺的地形图，调查范围可大可小。

（3）旅游资源概查。即在二手资料分析整理基础上的一般状况调查。旅游资源概查一般用比例尺小于 1∶50000 的底图上进行调查工作，也有使用卫星影像图或行政区划图、旅游交通图等作为工作底图。主要任务是对已知旅游资源进行调查、核实、校正，或根据其他专业资料对潜在旅游资源进行预测验证，以大致把握哪些旅游资源具有开发价值及可待发展的旅游项目、哪些旅游资源具有进一步开发价值。适用范围和要求：适用于了解和掌握特定区域或专门类型的旅游资源调查；要求对涉及的旅游资源单体进行调查；可简化工作程序，如不需要成立调查组，调查人员由其参与的项目组织协调委派；资料收集限定在与专门目的所需要的范围；可以不填写或择要填写旅游资源单体调查表等。

1.3.3.2　旅游资源的调查方法

旅游资源调查方法的选择和技巧直接关系到调查结果的可信度。在实际操作过程中，主要有以下六种方法可供选择、组合运用。

（1）文案调查法。又称为间接调查法、文献调查法，是指通过收集旅游资源的各种现有信息数据和情报资料，从中采集与被调查资源相关的内容并进行分析研究的一种调查方法。适用于各类旅游资源调查工作，尤其是前期准备工作阶段，但通常不适用于尚未开发或尚未发现的旅游资源集聚区。文案调查法主要收集经加工过的次级材料，而且以文献性信息为主，既有动态资料，又有静态资料，尤其偏重于从动态角度收集各种反映旅游资源变化状态的历史与现实资料。

想一想：在采取文案调查法的过程中，应注意哪些问题？

（2）咨询调查法。指调查者采用座谈、访谈、询问等形式了解旅游资源情况的一种方法。咨询调查的对象可以是被调查地区的相关主管部门、社区居民及旅游者，以便及时、全面地了解被调查区域的相关事实及部分季节性出现的现象。整个咨询过程是调查者与被咨询者之间相互作用、相互影响的过程，具体可采取当面调查访谈、电话调查、邮件调查、问卷调查等方式进行。

（3）实地调查法。指调查者在现场对被调查事物和现象进行直接观察，或借助相关仪器设备开展测量工作并记录，以获得旅游资源信息资料的调查方法。其最大特点是能客观地反映被调查对象的最新情况，资料的真实性非常高，灵活性强，但容易受季节性影响因素的制约，部分旅游现象难以观察或测量，资料的调查会具有一定的局限性。

（4）遥感调查法。遥感技术应用于旅游资源调查，并取得了较好的成效。采用遥感技术调查方法，可以收集多种比例尺、不同时期的遥感影像，并与地形图、地质图等相匹配，并通过 ArcGIS 等地理信息软件进行解译，不仅能对旅游资源的类型定性，而且能成为旅游资源的定量标志并发现一些野外考察中不易发现的潜在旅游资源。同时，通过遥感卫星照片、航拍照片等遥感影像的整体性，可以全面掌握调查区旅游资源现状、判断各景点的空间布局和组合关系，为开发旅游资源提供可靠线索，进行旅游资源的主体观察和定量测量，实现景观信息的提取，特别是能对人迹罕至、山高林密及常规方法无法达到的地区进行资源调查。

（5）统计分析法。各类旅游资源的调查与评价，均需对其数量、等级、长宽、深浅、角度、含量、盐度、温度、直径、周长、种类等相关数据进行统计分析，尤其是涉及地方国民经济发展水平、客源市场需求特征等方面，对确定某一个旅游资源集聚区的旅游特色、旅游价值等具有重大意义，也是设计旅游环境和生态系统的重要依据。

（6）分区分类法。在旅游资源的调查与评价过程中，通过对区域内不同类型的资源及不同分区内的资源进行横向比较、评价，以便得出区域旅游资源的种类特征、分区特征、一般特征及质量与空间的差异等结果，为旅游资源的开发、规划等进行合理的空间布局奠定基础。

试一试： 近年来，各类人工智能大数据系统上线，请以某个人工智能大数据系统为例，尝试开展相关旅游资源基本信息的调查，并评判其结果的真伪或质量。

1.4　旅游资源的价值

1.4.1　旅游资源的价值内涵

旅游资源是旅游产品的核心要素，也是旅游发展的基本前提。旅游资源的价值问题，关系到人们对旅游资源的认识和利用，关系到旅游产品的开发，关系到对旅游发展规律的研判，关系到市场经济的完善和发展，关系到旅游业能否快速、协调、稳定、可持续及高质量发展。因此，旅游资源价值问题既是重要的理论问题，又是重大的实际问题。

传统上对旅游资源价值的讨论与旅游资源的成因密切相关，对人文旅游资源具有价值这一点不存在争议，但是对自然旅游资源的价值争议颇多，至今仍处于不同观点的争论之中。事实上，旅游资源的价值往往是由经济社会发展乃至人类发展的需求决定的。

1.4.1.1　自然旅游资源的价值内涵

关于自然旅游资源的价值讨论，归纳起来主要有以下三种观点。第一种观点是用西方经济学中效用决定价值的观点解释自然资源的价值，认为未经开发的自然资源是有价值的，这种价值是由其有用性和稀缺性决定的。第二种观点认为，自然资源未经开发，不能作为商品进入市场，没有价值，没有价格。我国在很长一段时间内，受"劳动创造价值"的观念影响，认为没有劳动参与的东西（环境、资源）和不能交易的东西（阳光、森林、空气、蓝天）没有价值。受这种价值观念的影响，在现实社会中出现了"产品高价、原料低价、资源无价"的不合理现象。正是这种资源无价的观念及其在理论和政策上的表现，导致了资源的无偿占用、掠夺性开发和浪费使用，造成资源毁损、生态环境恶化，极大地削弱了经济发展的基础。自然旅游资源也不例外，无价论使得人们难以用经济手段加强对旅游资源的管理和保护。由于缺乏对资源价值的正确评估，一些珍贵的自然旅游资源在价格信号中难以表现出来，从而在客观上造成了缺乏对旅游资源短缺与否的关注。第三种观点将自然资源细分为两种，即未经人类劳动开发的自然资源和经过人类劳动加工改造将自然资源转化形成的经济资源，认为自然资源没有价值，但经济资源是有价值的，其价值是由加工改造自然资源的物化劳动和活劳动来决定的。原生的自然资源无价值但有价格，最终归因于资源的所有权问题。所以，产权问题是形成价格的关键因素。

最近三四十年来，人们逐渐认识到地球上的自然资源是有限的、稀缺的、有价值的，产生了自然资源有价值的价值观。与人类劳动产品不同，自然资源的价值源泉主要是效用。随着人们认识的加深，人们逐渐认识到自然旅游资源和游憩环境是真正的财富，具有价值，应纳入经济核算体系。

由此可见，自然旅游资源是有价值的。所不同的是，自然旅游资源价值源泉的主要部分不是劳动价值而是效用价值，这是因为通过自然力形成的自然旅游资源，并没有或者说很少凝结人类的劳动，没有或很少体现劳动价值，却拥有满足人们欲望的属性，具有特定效用性，效用的大小则取决于其稀缺性和是否存在可开发可增值的条件。

想一想： 价值和价格是什么关系？有价值的东西一定有价格吗？

1.4.1.2　人文旅游资源的价值内涵

与自然旅游资源不同，人文旅游资源都是人类劳动的成果。人文旅游资源的价值源泉大部分是人类劳动。但人文旅游资源的价值与一般商品的价值相比，具有较大的差异性。这种差异性表现在：普通商品的效用表现为直接的效用，而人文旅游资源的效用主要表现为直接或间接的效用。人文旅游资源的最初形成本身可能不是用于经济用途，但经历了时间作用，具有了一种或多种间接效用，如用于研究、观赏的目的，当被用于经济目的时，其效用就集中表现为能够满足人们特定需要，为人们带来经济利益。

人文旅游资源的价值量与普通商品的价值量一样，社会必要劳动量决定其价值量，但其价值量比普通商品的价值量计量要复杂一些。人文旅游资源一般均具有唯一性和不可再生性，不能大量生产。因此，人文旅游资源价值量由形成该资源的个别劳动时间决定。然而，部分人文旅游资源具有可再生性（比如可批量生产的旅游购品），这部分人文旅游资源的价值应当由再生产这种人文旅游资源所耗费的社会必要劳动时间决定。人文旅游资源的价值量由这样一些劳动构成：一是人文旅游资源形成时所耗费的劳动量，包括大量的脑力劳动和体力劳动量；二是为发展、保存、维护、传承人文旅游资源所耗费的劳动量；三是人文旅游资源改建、扩建和重建所耗费的劳动量；四是为将其转化为经济用途所耗费的劳动量。

1.4.1.3　旅游资源价值的多元内涵

事实上，现实世界的旅游资源是无法分清自然旅游资源和人文旅游资源的，有很多自然资源具有浓郁的人文意义，也有很多人文旅游资源以自然资源为依托。比如，一些古时遗留下来的文化遗存，如建筑、寺院、石窟、石雕、壁刻等往往依山临水而建，因其自然风景优美，而与人文景观相得益彰，由此形成自然与人文重新组合的多元资源。对一些自然旅游资源，人类在开发、保护和利用中投入了越来越多的劳动、资本和科学技术，这样的自然旅游资源也就是非纯粹的自然旅游资源，它们的价值源泉也就是在效用价值之外，再加上相关的劳动、资本、科学技术或经营管理等要素。随着时代的进步，这种非天然旅游资源的数量及其在整个资源总量中的比重会越来越高，然而其价值内涵并没有改变，仍是效用价值、劳动价值和要素价值等。

想一想：近年来，越来越多的山岳型旅游景区通过建设观光电梯、玻璃栈道、高空秋千等配套设施而吸引越来越多的游客，其价值主要体现在哪些方面？其核心价值又是什么？

　　旅游资源的价值一方面来源于旅游资源的有用性，其取决于旅游资源满足人类需要的程度大小；另一方面来源于人类认识旅游、改造旅游和保护旅游所花费的劳动耗费，其取决于人类与旅游资源相关的劳动耗费的多少。前者所蕴含的价值要远远高于人们改造、利用或生产旅游资源的成本和耗费，因而也远远高于当下旅游资源的经济价值或市场价格；后者意味着人类取用旅游资源的难易程度，也是影响旅游资源价值的重要因素。基于此，旅游资源的多元价值内涵，主要包括以下两点。

　　（1）效用是旅游资源价值的核心。按照效用价值理论，无论旅游资源中是否凝结了人类劳动，因其有用性就决定了它具有价值。当人类未进行开发，旅游资源处于自然赋存状态时，它的价值表现为"潜在的社会价值"。因此，有用性是旅游资源具有价值的前提和必要条件。

　　（2）劳动价值是旅游资源价值的组成部分。按照马克思的劳动价值论，对于旅游资源，其开发等各方面都包含了人类劳动。旅游资源价值量的大小决定于开发利用它所消耗社会必要劳动时间的多少。人类保护旅游资源的劳动耗费，包括维持旅游资源数量和质量及消除经济外部性等方面的费用。但自然旅游资源及其使用价值是自然赋予的，并不完全是人类劳动所创造的，人类的劳动只是认识和实现这种使用价值，并且旅游资源的使用价值与其自然丰度有关，旅游资源价值的大小与认识和发现它所付出人类劳动的多少不存在正比例关系。

　　此外，要素价值、创新价值、知识价值等其他价值也是构成旅游资源价值不可或缺的部分。

1.4.2　旅游资源的价值表现

　　旅游资源价值的表现形式可以从两个方面来考察：一方面从旅游者需求的角度；另一方面从开发利用者的角度。

　　从旅游者需求的角度来看，旅游资源具有美学观赏价值、历史文化价值、科学考察价值、社会价值、度假价值等，是旅游资源固有的吸引力属性价值，是旅游资源质量和水平的反映。例如，我国众多的历史文化名城、各级别文物保护单位，对部分喜爱或专业研究历史文化及考古活动的旅游者具有很高的历史文化价值和科学考察价值。

　　从开发利用者的角度来看，旅游资源价值主要是指其经济价值，是所有类型旅游资源较为统一的价值衡量标准，是旅游资源内在价值的货币化表现。从科学开发和利用旅游资源的角度重新审视旅游资源的经济价值问题，需要改变传统的经济核算方式，将旅游资源经济价值纳入旅游开发的"成本—效益分析体系"之中，为旅游资源作价入股、上市等实际工作提供依据。

1.4.2.1　美学价值

旅游资源之所以对游客产生吸引力，其具有美学价值是一个很重要的因素。无论是自然旅游资源还是人文旅游资源，都有其独特的美。如自然景观的美就包括形象美、色彩美、动态美、听觉美等。险峻的高山、茂密的森林、晶莹的冰雪、飞流直下的瀑布、壮丽的云霞无不给人以美的享受。人文旅游资源也常有让人流连忘返的美，如宏伟的宫殿、秀美的园林、精巧的手工艺品等。

想一想：近年来，各地不断涌现"网红""爆款""出圈"等现象，其本质都是"眼球经济"，与旅游资源的美学价值有何关系？

1.4.2.2　科学价值

许多名山是地质作用的杰作，如我国的泰山、庐山都是高大的断块山；庐山上有丰富的第四纪冰川遗迹，堪称地质博物馆。桂林山水、云南石林都是典型的喀斯特地貌，吉林有绝美的雾凇，山东蓬莱和浙江普陀山等地都是观看海市蜃楼的理想之地。我国众多的国家公园、自然保护区有着丰富的动植物物种。这些旅游资源和其他许多旅游资源一样，不仅有着美学价值，还有科学价值，既可以普及科学常识，又可以进行科学研究。

1.4.2.3　历史文化价值

我国是四大文明古国之一，众多的文物古迹不仅是我国旅游资源的重要组成部分，也是我国人民宝贵的精神文化财富，对研究古代社会、经济、文化艺术、工程建筑等都有重要的价值。从宏观层面看，旅游资源的历史文化价值涉及历史文物、宗教文化、休憩娱乐、民俗风情、人文景观等多个方面。

1.4.2.4　度假价值

旅游资源的度假价值是指对旅游资源能够转化为休闲度假型产品的内在属性的评价。一般来说，旅游资源的环境质量、旅游舒适性和旅游季节性等因素会影响旅游资源作为度假资源开发利用的价值，因此旅游资源的度假价值主要对这些方面进行评价。

在世界范围内，海滩也许是最受欢迎的旅游资源之一，而且也是公认的最有潜力开发为度假产品的旅游资源。许多国家都建立了海滩认证制度，设立了众多评价指标来评价海滩质量，主要包括水质、海滩、潮间带、环境教育和信息、海滩旅游资源管理等。

天气与气候原因是影响旅游者舒适度的重要原因，特别是极端高温或极端低温可能对旅游者的健康带来很大危害。因此区域气候特征对当地是否适合于开展旅游活动具有重要影响。一般而言，旅游者总是选择最佳的旅游季节和最舒适的环境进行旅游。因此，气候的舒适度是影响客流量季节变化、形成旅游淡旺季的主要因素之一。对气候条件的评价在很大程度上决定了旅游资源是否具有度假价值及其价值的高低。

1.4.2.5　经济价值

经济价值是从经济的角度对旅游资源的认可，是指旅游资源能够满足旅游者旅游需求的效用的货币衡量。旅游资源的经济价值对于旅游开发具有决定性作用，只有一种资源用于旅游活动的价值大于其他用途的机会成本，该种资源才会被用于旅游开发与经营活动。

比一比： 请以你所熟悉的某类旅游资源为案例，分析比较其观光价值和度假价值。

1.4.3　旅游资源价值的分类

旅游资源价值从不同的角度，可以划分为不同的价值类型。从目前国内外关于旅游资源价值的研究成果看，主要有环境资源价值分类系统、自然资源价值分类系统、生物多样性价值分类系统和旅游价值分类系统等方面的研究成果。2004 年郭剑英、王乃昂通过对上面几个方面研究成果的系统分析，认为旅游资源的价值分为使用价值和非使用价值两大部分，其中使用价值包括直接使用价值和间接使用价值；非使用价值包括选择价值、遗产价值与存在价值（见表 1-4）。

表 1-4　旅游资源价值的分类

总价值	类	亚类	具体体现
旅游资源	使用价值	直接使用价值	旅游价值（观光和度假价值、康体和养生价值等）、科学研究价值、历史文化教育价值
		间接使用价值	环境价值（生态服务价值等）
	非使用价值	选择价值	未来选择利用的余地等
		遗产价值	自然景观、人文遗产等能为子孙后代永续利用
		存在价值	旅游资源的保留价值，语言、文化、宗教、民俗风情等

［引自：郭剑英，王乃昂．旅游资源的旅游价值评估——以敦煌为例［J］．自然资源学报，2004，19（6）：811-817，有删改］

1.5　总结与项目测试

1.5.1　总结

本项目在充分认识资源与旅游资源的概念、内涵、特性以及相互关系的基础上，论述了旅游资源分类的概念、原则与依据，重点阐述了《旅游资源分类、调查与评价》（GB/T 18972—2017）、《风景名胜区总体规划标准》（GB/T 50298—2018）的分类方法；详细阐述了旅游资源调查的目的、意义、方法、程序及主要类型；简要介绍了旅游资源的价值内涵、表现与分类。

1.5.2　项目测试

主要概念

资源、旅游资源、旅游资源调查、旅游资源详查、旅游资源普查、旅游资源概查、旅游资源的价值表现、旅游资源价值类型

客观题

（1）下列各组中属于自然景观的是（　　　）。

A. 武夷山、韶山、香港海洋公园　　　　　B. 肇庆七星岩、黄果树瀑布、武陵源

C. 都江堰、滇池、济南大明湖　　　　　　D. 太原晋祠、云冈石窟、应县木塔

（2）我国东西南北各地区的旅游资源差异较大，体现的是旅游资源的（　　　）。

A. 相对稀缺性　　　B. 分布的地域性　　　C. 吸引力的选择性　　　D. 可创新性

（3）《宋城千古情》《只有河南》《大唐不夜城》等是国内著名的文化演艺旅游品牌产品之一，该项资源体现了旅游资源的（　　　）。

A. 相对稀缺性　　　B. 分布的地域性　　　C. 吸引力的选择性　　　D. 可创新性

（4）作为旅游资源，平遥古城对吸引旅游者起到了重要作用的特点是（　　　）。

A. 相对稀缺性　　　B. 分布的地域性　　　C. 吸引力的选择性　　　D. 可创新性

（5）福建土楼修建是为了居住，现成为旅游景点，体现了旅游资源具有（　　　）。

A. 重复使用性　　　B. 分布的地域性　　　C. 吸引力的选择性　　　D. 可创新性

（6）下列哪一类旅游资源不是按照旅游资源的成因及其基本属性来划分的？（　　　）。

A. 地文景观类旅游资源　　　　　　　　B. 历史遗迹类旅游资源

C. 教育科考类旅游资源　　　　　　　　D. 建筑设施类旅游资源

（7）横店影视城坚持"影视为表，旅游为里，文化为魂"的经营理念，随着旅游文化资源的整合、旅游产品的升级，横店影视城已成为新的旅游目的地。横店影视城不断挖掘景点所反映的历史时期、历史事件的文化内涵，其主要目的是（　　　）。

A. 营造景点的历史文化属性　　　　　　B. 承接更多的影视作品

C. 吸引更多的游客参观游览　　　　　　D. 提升景点的知名程度

（8）"望夫处江悠悠，化为石，不回头。山头日月风复雨，行人归来石应语。"这是唐代诗人王建在游览长江三峡的望夫石时写下的著名诗篇。诗人在游览景观时，能写出如此美妙的诗篇，说明他在旅游景观欣赏时（　　　）。

A. 把握景观的美感特征

B. 达到了以情观景的境界

C. 体验景观的意境

D. 充分了解了自然景观、历史文化价值和科学价值

（9）对拟开发的旅游资源进行价值评价时，国际上通行的评价标准是（　　　）。

A. 市场标准　　　　B. 美学标准　　　　C. 历史标准　　　　D. 社会标准

简答题

（1）旅游资源具有哪些特征？

（2）以你熟悉的景区为例，列举其中的旅游资源类型。

（3）简述旅游资源调查的三种不同方式。

分析题

（1）拉萨市有着 1300 年的悠久历史，名胜古迹众多，山河壮丽，风景迷人，是具有高原和民族特色的国际旅游城市。请简要分析拉萨旅游资源的独特性。

（2）湖南省武陵源风景名胜区系国家首批 5A 级旅游景区。为了更好地保护旅游资源、促进旅游资源的可持续发展，需要对风景名胜区内部所有旅游资源进行系统、翔实的排查。请根据实际情况，编制旅游资源调查的具体程序与方案。

应用题

（1）三亚市拥有海南岛最美丽的海滨风光，被称为"东方夏威夷"。在约 200 千米

的海岸线上密布亚龙湾（又称"天下第一湾"）、大东海、鹿回头公园、天涯海角、海山奇观、南山文化旅游区等闻名中外的旅游景点。三亚市可以发展度假观光型的海滨旅游，其依托的自然景观主要有哪些？三亚市旅游资源开发的优势条件有哪些？

（2）2018 年浙江省部署共建"诗画浙江大花园"，提出重点打造"浙东唐诗之路、钱塘江唐诗之路、瓯江山水诗之路、大运河（浙江段）文化带"四条诗路。请梳理这四条诗路上核心的旅游资源。

（3）2023 年 11 月 4 日，中国首艘国产大型邮轮"爱达·魔都号"正式命名交付，并在 2024 年元旦在上海吴淞口国际邮轮港开启商业首航，首航路线为上海—济州—长崎—福冈—上海，共 7 天 6 晚，单客价 4930 元起。上海能够率先试航邮轮国际航线，其开辟邮轮旅游的优势条件有哪些？

现场调查旅游资源

【思维导图】

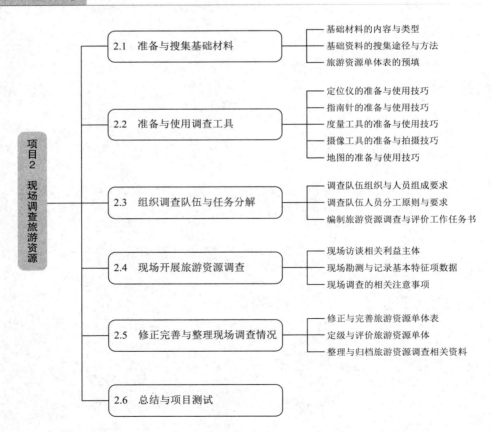

【项目案例导入】

案例 1： 北斗卫星导航系统（Beidou Navigation Satellite System，BDS，又称为 COMPASS，中文音译名称：BeiDou）是中国自行研制的全球卫星导航系统，是继美国 GPS、俄罗斯 GLONASS 之后的第三个成熟的卫星导航系统。BDS 是中国版 GPS，始于 2000 年；2011 年 12 月 27 日起对东南亚实现全覆盖；2018 年 12 月 27 日，服务范围由区域扩展为全球；2020 年 7 月 31 日正式开通服务，并逐步应用于船舶运输、公路交通、铁路运输、海上作业、渔业生产、水文测报、森林防火、环境监测、资源调查等众多行业。目前，全球范围内已经有 137 个国家与 BDS 签下了合作协议。随着全球组网的成功，其未来的国际应用空间将会不断扩展。BDS 由空间段、地面段和用户段三部分组成，可在全球范围内全天候、全天时为各类用户提供高精度、高可靠定位、导航、授时服务，并且具备短报文通信能力，已经初步具备区域导航、定位和授时能力，定位精度为分米、厘米级别，测速精度 0.2 米 / 秒，授时精度 10 纳秒。精确的定位与测量是进行旅游资源评价、开发的前提与基础，是判断旅游资源开发适宜性的有效依据。随着 BDS 的逐步完善与普及，将使我们有了多一种工具选择来完成旅游资源普查的相关工作。

想一想： 为什么美国已经有成熟的 GPS，我国仍然要研发自己的 BDS？在开展户外旅游资源调查等作业时，有何好处？

（引自：百度百科"北斗卫星导航系统"，有删改）

案例 2： 为全面贯彻党的二十大精神，深入学习贯彻习近平文化思想，坚持以文塑旅、以旅彰文，推进文化和旅游深度融合发展，2023 年 12 月 19 日，文化和旅游部联合自然资源部、住房和城乡建设部印发通知，公布了 50 个国家文化产业和旅游产业融合发展示范区建设单位，将通过 1~3 年的建设期，分批次验收、择优遴选命名国家文化产业和旅游产业融合发展示范区，发挥融合发展示范区对文化产业和旅游产业融合发展的示范带动作用。

建立健全体制机制，文旅融合发展进入新阶段。党的十八大以来，以习近平同志为核心的党中央高度重视文化和旅游工作，文化产业和旅游产业在我国经济社会发展中的地位越来越重要。2018 年，党中央立足党和国家事业全局做出了组建文化和旅游部的重大决策，这对于推进文化和旅游领域治理体系和治理能力现代化，推动文化事业、文化产业和旅游业融合发展，满足人民美好生活需要，具有重要现实意义和深远历史意义。2019 年 8 月，国务院办公厅印发《关于进一步激发文化和旅游消费潜力的意见》（国办发〔2019〕41 号），提出促进产业融合发展，建设国家文化产业和旅游产业融合发展示范区。2023 年 9 月，国务院办公厅印发《关于释放旅游消费潜力推动旅游业高质量发展的若干措施》（国办发〔2023〕36 号），提出推进文化和旅游深度融合发展，推进文化和旅游产业融合发展典型示范。

产业融合基础扎实，平台载体建设初见成效。融合发展示范区作为推进文化产业和旅游产业融合发展的重要抓手，在示范引领和辐射带动周边区域等方面发挥重要作用。近年来，融合发展的新型业态对文化和旅游的带动作用越来越明显。居民消费需求向休闲度假、深度体验转变，更加注重精神文化享受，"相约看展游""美食攻略游""国风汉服旅拍""跟着演出去旅行""跟着赛事去旅行"等融合发展业态成为文化和旅游新时尚。本次入选的 50 个融合发展示范区建设单位产业融合基本条件较为扎实，建立健全融合发展工作体制机制，统筹本地区财政、发改、宣传、商务、金融等相关部门，为推进融合发展示范区建设发挥了积极作用。

融合发展特色鲜明，示范区建设带动力逐步显现。据了解，公布的融合发展示范区建设单位各有特色。一是依托资源禀赋助力融合发展示范区建设。黄山市黟县—屯溪区—歙县、南平市武夷山市、桂林市阳朔县、酒泉市敦煌市等地民族民俗文化、红色文化、自然资源丰富，在传统旅游方面具有得天独厚的优势。在融合发展示范区建设过程中，推动优秀文化产品和服务进入旅游产业链各环节，发挥旅游的载体和渠道作用，让文化更加鲜活，旅游更有内涵。二是依托优势产业做好"＋文化""＋旅游"文章。唐山市迁安市、佛山市禅城区—南海区—广州市荔湾区等地工业发展规模较大，经济实力较强。在融合发展示范区建设过程中，推动文化产业、旅游产业同现代服务业、先进制造业、现代农业深度融合，打通上下游产业链，进一步提升文化和旅游供给体系质量和水平。三是推进文旅深度融合推动传统业态转型升级。苏州市姑苏区、成都市青羊区—郫都区—都江堰市、西安市曲江新区等地打破传统文化、旅游资源界限，发展旅游演艺、中国式主题公园、文化节庆会展旅游等品牌项目。通过融合发展示范区的建设，进一步带动传统融合业态转型升级，更好满足人民群众文化和旅游需求。四是积极培育融合发展的新型业态。青岛市西海岸新区、郑州市中牟县等地结合当地产业发展特色和资源禀赋条件，积极培育海洋文旅、新型旅游演艺等融合发展的新型业态。通过融合发展示范区的建设，推动产业融合特色化、多样化、差异化发展。

（引自：产业发展司 . 发挥典型示范作用　推进文旅深度融合［EB/OL］. https://zwgk.mct.gov.cn/zfxxgkml/zcfg/zcjd/202312/t20231221_950419.html，有删改）

想一想： 随着文化和旅游的深度融合，在现场开展旅游资源调查与评价过程中，可能会出现哪些特别需要注意的细节？

【项目导读】

学习目的意义： 旅游资源的调查与评价是一项比较艰巨且实践性较强的专业技术工作。调查基础材料的梳理与搜集、调查工具的准备与使用技巧的掌握、调查队伍的组成与任务分解等工作是做好一项旅游资源调查与评价工作的前提与基础。现场工作是旅游资源调查与评价整个工作环节中最为重要的组成部分之一。通过本项目的学习与实践，能够使各位学习者基本掌握现场工作的基本规律、主要内容与注意事项，基本掌握现场工作后的资料整理、评价定级等工作流程与要求。

项目内容概述： 第一，明确了解旅游资源调查与评价所需的各项基础材料的内容、类型及其搜集的途径与方法，并能进行旅游资源单体表的预填；第二，准备调查评价所需的定位仪或导航仪、指南针、测距仪或卷尺、摄像工具、工作底图等工具，并熟练掌握其使用技巧或注意事项；第三，能根据不同的旅游资源调查与评价任务，组建相应的旅游资源调查与评价队伍；第四，明确了解被调查区域的访谈对象以及具体的访谈内容；第五，对被调查区域的宏观环境与条件及旅游资源单体本身的性质与特征进行实地勘察，提出测量的具体要求并完成现场勘测；第六，能根据现场工作的勘测与访谈情况，修正与完善旅游资源单体调查表；第七，现场工作后各项资料的整理要求与技巧；第八，利用德尔菲法，由调查组成员或行业专家对旅游资源单体进行评价定级。

【项目学习目标】

知识目标： 了解旅游资源调查前期所需准备基础材料的内容与类型；掌握搜集各类基础材料的途径与方法；掌握旅游资源单体表预填的要求与方法；理解不同类型资源调查任务的调查队伍组织要点；了解旅游资源现场勘测与访谈、记录的主要内容及意义；掌握旅游资源单体表修正与完善的要点；理解旅游资源单体调查现场工作的相关注意事项。

技能目标： 能熟练使用定位仪（导航仪）、指南针或手机的定位、定量、定向功能；

能熟练使用卷尺、测距仪进行测量工作；能根据不同资源特征进行相应的摄像工作；能根据不同资源特征在相应的工作底图上进行位置标示；能根据旅游资源调查与评价的实际需要，有针对性地使用各类调查工具进行现场工作；能够修正、完善旅游资源单体预填表；能有效整理现场调查或勘测所获取的各项资料，并进行旅游资源的定级评价。

素质目标：能养成不怕苦、不怕累的优良品质；能换个角度或角色去分析、判断自然、生活中的"美"；能够在野外调查过程中主动帮助团队成员；能够掌握基本的野外调查与生存技巧；树立国家版图意识和保密意识。

2.1　准备与搜集基础材料

随着社会经济的快速发展，尤其是文旅深度融合与全域旅游的迭代升级，旅游资源概念的内涵不断丰富、外延不断扩展，已经逐步渗透到方方面面。因此，旅游资源的调查与评价需要综合考虑多方面的因素与条件，需要系统、全面搜集各个方面的资料。

2.1.1　基础材料的内容与类型

旅游资源的调查与评价需综合考虑其产生背景或来源、发展现状以及发展趋势。因此，不同类型旅游资源的调查与评价需重点搜集以下四个方面的基础资料内容。

2.1.1.1　旅游资源的历史背景资料

不同类型旅游资源的产生背景或发展历史具有较大的差异。自然旅游资源是大自然赋予我们的宝贵财富，多为自然生成物，一般是自然环境（包括地质地貌、水文气象、土壤植被等元素）经过历史长期的发育演变而成；人文旅游资源是"老祖宗"遗留给我们的宝贵遗产，多为人造生成物，一般是各个民族经过历史长期的发展积淀而成，通常包括建筑设施、历史遗迹、旅游购品、人文活动等类型。因此，在旅游资源的调查与评价过程中，要重点搜集关于旅游资源形成的自然成因或历史背景资料，主要包括：被调查自然旅游资源所在区域的地质构造、岩层产状、地貌类型、山脉走向、河流水系、气候特征、土壤分布、植被类型、动物类型等方面的资料，被调查人文旅游资源所在区域的历史沿革、民俗风情、民族构成、姓氏宗族、工农生产、各类建筑、政策导向等方面的资料。

2.1.1.2　旅游资源的开发保护现状资料

我国旅游资源经过多年的开发与保护，已经取得了重大发展与成绩。尤其改革开放以来，我国以风景名胜区、自然保护区、森林公园、地质公园、湿地公园以及历史文化名城、历史文化名镇（村）、各级文物保护单位等为载体的开发保护取得重大成就。截至 2023 年年底，我国共有世界遗产 57 项，其中 39 项世界文化遗产（含 6 项世界文化景观）、14 项世界自然遗产、4 项世界文化与自然遗产（见表 2-1）。因此，在旅游资源的调查与评价过程中，要针对性地搜集关于旅游资源开发与保护的相关资料，主要包括：开发保护历史、开发保护机构及其管理制度、开发保护的经费投入状况、开发保护的范围、技术手段与方法、取得的成绩等方面的资料。

表 2-1　我国旅游资源开发与保护现状成绩

开发保护类型	数量	批准部门
世界遗产	57 项	联合国教科文组织
国家级风景名胜区	244 处	国务院
国家级自然保护区	474 个	国务院
全国重点文物保护单位	5058 个	国务院
国家级旅游度假区	60 家	国务院
国家森林公园	897 处	自然资源部
国家地质公园	219 处	自然资源部
国家湿地公园	899 处（含试点）	自然资源部
国家 5A 级旅游景区	340 家	文化和旅游部
红色旅游经典景区	300 家	文化和旅游部
国家工业旅游示范基地	142 个	文化和旅游部

［注：以上数据资料来自百度百科及各部（局）网站］

阅读材料 2-1：常用概念

风景名胜区，是指具有观赏、文化或者科学价值，自然景观、人文景观比较集中，环境优美，可供人们游览或者进行科学、文化活动的区域，原称国家重点风景名胜区（引自：《风景名胜区条例》，2016 年修订）。

自然保护区，是指对有代表性的自然生态系统、珍稀濒危野生动植物物种的天然集中分布区、有特殊意义的自然遗迹等保护对象所在的陆地、陆地水体或者海域，依法划出一定面积予以特殊保护和管理的区域（引自：《中华人民共和国自然保护区条例》，2017 年修订）。

森林公园，是指森林景观优美，自然景观和人文景物集中，具有一定规模，可供人们游览、休息或进行科学、文化、教育活动的场所（引自：《森林公园管理办法》，2016 年修订）。

地质公园，是以具有特殊地质科学意义，较高的美学观赏价值的地质遗迹为主体，并融合其他自然景观与人文景观而构成的一种独特的自然区域（引自：百度百科"中国国家地质公园"词条并有修改）。

旅游景区，是指以旅游资源为依托，具有明确的空间边界、必要的旅游服务设施和统一的经营管理机构，以提供游览服务为主要功能的场所或区域［引自：《旅游景区质量等级的划分与评定》（GB/T 17775）征求意见稿］。

旅游度假区，是以提供住宿、餐饮、购物、康养、休闲、娱乐等度假旅游服务为主要功能，有明确空间边界和独立管理运营机构的集聚区［引自：《旅游度假区等级划分》（GB/T 26358—2022）］。

2.1.1.3　旅游资源的开发保护趋势资料

首先，随着《国务院关于加快发展旅游业的意见》（国发〔2009〕41 号）、《国务院关于促进旅游业改革发展的若干意见》（国发〔2014〕31 号）等文件的正式颁布实施，旅游业已经上升至国家战略，将全面承担起"拉内需、调结构、促转型"的功能与职责，成为构建消费为主驱动经济发展机制的急先锋。其次，2018 年 3 月，国务院机构改革方案公布，正式组建文化和旅游部，主要功能与职责是促进文化事业、文化产业与旅游业的发展。尤其是党的二十大报告明确指出要加大文物和文化遗产保护力度，加强城乡建设中历史文化保护传承，建好用好国家文化公园。坚持以文塑旅、以旅彰文，推进文化和旅游深度融合发展。由此可见，旅游资源的深度开发与保护工作将成为未来旅游产业转型升级、文化旅游深度融合与可持续发展的重要前提与基础，旅游业的发展也被赋予了"文化自信"的重要职责。因此，在旅游资源的调查与评价过程中，要针对性地搜集关于旅游资源本身及其所在区域的相关规划、策划、可行性研究与相关政策文件、法律法规等相关资料。

想一想：2014 年，时任浙江省委副书记、省长李强率先提出特色小镇的概念，即以浙江省八大万亿产业为依托，建设集生产、生活与生态"三位一体"，兼具产业、旅游、文化与社区四大功能的景区型小镇，要求所有非旅游产业类特色小镇必须成功创建国家 3A 级旅游景区、旅游产业类特色小镇必须成功创建国家 4A 级及以上旅游景区。请以某一地方特色产业为例，罗列该产业可能衍生出的旅游资源有哪些。

2.1.1.4　旅游资源调查与评价的其他资料

根据旅游资源调查与评价的工作要求，在开展工作之前，还应该准备好如下相关材料：工作底图（纸质或电子稿）、地方国民经济与社会发展等方面的资料（包括地方重点支柱产业发展、知名企业、社会发展和特色农业等）。

2.1.2　基础资料的搜集途径与方法

由于旅游资源种类纷繁复杂，其形成原因、环境或产生的历史背景又有所不同。因此，旅游资源调查与评价的基础材料的搜集就显得非常重要。目前，根据实际操作过程的需要，基础材料的搜集途径与方法主要包括以下三种。

2.1.2.1　公共途径

基础材料搜集的公共途径，主要包括互联网（含搜索引擎、政府职能网站、旅游中介机构网站、旅游机构官方网站或微信公众号、相关官方自媒体平台等）和图书馆两大途径。就互联网而言，对于已经得到开发的旅游资源且具有一定知名度的，可通过搜索引擎、旅游中介机构网站、旅游机构官方网站或微信公众号等途径来搜集；对于尚未得到开发但依然有较大知名度的，可通过搜索引擎以及其他自媒体平台等途径来搜集；对于尚未开发但已经有开发意向的，可以通过政府职能网站进行查询（未公开信息可依据相关规定程序申请公开）。就图书馆而言，尤其是省、市级图书馆或高校图书馆，往往馆藏图书量较大，对于搜集具有一定历史期限的文史资料等方面有较大帮助。近年来，以讯飞星火、ChatGPT 等大数据模型的问世与应用，也可为旅游资源调查与评价的基础资料搜集提供极大的便利。

想一想： 某地在开发历史街区的过程中，将对该历史街区的历史文化资源及其内涵底蕴进行深入挖掘。请问，可以通过哪些途径搜集到相关资料？然后将获取的基础资料与讯飞星火大数据模型获取的基础资料进行比较分析。

2.1.2.2　政府途径

基础材料搜集的政府途径，则主要依据不同的资源类型，分别向不同的职能部门索取。在实际的工作过程中，政府部门的资料索取方式可以采用两种：一是由旅游资源调查与评价受托方提出相关资料清单，由项目委托方所在或地方旅游等相关部门帮助索取；二是由项目委托方或地方旅游等相关部门开具相关证明，由旅游资源调查与评价受托方直接到各个职能部门索取。在索取相关资料之前，必须清楚地了解不同职能部门所承担的具体职责及其所拥有的不同材料（见表2-2）。

表2-2　旅游资源调查与评价常用材料的政府途径

部门	可索取资料清单	部门	可索取资料清单
发改	"五年"规划、专项规划等综合性资料	工信	工业旅游区、知名工业旅游区等
民政（宗）	宗教、各地方志、地名志、民族人口资料以及养老机构等	体育	体育场（馆）、体育赛事等
交通	大交通规划、交通建设现状等	商贸	特色街区、购物区、商贸服务规划、老字号等
生态环境	生态功能区划、环境保护措施、地方生态环境监控数据、"三区三线"等	农业农村	休闲农业、农家乐、各类土特产品、高科技农业园等资料
自然资源	国土空间规划、地形图、矿产资源、滩涂资源、地形图、地质地貌、土壤植被或森林、自然保护区、森林公园、湿地公园、海岛海洋等	文化旅游	遗址遗迹、各级文保单位、历史文化名城（镇、村）、非物质文化遗产、各类戏曲戏剧、文博场馆、各类民族节庆活动以及旅游规划、景区与度假区开发经营状况、酒店与民宿经营情况等
水利	水库、湖泊、河流现状及水文资料	卫生健康	各类医疗养生机构、中医药材等资料
统计	统计公报及各类统计数据	市政	公交、公园等资料
教育	各级研学旅行基地（营地）、劳动实践教育基地、院校发展情况等	住建	各类城市（镇）规划等资料

（注：各级政府的名称均有所差异，表中为常规说法）

2.1.2.3　其他途径

涉及某些特定旅游资源的调查与评价，则可视实际情况采取其他途径或方法来获取相关基础材料。如在某旅游景区具体开展旅游资源详查（为编制控制性详细规划做准备）的时候，因上述两种途径均无法获取大比例尺地形图时，可由项目委托方直接邀请各地测绘机构进行地形图的测绘或航拍工作；对于某些尚未进行任何开发的地区，可邀请熟悉当地风土人情的人士或地方领导、年长者或乡贤等展开座谈，以初步了解基本情况；对人迹罕至的地区，主要以自然旅游资源为主，可根据地形图及其他自然地理资料推算可能存在的旅游资源。

2.1.3　旅游资源单体表的预填

为了进一步减轻旅游资源调查与评价的现场工作量，可以在前期各项资料搜集、整理的基础上，展开对旅游资源单体表的预填工作。在调查单体表的预填工作中，应结合旅游资源调查与评价的"六定"要求，重点关注两大层面的内容。

2.1.3.1 宜事先填写的内容

所谓宜事先填写的内容，主要指旅游资源单体名称、基本类型、代号、行政位置以及性质与特征、宏观区位关系与进出条件、文件可查的保护开发措施等内容。

2.1.3.2 不宜事先填写的内容

所谓不宜事先填写的内容，主要指必须经过现场勘察、测量等技术方法才能确定的相关内容，包括地理位置、具体的性质与特征（单体本身的形状、色彩、规模、结构、体量）、微观的交通区位及进出条件、现实的保护开发措施、评分定级等内容。

试一试：赵州桥是当今世界上现存最早、保存最完善的古代敞肩石拱桥。请根据所能搜集到的基础材料，预填旅游资源单体调查表。

2.2 准备与使用调查工具

根据旅游资源调查与评价的"六定"技术要求，需要在现场操作定位仪、指南针、卷尺、摄像工具等仪器、设备。

2.2.1 定位仪的准备与使用技巧

为了准确地标定旅游资源单体的地理位置、高程、朝向以及确定单体的范围或面积，需要结合地形图、指南针等工具操作卫星定位仪。随着智能手机的全面普及，多功能定位系统或 App 软件基本已实现预装。因此，下面以智能手机与专业手持机作为两大定位工作来重点阐述。

2.2.1.1 智能手机及其使用技巧

随着智能手机的日益普及与推广，手机定位与导航已经成为其最为常用且流行的功能之一。目前，华为、苹果、小米、三星、OPPO、vivo 等知名品牌手机均有相关定位、导航功能。与专业手持机不同的是，智能手机可下载各类指南针、定位仪或导航地图等 App 软件。同时，智能手机的定位是通过导航卫星、移动信号甚至无线网络等多重定位技术，能够实现更快、更准的定位要求；缺点是要产生相应的流量，价格较高。

试一试：请利用智能手机，对某一旅游资源单体进行定位操作，并在地图上标明具体的位置。

2.2.1.2　专业手持机及其使用技巧

专业卫星接收机种类很多，根据型号分为测地型、全站型、定时型、手持型、集成型，根据用途分为车载式、船载式、机载式、星载式、弹载式。旅游资源调查与评价中需使用的是手持式卫星导航接收机，大尺度旅游资源单体调查也可以采用车载式或机载式导航接收机。

2.2.2　指南针的准备与使用技巧

在旅游资源的调查与评价工作中，经常需要对某些旅游资源单体的走向或朝向等进行明确界定，如某条河流或山脉的走向、某座古建筑的朝向等。在旅游资源单体所在地相对开阔的地方可以用专业卫星定位仪进行测量，但是在相对狭窄的地方可依靠专业指南针或智能手机 App 指南针。同时，旅游资源调查经常为野外调查，掌握指南针的使用技巧本身也有利于安全系数的提升。下面将重点介绍专业指南针的使用技巧。

试一试：请利用智能手机，下载一款评价分数较高的指南针 App，对某一旅游单体进行定高、定向或定位测量。

2.2.2.1　指南针简介

指南针是用以判别方位的一种简单仪器，其前身是中国古代四大发明之一的司南。其磁针在地磁场作用下能保持在磁子午线的切线方向上。磁针的北极指向地理北极，常用于航海、大地测量、旅行及军事等方面。值得注意的是，由于地理北极与地球北极之间相差超 1609 千米，因此在使用时必须对照地图来调整磁北和正北的偏差角度，才能得到正确的方向或位置。否则，测量出来的方位角是地理角度。

指南针的方向表示方式主要有罗盘法、象限法与方位角法三种。在旅游资源调查与评价中，通常运用方位角法的方向表示方式。

2.2.2.2　操作步骤与技巧

（1）设定指南针。设定指南针的目的，就是要令指南针的方向指标，指向一个特定的方向角度（假设已知方向的角度）。

步骤 1：先将指南针水平放置，转动指南针上的转盘，使所需的角度数值停在方位阅读线上。

步骤 2：转动整个指南针（不是转盘），使转盘中的定向箭嘴（罗盘北），与磁针北重叠并指向同一方向，这时方向指标所指示的方向，就是所设定角度数值的方向。

（2）校正地图或方位。又称为放置地图（Set Map），其目的是使地图与实际地形、待测建筑的方向吻合，用以确定自己的位置及方向。在实际操作过程中，可依据如下两个步骤进行。

步骤 1：根据地貌放置，即可观察周围环境，如小径、特殊地形（山峰、山谷或山脊）、河流、湖泊等地貌，对照地图的摆放，判断是否符合实际地形的各个方向；

步骤 2：使用指南针，先设定指南针指向北方（参见前面），然后使"三北"（磁针北、罗盘北、网格北）重叠，再转动地图使网格北与指南针的方向指标（即罗盘北，或转盘中的定向线）重叠或指向同一方向。

（3）方向读数与记录。在明确测定方向的基础上，使指南针上的方向指标（辅助线 / 前端后端连接线）与测定方向重叠（指向同一方向），并指向被测物体（目的地）；然后转动转盘使罗盘北（即转盘中的定向箭嘴与磁针北重叠），并指向相同方向；观察方位阅读线上数值，即为前进的方向读数[①]。读数完成后将其记入旅游资源单体调查表"性质与特征"栏的相应位置（此数据通常为不宜事先填写的内容）。

（4）方向读数的应用。通常从指南针上获取的方向读数为 0°~360° 之间的读数，通常需根据实际情况进行适当的修正。假设某寺庙的朝向读数为 r°，则其实际描述写法可根据表 2-3 进行。

表 2-3 方向读数的描述应用

序号	指南针方向读数	描述写法
1	r°=0°/360°	正北方
2	0°＜r°＜90°	北偏东 r°
3	r°=90°	正东方
4	90°＜r°＜180°	东偏南 r°—90°
5	r°=180°	正南方
6	180°＜r°＜270°	南偏西 r°—180°
7	r°=270°	正西方
8	270°＜r°＜360°	西偏北 r°—270°

---

① 注：不同的指南针读数方法有所差异。本书介绍的系初级的薄身型指南针读数方法。

2.2.2.3　注意事项

（1）基本结构知识。较好的指南针会在转盘内注满液体，使磁针的摆动速度减慢，可以较快停定并稳定指示方向；如需在夜间或黑暗的环境中使用，可选择有夜光标记的指南针使用；一般磁针以白色的一端指向南方，红色或较深色的一端指向北方；定向箭嘴必定是指向转盘上的 0 度的数值，故又称为罗盘北；方位阅读线必定与前进方向指标成一直线。

（2）保养技巧。第一，存放或使用时应保持水平，使磁针可自由转动；第二，应避免撞击及高速摆动；第三，切勿接近铁器、电器或带磁性物件；第四，不能接近高温；第五，用后应进行清洁处理。

想一想： 当你在野外进行方向测定的时候，发现磁针始终指向某一个地方（假设指南针没有出现故障），请分析可能存在的原因，并提出具体的方向测定方法。

2.2.3　度量工具的准备与使用技巧

在旅游资源的调查与评价过程当中，通常需要对某些旅游资源的长、宽、高、直径、半径等属性数据进行测量。因此，在旅游资源调查的现场勘测过程中，往往需要准备钢卷尺、皮尺等传统测距方法或测距仪等现代测距方法，也可通过各类电子地图或地形图进行相应的测量工作，具体如表 2-4 所示。

表 2-4　度量工具的类型及其适用范围

测量分类	测量方法（工具）	测量说明	精度要求
经验测量法	步长估算	人的步长约为其身高的一半，可通过观察步长来估计一段距离的长度	低
	目视估算	通过观察和估算，可以初步判断两个物体之间的大致距离	低
	参照物估算	通过现场参照某已知参照物的长宽高等进行估算	低
传统测量法	卷（皮）尺	适用于较短距离	中
	游标卡尺	适用于小微物体的测量	高
现代测量法	激光测距仪	可用于超长距离，必须有参考面	高
	电磁波测距仪	可用于较长距离，必须有参考面，不够稳定	高
	红外测距仪	可用于较长距离，必须有参考面，不够稳定	高
	经纬仪等	可用于较长距离	高
数字测量法	导航地图（如高德）	可测量面积、长度等	中
	电子地形图	可测量面积、长度等	高
	户外类 App	可测量面积、长度等	中

2.2.3.1　卷尺的适用范围及使用技巧

卷尺是日常生活中常用的测量工具，通常包括钢卷尺、皮尺等类型。常用钢卷尺的分度值为 1 毫米，量程通常可分为 1 米、3 米、5 米、10 米等几档；常用皮尺的分度值为 1 厘米，量程较钢卷尺要长得多。因此，钢卷尺通常用于测量单体规模相对较小、有明确边界或参考线、测量精度要求相对较高的旅游资源单体，如测量某古井的内径、外径或某石碑的长、宽、高等数据；皮尺通常用于测量单体规模中等、有明确边界或参考线、测量精度要求一般的旅游资源单体，如测量某古建筑的进深、某广场的长宽等。

想一想： 在旅游资源调查过程中，如需测量某建筑的室内高度或某两幢相距较远的建筑之间的距离，该如何测量？

2.2.3.2　测距仪的适用范围及适用技巧

由于卷尺的量程有限，且卷尺的硬度不足，所以当碰到相对较高或规模、体量较大的旅游资源单体时，则无法采用卷尺进行测量（如要测量某水库大坝的长度与高度）。除了利用 GPS 专业手持机进行大规模、大体量旅游资源单体的测定外，还可以利用测距仪。测距仪是根据光学、声学和电磁波学原理设计的，用于距离测量的仪器。

（1）测距仪的分类。根据测距的基本原理，可以分为激光测距仪、超声波测距仪与红外测距仪三大类。激光测距仪是目前使用最为广泛的测距仪，又可以分类为手持式激光测距仪（测量距离 0~300 米）、望远镜激光测距仪（测量距离 500~3000 米）。而超声波测距仪因受周围环境影响较大，所以一般测量距离较短且测量精度偏低。红外测距仪虽具有便宜、易制、安全等优点，但依然面临精度低、距离近、方向性差等缺点。

（2）测距仪的适用范围。鉴于激光测距仪具有方便、准确、安全等优点，因此在旅游资源调查过程中，经常用于测量建筑单体或建筑工程设施的长、宽、高等相关信息。但是，根据测距仪的工作原理，在实际的测量过程中，被测量对象必须拥有参考面（不同于卷尺的参考线或边界），否则难以实现测量。如要测量水库大坝的长度，会因水库大坝两侧没有边界面（有边界）而无法测量出相关数据。

（3）测距仪的使用指南。以 R1500 型激光测距仪为例：首先，调节测距仪目镜视度，使视场内的物体清晰；其次，按下"触发"按钮，镜内显示"+"，将中心圆对准待测目标，"模式"一般置于标准状态，再次持续按下"触发"按钮 3 秒钟左右，目标距离显示，若不使用 15 秒后自动关机。

为了可靠地测回目标数值，第二次按下"触发"按钮时，可持续 3 秒以上，直至目标距离显示，但按下时间也不能太长，否则会显示噪声产生的小数。若 3 秒以后仍无距离显示，说明目标回波质量较差，此时显示"End"。每按"模式"按钮一次，即可依次变化"标准""雨天""雾天""干扰"四种状态。刚接通电源时，处于上一次的使用模式。要进行距离单位转换时，需按下"模式"按钮 3 秒以上。

对于大多数物体，R1500 的最大测量范围是 1500 米。最大测量距离变化很大，这主要受目标物体的反射性能、气候条件等其他因素影响。通常情况下，目标表面光滑、亮色、面积大、光束与目标表面垂直、天气晴朗的情况下测的距离远；反之，则测量距离较近。

试一试： 请打开某个电子地形图或电子地图，测量某个建筑的长度与宽度或某个实体区域（如湖泊、草坪等）的面积。

2.2.4　摄像工具的准备与拍摄技巧

在旅游资源的调查与评价过程中，还需要对旅游资源单体进行定影，即摄像工作。不同类型的旅游资源，在具体的定影过程中需要有所侧重。随着现代科学技术的发展，定影摄像工具也越来越多，也更加重视摄像的质量与美观度。

2.2.4.1　定影原则

（1）整体与局部相结合原则。每个旅游资源单体都要分别从不同角度、不同距离进行拍摄，以全面反映旅游资源单体的整体风貌，又能突出局部重点或典型景观特色。

（2）静态与动态相结合原则。对于某些动态性旅游资源单体，如节庆活动、民俗表演、庙会等，以及新发现的旅游资源单体，在拍摄静态照片的同时，还应尽可能留下数码录像资料，以更加准确地反映实际效果。

（3）时间与空间相结合原则。对于某些季节性旅游资源单体，不仅要拍摄旅游资源单体所在地的宏观环境特征，而且要根据旅游资源单体表现的时间性特征，选择在特定的时间、特定的地点进行拍摄，如海市蜃楼、日出日落景观或佛光等旅游资源。

想一想： 当你在某地开展旅游资源调查的时候，可通过哪些途径来确定当地的日出、日落时间，便于拍摄特定时间的照片或影像资料。

（4）数量与质量相结合原则。在旅游资源的实地调查过程中，不同等级的旅游资源对照片拍摄的数量也有所区别。通常而言，对于资源等级、品位、禀赋越高的旅游资源单体，照片拍摄的数量也要越多。当然，在实际拍摄过程中，也不能因为仅仅追求照片的数量，更要追求照片的拍摄质量，以最真实的态度来反映资源的特色与价值。

2.2.4.2　定影技巧与注意事项

（1）摄像工具的选择。随着现代数码电子产品的日益更新与繁荣，各种数码相机、摄像机、智能手机乃至无人机应运而生。在实际调查过程中，最好能分别携带摄像机、数码相机乃至无人机。如果条件允许，数码相机最好能配备广角镜头或滤镜，以满足实地空间不允许的情况下拍摄旅游资源单体的整体效果。

（2）注意相片或录像编号。在开始实地调查之前，每位负责摄像的工作人员必须事先调试好相机或录像的编号；在调查拍摄过程中将每一个单体相对应的相片或录像编号记录下来，以便于事后室内整理，以防出错。

想一想：除了通过编号记录相片或录像资料外，还可以通过哪些途径确定对应的单体影像资料？如何确保不会出错？

（3）携带记忆棒或带有读卡器的移动硬盘。为确保摄像质量与数量，通常会调高摄像工具的分辨率与相片质量。因此，数码相机或摄像机的自带记忆棒很容易占满。因此，在长时间实地调研的时候，必须携带大容量记忆棒或带有读卡器的移动硬盘。同时，如果网络允许，可以通过现场上传云盘实现数据的存储。

（4）注意知识产权的保护。在当前知识产权保护中，图片资料与影像资料的版权保护争议相对多发。因此，各调查与评价团队在开展实际调查过程中，不得使用网络上公开传播的图片或视频。如确需使用，必须得到图片或视频的所有者（尤其是相应版权的拥有者，如网络出版使用权等）的授权方可使用。

2.2.5　地图的准备与使用技巧

旅游资源的调查与评价工作必须携带相应的工作底图，包括地形图（必备）与旅游交通图、行政区划图或卫星影像图（可选）。大尺度旅游资源概查过程中，也可通过各类电子地图或手机 App 软件实现导航、定位、定影、定轨迹等功能。

2.2.5.1　地形图的准备与使用

地形图指的是地表起伏形态和地物位置、形状在水平面上的投影图，即将地面上的地物和地貌按水平投影的方法（沿铅垂线方向投影到水平面上），并按一定的比例尺缩绘到图纸上，具有统一的大地控制基础标准、投影及分幅编号等内容。

（1）地形图的索取与准备。地形图属于国家机密材料，不得随意借阅、扫描或复印，更不能随意丢弃。目前，地形图的索取方法通常来自政府相关部门或相应的测绘机构。在项目的实际操作过程中，不同的调查评价要求、不同的区域范围，需要采用不同的地形图，具体要求如表2-5所示。

表2-5　不同类型旅游资源调查与评价的地形图要求细则

调查类型	地形图要求	资料来源	备注：实际用途
资源概查	1:5万~1:20万	自然资源等部门	大范围：区域旅游总体规划
资源普查	1:2000~1:1万	自然资源等部门	中范围：旅游区规划、资源保护
资源详查	1:500~1:2000	单独测绘	小范围：旅游区详细规划

（2）地形图的识别与拼接。当拿到地形图后，首先要对地形图进行简单的识别，包括图纸的测绘时间、图幅编号与名称、上下左右图幅编号及名称、比例尺、图例等相关信息。在实际的调查设计过程中，被调查区域往往不会在同一张图幅中。因此，接下来就要对地形图进行拼接，使被调查区域在同一个画面中，使之具有整体性。

（3）地形图的初步使用与准备。完成地形图的拼接之后，需明确旅游资源调查或评价开发的红线范围，仔细分析区内的综合自然地理环境与进出条件，并可初步判断其中可能存在的旅游资源单体及其规模，可据此设计相应的行走路线，提高工作效率。

（4）使用注意事项。首先，在地形图的使用过程中，须安排专门人员保管，防止地形图的丢失；其次，地形图使用完毕之后，须归还给相关部门或采用碎纸机销毁，不得随意丢弃；最后，纸质地形图不宜折叠，而应卷起放入地图专用袋中保存。

2.2.5.2　旅游交通图、行政区划图或卫星影像图的准备与使用

旅游交通图、行政区划图或卫星影像图是旅游资源调查与评价过程中首选的辅助地图工具，是配合寻找资源点位置及辨别交通区位关系的重要方法。旅游交通图通常由地方旅游、交通、规划建设或自然资源等相关部门委托具有地图编绘资格的相关部门、企业编绘的专题地图；行政区划图通常由地方民政部门委托具有地图编绘资格的相关部门编绘的普通平面地图，通常不含有地貌、高程等相关信息。卫星影像图通常可通过各类地图运营商免费获取，特殊区域的可由地方政府提供。

阅读材料 2-2：常见网络资源与 App 软件

（1）国内常见地图类网站资源

百度地图（http://map.baidu.com）

腾讯地图（http://map.qq.com）

高德地图（http://www.amap.com）

天地图——国家地理信息公共服务平台（http://www.tianditu.gov.cn/）

地图慧（http://www.dituhui.com/）

（2）常用户外调查 App 软件

天气类应用软件：墨迹天气

植被类应用软件：形色

户外类应用软件：两步路户外助手

地图类应用软件：百度地图、高德地图

（注：由教材编写组整理而成）

2.3 组织调查队伍与任务分解

不同类型或区域的旅游资源调查与评价任务，对调查队伍成员的组成也有不同的要求。尤其是随着旅游资源的内涵不断深入、外延不断扩展，对旅游资源调查与评价人员的要求也越来越高。

2.3.1 调查队伍组织与人员组成要求

2.3.1.1 学科背景要科学合理

在开展诸如国家地质公园、国家森林公园、国家历史文化名城、史前历史遗迹、现代高科技农业园区、工业旅游区、特色小镇等不同类型的旅游资源集聚区时，必须在坚持多学科交叉组成队伍的原则基础上，根据被调查旅游资源集聚区的实际情况，有针对性地增加相关学科背景的专家组成员。如对凤凰古城进行全面旅游资源普查时，必须在旅游、地理、经济、社会、文化、文物等相关学科背景成员的基础上，适当增加古建、民族文化等相关方面的专家学者，才能更加全面、准确地开展调查与评价。

试一试： 黄山市文旅主管部门委托某机构开展针对世界遗产——黄山的旅游资源调查工作，为更好地加强旅游资源的保护与开发做准备，请你尝试列举需要哪些学科或专业背景的项目团队成员。

2.3.1.2 年龄结构要老中青结合

在旅游资源中，既有历史年代久远的珍稀资源，又有新兴的旅游资源；既有能为世人普遍认知的旅游资源，又有能吸引部分小众群体的旅游资源。因此，在专业人才队伍的构成中，必须注重老、中、青年龄结构的合理搭档，以老带新，既能充分做好旅游资源调查与评价的相关工作，又能锻炼新人。

2.3.1.3 现场经验要相对丰富

旅游资源的调查与评价需要大量的现场勘察与测量工作。鉴于有较多旅游资源分布在尚未开发或人迹罕至的地区，导致其现场工作要求具有相对丰富经验的专业人士参加。此外，普查队伍的成员应有扎实的合作基础，成员之间应相互熟悉并具有合作共事的愉快经历。

2.3.1.4 工作人员数量配置要合理

不同区域层次、技术要求的旅游资源调查，其组织结构与人员数量的配备是不同的。就区域性旅游资源概查来讲，在组建项目团队的基础上，可根据项目的实际需要与时间进度要求分成若干个基层工作小组，每个基层旅游资源调查小组成员人数应该在3~5人。

2.3.2 调查队伍人员分工原则与要求

2.3.2.1 分工原则

在旅游资源的调查与评价过程中，必须坚持责任明确的原则，即要求1人总协调，2人负责测量，1人负责定位，1人负责摄像。

2.3.2.2 分工内容与职责

通常由现场工作经验最丰富、专业背景最为符合的相对资深人士担任总协调人或小组长，负责协调各个成员的工作与单体表的完善、定级等相关工作；2人负责测量各个旅游资源单体的长、宽、高等相关基本特征项数据，并描绘单体的空间结构、记录相应的数据，及时提交给小组长；1人负责旅游资源单体的地理位置与方向、面积，并将旅游资源单体的位置在地形图（或旅游交通图、行政区划图、卫星影像图）中标示，并将相关数据提交给小组长；1 人负责拍摄旅游资源单体不同角度、不同距离、不同时间的照片或录像，并记录各个旅游资源单体所对应照片的序号或编号。

2.3.3 编制旅游资源调查与评价工作任务书

2.3.3.1 项目任务书的撰写格式与内容

通常而言，旅游资源调查与评价的项目任务书编制可包括但不限于前言、背景与意义、主要任务、时间进度安排、人员组成、主要成果及形式、经费预算及支付方式、保障措施等相关内容。项目委托方通常关注主要任务、时间进度安排及经费预算三个方面的内容。对于一项旅游资源调查与评价项目而言，其主要任务可包括旅游资源的梳理、定级与评价，以及提出相应的保护或开发的对策措施，具体通常应与项目委托方协商确定；而时间进度安排与经费预算等内容，也需要和项目委托方协商确定。

2.3.3.2 编制项目任务书的注意事项

编制一份科学合理且可信的项目任务书，必须坚持如下三大原则：一是坚持合理性原则，即任务书必须根据项目委托方确定的工作任务或工作量及时间进度要求，合理安排工作计划与人员配置、经费预算，切忌贪大求全或急功近利；二是坚持效益性原则，即任务书必须兼顾项目委托方与项目受托方的效益，绝不能让项目委托方浪费资金，也不能让项目受托方亏损；三是坚持可信性原则，即项目受托方应尽可能地增加自身实力、经验以及人员配置、设施配备等相关内容的介绍，以增强项目委托方的信任度。

试一试： 新疆阿克苏地区的温宿县想开展全县旅游资源普查工作，要求最后形成旅游资源调查与评价报告，为后期编制旅游总体规划及招商引资奠定基础。请根据你所在单位的实际情况，制作一份旅游资源调查与评价的工作任务书。

2.4 现场开展旅游资源调查

2.4.1 现场访谈相关利益主体

事实上，目前国内很多地区的传统民俗文化、传统生产工艺都存在传承者"缺位"、文化传承面临"断层"的难题。对于部分知名度相对较高的民俗文化旅游资源或传统生产工艺技术，各级地方政府已经启动了多项积极保护措施。但是，部分地区的传统民俗文化、神话传说、历史典故等文化资源及传统生产工艺因长期以来缺乏保护与传承发展，已经鲜为人知或消失，仅部分年长者可能清楚相关内容或掌握相关技艺。同时，受搜集资料的时限性因素影响，导致大部分旅游资源调查与评价的专业队伍对地方经济发展、旅游资源保护与开发等相关方面的最新情况掌握不够全面。因此，在进行现场工作时，首先要开展多维度的现场访谈或座谈活动。

2.4.1.1　访谈或座谈的对象

在进行现场工作之初，应及时与旅游资源调查与评价项目的委托方沟通联系，要求进行现场访谈或座谈，尤其是具有一定历史文化底蕴的古村镇所在地区。首先，应确定访谈或座谈的对象。通常而言，访谈对象可以是地方文旅主管部门的相关领导或负责人、村镇相关分管领导或负责人、宗族长辈或长老、地方知名文人或乡贤、涉旅相关企业负责人等；座谈工作相对正式，可邀请的相关人士可相对宽泛。

想一想：还有哪些方法可以尽可能多地获取更多关于目标区域旅游资源的相关信息？

2.4.1.2　访谈或座谈的内容

访谈或座谈通常是用于弥补事前资料搜集的不足或过于陈旧、现场勘测的多项限制（如天气、季节、时令等因素）。因此，在进行现场访谈或座谈之前，调查小组应事先拟订若干个主题或大纲，以提供给参加访谈或座谈相关人士作为参考。通常而言，访谈或座谈的主要内容可以包括如下几个方面：一是当地国民经济和社会发展的概况及未来的发展导向（适合座谈）；二是当地主要的传统民俗文化活动、传统生产工艺、历史文化名人、历史遗迹、神话传说、历史典故等（适合访谈）；三是当地居民对发展旅游以及生态环境保护的看法或态度等；四是当地存在哪些值得开发与保护的旅游资源；五是当地有哪些时令性的土特产品、季节性的景观资源等；六是地方的特色经济或优势产业；七是旅游资源调查勘测工作的路线合理性讨论（适合座谈）。

2.4.1.3　访谈或座谈的要求

在进行访谈时，宜由地方相关负责人陪同，以便加强沟通联系，尤其是在语言沟通方面；同时，必须做好访谈内容的相关记录工作。在进行座谈时，宜由地方相关负责人或项目委托方主持，会议现场做好录音工作及记录工作，并做好有效的互动问答，以提高座谈会的效率。

2.4.2 现场勘测与记录基本特征项数据

通过前期各项资料的搜集与整理、单体表的预填以及现场的访谈、座谈，旅游资源调查与评价的整个工作将进入现场勘测与记录阶段。根据国家标准《旅游资源分类、调查与评价》（GB/T 18972—2017）的相关要求，要逐个对旅游资源单体进行现场核查，重点包括其数量、质量、性质、规模、体量、分布、价值、存在环境、利用现状、保护措施、开发进度、经营状况等基本特征项的勘察、勘测与记录核实。

2.4.2.1 基本特征项的内容

旅游资源基本特征项是反映某个旅游资源的基本属性特征，每个特征项的特征值可能是定性的，也可能是定量的，且是由若干个定性特征项与若干个定量特征项的组合。而这些基本特征项均需要通过现场的勘察、勘测与记录，具体包括以下几个方面。

（1）外观形态与结构特征。主要指旅游资源单体的整体状况、形态和突出（醒目）点，代表形象部分的细节变化、整体色彩和色彩变化、奇异华美现象、装饰艺术特色等；组成单体整体各部分的搭配关系或排列组合情况，构成单体主体部分的构造细节、构景要素等。

（2）内在属性特征。主要涉及旅游资源单体的功能特性、历史文化内涵与格调、科学价值、艺术价值、文化价值、经济背景以及开发利用的可行性等特征。

（3）组成成分特征。主要涉及构成旅游资源单体的组成物质、建筑材料、原料等。如某传统手工产品与工艺品可以是木质、竹质、根质、石质等原材料；某景观小品可以是钢质、玻璃质、铁质等；某奇特与象形山石可以是石灰岩、火山岩、沉积岩等不同岩石演化而成的。

（4）成因机制与演化过程特征。主要涉及能表现旅游资源单体的发生（产生）、演化培育过程、演变的时序数值；生成和运行方式，包括形成机制、形成年龄或初建（办）年代（年份）、废弃时代、重建或修缮时间、盛衰变化、历史演变、现代运行过程、生长情况、存在方式、展示演示及活动内容、开放时间等特征项。

（5）规模与体量特征。主要涉及占地面积、建筑面积、体积、容积等表现旅游资源单体的空间数值特征，涉及长度、宽度、高度、深度、直径、周长、进深、面宽、海拔、高差、产值、数量、生长期、花期等表现旅游资源单体的个性数值特征，涉及矿化度、覆盖率、曲度、比降、光滑度、百分比等表现旅游资源单体的比率关系数值。

（6）环境背景特征。主要涉及与旅游资源单体所处具体位置及其外部环境所密不可分的自然要素和人文要素，包括地质地貌、水文气象、土壤植被、民族历史等；涉及影响旅游资源单体存在与发展的外在条件，包括特殊功能、雪线高度、重要战事、重要矿物质等，如部分高山地区在冬季可开展滑雪运动、部分温泉地区可以开发疗养养生产品等；涉及旅游资源单体的旅游价值和社会地位、级别、知名度、荣誉等，如国家级自然保护区、国家级风景名胜区等。

（7）关联事物特征。主要涉及与旅游资源单体的形成、演化等存在密切关系的典型历史人物或历史事件。例如，1927 年 10 月毛泽东、朱德、陈毅、彭德怀、滕代远等老一辈无产阶级革命家率领中国工农红军来到井冈山创建了以宁冈县为中心的中国第一个农村革命根据地，也是土地革命初期中国工农红军革命遗址最集中的地方，使得井冈山地区成为自然旅游资源、人文旅游资源交相辉映的资源集聚区。涉及与旅游资源单体邻近单体的关系、距离等特征项。

（8）开发保护特征。主要涉及旅游资源单体的开发程度，包括是否开发、投入金额、开发年限、规划年限等特征项；涉及旅游资源单体的保护内容，包括是否制定保护措施、保护资金、保护历史以及保护效果等相关特征项。

2.4.2.2　分类资源单体的主要特征项

不同类型的旅游资源单体的基本特征项均有较大差异。在现场勘查、勘测时，要注意采集并核对基本特征项数据，具体参照项目 3 至项目 10 各个基本类型的介绍。

2.4.3　现场调查的相关注意事项

在现场工作中，往往会碰到诸多事先无法预料的事情与难题。因此，要制定现场工作的保障制度，并建立特殊问题的应急处理预案。

2.4.3.1　现场工作的保障制度

（1）分工明确、队伍稳定制度。在进行现场工作之前，组建科学合理的工作组织框架，并明确分工。同时，鉴于旅游资源的调查与评价要求具有统一的衡量、评价标准与熟练、默契的协作能力，要求除疾病等不可抗拒因素外，小组成员应保持稳定不变，尤其是小组的核心成员。

（2）合理安排、当日考核制度。大部分旅游资源调查与评价的工作任务相对艰巨，量大时长。因此，要科学合理安排每日的工作路径与工作任务，要求当日的任务不得过夜，以免对后期的任务安排造成影响，尤其是当天白天的勘测记录成果，必须在当晚完成相应的修正、完善以及评价定级工作，防止因时间的拖延造成对资源各项性状认识的模糊，从而影响最终的评价定级工作。

（3）组内例会、组间共享制度。每天要举行组内例会，重点完成三项工作：一是完成对当天现场勘察、勘测旅游资源单体的修正、完善、整理以及评价定级工作；二是讨论当天现场工作过程中碰到的一些相对困难问题；三是部署安排次日的工作安排。同时，如果在白天现场工作过程中碰到较高难度的问题或值得注意、借鉴的经验，可召开由各小组组长参加的组间交流共享会议。

（4）自我检查、相互抽查制度。在每日完成各项工作后，由各个小组开展自我检查工作，包括工作进程、工作质量，尤其是涉及"六定"的技术细节以及旅游资源基本特征项的相关内容。各个小组之间可在总负责人的协调安排下，适当开展相互抽查工作，以确保各个小组之间把握技术标准的统一性、严格性、图文标注和记录的准确性等。

（5）积极发言、争议解决制度。对调查与评价过程中出现的技术性争议，可根据实际情况采取相应的措施予以解决：一是集体讨论，各个成员各抒己见，现场解决；二是多拍照片和录像，事后由组间会议讨论解决；三是请相关学术专家到现场解决。

2.4.3.2 特殊问题的应急处理

（1）跨界资源的现场应急处理。受国内行政区划遵循自然分界的因素影响，导致诸多旅游资源在空间分布上往往会跨越多个镇（乡、街道），甚至县（市、区）、省（自治区、直辖市）的行政界限，如一片草地、一座山峰、一条河流、一个湖泊等。发现此类问题时，应立即与相关一方进行沟通，并根据实际情况采取有效对策，以保证调查与评价结果的完整性、科学性和一致性，通常采取统一时间联合调查评价、事先统一标准后分头调查等方法。

（2）时令性资源的现场应急处理。很多有价值的旅游资源单体本身具有不稳定性或时令性、季节性，即只能在特定的时刻、特定的日期、特定的季节或特定的环境背景中出现，具体可涉及奇异自然现象、涌潮与击浪现象、花卉地、水生动物栖息地、陆地动物栖息地、鸟类栖息地、蝶类栖息地、太空景象观赏地、地表光现象、云雾多发区、物候景象、民间文化艺术、地方习俗、传统演艺、宗教活动与庙会、农时节日、现代节庆等类型。旅游资源调查与评价工作的时间规定性与资源单体的时令季节性之间的矛盾将会经常碰到，解决的办法主要包括两种：一是对于近期将会出现的时令性旅游资源单体（即某类自然旅游资源或人文旅游资源可能在近期几天内或当天某一个具体时间内出现），可根据该旅游资源单体出现的具体时间或条件，择机选择现场工作时间。如宋城演艺通常于每天下午和晚上两个时间段推出《宋城千古情》演出，调查组成员可选择在下午先调查宋城景区或邻近地区的其他旅游资源单体，在演出进行时现场调查体验《宋城千古情》。二是对于近期无法出现的时令性旅游资源单体，则需要通过间接调查或委托调查（利用历史相关资料和照片、影像记录、新闻报道、访谈）等方式进行补充和完善。

（3）非物质性资源的现场应急处理。部分人物、事件以及民间传说、地方风俗等人文类旅游资源，有很多是属于非物质性资源。界定此类旅游资源单体时，应坚持实体依托原则，即非物质性旅游资源单体应依托与其具有紧密关系的物质资源实体（如建筑设施、地文景观等）确定资源单体。如某地常年定点举办的庙会或节庆活动，在定点时可选择其主要举办地。

（4）区域广布性资源的现场应急处理。区域广布性资源，又称为区域遍在性资源，是指在一定区域范围内广泛分布、几乎到处都有或许多地方都有的资源，如苏州的碧螺春、杭州的龙井茶、呼伦贝尔的大草原等。针对此类旅游资源单体，定位时可采用两种办法：一是源产地或主产地明确或典型景观明确的旅游资源，其单体定位可选择在源产地或主产地或典型景观所在地；二是源产地或主产地不明确或典型景观不明确的旅游资源，其单体定位可选择在主要加工生产地或集散地或游客集散地。

2.5 修正完善与整理现场调查情况

2.5.1 修正与完善旅游资源单体表

2.5.1.1 核对修正的内容

在进行现场工作的同时，各个调查小组需对前述旅游资源单体表中宜预先填写的内容进行核对修正，主要包括旅游资源的基本类型、单体名称、代号、行政位置、性质与特征、旅游区域及进出条件、保护与开发现状等相关内容。

（1）基本类型。根据相对独立、主体突出、宜多不宜少、空间集聚等相关原则确定旅游资源单体。基本类型的确定要能最大程度地体现资源的功能特色与核心价值；若发现现场无法明确资源单体的基本类型或有不能明确归入某个基本类型的单体而需要增设新类型的，需要调查组长（相关专家）进行专题讨论，或邀请相关知名专家讨论确定。原则上一个资源单体只能归入一个基本类型。

（2）单体名称。单体名称即旅游资源单体的常用名称，要与其所属的基本类型相符。一般情况下使用当地沿用的名称，必要时可加注地域名称、类型名称或时间等属性，以避免被调查区域中单体名称的重复。如各地的龙潭、龙门、西湖、龙虎山、寺、桥、土特产、古树名木等单体，均较容易出现名称的简单重复。同时，旅游资源单体的名称不宜过长，原则上不要超过 8 个汉字。

（3）代号。代号用汉语拼音和阿拉伯数字表示，即"表示单体所处位置的汉语拼音字母—表示单体所属类型的汉语拼音字母—表示单体在调查区内次序的阿拉伯数字"。

如果旅游资源单体所处的调查区是县级和县级以上行政区，则单体代号按"国家标准行政代码［省代号 2 位—地区代号 3 位—县代号 3 位，具体参见《中华人民共和国行政区代码（GB/T 2260）》］—旅游资源基本类型代号 3 位—旅游资源单体序号 2 位"的方式设置，共 5 组 13 位数，每组之间用短线"—"连接。如浙江省杭州市灵隐寺的代号可设为"JG—HGH—XHQ—EAG—××"。

如果旅游资源单体所处的调查区是县级以下的行政区，则旅游资源单体代号按"国家标准行政代码［省代号 2 位—地区代号 3 位—县代号 3 位，具体参见《中华人民共和国行政区代码（GB/T 2260）》］—乡镇代号（由调查组自定 2 位）—旅游资源基本类型代号 3 位—旅游资源单体序号 2 位"的方式设置，共 6 组 15 位数，每组之间用短线"—"连接。

如果遇到同一单体可归入不同基本类型的情况，在确定其为某一类型的同时，可在"其他代号"后按另外的类型填写。操作时只需改动其中的旅游资源基本类型代号，其他代号项目不变。

（4）行政位置。需要填写旅游资源单体所在地的行政归属，从高到低填写行政区单位名称，一般县（市、区）一级及以上的旅游资源调查与评价的行政位置要写到行政村（或街道社区、道路）为止；其他区域性的旅游资源调查与评价的行政位置要写到自然村（或社区位置、道路门牌号）为止。鉴于地图测绘的时间性影响，国内很多地方的行政区划已经有所调整。因此，在现场工作过程中，必须与当地社区居民、政府官员确认镇（乡、街道）、村（社区）的名称，也可参照当地统计年鉴或民政部门的相关资料进行核实。

（5）性质与特征。根据事先预填的内容，主要针对旅游资源单体的描述性语言或定性阐述进行核对与分析，包括外观形态与结构、内在性质与功能、组成分类、成因机制与演化过程、环境背景、关联事物等内容。

（6）旅游区域及进出条件。主要包括旅游资源单体所在地区的具体位置、进出交通、与周边景区或集散地及村镇之间的关系等：一是要具体核实资源单体位置与标志性地理实体（如山体、河流、村庄、标志性建筑物）的方位关系；二是要具体核实进出交通的便捷程度（进出道路的等级、路面情况、公共交通、与邻近交通干线的连接关系）；三是与邻近集镇、县城、旅游集散中心、主要旅游景区的位置关系。

（7）保护与开发现状。重点核实旅游资源单体的保存现状、相关文件或规划中保护措施的落实程度、开发程度等相关内容。

2.5.1.2　完善补充的内容

旅游资源单体表中需要完善补充的内容重点指在预填中的不宜预先填写的相关内容，主要包括地理位置、性质与特征等相关内容。

（1）地理位置。结合现场卫星定位数据、地形图的定位数据，认真仔细核对，确定填写地理位置的相关内容，要求精确到秒（保留 2 位小数）。

（2）性质与特征。涉及旅游资源单体的各个定量的相关数据，具体内容可参见前述旅游资源单体基本特征项的相关内容。

（3）旅游区域及进出条件。重点补充区域进出交通道路的等级、宽度（车道）、公共交通设施状况以及与主要村镇、县城、集散中心、旅游景区、旅游度假区的空间距离数据。

（4）保护与开发现状。重点补充与旅游资源单体相关的保护、开发投入的相关资金及其具体时间，相关保护政策制定、执行的具体时间。

2.5.2　定级与评价旅游资源单体

2.5.2.1　定级评价的原则

旅游资源单体的共有因子评价即定级评价必须在现场调查之后进行，并遵循如下原则进行。

（1）客观公正原则。在对旅游资源进行定级与评价过程中，要根据区域环境的背景条件与科学规律来判定资源的实际价值、珍稀程度、丰度规模、保护程度等内容，不宜片面听取地方社区居民、地方官员或项目委托方的相关评价结果。

（2）积极协商原则。对于无法取得一致定级与评价结果的旅游资源单体，各个小组成员应积极协商确定。具体可以采用德尔菲法、层次分析法（AHP）等技术方法实现。

（3）仔细慎重原则。在对各个旅游资源单体进行定级时，要坚持仔细慎重的原则，尤其是三级以上旅游资源单体的定级与评价。

2.5.2.2 定级与评价的步骤内容

根据《旅游资源分类、调查与评价》的"旅游资源共有因子综合评价系统"予以赋分。为了确保定级与评价的科学性、合理性与客观性，可由旅游资源调查小组成员分别赋分或比较，然后确定各个评价项目的分值。

（1）资源要素价值评价。"资源要素价值"项目中包含"观赏游憩使用价值""历史文化科学艺术价值""珍稀奇特程度""规模、丰度与几率""完整性"5 项具体的评价因子（见表 2-6）。"资源要素价值"项目总分为 85 分，其中，"观赏游憩使用价值"30分、"历史科学文化艺术价值"25 分、"珍稀奇特程度"15 分、"规模、丰度与几率"10分、"完整性"5 分。

表 2-6 "资源要素价值"的评价准则

评价因子	评价依据	赋值范围
观赏游憩使用价值（30分）	全部或其中一项具有极高的观赏价值、游憩价值、使用价值	30~22
	全部或其中一项具有很高的观赏价值、游憩价值、使用价值	21~13
	全部或其中一项具有较高的观赏价值、游憩价值、使用价值	12~6
	全部或其中一项具有一般观赏价值、游憩价值、使用价值	5~1
历史文化科学艺术价值（25分）	同时或其中一项具有世界意义的历史价值、文化价值、科学价值、艺术价值	25~20
	同时或其中一项具有全国意义的历史价值、文化价值、科学价值、艺术价值	19~13
	同时或其中一项具有省级意义的历史价值、文化价值、科学价值、艺术价值	12~6
	历史价值、或文化价值、或科学价值，或艺术价值具有地区意义	5~1
珍稀奇特程度（15分）	有大量珍稀物种，或景观异常奇特，或此类现象在其他地区罕见	15~13
	有较多珍稀物种，或景观奇特，或此类现象在其他地区很少见	12~9
	有少量珍稀物种，或景观突出，或此类现象在其他地区少见	8~4
	有个别珍稀物种，或景观比较突出，或此类现象在其他地区较多见	3~1

续表

评价因子	评价依据	赋值范围
规模、丰度与几率（10分）	独立型旅游资源单体规模、体量巨大；集合型旅游资源单体结构完美、疏密度优良级；自然景象和人文活动周期性发生或频率极高	10~8
	独立型旅游资源单体规模、体量较大；集合型旅游资源单体结构很和谐、疏密度良好；自然景象和人文活动周期性发生或频率很高	7~5
	独立型旅游资源单体规模、体量中等；集合型旅游资源单体结构和谐、疏密度较好；自然景象和人文活动周期性发生或频率较高	4~3
	独立型旅游资源单体规模、体量较小；集合型旅游资源单体结构较和谐、疏密度一般；自然景象和人文活动周期性发生或频率较小	2~1
完整性（5分）	形态与结构保持完整	5~4
	形态与结构有少量变化，但不明显	3
	形态与结构有明显变化	2
	形态与结构有重大变化	1

（2）资源影响力评价。"资源影响力"项目中包含"知名度和影响力"、"适游期或使用范围"2项具体的评价因子（见表2-7）。"资源影响力"项目总分为15分，其中，"知名度和影响力"10分、"适游期或使用范围"5分。

表2-7 "资源影响力"项目的评价准则

评价因子	评价依据	赋值范围
知名度和影响力（10分）	在世界范围内知名，或构成世界承认的名牌	10~8
	在全国范围内知名，或构成全国性的名牌	7~5
	在本省范围内知名，或构成省内的名牌	4~3
	在本地区范围内知名，或构成本地区名牌	2~1
适游期或使用范围（5分）	适宜游览的日期每年超过300天，或适宜于所有游客使用和参与	5~4
	适宜游览的日期每年超过250天，或适宜于80%左右游客使用和参与	3
	适宜游览的日期超过150天，或适宜于60%左右游客使用和参与	2
	适宜游览的日期每年超过100天，或适宜于40%左右游客使用和参与	1

（3）附加值评价。"附加值"仅包含"环境保护与环境安全"1项具体评价因子（见表2-8）。"附加值"项目系整个单体评价中的附加分数，对"环境保护与环境安全"分正分和负分，生态环境保护培育最佳、生态安全系数最高的区域可得3分；相反，若生态环境已经恶化、生态安全系数明显偏低的区域，最高可扣5分。

表 2-8 "附加值"项目的评价准则

评价因子	评价依据	赋值范围
环境保护与环境安全	已受到严重污染，或存在严重安全隐患	−5
	已受到中度污染，或存在明显安全隐患	−4
	已受到轻度污染，或存在一定安全隐患	−3
	已有工程保护措施，环境安全得到保证	3

2.5.2.3 定级与评价的初步结果

（1）计分。通过各小组成员的赋分或比较，确定每一个具体因子的评价分值，然后统计加分，得出该旅游资源单体共有综合因子评价赋分值。

（2）旅游资源评价等级指标。根据《旅游资源分类、调查与评价》的等级指标划分标准，将依据旅游资源单体评价总分，将其分为五级（见表 2-9）。其中，五级旅游资源称为"特品级旅游资源"；五级、四级、三级旅游资源被通称为"优良级旅游资源"；二级、一级旅游资源被通称为"普通级旅游资源"。

表 2-9 旅游资源单体的评价等级指标

资源等级	五级	四级	三级	二级	一级	等外
得分值域	≥90 分	75~89 分	60~74 分	45~59 分	30~44 分	≤29 分

阅读材料 2-3：风景旅游资源分级标准

第 3.2.8 条　风景资源分级标准，必须符合下列规定：

1. 景源评价分级必须分为特级、一级、二级、三级、四级等五级；

2. 应根据景源评价单元的特征，及其不同层次的评价指标分值和吸引力范围，评出风景资源等级；

3. 特级景源应具有珍贵、独特、世界遗产价值和意义，有世界奇迹般的吸引力；

4. 一级景源应具有名贵、罕见、国家重点保护价值和国家代表性作用，在国内外著名和有国际吸引力；

5. 二级景源应具有重要、特殊、省级重点保护价值和地方代表性作用，在省内外闻名和有省际吸引力；

6. 三级景源应具有一定价值和游线辅助作用，有市县级保护价值和相关地区的吸引力；

7. 四级景源应具有一般价值和构景作用，有本风景区或当地的吸引力。

［引自：《风景名胜区总体规划标准》（GB/T 50298—2018）］

2.5.3　整理与归档旅游资源调查相关资料

通过对旅游资源单体的前期准备、现场调查及对旅游资源单体表的修正完善与定级评价之后，必须在当天将所有的调查资料进行归档整理与数字化整理。

2.5.3.1　相关资料的数字化整理

首先，鉴于随着时间的推移将导致相关记忆的衰退，必须在当天完成对旅游资源单体表的数字化转换工作，即数字化整理。每个旅游资源单体必须拥有独立的文件夹，每个旅游资源单体表单独形成一个文件，并标明文件的名称与序号。文件名称最好以旅游资源单体的名称来命名。其次，如果条件允许，可将旅游资源单体标注在电子地图上。

2.5.3.2　单体影像资料的整理

根据现场工作对照片及摄像资料的编号记录，分别归入各个旅游资源单体的文件夹。分别对各个影像资料的文件名进行命名，并应对部分照片的清晰度等进行处理或筛选。在重命名文件名过程中，可以适当添加相关定语（如时间、位置、全景、局部等信息）。

2.5.3.3　其他相关资料的整理

首先，要对所有事前搜集的各项纸质材料、现场访谈或座谈工作期间的纸质材料等均进行归档整理，尤其是旅游资源单体调查表与记录本的归档整理；其次，要对访谈或座谈会录音材料、网络搜集材料、参考图片等内容进行电子归档。

2.6　总结与项目测试

2.6.1　总结

本项目是在学习者拥有对旅游资源调查与评价工作有初步概念的基础上，在开展实地调研与评价工作的基础准备工作。即要充分搜集旅游资源的历史背景资料、开发保护现状资料、开发保护趋势资料及其他相关资料；准备调试好定位仪、指南针、度量工具、摄像工具等工具；组建好符合实际需要的专业调查队伍，并明确分工与职责内容。

本项目是学习者在完成前期各项准备工作基础之上进入现场工作的重要内容，是学习者必须掌握的各项技术与方法的核心组成。第一，明确现场访谈的对象、内容及其对旅游资源单体调查与评价的重要意义；第二，重点阐述了旅游单体基本特征项的勘测、记录要点，并列举了各个亚类旅游资源单体的基本特征项指标；第三，进一步梳理了旅游资源调查现场工作的注意事项。在完成现场工作之后，即进入后期的修正完善与归档整理工作。首先，要以现场工作为依据，对事先各项准备工作，尤其是旅游资源单体表的预填内容进行核对、修正与完善，重点讲述了各项内容的填写技巧；其次，阐述了旅游资源单体定级与评价的原则及步骤、内容，并根据相关等级指标进行初步分级；最后，是对整个工作的后期整理与归档要求。

2.6.2 项目测试

主要概念

风景名胜区、自然保护区、森林公园、湿地公园、地质公园、旅游景区、旅游度假区、指南针、地形图、旅游资源基本特征项、区域广布性资源

客观题

（1）截至 2023 年 12 月底，中国已被联合国教科文组织列入《世界遗产名录》的有多少项？（ ）

A. 26 项　　　　B. 37 项　　　　C. 53 项　　　　D. 57 项

（2）风景名胜区是我们国家重要的风景旅游资源集聚保护区，其主管部门是（ ）。

A. 文化和旅游　　B. 生态环境　　C. 发展改革　　D. 自然资源

（3）在旅游资源单体表的预填阶段，下面哪一项是不能预先填写的？（ ）

A. 行政位置　　B. 保护开发措施　　C. 地理位置　　D. 单体类型

（4）通过指南针测得某寺庙主殿的朝向读数为 125°，其真实方位是（ ）。

A. 北偏东 35°　　B. 东偏南 35°　　C. 北偏西 35°　　D. 南偏东 35°

（5）旅游资源单体的代号通常由汉语拼音与阿拉伯数字等表示。如果进行县级及以上行政区范围内的旅游资源调查工作时，其单体代号一般是几位数？（ ）

A. 3 组 9 位数　　B. 4 组 12 位数　　C. 5 组 13 位数　　D. 6 组 15 位数

（6）旅游资源单体的代号通常由汉语拼音与阿拉伯数字等表示。如果进行县级以下行政区范围内的旅游资源调查工作时，其单体代号一般是几位数？（　　　）

A. 3组9位数　　　　　B. 4组12位数　　　　C. 5组13位数　　　　D. 6组15位数

（7）在描述旅游资源单体所处的旅游区域及进出条件时，下列哪项内容不用描述？（　　）

A. 与附近村庄、河流、山体的位置关系

B. 与县城或市区的交通距离

C. 进出旅游区的道路等级与路面状况

D. 旅游资源单体所在的村庄名称

（8）在进行旅游资源单体的评价定级过程中，如果小组成员意见不统一，应采用什么办法？（　　　）

A. 少数服从多数原则　　　　　　　　B. 权威专家确定

C. 地方领导确定　　　　　　　　　　D. 积极协商原则

（9）某项旅游资源单体的评价得分是85分，应该属于（　　　）级旅游资源单体。

A. 五级　　　　　　B. 四级　　　　　　C. 三级　　　　　　D. 二级

简答题

（1）旅游基础材料的搜集途径与方法主要包括哪些？

（2）在进行旅游资源调查过程中，定影的基本原则是什么？

（3）在进行旅游资源调查的现场勘测时，哪些因素可能影响到调查与评价的结果？

（4）在旅游资源调查与评价的现场工作过程中，应注意哪些问题？碰到特殊问题该怎么办？

分析题

（1）旅游交通图与地形图的差异是什么？在旅游资源调查与评价过程中分别承担什么样的角色？

（2）假设浙江省杭州市下属的富阳区文旅主管部门委托你对其区域范围内的龙门古镇4A级旅游景区进行旅游资源调查与评价，需要进行现场访谈。请你确定需要参加访谈的对象以及访谈的主题。

（3）在进行旅游资源调查与评价的现场工作之后，对资料的整理有何要求？

应用题

（1）福建厦门鼓浪屿景区拟对景区进行全面的改造升级，为此首先需要进行旅游资源的进一步摸底及开发、保护现状评价工作。在进行实地工作开展之前，请你列出所需具体的基础资料清单及其索取途径。

（2）请选择你所在地区某一知名旅游资源单体，完成对该旅游资源单体的"定位、定向、定量、定影"等工作。

（3）请列举出北京八达岭长城的基本特征项。

（4）请选择你所在地区某一知名旅游资源单体，进行单体的定级与评价。

调查与评价地文景观类旅游资源

【思维导图】

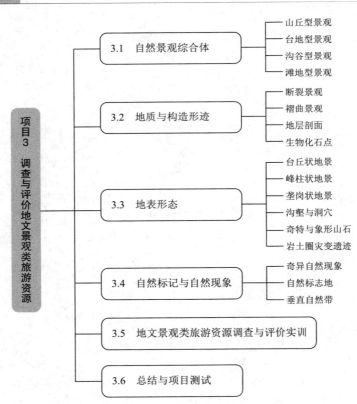

項目3 调查与评价地文景观类旅游资源

- 3.1 自然景观综合体
  - 山丘型景观
  - 台地型景观
  - 沟谷型景观
  - 滩地型景观
- 3.2 地质与构造形迹
  - 断裂景观
  - 褶曲景观
  - 地层剖面
  - 生物化石点
- 3.3 地表形态
  - 台丘状地景
  - 峰柱状地景
  - 垄岗状地景
  - 沟壑与洞穴
  - 奇特与象形山石
  - 岩土圈灾变遗迹
- 3.4 自然标记与自然现象
  - 奇异自然现象
  - 自然标志地
  - 垂直自然带
- 3.5 地文景观类旅游资源调查与评价实训
- 3.6 总结与项目测试

【项目案例导入】

案例 1： 泰山又名岱山、岱宗、岱岳、东岳、泰岳，位于山东省中部，隶属泰安市，绵亘于泰安市、济南市、淄博市三市之间，东西长约 200 千米，南北宽约 50 千米，主脉、支脉、余脉涉及周边十余县，盘卧面积达 426 平方千米，其主峰玉皇顶海拔约 1545 米，气势雄伟磅礴，有 "五岳之首" "五岳之长" "五岳之尊" "天下第一山" 之称，是世界自然与文化遗产、世界地质公园、国家 5A 级旅游景区、国家级风景名胜区、全国重点文物保护单位、全国文明风景旅游区。

泰山是山东丘陵中最高大的山脉，地层为华北地台典型基底和盖层结构区，南部上升幅度大，盖层被风化掉了，露出大片基底——泰山杂岩，即太古界泰山群地层，其绝对年龄 25 亿年左右，是中国最古老的地层之一。北部上升幅度小，盖层保存着典型的华北地台上发育的古生代地层。泰山地貌分为冲洪积台地、剥蚀堆积丘陵、构造剥蚀低山和侵蚀构造中低山四大类型，在空间形象上由低而高造成层峦叠嶂、凌空高耸的巍峨之势，形成多种地形群体组合的地貌景观。

泰山被古人视为 "直通帝座" 的天堂，成为百姓崇拜、帝王告祭的神山，有 "泰山安，四海皆安" 的说法。自秦汉至明清，历代皇帝到泰山封禅 27 次，众多文人名士亦登临泰山，抒发自己的豪情壮志，留下了数以千计的诗文刻石与著述。现存古遗址 97 处，古建筑群 22 处，为研究中国古代建筑史提供了重要实物资料。

泰山也是中华民族的象征，是东方文化的缩影，是 "天人合一" 思想的寄托之地，是中华民族精神的家园。

（引自：泰山风景名胜区官网、百度百科 "泰山"，有删改）

案例 2： 五大连池地质公园位于中国黑龙江省黑河市，地处小兴安岭山地向松嫩平原的转换地带，1060 平方千米的区域内，火山林立，熔岩浩瀚，湖泊珠连，矿泉星布；14 座新老期火山群峰耸立，800 多平方千米的熔岩台地波澜壮阔，数百处自涌矿泉天然出露。新期火山喷发的熔岩，阻塞了远古河道，形成了 5 个溪水相连的串珠状火山堰塞湖，五大连池因此得名，被誉为 "天然火山博物馆" 和 "打开的火山教科书"。

五大连池火山群共有 14 座，在广袤的平原上有规律地呈 "井" 字形排列。以 5 个南北向串珠状湖泊为界，东西各分 7 座。东面的 7 座是东龙门山、西龙门山、东焦得布山、西焦得布山、小孤山、莫拉布山、尾山；西面的 7 座是药泉山、卧虎山、笔架山、南格拉球山、北格拉球山、黑龙山、火烧山。两座新期火山黑龙山和火烧山，喷发于1719—1721 年，距今 300 余年，是五大连池火山群中最年轻的两座火山，拥有我国目前保存最完好的火山口和火山微地貌遗迹。五大连池火山岩石的成分十分特殊，是世界上钾质玄武岩的典型代表，被誉为"研究地球深部结构的天然探针"，在地球演化史上占有重要的一席之地。

五大连池火山是反映地球演变历史主要阶段的杰出范例，包括生命记录、明显的正在进行的地貌演化地质作用，重要的地貌形态或自然地理特征。五大连池远离板块构造的边界，是世界上陆内单成因火山的最佳范例之一。它的出现与东北亚大陆地壳的隆起与延伸、大陆裂谷形成的初期有关。五大连池火山群是活火山，被列入了史密森学会的世界活火山数据库，它展现了进行中的地质演化过程。五大连池的火山活动开始于 210万年前，经过至少 7 次大喷发旋回并一直持续到现在。

（引自：五大连池风景区管委会、百度百科"五大连池地质公园"，有删改）

【项目导读】

学习目的意义： 地文景观类旅游资源是经过亿万年地质时期的内动力作用与外动力作用的长期共同作用下形成的。正确理解地文景观类旅游资源的含义，认识地文景观类旅游资源中主要基本类型的特征、成因、属性，并对其进行评价，对未来地文景观类旅游资源的保护、开发利用等具有重大意义。

项目内容概述： 本项目通过对地文景观类旅游资源含义、类型、特征等内容进行分析与评价，初步形成对地文景观类旅游资源的正确认识和评价；通过对地文景观类旅游资源中主要基本类型的特征、成因、属性的学习，使学习者初步掌握地文景观类旅游资源各个基本类型的调查与评价、开发利用与保护等技能；设计了地文景观类旅游资源的实践实训教学环节，以提高学生的实践应用水平。

【项目学习目标】

知识目标： 熟悉地文景观类旅游资源的形成基础与原因；熟悉地文景观类旅游资源的分类体系；掌握地文景观类旅游资源体系中各基本类型的内涵、特征、成因、属性、调查与评价等重点内容。

技能目标： 能够正确识别不同基本类型的地文景观类旅游资源；正确理解地文景观类旅游资源的功能价值；能够对不同基本类型的地文景观类旅游资源进行调查与科学评价；能根据实际情况提出地文景观类旅游资源开发与保护的意见或建议。

素质目标： 激发热爱祖国大好山河的情怀；培养正确认识、客观评价、合理开发利用与保护地文景观的道德观念与职业素养；树立生态可持续开发利用的理念与思维，敬畏自然。

地文景观是指在长期地质作用和地理过程中形成的，并在地表面或浅地表存留下来的各种景观。地文景观类旅游资源则是指在长期地质作用和地理过程中形成的，存在于地表面或浅地表中的对旅游者产生吸引力，能够为旅游业开发利用，产生经济效益、社会效益和环境效益的各种景观与事物，它既可以是各种地质过程及其形迹，也可以是地表高低起伏的态势，又可以是地表高低起伏态势的综合（见表 3-1）。

表 3-1　地文景观类旅游资源分类一览

主类	亚类	基本类型
A 地文景观	AA 自然景观综合体	AAA 山丘型景观　AAB 台地型景观　AAC 沟谷型景观　AAD 滩地型景观
	AB 地质与构造形迹	ABA 断裂景观　ABB 褶曲景观　ABC 地层剖面　ABD 生物化石点
	AC 地表形态	ACA 台丘状地景　ACB 峰柱状地景　ACC 垄岗状地景　ACD 沟壑与洞穴　ACE 奇特与象形山石　ACF 岩土圈灾变遗迹
	AD 自然标记与自然现象	ADA 奇异自然现象　ADB 自然标志地　ADC 垂直自然带

这类旅游资源是地球外营力作用（风化作用、剥蚀作用等）与地球内营力作用（地壳运动、岩浆活动等）长期共同作用的综合产物，是大自然的杰作，它们的形成、发展具有一定的规律性，也蕴含着一定的科学原理。同时，伴随着人类社会的发展与进步，地文景观类旅游资源往往还具有深厚的历史文化内涵（如案例 1）。因此，通过对这类旅游资源进行开发利用，可以满足游客在审美、求知、求异、探险、科考等方面的需求，是开展观光类、科考类、探险类、研学类等旅游活动的极好载体。具体来讲，地文景观类旅游资源的旅游价值（功能）主要有以下四个方面。

第一，美学功能。地文景观类旅游资源形态各异、千差万别，具有很高的美学价值。例如，奇特与象形山石基本类型地文景观类旅游资源，因其材质、造型、色彩及花纹不同寻常，能够满足人们的猎奇或审美习性；丹霞地貌因其是由红色砂砾岩构成，在太阳光的照射下，熠熠生辉，宛若天边的彩霞，令无数人神往。

第二，科普教育功能。地文景观类旅游资源的形成与发展无不与地质地貌演变有关，是地球地质地貌演变的缩影。因此，对大多数游客来讲，具有一定的神秘色彩。通过现场教学，可以了解地文景观的产生与演变历史，让游客获得相关的地质地貌知识，满足游客增长知识、开阔视野、丰富阅历等目的，养成敬畏自然的观念。

第三，探险与运动功能。随着现代旅游业的快速发展，越来越多的游客喜欢户外运动与探险。运动与探险旅游中的很多活动（项目）都属于体育领域中极限运动的范畴。因此，探险与运动是在非惯常的、荒野的环境中进行的。基于此，运动与探险旅游活动的开展离不开地文景观类旅游资源的支持。

第四，文化功能。地文景观类旅游资源往往集天然美景与浓厚的历史文化于一体，具有明显的文化功能。如以泰山为代表的中国各大名山，均能很好地实现自然旅游资源与人文旅游资源的融合，成为我国知名旅游目的地。

3.1　自然景观综合体

自然景观综合体是指整体或局部对人有吸引力的自然景观与自然现象。这类旅游资源主要包括山丘型景观、台地型景观、沟谷型景观、滩地型景观4个基本类型。

3.1.1　山丘型景观

山丘型景观是指山地丘陵内可供观光游览的整体景观或个别景观，如安徽黄山、江西庐山等。山丘型景观是地文景观类旅游资源中最具有吸引力的自然旅游资源，也是我国自然旅游资源的重要组成部分。山丘型景观因其位于不同的纬度地带，对气候和生物产生了深刻的影响。山丘型景观还因山体本身岩性及其地表植被类型的不同，形成了形态各异的不同尺度的地文景观与生物景观。正因为此，山丘型景观为游客提供了观光、探险、科考、寻幽、疗养、避暑等功能价值的先决条件。地理学按山的海拔将其分为极高山、高山、中山、低山、丘陵五级。其中，极高山的绝对高度大于5000米；高山的绝对高度在3500~5000米；中山的绝对高度在1000~3500米；低山的绝对高度在500~1000米；丘陵的相对高度小于500米。不同高度的山丘型景观，其主要的旅游功能也不一样。在实地调查和评价过程中，应突出其地貌特点、岩性特征、景观特征及其环境构成等方面的调查，采集其规模、主峰海拔、山体起伏程度（如沟谷切割深度、坡度等）、可游区的纵深（长度）等方面的数据。

3.1.2　台地型景观

台地型景观是指山地边缘或山间台状可供观光游览的整体景观或个别景观，如新疆布尔津的禾木村即属于典型的台地型景观。地理学将台地界定为四周有陡崖的、直立于邻近低地、顶面基本平坦似台状的地貌类型。由于构造的间歇性抬升，使其多分布于山地边缘或山间。根据台地成因可以将其分为构造台地、剥蚀台地、冻融台地等。根据台地物质组成又可以分为基岩台地、黄土台地、红土台地等类型。在实地调查和评价过程中，应突出其成因特征、岩性特征、景观特征及其周围环境等方面的调查，采集其规模、平均海拔、面积等方面的数据。

3.1.3　沟谷型景观

沟谷型景观是指沟谷内可供观光游览的整体景观或个体景观，如云南怒江大峡谷。地理学中沟谷是指地球表面的一种相对狭窄凹地，由流水冲击侵蚀而形成，较河谷小。在实地调查与评价过程中，应突出其所处的地貌特征、岩性特征、景观特征及环境成分等方面的调查，采集其范围与面积、沟谷最宽及最窄部分的宽度、沟谷的纵深长度及沟谷的走向方位等方面的数据。

阅读材料 3-1：沟谷的形成

沟谷的发育是流水下切、溯源侵蚀和谷坡块体运动共同作用的结果。沟谷是暴流侵蚀所成的槽形洼地，小的仅长十余米，大的可达数十千米。在沟谷发育过程中，除流水冲刷外，跌水、涡流和重力崩塌等都起着重要作用。当流水沿沟床侵蚀时，松软地段被蚀较深，产生凹坑，在它的上方出现小陡坎和小跌水。跌水的重力作用使凹坑冲刷受到加强，它不但冲碎和带走土壤，而且形成较深的囊状瓯穴。穴中湍急的涡流一方面带动着未搬走的沙砾把沟穴迅速磨深，另一方面掏蚀瓯穴的周壁和底部壁，使它扩大。沟谷的伸长速度通常在松散土层上较快，每年 3~4 米，而在黏土层较慢，每年仅 1~2 米。

按沟谷的大小和发育形态，可分为四种主要类型，即细沟、切沟、冲沟、坳沟（干谷）。

细沟：特指地貌上线状流水作用在松散土层构成的平坦地面上形成的沟谷，又称为犁沟。细沟分布的平均间隔为 5~7 米，深度一般为 2~20 厘米，平均深度 8 厘米；宽度变化为 20~500 厘米，平均宽度 58 厘米。

切沟：通常发育在裸露的坡地上，水流顺坡流动，往往聚成多条股流，侵蚀后形成大致平行的细沟，细沟不断侵蚀扩大，发展成冲沟（宽深约 1~2 米，横剖面呈 V 形）。

冲沟：由切沟进一步发育而成，在水流溯源侵蚀作用下，沟头不断后退，产生陡坎和跌水。由于侵蚀作用，沟槽加宽，横剖面呈 V 形，长度达到数千米至数十千米，深宽度为数米至数十米。

坳沟：冲沟发育到一定程度，溯源和下切侵蚀减弱，不再加深沟底，坡度变得缓和。

（引自：百度百科"沟谷"，有删改）

3.1.4　滩地型景观

滩地型景观是指缓平滩地内可供观光游览的整体景观或个别景观，如大连金石滩。一般来说，根据其成因，可以将滩地分为海滩地、河滩地与湖滩地。在所有滩地型景观中，海滩最具有代表性。海滩地是指位于海洋与陆地交界地带，受到波浪潮汐、海流、河流等动力作用形成的沉积地文景观，其形态主要表现为：沙滩、沙嘴、潟湖等。我国大陆海岸线从鸭绿江河口至中越边界的北仑河河口，全长 18000 千米，从北到南有众多的海滩地景观，为开展滩地型旅游活动提供了重要活动场所。在实地调查和评价过程中，应突出其成因与类型（海滩地、河滩地、湖滩地）、组成（沙土、砾石、泥土）、景观特征、季节特征、周边环境、典型景观、植被情况等方面的调查，重点采集滩地面积、长度、宽度、坡度、适游时间、气温、风力以及相关配套设施等方面的数据。

3.2　地质与构造形迹

地质与构造形迹是指在地球内、外营力作用共同作用下形成的显现于地表或浅地表的具有一定观赏价值和科研价值的各种地质过程及其形迹。主要包括断裂景观、褶曲景观、地层剖面、生物化石点 4 个基本类型。

3.2.1　断裂景观

断裂景观是指由于岩石受地应力作用发生破裂并沿断裂面发生较大位移的断裂构造[1]，如圣安地列斯断裂岩石。造成断裂的主要原因是地壳运动产生的强大压力或张力超过了岩石的抗压强度而形成的。结合自然地理学相关知识，根据断裂岩块相对位移的程度，把断裂构造分为节理和断层。在自然界中，断裂景观往往是由若干条断层构成的一定的组合，呈现出块状山地、狭长凹陷地带等景观特征，具有陡峭、雄伟的美学特征。在实地调查与评价过程中，应突出其形态特征、断层两侧岩性、断层对该地区自然环境和人文环境的影响、断层崖面的景观特色与科学意义等方面的调查，重点采集断层面露头的范围面积、断层线的长度、断距、断层面的产状、倾角、产生年代等方面的数据。

阅读材料 3-2：节理与断层

节理，即断裂两侧的岩块沿着破裂面没有发生或没有明显发生位移的断裂构造。沿着节理劈开的面称节理面。节理面的产状和岩层的产状一样，用走向、倾向和倾角表示。节理常与断层或褶曲相伴生，它们是在统一构造作用下形成的有规律的组合。

断层，岩块沿着断裂面有明显位移的断裂构造。根据断层两盘相对位移的关系，断层可以分为正断层、逆断层、平推断层等类型。

（引自：百度百科"节理""断层"，有删改）

3.2.2　褶曲景观

褶曲景观是指地层（岩层）在各种内营力下形成扭曲变形的现象和景色，如喜马拉雅褶皱。地层在形成时一般都是水平的，当地层受到侧向作用力时发生褶曲，如果发生连续两个以上的褶曲则称为褶皱。褶曲有两种基本类型：背斜和向斜。通常，背斜是岩层向上拱起的弯曲，核部的岩层相对较老，两翼的岩层则相对较新；向斜是岩层向下弯曲的构造，剥蚀后中间（槽）的岩层相对较新，两翼的岩层则相对较老。地层在不同

---

[1]　断裂构造是指岩石受地应力作用而发生的破裂。

大小、不同方向侧向作用力作用下形成形态各异、规模大小不一的褶曲景观，让游客充分领略到大自然的鬼斧神工。在实地调查与评价过程中，应突出其形态特征、岩性、层序、成因、形成年代特征以及褶皱对该地区自然环境和人文环境的影响、景观特色与科学意义等方面的调查，采集褶曲景观露头范围（面积、高度、长度）、褶曲轴的走向、褶曲两翼岩层的产状等方面的数据。

3.2.3　地层剖面

地层剖面是指地层中具有科学意义的典型剖面，如山东莱阳盆地白垩世地层剖面。不同的地层，反映了不同的地质环境，特别是含有生物化石、遗迹的地层，更能为研究生物演化及地质年代环境变化、地球发展提供了重要科学资料，具有重要的科学考察价值和科普价值。在实地调查与评价过程中，应突出地层形态特征、地层层序、岩性组成、地层年代、发现者、命名者、发现时间及科学意义等方面的调查，采集地层剖面露头的范围、岩层的产状和岩层接触关系等方面的数据。

3.2.4　生物化石点

生物化石点是指保存在地层中的地质时期的生物遗体、遗骸及活动遗迹的发掘地点，如辽宁义县中德化石地质公园。由于化石是地质历史时期留下来的，年代较为久远，能够反映当时一定的生物及环境状况，对现代人来讲具有一定的神秘性，也具有一定的科学研究价值，同时也是进行生物演化、环境变迁等科普教育、研究与研学的活教材，因而具有较强的旅游吸引力。在实地调查与评价过程中，应突出其形状特征、围岩属性、主要化石（种类、数量、特征）、形成原因及化石产出地层年代、周围环境及科学意义等方面的调查，采集化石所在岩层的产状、化石露头的面积、化石数量等方面的数据。

3.3　地表形态

地表形态是由地球内营力作用和外营力作用共同塑造而成的地面状况，主要包括平原、高原、山地、盆地、丘陵等。和地质与构造形迹主要受地球内营力作用不同，地表形态还受到地球外营力的作用。地表形态主要包括台丘状地景、峰柱状地景、垄岗状地景、沟壑与洞穴、奇特与象形山石、岩土圈灾变遗迹 6 个基本类型。

3.3.1　台丘状地景

台丘状地景是指台地和丘陵状的地貌景观，如浙江丽水古堰画乡坪山。根据自然地理学相关知识，台地是一种凸起的面积较大且海拔较低的平面地形。一般来说，台地是介于平原和高原之间，中央的坡度平缓，四周较陡，直立于周围的低地丘陵。在实地调查与评价过程中，应突出其成因特征、岩性特征、景观特征及其周围环境等方面的调查，采集其规模、平均海拔、面积等方面的数据。

想一想：台地型景观与台丘状地景的异同。

3.3.2　峰柱状地景

峰柱状地景是指在山地、丘陵或平地上突起的峰状石体，如江西三清山巨蟒峰和浙江仙都景区的鼎湖峰。既包括山地或丘陵地区突出的山峰或丘峰，也包括基底相连的成片山丘或石体。峰柱状地景既有优美的自然风光，给游客以雄、奇、险、秀、幽之美感，又有丰富的文化内涵，既是旅游观光、登山活动的场所，又是科学研究、文化教育、科普活动的重要阵地。在实地调查与评价过程中，应突出其形态特征、成因特征、岩性组成、岩石表面风化现象、周围环境（地质构造环境、植被覆盖情况、云雾环绕情况）、景观特征及科学意义等方面的调查，重点采集其相对高度、峰顶海拔、范围、坡度等方面的数据。

3.3.3　垄岗状地景

垄岗状地景是指构造形迹的控制下长期受溶蚀作用形成的垄岗状岩溶地貌，如甘肃敦煌魔鬼城垄岗状雅丹地貌。根据自然地理学相关知识，岩溶地貌可以分为水蚀地貌、风蚀地貌、冰川地貌等。其中，水蚀地貌是具有溶蚀力的水对可溶性岩石进行溶蚀等作用所形成的地表和地下形态的总称，如喀斯特地貌或海蚀地貌。地表岩石经过长时期的水蚀、风蚀或冰川侵蚀，形成了以地表岩层千沟万壑为标志的地表特征。在实地调查与评价过程中，应突出其成因特征、岩性特征、景观特征及其周围环境等方面的调查，采集其规模、平均海拔、面积等方面的数据。

3.3.4　沟壑与洞穴

沟壑与洞穴是指由内营力塑造或者外营力侵蚀形成的沟谷、劣地，以及位于基岩内和岩石表面的天然洞穴，如黄土高原沟壑与洞穴。沟壑纵横的黄土高原是在中生代基岩所构成的古地形基础上，覆盖新生代红土和很厚的黄土层，再经过流水的切割、侵蚀等作用而形成，其最基本的地貌类型是黄土塬、梁、峁、沟。洞穴如溶洞、落水洞与竖井、穿洞与天生桥、火山洞、地表坑穴等。溶洞是地下水沿可溶性岩层层面、裂隙、节理或断裂带进行溶蚀扩大而成的，其大小不一，形态各异。溶洞内往往有碳酸钙沉淀物形成的钟乳石、石笋、石柱、石花等多种形态，有些溶洞内还有题刻、壁画、古建筑、人类活动遗迹等人文景观。溶洞具有"奇""险""幽"等美感特征，可以开展观赏游览、科学考察、探险等旅游活动。在实地调查与评价过程中，应突出其成因特征、类型特征、岩性特征、景观特征及其周围环境等方面的调查，采集其岩层年代、规模、发育年龄、平均海拔、面积等方面的数据。

3.3.5　奇特与象形山石

奇特与象形山石是指形态奇异、拟人状物的山体或石体，如安徽黄山的仙人背包石。岩石形成之后，受岩性不同、构造运动及各种外营力作用的影响，形成形态各异的造型石体景观，加上游客的想象力，可以呈现出不同的拟人、状物特征，成为吸引游客的重要载体。在实地调查和评价中，应突出其形态特征、岩性与构造特征、奇特或象形程度、象形内容、意趣特征、形成原因、景观特征及科学意义、周围环境特征或衍生传说故事等方面的调查，采集其范围、相对高度等方面的数据。

3.3.6　岩土圈灾变遗迹

岩石圈灾变遗迹是指岩石圈自然灾害变动所留下的表面痕迹，如四川汶川地震遗迹。主要是指由内营力作用形成的火山与地震遗迹，以及各种内外营力共同作用形成的各种痕迹。正确认识、合理利用这些遗迹，发挥其旅游功能，可以为当地经济发展注入新的活力，也对人类合理开发利用大自然具有较强的警示作用。在实地调查与评价过程中，应突出其形态特征、岩性与构造特征、奇特或象形程度、象形内容、意趣特征、形成原因、景观特征及科学意义、周围环境或相关事件等方面的调查，采集其范围、成因、灾变事件、经济损失等方面的数据。

3.4   自然标记与自然现象

自然标记与自然现象是指自然界中存在的标志特殊地理、自然区域，或发生在地表面一般还没有合理解释的自然界奇特现象，主要包括奇异自然现象、自然标志地、垂直自然带 3 个基本类型。

3.4.1   奇异自然现象

奇异自然现象是指发生在地表面一般还没有合理解释的自然界奇特现象，如沈阳怪坡。随着科学的发展，人类认识奇异自然现象的技术水平越来越高。即使为这些奇异自然现象找到了合理的、科学的解释，作为旅游资源，奇异自然现象依然受到了广大旅游者的青睐。无论是新疆阿拉山口、沈阳怪坡，还是麦田怪圈、南极无雪谷等，均是不少旅游者追逐的对象。在实地调查与评价过程中，应突出其发生的地理环境、气候环境、发生面积、发生时间、发生频率以及具体的原因等方面的调查，重点采集自然现象发生的条件、发生的频率、发生的范围等方面的数据。

试一试：请搜索"奇异自然现象"，试解释其发生的原理，讨论其可以开发利用的方向。

3.4.2   自然标志地

自然标志地是指标志特殊地理、自然区域的地点，如陕西秦岭自然标志地——太白山的中国南北分界岭。保护自然标志地就是维护具有重大意义的自然风貌。与其他旅游资源类型相比，自然标志地通常具有面积相对较小、科学意义较高、保护功能专一等特点，经过合理的开发，一般能产生较大的经济、社会效益。在实地调查与评价过程中，应突出其所处的地理位置、地貌特征、标志性含义、所在区域的环境成分特点等方面的调查，采集其范围面积、所在地中心点的海拔、典型特征等方面的数据。

阅读材料 3-3：秦岭—淮河线

秦岭—淮河线（简称秦淮线），是中国地理区分北方地区和南方地区的地理分界线。

在此线的北面和南面，自然条件、地理风貌、农业生产或是人民生活习俗，均有明显不同。以下是部分地理意义上的分界线：

①气温：1月0℃等温线；②日均温≥10℃、积温4500℃等值线；③气候带：暖温带和亚热带的分界线；④降水：年降水量800毫米等降水量线；⑤干湿地区：湿润地区与半湿润地区的分界线；⑥气候：亚热带季风气候和温带季风气候的分界线；⑦农业：旱地农业与水田农业的分界线；⑧作物：水稻生产与小麦生产的分界线；⑨植物：亚热带常绿阔叶林与温带落叶阔叶林的分界线；⑩河流：该线以北的河流流量小、水位变化大、有结冰期、含沙量大，该线以南的河流流量大、水位变化小、无结冰期、含沙量小；⑪长江流域和黄河流域的分界；⑫地形：该线以北地形完整，以大高原和平原为主，该线以南地形破碎，以盆地和丘陵为主；⑬区域：中国南方/华中地区和北方/华北地区的分界线；⑭农作物一年两至三熟与两年三熟或一年一熟的分界线；南方：一年两至三熟，北方：两年三熟或一年一熟；⑮中国水资源分布的多水带和过渡带的分界线。

（引自：百度百科"秦岭—淮河一线"，有删改）

3.4.3　垂直自然带

垂直自然带是指山地自然景观及其自然要素（地貌、气候、植被、土壤）随海拔呈递变规律的现象，如喜马拉雅山垂直自然带。在山地型旅游区中，由于其地理位置、岩石构成、结构构造、气候、土壤、水文等方面的差异，形成了形态各异、具有很强观赏、体验价值的地文景观类旅游资源——垂直自然地带。在实地调查与评价过程中，应突出其地理位置、地貌特征、气候特征、景观变化特点、自然要素（地貌、气候、植被、土壤）的变化规律及环境成分等方面的调查，采集其自然要素演变的临界值（如海拔）、坡向差异、坡度、各自然景观带的范围与面积、动植物种类与数量、垂直自然带的总体高度等方面的数据。

3.5 地文景观类旅游资源调查与评价实训

3.5.1 实训目的

通过实地考察学习，能充分利用本项目及项目 1 和项目 2 的相关知识与技能要点，加深对地文景观类旅游资源概念的理解，了解并掌握地文景观类旅游资源的功能、类型、特点；能有序开展地文景观类旅游资源调查与评价的各个环节，掌握地文景观类旅游资源的认定、调查技巧；完成各地文景观类旅游资源单体的调查表填写，提出相应的保护、开发建议。

3.5.2 实训地点

可利用某周末或专业综合实训周的时间去地文景观类旅游资源较全面且具有代表性的景区，也可随堂通过观看相关景区的视频进行。

3.5.3 实训教学内容及要求

（1）观察了解地文景观类旅游资源的特点。

（2）做好地文景观类旅游资源调查前的各项准备工作，完成单体调查表的预填。

（3）全面调查实训区域内所有地文景观类旅游资源的基本类型。

（4）提出开发、保护地文景观类旅游资源的对策措施。

3.5.4 实训教学工具与方法

3.5.4.1 实训教学工具

详见项目 2.2 调查工具的准备与使用。

3.5.4.2 实训教学方法

（1）对全班同学进行实训调研分组。

（2）教师组织学生完成准备阶段的各项工作，包括资料的搜集整理、调查表的预填。

（3）邀请景区的专业人员为学生进行专业讲解或引导。

3.5.5　实训教学资料简介

浙江临海桃渚国家地质公园

临海国家地质公园位于浙江省临海市东部约 50 千米处的海滨地带，面积为 166 平方千米。它是浙江东部乃至东南沿海中生代（1.35 亿 ~0.65 亿年）间大规模火山活动最后一期火山的代表，主要由白岩山火山遗迹、大堪头火山遗迹以及武坑、龙湾地区层状流纹岩地质遗迹等组成，其巍峨雄险的熔岩峰林地貌和层叠起伏的熔岩柱体地貌堪称我国白垩纪火山遗迹的典型代表。园区最高山峰为海拔 508 米的白岩山，一般山峰海拔在 200~300 米。园区内可见层状火山岩、断裂构造和垂直柱状节理形成的独特熔岩台地、峰丛、石林等景观。在上盘乡火山沉凝灰岩中，发现 6 具保存完整的翼龙化石，同位素年龄约在 7600 万 ~8300 万年。对白垩纪晚期古生物学、古生态学和火山灾变对生物影响等方面的研究有重大意义。2002 年 2 月，被国土资源部批准为第二批国家地质公园。

浙江临海国家地质公园是我国中生代白垩纪火山侵入——喷发岩系典型的地区之一，也是环太平洋火山活动带的重要组成部分。火山作用是以酸性熔岩侵出溢流及火山碎屑岩喷发堆积，经历漫长的地质历史时期由内外动力作用形成大量的地质自然遗迹。

（引自：百度百科"浙江临海国家地质公园"，有删改）

3.5.6　旅游资源单体调查表示例

浙江省台州市临海市"临海火山遗迹群"旅游资源单体调查表

单体名称：临海火山遗迹群

基本类型：ACF 岩土圈灾变遗迹　　　　　　　　　　　　　序号：

代　号	ZJ—TZS—LHS—ACF—01	其他代号：①	；②
行政位置	浙江省台州市临海市桃渚镇武坑村等		
地理位置	东经 121°32′46.25″，北纬 28°49′12.56″		
性质与特征（单体性质、形态、结构、组成成分的外在表现和内在因素，以及单体生成过程、演化历史、人事影响等主要环境因素） 　　位于临海市桃渚镇境内，其规模之巨大，地质意义之突出，为全国罕见。具有代表性的遗迹为熔岩遗迹长廊、熔岩球遗迹、流纹岩景观道、万柱石林等。（1）熔岩遗迹长廊位于桃渚镇武坑村武坑景区内，武坑景区面			

积约 5 平方千米，属亿年前火山熔岩形成的孔蜂窝状台地、峰丛、孤峰。熔岩遗迹长廊长约 2 千米，山体峭壁平均高 80 米。地质时期，火山岩浆流淌到这里，含有大量气体的岩浆，与空气接触，冷却速度过快，岩浆内有空气难以溢出，而形成留下密集如蜂窝状的孔洞，或部分是由小球粒杂质剥落而成的空洞。冷却后岩体富含二氧化硅，大多为流纹岩。熔岩岩石外观为黑色，内部为暗红色。熔岩多孔处大则成洞，洞中有洞，孔中有孔。除此之外，由于断裂切割形成一道峰墙，峰墙是流纹岩熔岩台地经断裂作用留下崖陡、顶平的地貌景观。由于垂直峰墙的节理（裂缝），使岩石局部崩落形成穿通岩壁的石梁，或者通豁开天的"龙斩腰"。（2）熔岩钟位于桃渚镇芙蓉村的芙蓉山上，白岩影石是芙蓉山的较高的山体之一，高度在 500 米左右。白岩影熔岩钟造型奇特，风景壮观的地貌，都是火山喷发后形成的，峭壁高 200 多米。熔岩钟石体为正长斑岩（属花岗岩的一种）。熔岩钟岩体表面存在洞孔，洞孔有些为岩浆气泡的存在而形成，有些为其他物质经风化、侵蚀等外力作用剥落而成。整座岩体为黏稠性大的岩浆在上升过程中逐渐冷却，形成的直立如钟状岩体，岩体中由于流水侵蚀形成垂直的岩石凹槽。岩体顶部有一平台，面积为 800 多亩，山顶还有一古井，为火山喷发时所遗留之物。（3）万柱石林位于连盘大堪头蚱蜢山，其山形像一粒巨大的蚱趴在那里，该地处环太平洋火山活动带，是我国东部沿海中生代火山侵入——喷出岩系最为发育和典型的地区。早在 8000 万年前，大堪头火山强烈喷发，形成巨大的火山口。古火山口经过风雨长期的剥蚀破坏，形成上大下小的火山颈。当时，里面充填很多的熔岩，是个火山口熔岩湖。口径 1.8 千米，面积 2.5 平方千米。后来，湖里的熔岩冷却凝固，围绕无数的轴线定向等轴收缩，形成千万个六边形的柱体，地质学上叫柱状节理，约 1500 多万根。火山口四周的火山砂及较为松散的岩体，已经剥蚀，而由较为坚硬的熔岩柱组成的山峰突兀在平原上。这些熔岩柱排列井然，很有规律，即火山通道的边缘部分，柱状体向外倾斜呈横卧状排列，而内部熔岩柱则呈直立状排列。直立的岩柱从山顶至谷底，继续垂直延伸高度 300 多米。从纵切面看，整片山岩好像用铧切割出来的涂泥，切线分明，大抵呈六边形柱状，一排排，一层层，相当整齐而匀称。六角形平面直径 40~80 厘米，一般长度 3~5 米，有的长 7~10 米。从横断面看，就像旱田有规则的龟裂，裂线清晰，同样大多呈六边形，有的整排突兀丛集，有的孤零高耸。据有关专家评论，该石林规模之大，发育之完美，造型之典型，景观之奇特，均为国外所罕见，足以跟夏威夷、爱尔兰媲美。（4）流纹岩景观道为一熔岩奇观，长 30 米，上面呈长方形，下部大致呈倒三角，长 31 米，最宽处达 10 米。这条斜坡大道，是典型火山喷发岩浆流动的遗迹，地质学上称流纹构造。（5）熔岩球是熔岩流动过程中将早期冷却的球状熔岩块（实心不具空腔）包围，而熔岩流动过程流纹围绕熔岩球冲积而成的。熔岩球在武坑景区内分布于地质长廊遗迹的两侧和玉屏峰东侧等处，其中地质长廊遗迹的西侧分布 15 个球，最大球直径 0.5 米，该处景观长 7.4 米、宽 4.7 米。熔岩球大者多半个球面出露于地表。（6）流水岩槽位于桃渚镇武坑村，岩石为下切侵蚀而形成，其内部为流纹岩、基岩熔为一体。整个流水岩槽呈 Y 形，谷中有一瀑布，水势较大，规模也较大，下部为曲折谷地。流水岩槽整体为南北走向，两侧由于岩性差别形成峭壁，峭壁高 90 米左右，远处看过来似一整块巨大的岩石，毫无裂缝，且由于流水侵蚀的影响和作用，峭壁下部所形成的谷地中的岩石较滑，难以行走。（7）球泡状流纹岩位于临海市桃渚镇南门坑村的海山公园南沙一带。这一带为厚层状流纹岩地质遗迹景观带，它记录了岩浆的流动、冷却成岩以及成岩以后经外力地质作用——重力、剥落、风化、流水等作用形成了流纹岩海蚀地景。球泡状构造系流纹岩的典型构造之一，熔岩中的圆形空腔，随熔岩冷凝逐层晶出，形成由纤维状岬长石或长英质矿物组成的多层同心圆状球体，其形成年代为 8000 万年前的晚白垩纪时期。该类流纹岩在南沙分布有两处，均位于礁石群中。礁石以南门坑海滨为中心，向南北方向延伸，长有两三千米，是海水长期冲积形成的，为多孔状岩体，形状各异，奇岩怪石林立。

旅游区域及进出条件（单体所在地区的具体部位、进出交通、与周边旅游集散地和主要旅游区、点之间的关系）

　　桃渚镇是临海市东南沿海城镇，位于台州湾北部椒北平原的地理中心，西距临海市区 46.5 千米，东临大海，南接上盘镇，西依杜桥、小芝两镇，北靠三门县；主要依靠甬莞高速（G1523）和 G228 国道、G351 国道为主要进出干道；邻近地区拥有南门坑风景区、牛头山省级旅游度假区、桃渚古城等旅游区；周边有临海站、台州西站、台州站及台州路桥机场；附近有城乡巴士通往城区及邻近乡镇。

保护与开发现状（单体保存现状、保护措施、开发情况）

　　该单体总体保存完好，系国家地质公园与省级风景名胜区，并成立了专门的管理委员会；编制了相应的总体规划与分块控制性规划，加强了旅游资源的保护。"十一五"至"十三五"期间，与桃渚古城等景区一起对外经营开放。

续表

评价项目	资源要素价值（85分）					资源影响力（15分）		附加值
评价因子	观赏游憩使用价值（30分）	历史文化科学艺术价值（25分）	珍稀奇特程度（15分）	规模、丰度与几率（10分）	完整性（5分）	知名度和影响力（10分）	适游期或使用范围（5分）	环境保护与环境安全
分　值	28	24	14	10	4	8	4	3
总　分	95分；五级旅游资源单体							

3.5.7　实训成果及其评价主体与细则

3.5.7.1　实训成果要求

（1）完成不少于 10 个地文景观类旅游资源单体表的填写。

（2）完成对每个旅游资源单体的摄像或摄影工作，其中每个旅游资源单体的照片不少于 5 张，且要求美观。

（3）提出地文景观类旅游资源未来开发的对策与思路，形成汇报 PPT。

3.5.7.2　评价主体及其权重

本次实训成果的评价建议由校内专业老师、企业指导老师及学生代表（每个实训小组各选 1 名代表）参加，权重分别为 40%、40% 和 20%。

3.5.7.3　评分细则

评分细则具体如表 3-2 所示。

表 3-2　地文景观类实训成果评价标准

实训任务名称：＿＿＿＿＿＿＿＿＿＿＿＿　　　汇报人：＿＿＿＿＿＿　　　第＿＿＿组

评价内容		评价分值	评价标准	评价得分
旅游资源单体调查表及摄像照片	旅游资源单体调查表数量	10分	旅游资源单体表数量在 10 个及以上得 10 分，数量 9 个及以下，按实际完成数量得分	
	旅游资源单体调查表质量	15分	单体表填写准确、描述达到要求得 12~15 分；单体表填写基本准确、描述基本到位得 7~11 分；单体表填写尚可、描述较弱得 0~6 分	
	旅游资源单体照片	15分	旅游资源单体照片数量达标且美观度、清晰度较高的得 12~15 分；数量基本达标且美观度、清晰度尚可的得 7~11 分；数量未达标且美观度、清晰度较差的得 0~6 分	

评价内容		评价分值	评价标准	评价得分
地文景观类旅游资源开发对策与思路	PPT 报告完整性	15 分	包括课题组组成、调查情况、调查步骤与方法、调查结果、对策建议等，每一项得 3 分	
	PPT 报告科学性与合理性	15 分	报告建议科学、合理得 12~15 分；报告建议基本科学、合理得 7~11 分；报告建议科学性与合理性较差得 0~6 分	
表现方式	PPT 演示文稿	10 分	PPT 排版美观大方、有特色得 8~10 分；排版基本整齐且有一定特色得 4~7 分；排版美观度相对较弱得 0~3 分	
	现场演讲	10 分	演讲者形象气质佳、演讲流利、条理清晰得 8~10 分；形象一般、演讲一般得 4~7 分；其他方面得 0~3 分	
	现场答辩	10 分	现场答辩流利、回答内容准确得 8~10 分；答辩一般、内容基本准确得 4~7 分；其他方面得 0~3 分	
评委签名：			合计得分：	

3.6   总结与项目测试

3.6.1   总结

本项目首先介绍了地文景观类旅游资源的定义、形成、旅游价值及其分类体系，使学习者对地文景观类旅游资源有个大概的认识；然后详细介绍了地文景观类旅游资源各基本类型的定义、形成、特征，并阐述了地文景观旅游资源各基本类型在实地调查与评价过程中应重点调查的内容与采集的数据；最后以浙江省台州市临海国家地质公园为例，设计了相应的实践实训环节，使学习者能够对地文景观类旅游资源做出正确的调查与评价，并完成地文景观类旅游资源调查报告的撰写任务及相应的开发、保护思考，培养学生系统的思维模式与做事方法。

3.6.2   项目测试

主要概念

地文景观、垂直自然带、断裂景观、褶曲景观、生物化石点、沟壑与洞穴

客观题

（1）根据地理学的划分，山可以分为极高山、高山、中山、低山、丘陵，其中高山的绝对海拔一般在（　　）米。

A. 1000~3500　　　　B. 3500~5000　　　　C. 5000 以上　　　　D. 1000~500

（2）根据《旅游资源的分类、调查与评价》，缙云仙都"鼎湖峰"属于（　　）。

A. 台地型景观　　　　　　　　　　B. 褶曲景观

C. 峰柱状地景　　　　　　　　　　D. 节理景观

（3）根据《旅游资源的分类、调查与评价》，安徽黄山属于（　　）。

A. 山丘型景观　　　　　　　　　　B. 台地型景观

C. 沟谷型景观　　　　　　　　　　D. 滩地型景观

（4）以下旅游资源基本类型中属于自然景观综合体亚类的是（　　）。

A. 奇特与象形山石、沟谷型景观、自然标志地、垂直自然地带

B. 山丘型景观、断裂景观、自然标志地、垂直自然地带

C. 山丘型景观、沟谷型景观、自然标志地、垂直自然地带

D. 山丘型景观、沟谷型景观、台地型景观、滩地型景观

简答题

（1）地质与构造形迹亚类有哪些基本类型？

（2）简述沟壑与洞穴的形成。

（3）简述生物化石点的旅游价值。

分析题

（1）以喜马拉雅山为例，分析喜马拉雅山垂直自然带的分布特征及其旅游价值。

（2）以自己熟悉的某一知名旅游景区为例，完成其旅游资源的调查与评价工作。

（3）结合实例简述沟谷型旅游地的美学特征及其在调查与评价过程中应注意的问题。

（4）分析讨论台地型景观和台丘状地景、沟谷型景观和沟壑与洞穴等基本类型的异同点，请举例说明。

项目 4

调查与评价水域景观类
旅游资源

【思维导图】

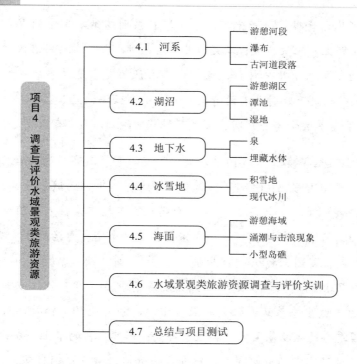

【项目案例导入】

案例 1： 喀纳斯湖位于新疆维吾尔自治区阿勒泰地区布尔津县北部，北起卡勒玛虚，南至何乌特，东接铁外克，西到阿尔圭萨拉，距布尔津县城 150 千米，面积 45.75 平方千米，平均水深 120 米，最深处达到 188.5 米，是中国最深的冰碛堰塞湖。蓄水量达 53.8 亿立方米，是一个坐落在阿尔泰深山密林中的高山湖泊、内陆淡水湖。

喀纳斯湖水来自奎屯、友谊峰等山的冰川融水和当地降水，湖面海拔 1374 米。湖泊两侧崖岩林立，断层痕迹清晰；湖泊平面上北侧呈北东向，南部形态呈北东南西相互交织的锯齿状，与区域北东南西向两组构造线一致，是第四纪冰川和构造断陷共同作用的结果。

喀纳斯湖中可观赏的动物有阿尔泰林蛙、极北蟾、胎生蜥蜴、岩雷鸟、普通松鸡、哲罗鲑（俗称大红鱼）、细鳞鲑、江鳕、西伯利亚斜齿鳊等，用于食用的冷水鱼主要有狗鱼、五道黑、扁花、小白条等。

喀纳斯湖有几大奇观：一是千米枯木长堤，系因喀纳斯湖中的浮木被强劲谷风吹着逆水上漂，在湖上游堆聚而成；二是湖中巨型"水怪"，常常将在湖边饮水的马匹拖入水中，给喀纳斯平添了几分神秘色彩，也有人认为是当地特产的一种大红鱼（哲罗鲑）在作怪；三是雨过天晴时才有的奇景——喀纳斯云海佛光。

（引自：喀纳斯景区管委会官网、百度百科"喀纳斯湖"，有删改）

案例 2： 长江是世界第三、我国第一大河，发源于青藏高原的唐古拉山主峰各拉丹冬雪山西南侧，干流全长 6300 余千米，流经青海、四川、西藏、云南、重庆、湖北、湖南、江西、安徽、江苏、上海 11 个省（自治区、直辖市）注入东海。支流展延至贵州、甘肃、陕西、河南、浙江、广西、广东、福建 8 个省（自治区）。流域面积约 180 万平方千米，约占我国国土面积的 18.8%。

长江是中华民族的母亲河，是中华民族发展的重要支撑。长江以其庞大的河湖水系，独特完整的自然生态系统，强大的涵养水源、繁育生物、释氧固碳、净化环境功能，维护了我国重要的生物基因宝库和生态安全；以其丰富的水土、森林、矿产、水能和航运资源，保障了国家的供水安全、粮食安全和能源安全；通过流域的治理与开发，养育了 4.59 亿人口，孕育了灿烂的长江文明，在经济社会发展中发挥了重要作用。

2016 年 1 月，推动长江经济带发展座谈会在重庆召开。习近平总书记明确指出"推动长江经济带发展必须从中华民族长远利益考虑""要把修复长江生态环境摆在压倒性位置，共抓大保护，不搞大开发"。沿江省份和有关部门着力推进长江生态环境保护修复，推动转型发展，力度之大、规模之广、影响之深，前所未有。2020 年 1 月，农业农村部在官网发布关于长江流域重点水域禁捕范围和时间的通告，宣布从 2020 年 1 月 1 日 0 时起开始实施长江十年禁渔计划。通告称，长江干流和重要支流除水生生物自然保护区和水产种质资源保护区以外的天然水域，最迟自 2021 年 1 月 1 日 0 时起实行暂定为期 10 年的常年禁捕，其间禁止天然渔业资源的生产性捕捞。

（引自：长江水利网、百度百科"长江"，有删改）

想一想：对比喀纳斯生态旅游业的发展与长江十年禁渔政策，其重要意义有哪些？旅游业可以有哪些作为？

【项目导读】

学习目的意义：水是地球表面分布最广和最重要的物质，水是生命之源、万物之灵，也是旅游资源体系中最具灵性和活力的重要组成部分。水域景观与旅游关系密切，是最宝贵的旅游资源之一，是各类旅游景观的重要构景元素，也是最能满足游客参与要求的旅游资源之一。正确认识、理解水域景观类旅游资源的类型及其含义，深入剖析水域景观类旅游资源各基本类型的特征、成因、发育规律，并对其进行科学、合理地评价，对水域景观类旅游资源的有效开发利用、保护培育等具有重要意义。

项目内容概述：本项目通过对水域景观类旅游资源含义、类型、特征等方面的分析及其评价，初步形成对水域景观类旅游资源的正确认识和评价；通过对水域景观类旅游资源基本类型的特征、成因、属性的阐述，使学习者初步掌握其中常见基本类型的开发利用与保护技能；最后设计了水域景观类旅游资源的实践实训教学环节，以提升学生的实践应用水平。

【项目学习目标】

知识目标：熟悉水域景观类旅游资源的形成基础与原因；熟悉水域景观类旅游资源的功能价值与分类体系；掌握水域景观类旅游资源各基本类型的内涵、特征、成因、属性、调查与评价等重点内容。

技能目标： 能够正确识别不同基本类型的水域景观类旅游资源；熟悉水域景观类旅游资源的旅游功能与价值；能够对不同基本类型的水域景观类旅游资源进行有效的调查与科学评价；能根据实际情况对水域景观类旅游资源提出开发、保护意见与建议。

素质目标： 激发热爱祖国大好河山的情怀；培养正确认识、客观评价、合理开发利用与保护水域景观的道德观念与职业素养；树立生态可持续开发利用的理念与思维；能结合"绿水青山就是金山银山"提出创新发展策略。

水是自然资源的重要组成部分，是保证人类生活和生产的重要物质条件，也是构成旅游资源不可或缺的物质基础。烟波浩渺的大海，银装素裹的雪山，飞流直下的瀑布，清澈透明的湖水，碧波粼粼的河流……给人以不同的感受、不同的体验、不同的美感。水不仅是旅游景观的构成要素，也是众多旅游活动开展不可或缺的组成部分。正是由于水的存在，可以让更多的人参与到具有参与性、体验性的旅游活动中。因此，水在旅游活动中具有举足轻重的作用和意义。水域景观类旅游资源是指能够吸引游客进行观光游赏、参与体验等活动并能产生经济效益、社会效益和生态效益的各种水体及水文现象。

水域景观类旅游资源的旅游价值主要体现在以下四个方面：

第一，审美功能。水域景观类旅游资源具有雄壮之美、秀丽之美和奇特之美。水体在形态、倒影、声音、色彩等方面具有很强的吸引力。碧波浩渺的大海、水天一色的江河、跌落飞泻的瀑布、晶莹澄碧的泉水、蜿蜒曲折的溪流、澎湃汹涌的潮流等都是水域景观类旅游资源的体现。

第二，疗养功能。水域景观类旅游资源的疗养功能主要体现在温泉旅游资源。在温泉中洗浴能使人消除疲劳、祛病健身，这在我国众多的古籍中都有记载。如温泉水的温热，可使毛细血管扩张，促进血液循环，而水的浮力与静压力具有按摩、收敛、消肿、止疼等功效。此外，温泉水中含有各种矿物质成分如钙、镁、硫化氢、二氧化碳、镭、氡等物质，均对人体的美容养颜、康体养生等具有很好的疗效。

第三，品茗功能。明代著名茶饮家钱椿年在《茶谱》中提到的"煎茶四要"首先就是要选择好水。如果煎茶的水不甘美，会严重损害茶的香味。因此，人们对泡茶用水非常讲究：一是甘而洁，二是活而鲜，三是贮水得法。现在很多旅游景区都结合本景区良好的水质和地方品牌茶叶，开展游客品茗活动，如黄山用温泉水泡毛峰茶、杭州西湖用虎跑泉水泡龙井茶等。

第四，娱乐功能。随着现代旅游业的快速发展，参与性、体验性旅游活动日益受到游客的青睐。开展水上旅游活动无疑为游客增添了娱乐乐趣。在开阔水域开展水上旅游活动，如游泳、潜水、划船、冲浪、滑水、水上跳伞、水上摩托艇、垂钓、捕鱼等，均是休闲度假旅游的首选项目。

水域景观类旅游资源按水体的性质和基本形态，可以划分为河系、湖沼、地下水、冰雪地、海面 5 个亚类，游憩河段、瀑布、游憩湖区、埋藏水体、积雪地、游憩海域等 13 个基本类型（见表 4-1）。

表 4-1　水域景观类旅游资源分类一览

主类	亚类	基本类型
B 水域景观	BA 河系	BAA 游憩河段　BAB 瀑布　BAC 古河道段落
	BB 湖沼	BBA 游憩湖区　BBB 潭池　BBC 湿地
	BC 地下水	BCA 泉　BCB 埋藏水体
	BD 冰雪地	BDA 积雪地　BDB 现代冰川
	BE 海面	BEA 游憩海域　BEB 涌潮与击浪现象　BEC 小型岛礁

4.1　河系

根据自然地理学相关知识，河系，亦称"河网""水系"。河流流域内大大小小的水体，如河流的干流、支流及湖泊、沼泽等，构成脉络相通的系统，称"河系"。河系的类型有扇形、羽毛状、平行状及辐射状等。本亚类共有游憩河段、瀑布和古河道段落 3 个基本类型。

4.1.1　游憩河段

游憩河段是指可供观光游览的河流段落，如长江三峡游憩河段。一般来讲，一条河流可以分为上游、中游和下游。上游河段流经高原山地，河床深狭而不稳定，河底纵断面呈阶梯状，水量小，流速快，多急流、险滩，河水涨落幅度相对较大，河流与两岸的山崖构成综合景观；中游河段河床比较稳定，河槽较开阔并呈现出一定弯曲度，水量较大，水流较平稳；下游河段河槽纵度平缓，河道开阔，水流平静流淌，或贴近山麓，或因大量泥沙堆积成岛，河口河道分叉明显，形成三角洲，或两岸山势和缓、形成宽阔的河滩，或呈现出冲积平原景观。目前，我国的长江三峡、桂林漓江山水、黄河风景区，欧洲的多瑙河，美国的密西西比河，巴西的亚马孙河，埃及的尼罗河，俄罗斯的伏尔加河等，均以其形、声、色、质以及河岸景色，吸引着世界各地的游客。在实地调查与评价过程中，应侧重游憩河段的形态特征、弯曲程度、景观特色、水文特征、植被特征、沿途河滩与沙洲特征、沿途古村落或城镇、沿途山川特征、河岸基岩性质等方面的调查，重点采集游憩河段的长度、宽度、水文特征、两岸山体及河滩与沙洲的植被覆盖率、河岸的曲折度与坡度、河段的平均比降等方面的数据。

4.1.2 瀑布

瀑布是指河水在流经断崖、凹陷等地区时垂直从高空跌落的跌水。瀑布景观是水域景观类旅游资源的重要组成部分，具有独特的美学价值。瀑布发育于地势起伏较大、水量较充沛的山区河道内或上游河段。根据各地地势条件、水文的季节性变化特征，可将瀑布分为常年性瀑布、季节性瀑布、偶发性瀑布。淮河—秦岭以南的山地丘陵地带水量充沛、地形复杂、植被覆盖率高，多形成常年性瀑布，尤以浙江、安徽、福建、台湾、广东、广西、贵州、云南、四川的瀑布数量为较多。我国著名的瀑布有黄果树瀑布、壶口瀑布、庐山瀑布、镜泊湖瀑布、九寨沟瀑布、德天瀑布、长白山瀑布等。根据瀑布水流的跌落级数，又可以分为单级瀑布和多级瀑布；根据瀑布的成因及其基本特征，又可以分为构造瀑布、堰塞瀑布、差异侵蚀瀑布、袭夺瀑布、喀斯特瀑布、悬谷瀑布及人工瀑布；根据瀑布的跌落形态及瀑底形态的差异，可以分为悬瀑和跌水。在实地调查与评价过程中，应突出其形态与结构、水文特征、形成原因、周边基岩情况、底部潭地形态、景观特色、周围植被情况、季节变化等方面的调查，重点采集瀑布的级数、高度或落差、坡度、坡向、水量、宽度、流速以及底部潭池的面积、深度、周长等方面的数据。

4.1.3 古河道段落

古河道河段是在地质历史时期形成的，后因河流改道等原因而废弃的河道，即已经消失的历史河道段落，如黄河古河道段落。一般情况下，引起河流改道的原因有构造运动导致地壳抬升或下降，冰川、崩塌、滑坡等将河道堰塞，或人工另辟新河等。构造运动可使河流大规模改道，被废弃的河段可能被抬高露出地表甚至成为现今的分水岭，如古珠穆朗玛峰地区和我国新疆、青海一带；也可能因沉降而被后来的沉积物所埋藏形成埋藏型古河道，如东部沿海各大平原的河流入海口附近均埋藏着古河道。古河道具有很高的科学考察与研究价值。通过对古河道的研究，有助于了解河床演变的特征与规律，对了解地质时期的气候演变以及寻找地下水、砂矿、石油、天然气等资源都有着重要的意义，是开展科考、研学、教育、探险等旅游活动的重要载体。在实地调查与评价过程中，应重点突出古河道段落的形态特征、景观特色、形成年代、形成原因与变迁规律、植被特征、村落及周围环境特征等方面的调查，重点采集古河道段落长度、宽度、面积等方面的数据。

阅读材料 4–1：乌梁素海

乌梁素海，其本质是古河道段落。其蒙古语意为"红柳湖"，位于黄河"几字弯"顶部的内蒙古巴彦淖尔市乌拉特前旗境内，是历史上黄河改道南移后北支乌加河和河套地区灌渠排水汇流而形成的河迹湖。2010 年后，乌梁素海面积一般稳定在 293 平方千米。主要支流有乌加河、莫楞河、乌松图勒河、额尔登河以及塔布渠、义和渠等灌溉渠道。通过河套总排干出口退水系统在三湖河口汇入黄河。

乌梁素海是全球范围内荒漠半荒漠地区极为少见的具有极高生态价值的大型多功能湖泊、地球同纬度最大的自然湿地和世界八大候鸟迁徙通道上的重要节点，承担着黄河水量调节、水质净化、防凌防汛等重要功能，是我国北方多个生态功能交会区，是控制京津风沙源的天然生态屏障，被称为黄河生态安全的"自然之肾"。2002 年，被国际湿地公约组织列入国际重要湿地名录。

随着河套灌区的开发，乌梁素海成为河套灌区唯一的"承泄区"。特别是 20 世纪 90 年代以后，湖区水体一度污染严重。巴彦淖尔市按照"生态补水、控源减污、修复治理、资源利用、持续发展"的治理思路，特别是直接引黄生态补水，使乌梁素海的水质逐步好转。

2023 年 6 月 5 日下午，在内蒙古自治区考察的习近平总书记来到乌梁素海，了解当地坚持山水林田湖草沙一体化保护和系统治理、促进生态环境恢复等情况，察看乌梁素海自然风貌和周边生态环境。

（引自：百度百科"乌梁素海"，有删改）

4.2 湖沼

作为旅游资源的湖沼是指以不同地貌类型为存在背景，构成绚丽多姿的湖泊或沼泽风景，吸引人们开展各项旅游活动的陆上封闭洼地的一种水体。本亚类旅游资源主要分为游憩湖区、潭池、湿地 3 个基本类型。

4.2.1 游憩湖区

游憩湖区是指湖泊水体的观光游览区与段落，如杭州西湖。湖泊是指陆地表面洼地积水形成的比较宽广的水域，是由湖盆、湖水及水中的矿物质、有机质和生物等组成的地理系统。湖泊的类型很多，按其成因可分为构造湖、火山湖、潟湖、堰塞湖、河迹湖、海迹湖、冰川湖等；按湖水的矿化度可分为淡水湖、咸水湖和盐湖。不同类型的湖泊呈现出不同的迷人景色：平原湖泊，水面开阔，形成烟波浩渺、水天一色的景象；山顶湖泊，湖水清澈、群峰环抱，岚影波光交相辉映，风景如画；园林人工湖则是花木掩映，水榭、亭轩、曲桥相得益彰，集形、色、影、声、奇等特色于一体。在实地调查与评价过程中，应重点突出其类型、所处地理环境、平面状态、形成成因与发展历史、湖面面积、湖水水深情况、湖水水质、湖泊水源、水面变化等水文特征，以及冬季有无结冰现象、湖中生物生长情况、沿岸基岩特征及景观特色、科学意义等方面的调查，重点采集湖泊面积、平均水深、水质标准等方面的数据。

阅读材料 4-2：中外知名湖泊

中国湖泊分布广泛又相对集中，主要分布在青藏高原和东部平原，最为著名的是青海湖、鄱阳湖、洞庭湖、太湖、千岛湖、日月潭以及杭州西湖、云南滇池、嘉兴南湖、扬州瘦西湖、南京玄武湖和莫愁湖、肇庆星湖、武汉东湖、济南大明湖、新疆天山天池、吉林长白山天池、黑龙江五大连池等。

国外的著名湖泊主要包括里海、苏必利尔湖、日内瓦湖、死海、维多利亚湖、咸海、休伦湖、密歇根湖、坦噶尼喀湖、贝加尔湖、马拉维湖、的的喀喀湖、安大略湖、乍得湖等。

（引自：百度百科"世界十大湖""中国湖泊"，有删改）

想一想： 你去过哪些知名的湖泊型旅游目的地，其周边常见的配套设施或旅游业态有哪些？

4.2.2　潭池

潭池是指四周有岸的小片水域。相对游憩湖泊而言，潭池的水面面积要小得多。潭池往往与瀑布、溪流等连接，大小不一、形状各异。在实地调查与评价过程中，应重点突出其平面形态、成因、面积、水深、水质、季节变化、潭中及四周生物生长情况、景观特征、相关神话传说或人文古迹等方面的调查，重点采集潭池面积、潭池周长、平均水深、水质标准、水温等方面的数据。

想一想： 潭池与游憩湖区的异同。

4.2.3　湿地

湿地是指天然或人工形成的沼泽地等带有静止或流动水体的成片浅水区，如杭州西溪湿地。湿地拥有"鸟类的乐园"和"地球之肾"的美称。在实地调查与评价过程中，应重点突出其形态与结构、类型、平面形态、地形特征、气候条件、所处地理环境、成因及发育过程、物种组成及珍稀物种、泥炭含量、水量补给源、相关生物种类、周围环境及人文背景等方面的调查，重点采集面积、气候水文数据、海拔、泥炭含量等方面的数据。

4.3　地下水

地下水就是地面以下的水，是贮存于地面以下岩石裂缝和土壤空隙中的水。按形态分为气态水、吸着水、薄膜水、毛细管水、重力水、固态水等。本亚类可以分为泉和埋藏水体 2 个基本类型。

4.3.1　泉

泉是指地下水的天然露头，是地下含水层或含水通道呈点状出露地表的地下水涌出现象，为地下水集中排泄形式，如济南趵突泉。它是在一定的地形、地质和水文条件的结合下产生的。泉的类型多种多样。根据泉水涌出地表的动力来源，可分为上升泉和下降泉，前者可以向上自喷，即喷泉，后者只能向低处自流；按泉水的成因和地质条件可分为侵蚀泉、接触泉、溢出泉、堤泉、断层泉、喀斯特泉等；按泉水的温度，又可以分为冷泉、地热或温泉。在实地调查与评价过程中，应重点突出其出水量、水温、水质特征、喷涌方式、泉水露点或泉池面积、水量的季节变化、泉水的构造成因及类型、景观特征、矿物价值、理疗价值、相关古迹传说等方面的调查，重点采集泉的出水量、水温、矿化度、泉池性状、泉池面积、水质等级、水文特征等方面的数据。

4.3.2　埋藏水体

埋藏水体是埋藏于地下，且尚未出露或涌出的地下水（泉）。对于旅游资源而言，一般是温度适宜、具有矿物元素的地下热水、热汽，又称为地热，如南京汤山温泉。地热资源按照其储存形式，可分为蒸汽型、热水型、地压型、干热岩型和熔岩型 5 大类。我国的西南地区是地热资源最为丰富的地区，拥有羊八井地热、腾冲地热等著名地热；世界上的地热分布规律与地震带、火山的分布规律相一致。目前，人类能够开发利用的主要是地下蒸汽和地热水。在实地调查与评价过程中，应重点突出其成因及类型、喷涌方式、地质构造及岩层状况、出水（汽）量、四季变化、温度与水质、主要成分、景观特征、矿物价值、理疗价值等方面的调查，重点采集温泉的出水量或地热的出汽量、水（汽）温、出露面积、矿化度、主要矿物成分及其含量等方面的数据。

想一想：近年来，我国多地在旅游项目投资开发过程中，热衷于通过地质勘探与钻井等技术，以开发相关地热类资源。请问，此类项目开发的风险点与盈利点分别有哪些？其与温泉有何异同点？

4.4　冰雪地

冰雪作为水体的固态形式，是水域景观类旅游资源中十分独特的一个亚类。本亚类可以分为积雪地和现代冰川 2 个基本类型。

4.4.1　积雪地

积雪地是指长时间不融化的降雪堆积面，如云南丽江玉龙雪山积雪地。雪是中高纬度地区冬季常见的一种降水现象，可以形成壮观的雪景，加上森林、高山等要素的配合，形成的景观更为迷人。有积雪的地区，根据积雪时间的长短，可以分为季节性积雪地区和永久性积雪地区。我国绝大部分属于季节性积雪地区，而永久性积雪地区的面积大约为 5 万平方千米，主要积雪地有丽江玉龙雪山、大理苍山、梅里雪山、台湾玉山、秦岭太白山、长白山、天山博格达峰、贡嘎山、四姑娘山、西岭雪山、昆仑山、喜马拉雅山、阿尔金山、阿尔泰山、祁连山、阿尼玛卿雪山、南迦巴瓦峰等。从旅游资源的开发条件来说，积雪地必须同时满足两个条件：足够的积雪量和适宜开展雪上活动的地表起伏状况。在实地调查与评价过程中，应重点突出其所处地理环境、平面起伏状态、雪期长短及起止时间、气候特征（含风、日照、气温变化等）、面积及其历史变化、景观特色、科学意义等方面的调查，重点采集其面积、雪期长短、雪期起止时间、常年平均降雪量、积雪期平均气温及风向、日照指数等方面的数据。

4.4.2　现代冰川

现代冰川是指现代冰川存留区域，如喜马拉雅山绒布冰川。冰川是较长时间存在于寒冷地区的一种由多年降雪不断加压变质而形成的天然冰体，现代冰川通常处于雪线以上的常年积雪区域。所谓雪线是指当地的降雪与融雪达到动态平衡的高度。冰川可以分为大陆冰川和山岳冰川两种类型，前者存在于高纬度的南极大陆和北极地区，后者主要指全球海拔较高的山脉顶部，我国的冰川均属于此类，集中分布在青藏高原及西部高海拔的山地中。冰川的下部具有较强的可塑性，受重力和压力作用的影响，能沿着山坡缓慢地向下滑动，但速度较慢。在冰川的综合作用下，除了形成雪线景观外，还能塑造粒雪盆、冰斗、冰碛、冰面湖、冰洞、冰塔、冰钟乳、冰蘑菇等独特的地貌景观资源。在实地调查与评价过程中，应重视现代冰川所处的地理环境、平面形态、形成成因及其发展历史、变化规律、气候环境、冰川面积、冰川厚度、景观特色、科学意义等方面的调查，重点采集其面积及其变化、存留时间等方面的数据。

想一想： 瑞士作为国际知名的冰雪旅游目的地，有哪些经验或做法值得我国北方冬季打造冰雪旅游目的地时学习或借鉴？

4.5　海面

海洋是世界上最大的水体，它以浩瀚无际、深邃奥妙的魅力吸引着每一个旅游者。由于海和洋在水文地理环境上的巨大差异，使得旅游资源的开发利用多限于大洋的边缘部分——海，并局限于海岸、海滨地带，即海面旅游资源。本亚类主要包括游憩海域、涌潮与击浪现象、小型岛礁 3 个基本类型。

4.5.1　游憩海域

游憩海域是指可供观光游憩的海上区域。游憩海域可开展赏海景、品海鲜、乘渔船、冲海浪、玩海钓、住渔家等诸多旅游活动，也可充分利用阳光、沙滩、滩涂等资源开展康体、健身、运动、养生、度假等相关旅游活动。我国拥有 1.8 万余千米的大陆海岸线与 1.4 万余千米的海岸线、6961 个面积在 500 平方米以上的海岛和 300 多万平方千米的海洋国土资源，自北向南滨海及海岛风光各有不同，海洋旅游资源丰富，最为著名的有辽宁大连金石滩、辽宁葫芦岛兴城海滨、河北秦皇岛北戴河与黄金海岸、山东烟台蓬莱、山东威海银滩、江苏连云港连岛、浙江舟山嵊泗列岛、福建厦门鼓浪屿、广西北海银滩、海南三亚亚龙湾等。在实地调查与评价过程中，应重视其气候环境及灾害、海底地形、组成物质、海水的物理化学生物性质、海水动力条件、岛礁分布情况、人文遗迹分布情况、发展保护历史、沙滩与滩涂情况、海岸特征、水质情况、潮汐情况、生物种类、周边环境、景观特色等方面的调查，重点采集海域范围、潮差、水温及其季节变化、洋流及其季节变化、灾害气候频率及高发季节、海水盐分、岸线曲折度、沙滩或滩涂面积、拥有岛屿数量及其面积等方面的数据。

4.5.2　涌潮与击浪现象

涌潮与击浪现象是指海水大潮时潮水的涌进景象与海浪推进时的击岸现象，如钱塘江大潮。由于月球与地球的引力，海面呈现出周期性的升降现象，称为潮汐。潮涌伴随着涨潮而发生，潮差越大，潮涌现象越壮观。每月的朔日（农历初一）和望日（农历十五），太阳、月球和地球的中心几乎成一直线，地球受到的引潮力相当于月球引潮力和太阳引潮力之和，海水涨潮最高，称为大潮。钱塘江大潮与南美亚马孙河、南亚恒河并列为"世界三大强涌潮河流"；此外，诸如悉尼邦迪海滩的涌潮、击浪现象也非常有名。在实地调查与评价过程中，应重点突出其发生区海陆间的地貌形态、水文特征（潮汐现象的强弱、河流水文特征）、形成成因、涌潮与击浪现象景观特征、发生时段及规律、发生区的纵深、最佳观赏地及周围环境、最佳观赏时间等方面的调查，重点采集潮差、潮头或击浪高度、发生时段、持续时间等方面的数据。

4.5.3   小型岛礁

小型岛礁是指出现在江、河、湖、海中的小型明礁或暗礁，如中国南海永暑礁。从字面理解，"岛"一般来讲是四面环水的陆地，有一定的面积，上面可能有各种地形；"礁"一般来说就是江海中的石头，在水面上能看到的叫明礁，水面上看不到的叫暗礁，"岛礁"是它们的合称。按成因可分为大陆岛、海洋岛或火山岛、珊瑚岛和冲积岛。按岛屿的数量及分布特点分为孤立的岛屿和彼此相距很近、成群的岛屿（群岛）。在实地调查与评价过程中，应重点突出其形态特征、岩性组成、奇特或象形情况、景观特征、周围环境、气候特征、邻近生物种类等方面的调查，注重采集小型岛礁面积、高度、距岸或岛屿的最近距离等方面的数据。

想一想： 为什么《旅游资源的分类、调查与评价》（GB/T 18972—2017）规定小型岛礁为水域景观类旅游资源？

4.6   水域景观类旅游资源调查与评价实训

4.6.1   实训目的

通过实地考察学习，能充分利用本项目及项目 1 和项目 2 的相关知识与技能要点，加深对水域景观类旅游资源概念的理解，了解并掌握水域景观类旅游资源的功能、类型、特点；能有序开展水域景观类旅游资源调查与评价的各个环节，熟练掌握水域景观类旅游资源的认定、调查技巧；完成各水域景观类旅游资源的调查表填写，提出相应的保护、开发建议。

4.6.2　实训地点

可利用某周末或专业综合实训周的时间去水域景观类旅游资源较全面且具有代表性的旅游景区，也可随堂通过观赏水域景观类旅游景区的视频进行。

4.6.3　实训教学内容及要求

（1）观察了解水域景观类旅游资源的特点。

（2）做好水域景观类旅游资源调查前的各项准备工作，完成旅游资源单体表的预填。

（3）全面调查实训区域内所有水域景观类旅游资源的基本类型。

（4）提出开发、保护水域景观类旅游资源的对策措施。

4.6.4　实训教学工具与方法

4.6.4.1　实训教学工具

详见 2.2 准备与使用调查工具。

4.6.4.2　实训教学方法

（1）对全班同学进行实训调研分组。

（2）教师组织学生完成准备阶段的各项工作，包括资料的搜集整理、调查表的预填。

（3）邀请旅游景区的专业人员为学生进行专业讲解。

4.6.5　实训教学资料简介

西湖风景名胜区

西湖风景名胜区，是国务院首批公布的国家重点风景名胜区，也是国家 5A 级旅游景区。西湖景区三面云山，中涵碧水，面积约 60 平方千米（含山区）。2011 年 6 月 24 日，"杭州西湖文化景观"成功列入《世界遗产名录》。西湖是中国历代文化精英秉承"天人合一""寄情山水"的中国山水美学理论下景观设计的杰出典范，展现了东方景观设计自南宋以来讲求"诗情画意"的艺术风格。

西湖之美，美在如诗如画的湖光山色。环湖四周，绿荫环抱，山色葱茏，画桥烟柳，云树笼纱。100 多处各具特色的公园景点中，有三秋桂子、六桥烟柳、九里云松、十里荷花，更有著名的"西湖十景""新西湖十景""三评西湖十景"，春夏秋冬各有景致，阴晴雨雪独有情韵。

西湖之美，美在湖山与人文的浑然相融。西湖四周，古迹遍布，文物荟萃，近百处国家、省、市级重点文物保护单位镶嵌其中，为中国传衍至今的佛教文化、道教文化以及忠孝、隐逸、藏书、茶禅与印学等文化传统的发展与传承提供了见证，是我国著名的历史文化游览胜地。

（引自：杭州市西湖风景名胜区管理委员会官网）

4.6.6　旅游资源单体调查表示例

浙江省杭州市西湖区"西湖"旅游资源单体调查表

单体名称：西湖

基本类型：BBA游憩湖区　　　　　　　　　　序号：××××

代　　号	ZJ—HGH—XHQ—BBA—01	其他代号：① 　　；②
行政位置	杭州市西湖区西湖风景名胜区	
地理位置	东经 120°08′39.34″，北纬 30°14′48.81″	

性质与特征（单体性质、形态、结构、组成成分的外在表现和内在因素，以及单体生成过程、演化历史、人事影响等主要环境因素）

　　西湖，位于浙江省杭州市西面，是中国大陆首批国家重点风景名胜区和中国十大风景名胜之一。它是中国大陆主要的观赏性淡水湖泊之一，也是现今《世界遗产名录》中少数几个和中国唯一一个湖泊类文化遗产。西湖三面环山，面积约 6.38 平方千米，东西宽约 2.8 千米，南北长约 3.2 千米，绕湖一周近 15 千米。湖中被孤山、白堤、苏堤、杨公堤分隔，按面积大小分别为外西湖、西里湖、北里湖、小南湖及岳湖五片水面，苏堤、白堤越过湖面，小瀛洲、湖心亭、阮公墩三个小岛鼎立于外西湖湖心，夕照山的雷峰塔与宝石山的保俶塔隔湖相映，由此形成了"一山、二塔、三岛、三堤、五湖"的基本格局。

　　西湖汇水面积为 21.22 平方千米，流域内年径流量为 1400 万立方米，蓄水量近 1400 万立方米，水的自然交替为 1 次/年。西湖的湖体轮廓呈近椭圆形，湖底部较为平坦。湖泊天然地表水源是金沙涧、龙泓涧、赤山涧（慧因涧）、长桥溪四条溪流。湖泊水位保持在黄海标高 7.15 米，最高水位 7.70 米，最低水位 6.92 米，高低相差 50 厘米。库容量约 1429.4 万立方米。湖泊平均水深为 2.27 米，最深约 5 米，最浅不到 1 米。湖泊年均湖面降水量 562.9 万立方米。水系冲刷系数为 1.49，当枯水季节闸门封闭时，流速几乎为 0，即使是洪水时期，一般流速也只在 0.05 米/秒以下。西湖引钱塘江水，量约为 1.2 亿立方米/年。

　　西湖景区内共有鸟类 119 种，哺乳类动物 20 余种。西湖水面就有水鸟 38 种。丁家山、乌龟山等是鹭鸟的栖息地，鹭鸟数目在 2 万只以上。西湖有 100 多处公园景点，包括三秋桂子、六桥烟柳、九里云松、十里荷花景观、有"西湖十景""新西湖十景""三评西湖十景"之说，有近百处国家、省、市级重点文物保护单位和 20 多座博物馆。

　　西湖名称之来由是湖在城之西，故称西湖，而古时候还流传着许多湖的别名，伴随着一段神奇的传说。如汉时见金牛于湖中而称其为金牛湖，以后又有明圣湖、钱塘湖、放生池、明月湖等，然而这些名称都已随着历史的沿革而荡然无存，只有由宋朝苏东坡的诗句"欲把西湖比西子"中的"西子"湖才与西湖并齐留传至今。

西湖自古以来便流传着《白蛇传》《梁山伯与祝英台》《苏小小》等民间传说和神话故事。白居易、杨万里、欧阳修、苏轼、辛弃疾、林逋、柳永等人均留下了知名的诗词佳作。

西湖完全与海洋脱离大约在隋朝，也即距今只有 1000 多年的历史。然而杭州人民却长期与西湖的淤废做着不懈的斗争。因为涨潮携带进来的泥沙与西湖周围群山随流水带入的泥沙不断地在湖盆内沉积，使湖盆缩小，水深变浅，外加历代皇亲国戚霸湖造田，使西湖几经淤浅甚至沼泽化。杭州人民为了保护这个供灌溉调节的天然水库——西湖不被淤浅，经常疏浚治理。

就西湖的成因而言，自然的因素形成了原始的西湖——人们称为潟湖，然而历代劳动人民的疏浚治理是不可缺少的。所以从这个角度来看，西湖也是一个人工湖。总而言之，西湖是自然力和人为的共同的产物。

旅游区域及进出条件（单体所在地区的具体部位、进出交通、与周边旅游集散地和主要旅游区、点之间的关系）

西湖位于杭州市主城区核心区，交通便利（地铁 1 号线和 2 号线均可抵达），临近吴山、黄龙两大旅游集散中心，并有多条公交线路及旅游专线，周边有诸多风景旅游点与特色街区。

保护与开发现状（单体保存现状、保护措施、开发情况）

保存完整，已开发。1985 年和 2003 年进行了两次西湖风景区规划，1998 年 9 月 10 日杭州市人大常委会公布了《杭州市西湖水域保护管理条例》；现为国家级风景名胜区与国家 5A 级旅游景区；2011 年 6 月 24 日在法国巴黎举办的第 35 届世界遗产大会上，"杭州西湖文化景观"正式列入世界文化遗产名录。被列入目录的景观范围共计 3322.88 公顷（包括"西湖十景"以及保俶塔、雷峰塔遗址、六和塔、净慈寺、灵隐寺、飞来峰造像、岳飞墓 / 庙、文澜阁、抱朴道院、钱塘门遗址、清行宫遗址、舞鹤赋刻石及林逋墓、西泠印社、龙井等其他文化史迹均在景观范围之内），缓冲区 7270.31 公顷。

评价项目	资源要素价值（85 分）					资源影响力（15 分）		附加值
评价因子	观赏游憩使用价值（30 分）	历史文化科学艺术价值（25 分）	珍稀奇特程度（15 分）	规模、丰度与几率（10 分）	完整性（5 分）	知名度和影响力（10 分）	适游期或使用范围（5 分）	环境保护与环境安全
分　值	29	24	14	9	5	9	5	3
总　分	98 分；五级旅游资源单体							

4.6.7　实训成果及其评价主体与细则

4.6.7.1　实训成果要求

（1）完成不少于 10 个水域景观类旅游资源单体表的填写。

（2）完成对每个旅游资源单体的摄像或摄影工作，其中每个旅游资源单体的照片不少于 5 张，且要求美观。

（3）提出水域景观类旅游资源未来开发的对策与思路，形成汇报 PPT。

4.6.7.2　评价主体及其权重

本次实训成果的评价建议由校内专业老师、企业指导老师及学生代表（每个实训小组各选 1 名代表）参加，权重分别为 40%、40% 和 20%。

4.6.7.3　评分细则

评分细则具体如表 4-2 所示。

表 4-2　水域景观类实训成果评价标准

实训任务名称：_____　　　汇报人：_____　　第___组

评价内容		评价分值	评价标准	评价得分
旅游资源单体调查表及摄像照片	旅游资源单体调查表数量	10 分	旅游资源单体表数量在 10 个及以上得 10 分，数量 9 个及以下，按实际完成数量得分	
	旅游资源单体调查表质量	15 分	单体表填写准确、描述达到要求得 12~15 分；单体表填写基本准确、描述基本到位得 7~11 分；单体表填写尚可、描述较弱得 0~6 分	
	旅游资源单体照片	15 分	旅游资源单体照片数量达标且美观度、清晰度较高的得 12~15 分；数量基本达标且美观度、清晰度尚可的得 7~11 分；数量未达标且美观度、清晰度较差的得 0~6 分	
水域景观类旅游资源开发对策与思路	PPT 报告完整性	15 分	包括课题组组成、调查情况、调查步骤与方法、调查结果、对策建议等，每一项得 3 分	
	PPT 报告科学性与合理性	15 分	报告建议科学、合理得 12~15 分；报告建议基本科学、合理得 7~11 分；报告建议科学性与合理性较差得 0~6 分	
表现方式	PPT 演示文稿	10 分	PPT 排版美观大方、有特色得 8~10 分；排版基本整齐且有一定特色得 4~7 分；排版美观度相对较弱得 0~3 分	
	现场演讲	10 分	演讲者形象气质佳、演讲流利、条理清晰得 8~10 分；形象一般、演讲一般得 4~7 分；其他方面得 0~3 分	
	现场答辩	10 分	现场答辩流利、回答内容准确得 8~10 分；答辩一般、内容基本准确得 4~7 分；其他方面得 0~3 分	
评委签名：			合计得分：	

4.7　总结与项目测试

4.7.1　总结

本项目首先介绍了水域景观类旅游资源的定义、旅游价值及其分类体系，让学习者对水域景观类旅游资源有了初步的认识；然后详细介绍了水域景观类旅游资源各基本类型的定义、形成、特征，并对水域景观类旅游资源实地调查与评价的主要内容、相关技巧进行了详细阐述；最后以杭州西湖为例，设计了相应的实践实训环节，使学习者能够对水域景观类旅游资源做出正确的调查与评价，并完成水域景观类旅游资源调查报告的撰写任务及相应的开发、保护思考，培养学生系统的思维模式与做事方法。

4.7.2 项目测试

主要概念

水域风光、河系、瀑布、湿地、泉、积雪地、现代冰川

客观题

（1）根据《旅游资源的分类、调查与评价》，济南趵突泉属于（   ）。

A.冷泉　　　　　　　B.温泉　　　　　　　C.高温泉　　　　　　　D.间歇喷泉

（2）根据《旅游资源的分类、调查与评价》，淳安千岛湖属于（   ）。

A.山丘型景观　　　　B.游憩湖区　　　　　C.湿地　　　　　　　　D.滩地型景观

（3）以下旅游资源的基本类型中属于湖沼亚类的是（   ）。

A.游憩湖区、湿地、潭地

B.游憩湖区、游憩海域、涌潮与击浪现象

C.游憩湖区、涌潮与击浪现象、潭池

D.游憩湖区、湿地、悬瀑

简答题

（1）在地下水亚类中，如何区分泉与埋藏水体，在调查与评价过程中，分别注意什么？

（2）简述湿地景观调查与评价的内容。

分析题

（1）结合实际分析埋藏水体的旅游价值。

（2）简述游憩河段旅游资源的主要类型及其调查与评价的要领。

应用题

（1）以自己熟悉的某一知名的水体旅游景区为例，完成对其旅游资源的调查与评价工作。

（2）以自己熟悉的某一知名水体旅游景区为例，思考水域景观类旅游资源的开发与利用。

调查与评价生物景观类旅游资源

【思维导图】

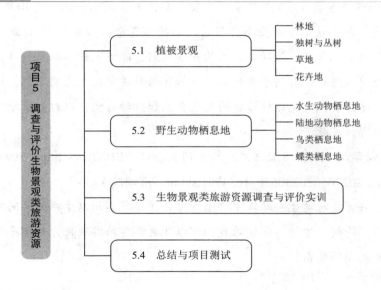

```
                                              ┌─── 林地
                      ┌── 5.1  植被景观 ──────┤─── 独树与丛树
                      │                        ├─── 草地
                      │                        └─── 花卉地
项  调                │
目  查                │                        ┌─── 水生动物栖息地
5   与                ├── 5.2  野生动物栖息地──┤─── 陆地动物栖息地
    评                │                        ├─── 鸟类栖息地
    价                │                        └─── 蝶类栖息地
    生                │
    物                │
    景                ├── 5.3  生物景观类旅游资源调查与评价实训
    观                │
    类                │
    旅                └── 5.4  总结与项目测试
    游
    资
    源
```

【项目案例导入】

案例 1： 2023 年 8 月 24 日，日本福岛第一核电站核污染水排海从当地时间下午 1 点左右开始。对于日本来说，核污染水入海，或许是打开潘多拉魔盒的第一步，其对于日本民众、本土出产的商品、周边国家的渔业乃至全球海洋生态，可能都会带来难以估量的影响。福岛核事故发生后，各国专家陆续提出了 5 种解决方案，除了向海洋排放核污染水外，地层注入、蒸汽排放、电解释放和固化填埋都是可行选项。而在这道待解的难题面前，日本选择了最便宜的一种——将核污染水排海。排放的核污染水是福岛核事故后为降低反应堆温度避免堆芯熔毁而注入的冷却水。随着核污染水入海，其中含有的放射性物质也将进入海洋。根据日本目前公布的数据，即使是经过处理的核污染水，其中也至少含有超 60 种核素，其中的碳 –14 半衰期超过 5000 年。这些核素会随着洋流的运输扩散，遍布地球各个大洋，并通过食物链的富集效应进入海洋生物体内，最终影响人类。"整个过程会对海洋环境安全、生态安全、人体健康带来潜在的影响。"但其危害的严重性至今难以评估。

（引自：央视网 . 核污染水排海会不会令日本产品带有辐射风险？专家解读［EB/OL］. https://new.qq.com/rain/a/20230824A02B8C00，有删改）

案例 2： 2023 年 6 月 28 日，十四届全国人大常委会第三次会议决定：将 8 月 15 日设立为全国生态日。国家通过多种形式开展生态文明宣传教育活动。习近平同志在浙江工作期间，2005 年 8 月 15 日考察湖州市安吉县，首次提出"绿水青山就是金山银山"科学论断。这一论断是习近平生态文明思想的核心理念。将 8 月 15 日设立为全国生态日，比较符合确定纪念日、活动日时间的基本原则，能够充分体现首创性、标志性、独特性。设立全国生态日，有利于更好学习宣传贯彻习近平生态文明思想，增强全社会生态文明意识，增强全民生态环境保护的思想自觉和行动自觉，以钉钉子精神推动生态文明建设不断取得新成效。

（引自：新华网 . 8 月 15 日正式成为全国生态日［EB/OL］. https://www.mee.gov.cn/ywdt/hjywnews/202306/t20230628_1034791.shtml，有删改）

想一想： 海洋是人类生态环境重要组成部分，是人类赖以生存的共同家园，也是重要的旅游资源。请问，依托海洋资源我们可以开展哪些旅游项目，如何平衡旅游开发和海洋生态保护之间的关系？

【 项目导读 】

学习目的意义： 生物景观类旅游资源是旅游资源体系的重要组成部分，正确理解、认识生物景观类旅游资源的含义，认识其常见基本类型的定义、特征、分布、属性，并对其进行正确的评价，对生物景观类旅游资源的开发利用具有重要意义。

项目内容概述： 本项目通过对生物景观类旅游资源定义、类型、属性特征等内容的阐述，初步形成对生物景观类旅游资源的正确认识和评价；通过生物景观类旅游资源中各个基本类型的定义、特征、分布及属性的介绍，使学习者能够掌握生物景观类旅游资源科学评价与开发利用技能。

【 项目学习目标 】

知识目标： 熟悉生物景观类旅游资源的功能价值与分类体系；掌握生物景观类旅游资源体系中各个基本类型的内涵、特征、成因及属性。

技能目标： 能够正确识别不同基本类型的生物景观类旅游资源；能分析评价生物景观类旅游资源的功能与价值；能够对不同基本类型的生物景观类旅游资源进行科学、合理的评价，并能提出相应的开发、保护建议。

素质目标： 善于发现自然之美、生态之美；逐步养成敬畏自然与生态可持续发展的思维与理念，崇尚"天人合一"；树立"绿水青山就是金山银山"的开发观与高质量发展观。

生物景观是指以生物群体构成的总体景观和个别的具有珍稀品种和奇异形态个体。生物是自然环境中最活跃、最复杂的有机因素，是自然生态的重要组成部分。随着旅游业发展的多样化，人们旅游活动中的观赏对象不仅仅局限于山水要素，生物及其独特的美学价值和科学研究价值日益受到旅游者的关注与青睐，并且与地理环境中的地质、水文、地貌、气象等要素相互作用共同构成了自然旅游资源体系。

生物与旅游的关系极为密切。首先，生物是自然旅游资源的构景要素之一。北宋画家郭熙在《林泉高致》中提到过：山以水为血脉，以草木为毛发，以烟云为神采，故山得水而活，得草木而华，得烟云而秀媚。植物丰富了山水风景的"肌肤"和"容貌"，使大自然充满了生机与活力。而除了植物以外的生物，也以各自的姿态在大自然中呈现着属于自己的美，成为重要的旅游资源。其次，生物是园林景观不可或缺的要素。园林景观是旅游活动重要的载体之一，植物以其独特的景观效果跻身园林四大构成要素之一。最后，生物具有极高的美学价值、科学价值和保健价值，对游客具有很大的吸引力。一般而言，生物景观类旅游资源的功能价值主要体现在以下四个方面。

第一，审美价值。生物景观类旅游资源在各种自然景观和人文景观旅游资源的总体构架中起着背景和育景的作用。动物的奔腾飞跃、鸣叫怒吼和植物的开花结果、风中摇曳多姿的形态，都使景观变得充满生机与活力。不论是植物景观，还是动物景观，都具有独特的审美价值。植物的审美价值表现在其幽、翠、形、色、香、奇、古等特征以及物候变化和生物生长的动态变化上。动物的审美价值在于其独特性、珍稀性以及其驯化性所表现出来的美感。

第二，科学研究与科普教育价值。生物圈是地球上最大的生态系统，包括人类在内的所有生物均生活在生物圈中，使得生物圈呈现出纷繁复杂的形态与现象，对生物圈的科学研究能够帮助我们探究人类的奥秘、地球的奥秘，推动人类社会的进步和发展。同时，这些现象背后蕴藏着丰富的科学知识，如植物的地域差异、动物的生活习性、生物的仿生原理等，成为开展科普教育与研学活动的重要资源。

第三，医疗保健价值。生物，尤其是动物和植物具有一定的医疗保健功能。中国是药用植物资源最丰富的国家之一，对药用植物的发现、使用和栽培有着悠久的历史。中国古代有关史料中曾有"伏羲尝百药""神农尝百草，一日而遇七十毒"等记载。此外，动物的疗愈功能逐渐获得关注。在现代医学界，动物辅助疗法是一种干预治疗，是指在专业人士的引导下，将有疗愈能力的动物引入治疗，使其创造出的正面能量作用于患者。常见的这类动物除了猫、狗外，还有海豚、马、鸟等。

第四，康体养生功能。植物通过吸收、转化、降解和合成等方式作用于土壤、水体和空气中的有害物质，对环境起到一定的净化作用。例如，大部分植物具有吸滞烟尘的能力；许多植物（如垂柳、女贞、合欢等）具有吸收有害气体的能力；部分植物（如圆柏、云杉、杨树等）可以制造杀菌素，具有杀菌、抗生、抗癌等作用。一般来说，林区大气中飘尘浓度比非林区低 10%~25%；从空气的含菌量看，城市公共场所可达 3 万 ~4 万个 / 立方米，而森林内仅 300~400 个 / 立方米。森林中的负氧离子非常有利于人们的身体健康，具有镇静、安神、催眠、止痒等功效。

根据《旅游资源分类、调查与评价》（GB/T 18972—2017），生物景观类旅游资源可以分为植被景观、野生动物栖息地 2 个亚类、8 个基本类型（见表 5-1）。

表 5-1　生物景观类旅游资源分类一览

主类	亚类	基本类型
C 生物景观	CA 植被景观	CAA 林地　CAB 独树与丛树　CAC 草地　CAD 花卉地
	CB 野生动物栖息地	CBA 水生动物栖息地　CBB 陆地动物栖息地　CBC 鸟类栖息地　CBD 蝶类栖息地

5.1　植被景观

植被景观包括单株或生长在一起的花卉、草本植物、灌木或树木群体，是指天然或人工栽植的由乔、灌、草和古树名木等不同植物组成的不同林相、季相、形态及其绚丽多姿的植物群落景色。植被景观一般主要是指由自然界的植被、植物群落、植物个体所表现的形象。本亚类包括林地、独树与丛树、草地以及花卉地 4 个基本类型。

5.1.1　林地

林地是指生长在一起的大片树木组成的植物群落，包括原始森林、人工林、天然人工混合林、外表形态为森林景观，是全球生物圈中的重要组成部分。根据《中华人民共和国森林法实施条例》，林地包括郁闭度 0.2 以上的乔木林地以及竹林地、灌木林地、疏林地、采伐迹地、火烧迹地、未成林造林地、苗圃地和县级以上人民政府规划的宜林地。森林具有净化空气、涵养水源、保持水土、调节气候等多种功能，可以开展探险、探奇、探幽、科考、疗养、健身、生态旅游和标本采集等活动，典型的森林景观包括热带雨林景观、红树林景观、亚热带阔叶林景观、温带落叶阔叶林景观等。在实地调查与评价过程中，应突出其植物群落类型、主要优势种群、生长习性、珍稀程度、垂直分层情况、主要栖居动物、典型物候景观、常见病虫害、观赏植物、景观特征及其科学价值、园林用途、林下伴生植物、所处地理环境、配套设施或开发情况等方面的描述，重点采集林地面积（长度、宽度）、郁闭度、林龄、净高、林冠平均高度、最大树木高度、树干平均直径、最大树干直径等基本特征项数据。

5.1.2　独树与丛树

独树与丛树是指单株或生长在一起的小片树林组成的植物群落。独树是指单株树木，通常系古树名木，是记录历史、指示环境变迁、展示生态特征的历史文物和科学资料，具有科学研究和观赏价值。古树名木通常具有两重含义：第一，系古树，即生长百年以上、景观独特又珍稀的老树，如银杏、金钱松、榕树、樟树等；第二，系名木，具有特定的历史文化特性，或因名人手植、或因传说故事、或因历史事件、或因性状独特、或因功能特殊。古树名木多与庙宇、古建筑、古村落、山岳景象等结合在一起，具有一定的文化内涵，成为旅游者观赏游览的重要内容，如黄山的迎客松、福建莆田的千年荔枝王、山西黄帝陵的轩辕柏、浙江临安天目山的大树王等。丛树是指生长在一起的小片树木组成的植物群落。与林地相比，丛树的面积更小，但观赏性一般更强，多表现为珍贵的植物群落，如浙江临安天然野生银杏群——五世同堂、百山祖冷杉等。在实地调查与评价过程中，要对其科属种名、形态特征、生长情况、典型物候景观、景观特征、科学价值、园林用途、周围环境、相关人与事等进行描述，重点采集独树的树龄、树冠面积、高度、胸径和丛树的面积、郁闭度、林龄、林冠平均高度、最大树木高度、树干平均直径、最大树干直径等基本特征项数据。

阅读材料 5-1：百山祖冷杉

被国际物种组织（SSC）列为世界上最珍稀濒危的 12 种植物之一的百山祖冷杉，是第四纪冰川期遗留下来的植物，有"植物活化石"和"植物大熊猫"之称，对研究古气候、古地质变迁、古生物、古植被等具有重要意义。目前，野生百山祖冷杉全球仅存 3 株，均生长于浙江省庆元县的百山祖国家级自然保护区的核心区，这三株野生百山祖冷杉树龄已达 100 年以上。经过多年的人工繁殖栽培，已回归野外 4000 多株。

百山祖冷杉产地位于东部亚热带高山地区，气候特点是温度低、湿度大、降水多、云雾重。年平均温度 8~9℃，极端最低 -15℃；年降水量达 2300 毫米，相对湿度 92%。成土母质多为凝灰岩、流纹岩的风化物，土壤为黄棕壤，呈酸性，pH 值 4.5，有机质含量 3.5%。自然植被为落叶阔叶林，伴生植物主要有亮叶水青冈，林下木为百山祖玉山竹和华赤竹。本种幼树极耐阴，但生长不良。大树枝条常向光面屈曲，结实周期 4~5 年，多数种子发育不良，5 月开花，11 月球果成熟。

（引自：百度百科"百山祖冷杉"，有删改）

5.1.3　草地

草地是指以多年生草本植物或小半灌木组成的植物群落构成的地区。世界上的草地约占世界陆地面积的 20%，主要分布在大陆内部气候干燥、降水较少的地区。我国各类草地面积达 4 亿公顷，约占全国总面积的 23.5%。根据是否人为干预，草地可以分为天然草地和人工草地两种类型。天然草地的植被自然生长未经改良，多以旱生多年生植物为主，植物种类多，类型结构复杂，群落较为稳定。全世界的草地绝大多数为天然草地，中国的草地中约 95% 为天然草地，包括北方大面积的草原、南方草山草坡、农区边隙地等。人工草地是指人工种植及管理的草地，主要分布在牧区、农区、城区以及景区等。疏林草地属于草地中的一种，其分类标准在于上层植物的郁闭度。零星分布在郁闭度 0.3~0.6 的森林中或林缘的草地称为林间草地（疏林草地），疏林草地也可分为自然疏林草地和人工疏林草地两种。在实地调查与评价过程中，应对其群落类型、种类组成、形态特征、地形地貌、气候特征、观赏花卉、演化历史、典型物候景观、栖居动物、周围环境等进行详细描述，重点采集草地面积、正常年份覆盖度、植冠平均高度、生长期等基本特征项数据。

阅读材料 5-2：中国的草原

我国草原分成三大片，即北方的温带草原、青藏高寒草地和南方热带亚热带草地。北方温带草原面积最大，是我国天然草地的主体；青藏高寒草地位于我国西南部，包括青海、西藏、甘肃西南部、四川与云南的西北部；南方热带亚热带草地主要指秦岭—淮河以南广大热带亚热带地区的草山草坡。我国的草原集中分布在一条绵延数千千米的草原带上，即东北起自东北地区的西部、经内蒙古、西至西北荒漠地区的山地和青藏高原一带。

目前，我国景观特征最为典型的草原主要包括呼伦贝尔东部草原、伊犁草原、锡林郭勒草原、鄂尔多斯大草原、川西高寒草原、那曲高寒草原、祁连山草原。

（引自：地理与生物. 世界草地面积有多大？中国草地面积有多大？［EB/OL］. https://new.qq.com/rain/a/20231127A00NSJ00，有删改）

想一想：与草地伴生的旅游资源单体类型可能有哪些？请举例说明。

5.1.4 花卉地

花卉地是指一种或多种花卉组成的群体。将花卉地作为旅游资源的一种基本类型，是基于其具有观赏价值，且构成吸引物的关键部分均在"花"上，而且要相对集中、形成规模集聚优势。鉴于花是植物生长过程中的一种自然生理现象，花期总是在一定的时间内完成，具有季节性和周期性，也使得花卉地的旅游活动具有季节性和周期性，如每年3月底4月初，浙江天台山的云顶杜鹃和江西婺源的油菜花，均使各地游客蜂拥而至。花卉地通常可包括露天花卉地和温室花卉地等两大类，其中露天花卉地一般又包括草场花卉地、林间花卉地等。花坛和花境是在城市中常见的花卉地，是一般利用宿根花卉、球根花卉以及一二年生花卉栽植在种植床和道路、建筑、水域等边缘，展示植物开花群体美的种植方式。草地和花卉地的植物组成一致，但花卉地更强调观赏花。在实地调查与评价过程中，应对其群落类型、形态特征、种类组成、演化历史、珍稀程度、典型物候景观、栖居动物、景观特点及周围环境、园林用途、经济用途等进行详细描述，重点采集花卉地的面积、开花季节、花季持续时间等基本特征项数据。

想一想：武汉东湖、杭州西湖、嘉兴南湖与湖南洞庭湖的赏荷、育荷最为出名。请问，大片荷花栽植地属于哪一类旅游资源？除了传统的观赏价值外，请举例说明花卉还有哪些价值可供旅游休闲开发所用？

5.2　野生动物栖息地

野生动物栖息地是指一种或多种野生动物常年或季节性栖息的地域。地球上的动物种类繁多，绝大部分为野生动物，并在一定的地理环境条件下生存繁衍，使得各地均有较为典型、独特的动物，如北极的北极熊、南极的企鹅、中国的熊猫、大洋洲的袋鼠等。野生动物不仅具有经济、科学、文化教育等各方面重要价值，而且以其奇特性、珍稀性和表演性成为深受人们喜爱的旅游景观。本亚类包括水生动物栖息地、陆地动物栖息地、鸟类栖息地和蝶类栖息地4个基本类型。

5.2.1　水生动物栖息地

水生动物栖息地是一种或多种水生动物常年或季节性栖息的地方。江、河、湖、海是诸多水生动物的天然生长场所或天然避难、避害场所。根据所处水域环境的不同，可以划分为淡水型水生动物栖息地、咸水型水生动物栖息地及两栖型水生动物栖息地。全国水生生物自然保护区不胜枚举，如湖北的长江新螺段白鱀豚、江豚和中华鲟保护区，吉林鸭绿江上游的冷水性鱼类保护区，广东珠江口中华白海豚保护区等。在实地调查与评价过程中，应对其类型、形态特征、演化历史、水生动物种类组成、栖息方式、迁徙方式与规律、景观特点、珍稀程度或保护级别、科学价值及栖居地周围环境等内容进行详细描述，重点采集栖息地的面积或容积、水生动物种类与数量、水生动物总个体数、栖居时间等基本特征项数据。

5.2.2　陆地动物栖息地

陆地动物栖息地是指一种或多种陆地野生哺乳动物、两栖动物、爬行动物等常年或季节性栖息的地方。陆生动物栖息地的范围很广泛，除了穴居或生存于土壤的动物外，植物种类及群落、气候等因素是形成各类陆地动物栖居地的主要因素。植物为动物提供栖居、活动、觅食、隐蔽和繁殖的场所。在实地调查与评价过程中，应对其形态特征、演化历史、动物种类及其珍稀程度或保护级别、栖息方式、迁徙规律、景观特点、科学价值、周围环境等内容进行重点描述，重点采集其面积、栖息动物种类与数量、栖息时间与周期等基本特征项数据。

阅读材料 5-3：四川卧龙国家级自然保护区

卧龙大熊猫自然保护区位于四川省阿坝藏族羌族自治州汶川县西南部，邛崃山脉东南坡，距四川省会成都 130 千米。保护区始建于 1963 年，面积 20 万公顷，是中国最早建立的综合性国家级保护区之一，是国家和四川省命名的"科普教育基地""爱国主义教育基地"。

1980 年，保护区加入联合国教科文组织"人与生物圈"保护区网，并与世界野生生物基金会合作建立中国保护大熊猫研究中心。1983 年 3 月经国务院批准，将卧龙保护区内汶川县的卧龙、耿达两个公社划定为汶川县卧龙特别行政区，实行部、省双重领导体制，由省林业厅代管。同年 7 月，省政府、原林业部联合作出了将四川省汶川县卧龙特别行政区改为四川省汶川卧龙特别行政区的决定，与卧龙自然保护区管理局合署办公的综合管理体制。

卧龙自然保护区以"熊猫之乡""宝贵的生物基因库""天然动植物园"享誉中外，有着丰富的动植物资源和矿产资源。区内共分布着 100 多只大熊猫，约占全国总数的 10%。被列为国家级重点保护的其他珍稀濒危动物金丝猴、羚牛等共有 57 种，其中属于国家一级重点保护的野生动物共有 13 种，二类保护动物 44 种。

（引自：百度百科"卧龙国家级自然保护区"，有删改）

5.2.3 鸟类栖息地

鸟类栖息地是指一种或多种鸟类常年或季节性栖息的地方。我国绝大部分湿地类自然保护区为鸟类提供了安全的环境和充足的食物，成为鸟类聚集和候鸟栖居的良好场所，其中不少自然保护区成为某些珍稀鸟类的栖息地，如黑龙江扎龙丹顶鹤自然保护区、青海湖鸟岛自然保护区、青海龙宝滩黑颈鹤保护区、新疆巴音布鲁克天鹅保护区等。在实地调查与评价过程中，应对其形态特征、演化历史、鸟类种类组成及珍稀程度、栖息方式与迁徙特征、景观特征、科学价值、周围环境、气候特征等内容进行详细描述，重点采集其面积、鸟类种数、鸟类个体总数、栖息时间和规律等基本特征项数据。

想一想： 鸟类栖息地通常与哪些旅游资源伴生？可以开发哪些旅游业态或旅游产品？

5.2.4 蝶类栖息地

蝶类栖息地是指一种或多种蝶类常年或季节性栖息的地方。蝶类具有很大的艺术观赏价值，我国综合自然条件优越，适合多种蝶类生存繁衍。蝴蝶的数量以南美洲亚马孙河流域出产最多，其次是东南亚一带。世界上最美丽、最具观赏价值的蝴蝶，也多出产于南美巴西、秘鲁等国。而受到国际保护的种类，多分布在东南亚。在同一地区、不同海拔形成了不同的湿度环境和不同的植物群落，也相应形成很多不同的蝴蝶种群，如云南西双版纳地区的景洪、勐海、勐腊、勐仑、勐养、橄榄坝等，又如滇西北怒江中游蝴蝶谷布满了南亚热带、北亚热带、中温带及北温带的蝴蝶种群。在实地调查与评价过程中，应对其类型、形态特征、演化历史、蝶类种类组成及珍稀程度、栖息方式、景观特征、科学价值及周围环境等内容进行详细描述，重点采集面积、蝶类种数、蝶类个体总数、栖息时间与周期等基本特征项数据。

5.3 生物景观类旅游资源调查与评价实训

5.3.1 实训目的

通过实地考察学习，能充分利用本项目及项目1、项目2的相关知识与技能要点，加深对生物景观类旅游资源概念的理解，了解并掌握生物景观类旅游资源的功能、类型、特点；能有序开展生物景观类旅游资源调查与评价的各个环节，熟练掌握生物景观类旅游资源的认定、调查技巧；完成各个旅游资源单体调查表的填写，提出相应的保护、开发建议。

5.3.2　实训地点

可利用某周末或专业综合实训周的时间去生物景观类旅游资源较全面且具有代表性的旅游景区（如动物园或植物园），也可随堂通过观赏生物景观类旅游资源较为富集的旅游景区视频进行。

5.3.3　实训教学内容及要求

（1）观察了解生物景观类旅游资源的特点。

（2）准备旅游资源调查前的各项准备工作，完成资源调查表的预填。

（3）全面调查实训区域内所有生物景观类旅游资源的基本类型。

（4）提出开发、保护生物景观类旅游资源的对策措施，形成汇报 PPT。

5.3.4　实训教学工具与方法

5.3.4.1　实训教学工具

详见 2.2 准备与使用调查工具。

5.3.4.2　实训教学方法

（1）对全部同学进行分组。

（2）教师组织学生完成准备阶段的各项工作，包括资料的搜集整理、调查表的预填。

（3）邀请旅游景区的专业人员为学生进行专业讲解。

5.3.5　实训教学资料简介

浙江长兴扬子鳄保护区

我国国内第二大扬子鳄自然保护区，现占地 132.98 公顷，位于浙江省湖州市长兴县泗安镇尹家边村。由扬子鳄自然繁殖母子湖、鳄鱼系列池、钓鱼馆、人鳄共乐园、鳄鱼标本陈列室、扬子鳄度假村组成。截至 2021 年年底，保护区内有扬子鳄 9000 余条。进入产卵孵化期的鳄鱼会出池上岛，用杂草、枯枝和泥土在合适的地方建筑圆形的巢穴供产卵，每巢产卵 10~30 枚。卵产于草丛中，上覆杂草，母鳄则守护在一旁，靠日晒和杂草发酵产生的自然温度孵化，孵化期约为 60 天，幼鳄在 9 月出壳。

（引自：百度百科"浙江长兴扬子鳄省级自然保护区"，有删改）

5.3.6　旅游资源单体调查表示例

浙江省湖州市长兴县"尹家边扬子鳄保护区"旅游资源单体调查表

单体名称：尹家边扬子鳄保护区

基本类型：CBB陆地动物栖息地　　　　　　　　　　　　　序号：××××

代　　号	ZJ—HUZ—CXX—CBB—01	其他代号：①　　　　；②
行政位置	浙江省湖州市长兴县泗安镇管棣村	
地理位置	东经 119°43′45.19″，北纬 30°55′21.86″	

性质与特征（单体性质、形态、结构、组成成分的外在表现和内在因素，以及单体生成过程、演化历史、人事影响等主要环境因素）

　　尹家边扬子鳄保护区为我国仅存的两处扬子鳄养育、繁殖、保护中心之一。尹家边地处长泗平原，在泗安水库北岸，属水网密布区，环境偏僻，适于栖息繁衍。中华人民共和国成立前，泗安塘鳄鱼群集，有几百条，后生态环境破坏，又遭大量捕杀，特别是 20 世纪 60 年代前后，鳄鱼数量急剧减少。1979 年经中国科学院动物研究所专家来此考证后，将此地列为扬子鳄重点保护区。现已建成国家人工繁育基地，保护区面积 122 万平方米，建筑面积 6700 平方米，由扬子鳄自然繁殖的母子湖、不同年龄系列的鳄鱼池、钓鱼馆、人鳄共乐园、鳄鱼标本陈列室组成。2017 年 11 月，浙江省政府批复将其范围进行了调整与扩展，新保护区面积达 132.98 公顷。截至 2021 年年底，现有扬子鳄 9000 多条，厂内圈养着当代"中国鳄鱼王"和"鳄鱼光荣妈妈"，"中国扬子鳄王"长度近两米，重量超过 40 千克。

　　扬子鳄别名中华鼍、土龙、猪婆龙，属于鼍科，学名为 Alligator sinensis，头扁，吻长，为国家一级保护动物。在江湖和水塘边掘穴而栖，性情凶猛，以各种兽类、鸟类、爬行类、两栖类和甲壳类为食。6 月交配，7~8 月产卵。

　　扬子鳄与恐龙类、翼龙类源出一祖，从中生代繁衍至今。据调查，扬子鳄仅存于我国，且分布区窄小，数量稀少。长兴的尹家边环境僻静，气候温和，食料丰富，最适合扬子鳄栖息繁衍。扬子鳄可以为研究大陆漂移、生物进化等世界性课题提供科学依据，对于保护生物多样性、维持生态平衡有重要意义。扬子鳄是世界上 25 种鳄鱼中的"兄长"，有 2.3 亿年的历史，与恐龙共同生存约 1 亿年。恐龙早已灭绝，而扬子鳄则奇迹般幸存至今，故有"活化石"之称，为世界 20 种最濒危动物之一。我国现有扬子鳄保护区两处，另一处在安徽的广德、宣州等与浙江、江苏交界的县市。现扬子鳄的人工繁殖已大获成功，但野生扬子鳄已濒临灭绝，我国除在安徽、浙江两省设立保护区外，在靠近保护区的地方同时建立了繁育基地，安徽省扬子鳄繁育基地设在宣城。

　　此外，扬子鳄自然保护区的发展壮大还带动了周边农家乐的快速发展，为当地居民增加收入、提升生活品质等起到了很大的推动作用。

旅游区域及进出条件（单体所在地区的具体部位、进出交通、与周边旅游集散地和主要旅游区、点之间的关系）

　　长兴扬子鳄村位于长兴县泗安镇尹家村，距 318 国道不到 2 千米，紧邻 G20 沪渝高速长兴服务区。从长兴客运中心乘汽车沿 318 国道西行 15 千米，再向南 1 千米即可到达。

保护与开发现状（单体保存现状、保护措施、开发情况）

　　"中国扬子鳄村"是在原有长兴扬子鳄保护区的基础上扩建的，包含了扬子鳄自然繁育研究中心，除了拥有大小不等的 9000 余条扬子鳄外，还新增设了以暹罗鳄、尼罗鳄为主体的鳄鱼馆，分自然繁育、休闲、垂钓、观赏四大功能区，拥有观鳄楼、垂钓台、休闲亭、绿色长廊、翠竹茶楼等，形成了独具一格的"楼台亭阁、廊桥轩舫"等江南古园林景观。晚上还配备了声光设施，使游人在鳄吼及鸟鸣声中真切感受置身于世外桃源般的自然气息和浓厚的乡土文化氛围。

　　已开发并对外经营。

评价项目	资源要素价值（85分）					资源影响力（15分）		附加值
评价因子	观赏游憩使用价值（30分）	历史文化科学艺术价值（25分）	珍稀奇特程度（15分）	规模、丰度与几率（10分）	完整性（5分）	知名度和影响力（10分）	适游期或使用范围（5分）	环境保护与环境安全
分　　值	27	24	14	9	4	8	4	3
总　　分	93分；五级旅游资源单体							

5.3.7　实训成果及其评价主体与细则

5.3.7.1　实训成果要求

（1）完成不少于 10 个生物景观类旅游资源单体表的填写。

（2）完成对每个旅游资源单体的摄像或摄影工作，其中每个旅游资源单体的照片不少于 5 张，且要求美观。

（3）提出生物景观类旅游资源未来开发的对策与思路，形成汇报 PPT。

5.3.7.2　评价主体及其权重

本次实训成果的评价建议由校内专业老师、企业指导老师及学生代表（每个实训小组各选 1 名代表）参加，权重分别为 40%、40% 和 20%。

5.3.7.3　评分细则

评分细则具体如表 5-2 所示。

表 5-2　生物景观类实训成果评价标准

实训任务名称：＿＿＿＿＿＿＿＿＿＿＿　　　　汇报人：＿＿＿＿＿＿　　　　第＿＿＿组

评价内容		评价分值	评价标准	评价得分
旅游资源单体调查表及摄像照片	旅游资源单体调查表数量	10 分	旅游资源单体表数量在 10 个及以上得 10 分，数量 9 个及以下，按实际完成数量得分	
	旅游资源单体调查表质量	15 分	单体表填写准确、描述达到要求得 12~15 分；单体表填写基本准确、描述基本到位得 7~11 分；单体表填写尚可、描述较弱得 0~6 分	
	旅游资源单体照片	15 分	旅游资源单体照片数量达标且美观度、清晰度较高的得 12~15 分；数量基本达标且美观度、清晰度尚可的得 7~11 分；数量未达标且美观度、清晰度较差的得 0~6 分	
生物景观类旅游资源开发对策与思路	PPT 报告完整性	15 分	包括课题组组成、调查情况、调查步骤与方法、调查结果、对策建议等，每一项得 3 分	
	PPT 报告科学性与合理性	15 分	报告建议科学、合理得 12~15 分；报告建议基本科学、合理得 7~11 分；报告建议科学性与合理性较差得 0~6 分	
表现方式	PPT 演示文稿	10 分	PPT 排版美观大方、有特色得 8~10 分；排版基本整齐且有一定特色得 4~7 分；排版美观度相对较弱得 0~3 分	
	现场演讲	10 分	演讲者形象气质佳、演讲流利、条理清晰得 8~10 分；形象一般、演讲一般得 4~7 分；其他方面得 0~3 分	
	现场答辩	10 分	现场答辩流利、回答内容准确得 8~10 分；答辩一般、内容基本准确得 4~7 分；其他方面得 0~3 分	
评委签名：			合计得分：	

5.4　总结与项目测试

5.4.1　总结

本项目首先介绍了生物景观类旅游资源的定义、功能价值及其分类，让学习者对生物景观类旅游资源有了初步的认识；然后详细介绍了生物景观类旅游资源各个基本类型的定义、形成、特征，并对其实地调查与评价的主要内容、相关技巧进行了详细阐述；最后以浙江长兴扬子鳄自然保护区为例，设计了相应的实践实训环节，使学习者能够对生物景观类旅游资源做出正确的调查与评价，并完成相应调查报告的撰写任务及相应的开发、保护思考。

5.4.2　项目测试

主要概念

生物景观、林地、草地、花卉地、水生动物栖息地、陆地动物栖息地

客观题

（1）《中华人民共和国森林法》规定，林地包括郁闭度（　　　　）以上的乔木林地、竹林地等。

A. 0.1　　　　　　　　B. 0.2　　　　　　　　C. 0.3　　　　　　　　D. 0.4

（2）根据《旅游资源分类、调查与评价》（GB/T 18972—2017），四川卧龙大熊猫自然保护区属于（　　　　）。

A. 水生动物栖息地　　　　　　　　　　　　B. 林地

C. 陆生动物栖息地　　　　　　　　　　　　D. 鸟类栖息地

（3）以下旅游资源的基本类型属于野生动物栖息地亚类的是（　　　　）。

A. 草地、林地、水生动物栖息地、鸟类栖息地、蝶类栖息地

B. 林地、水生动物栖息地、陆地动物栖息地、鸟类栖息地

C. 水生动物栖息地、陆地动物栖息地、鸟类栖息地、蝶类栖息地

D. 草地、蝶类栖息地、鸟类栖息地、陆地动物栖息地

简答题

（1）我国生物景观类旅游资源主要有哪些？

（2）简述独树的旅游价值。

分析题

（1）结合实际分析花卉地的旅游价值。

（2）简述植被景观的主要类型及其调查与评价的要领。

应用题

（1）以陆地动物栖息地为例说明生物景观类旅游资源调查和评价的主要内容。

（2）请以某知名湖泊型或湿地型水域景观资源集聚区为例，分析有哪些生物景观类旅游资源？该如何有效处理保护与开发之间的矛盾关系？

调查与评价天象气候类旅游资源

【思维导图】

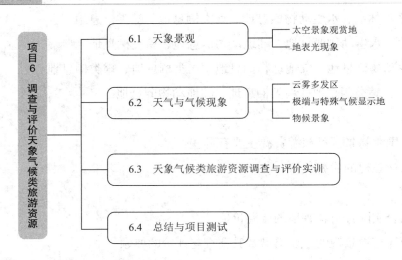

项目 6　调查与评价天象气候类旅游资源

- 6.1　天象景观
  - 太空景象观赏地
  - 地表光现象
- 6.2　天气与气候现象
  - 云雾多发区
  - 极端与特殊气候显示地
  - 物候景象
- 6.3　天象气候类旅游资源调查与评价实训
- 6.4　总结与项目测试

【项目案例导入】

　　案例 1:"雾凇"一词,始见于南北朝吕忱所编《字林》:"寒气结冰如珠,见日光乃消,齐鲁谓之雾凇。"而最玄妙的当数"梦送"这一称呼。宋末黄震《黄氏日钞》记载,当时民间称雾凇为"梦送",意思是说,它是在夜间人们做梦时天公送来的天气现象。

　　吉林雾凇与黄山云海、泰山日出、钱塘潮涌并称为中国四大气象奇观,其形成与吉林市独特的地理环境有关。资料显示，吉林市位于东北地区东部，每年冬季气温低于 -20℃ 的天数达到六七十天。奇妙的是，穿城而过的松花江水在冬日里依然奔腾不息。因为上游的丰满水电站大坝将松花江水拦腰截断，形成一个巨大的人工湖，冬季湖水表面结冰，冰下温度却保持在零上。而且湖水经过水电站发电机组后，温度骤然升高，再顺流而下，就形成几十千米江面临寒而不冻的奇特景观，同时也具备了形成雾凇的两个必要条件：足够的低温和充分的水汽。江水与空气之间巨大的温差，将松花江源源不断释放出的水蒸气凝结在两岸的草木上，形成厚度达 40~60 毫米的树挂。这就是吉林雾凇比其他雾凇更胜一筹的地方。

雾凇并不是天天都有，要看天气情况。当地谚云："夜看雾，晨看挂，待到近午看落花。"意思是说有没有雾凇，得看夜里江上是否起雾。

绵延十几里的松花江堤岸，一排排杨柳的树冠似烟似雾，如纱如幔，远远地与天相接，与地相连，分不清哪里是云、哪里是树、哪里是江。待近距离看去，杨柳像琼枝玉叶，松针若银菊怒放，枝丫间的雾皆化成晶莹剔透的凇，正如唐人的诗句：忽如一夜春风来，千树万树梨花开。

[（引自：程远.忽如一夜春风来［N］.中国旅游报，2024-02-20（6），有删改）]

案例2：极光是出现于星球的高磁纬地区上空，一种绚丽多彩的发光现象。而地球的极光，来自地球磁层和太阳的高能带电粒子流（太阳风）使高层大气分子或原子激发（或电离）而产生，在南极被称为南极光，在北极被称为北极光。极光产生的条件有三个：大气、磁场、高能带电粒子，这三者缺一不可。极光不只在地球上出现，太阳系内其他一些具有磁场的行星上也有极光。

一般情况下，太阳的高能带电粒子抵达地球附近时，地球磁场会把它们导向地球两极。但如果抵达地球的太阳高能带电粒子特别强和地球磁场发生相互作用产生特别强的地磁暴，有些高能带电粒子会在中纬度或者低纬度地区进入大气层，就有可能在中低纬度地区产生极光。

（引自：百度百科"极光"，有删改）

【项目导读】

学习目的意义：天象气候类旅游资源是旅游资源体系的重要组成部分，正确理解、认识天象气候类旅游资源的含义，认识常见基本类型的定义、特征、分布、属性，并对其进行正确的评价，对其开发利用和保护具有重要意义。

项目内容概述：本项目通过对天象气候类旅游资源定义、类型、属性特征等内容的分析与评价，初步形成对天象气候类旅游资源正确的认识和评价；通过对常见基本类型的定义、特征、分布及属性的介绍，使学习者能够常见基本类型旅游资源的评价、开发利用技能；最后设计了天象气候类旅游资源的实践实训教学环节，以提升学生的实践应用水平。

【 项目学习目标 】

知识目标：熟悉天象气候类旅游资源的形成基础与原因；熟悉天象气候类旅游资源的功能价值与分类体系；掌握天象气候类旅游资源体系中各基本类型资源的内涵、特征、成因及属性、调查与评价等重点内容。

技能目标：能够正确识别不同基本类型的天象气候类旅游资源；熟悉天象气候类旅游资源的功能与价值；能够对不同基本类型的天象与气候景观类旅游资源进行科学、合理的评价，并能提出相应的开发、保护建议。

素质目标：培养正确认识、客观评价、合理开发利用与保护天象气候类旅游资源的道德观念与职业素养；树立敬畏自然与可持续开发利用的理念。

气候和天象是两个不同的概念。气候是指一个地区在多年时期内天气系统的平均状态，是地球与大气之间长期能量交换和质量交换所形成的一种自然环境状态，包括极端的天气现象。它通过水文、生物、土壤等多种地理因素，形成特定区域内的自然景观。而天象则是指各种天文现象的总称。天象气候类（又称为天象与气候景观类）旅游资源是构成自然环境的重要因素之一，也与人们的生产生活存在密切关系。构成天象气候类旅游资源的冷热、干湿、风云雨雪等各种要素，不仅是构景、造景、育景的重要元素，还是人类旅游活动的重要客观条件。其旅游价值主要体现在以下三个方面。

第一，审美价值。独特的天象、气候要素不仅是其他自然景观的构成要素，而且其本身所具有的观赏性也会使游客产生愉悦的美感。闻名世界的安徽黄山吸引着无数中外游客前来观赏游览，游客在赞叹黄山的奇松、怪石的同时，也为神奇多彩、变幻莫测的云海、佛光、雾凇等景观所陶醉。

第二，疗养价值。气候条件是进行疗养活动的一个重要环境条件，许多"气候宜人"的环境适合开展疗养旅游活动。"宜人的气候"是指人们无须借助任何消寒、避暑的装备和设施，就能保证一切生理过程正常进行的气候条件，也称为满足人们正常生理需求的气候条件。一般来说，清洁的空气、适宜的温度、湿度状况、充足的阳光及宜人的景色对人体保健和疾病康复具有积极作用，有利于开展疗养活动。

第三，体验价值。由于温度、湿度、风、光等给人带来直接的身体体验，这种身体体验往往能给游客留下深刻的印象，是一种更高层次的旅游形式。因此，天象气候类旅游资源成为旅游者追寻体验的主要内容。冬季的黑龙江万里雪飘、千里冰封，其特有的冰雪旅游资源成为旅游者追寻体验的主要内容。

根据《旅游资源分类、调查与评价》（GB/T 18972—2017），天象气候类旅游资源可以分为天象景观、天气与气候现象 2 个亚类、5 个基本类型（见表 6-1）。

表 6-1　天象气候类旅游资源分类一览

主类	亚类	基本类型
D 天象与气候景观	DA 天象景观	DAA 太空景象观赏地　DAB 地表光现象
	DB 天气与气候现象	DBA 云雾多发区　DBB 极端与特殊气候显示地　DBC 物候景象

6.1　天象景观

天象景观，可根据其景观现象发生的地理空间高度，分为太空景象观赏地和地表光现象两类。其中，太空景象观赏地主要是由于光线经不同密度的空气层，发生显著折射或全反射的一种景观现象；地表光现象则主要是由于光线经地表的空气层发生显著折射或全反射所形成的一种景观现象，也可能是由于人工现象引起的景观现象。

6.1.1　太空景象观赏地

太空景象观赏地是指观察各种日、月、星、辰等太空现象的地方，如浙江安吉天荒坪太空景象观赏地。太空景象观赏地一般位于海拔较高、较为空旷、周边"灯光污染"比较少的地方。为与地表光现象有所区分，太空景象观赏地的目标对象就是太空中的物体或景象，而不是地球大气层内的物体或景象。在实地调查与评价过程中，应重点突出其所处的地理位置、整体风貌与环境特征、景观特色、相关文化内涵等方面的调查，重点采集太空景象观赏地的方位、范围、面积、时间等基本特征项数据。

想一想： 为什么太空景象观赏地一般都需要在海拔较高且较为空旷的地方？

6.1.2　地表光现象

地表光现象是指发生在地面上的天然或人工光现象，主要包括在地球大气层发生的各类自然光的现象和人工光现象，前者如极光、晚霞、海市蜃楼，后者如城镇灯光秀等。在实地调查与评价过程中，应重点突出其发生时间、位置、持续时间、景象性质与形态及其变化规律、特定气候和天象条件、成因、周围相关景象与事物等方面的调查，重点采集地表光环现象的持续时间、开始时间、结束时间、最佳观赏位置与方位、发生规模等基本特征项数据。

6.2　天气与气候现象

天象与气候现象亚类主要包括云雾多发区、极端与特殊气候显示地和物候景象 3 个基本类型。

6.2.1　云雾多发区

云雾多发区是指云雾、雾凇和雨凇出现频率较高的地方。云、雾、雨所构成的气象景观是温润地区或温湿地区经常性出现的气候景观。一是薄云、淡雾、细雨，其独有的轻纱状景观，赋予大自然一种独特的朦胧美，如"水光潋滟晴方好，山色空蒙雨亦奇"即为苏轼称赞西湖的细雨蒙蒙美景，更有"晴湖不如雨湖，雨湖不如雪湖"的说法。二是流云、飞雾的变化莫测、行云流水、气势磅礴的景观美，如黄山云海、庐山云海、峨眉云海、衡山云海。云、雾、雨景观资源通常与高山峡谷、江河湖海等景观资源伴生。雾凇俗称树挂，是北方冬季常见、南方高山也可见的一种类似霜降的自然现象，是一种冰雪美景，是由于雾中无数零摄氏度以下而尚未结冰的雾滴随风在树枝等物体上不断积聚冻结的结果，表现为白色不透明的粒状结构沉积物。即只要雾中有过冷却水滴，并达到一定温度就可形成。雾凇可分为硬凇、软凇两种。雨凇是超冷却的降水碰到温度等于或低于零摄氏度的物体表面时所形成玻璃状的透明或无光泽的表面粗糙的冰覆盖层，也叫冰凌、树凝；形成雨凇的雨称为冻雨。南方地区把冻雨叫作"下冰凌""天凌"或"牛皮凌"。雨凇以山地和湖区多见，年平均雨凇日数分布特点是南方多、北方少。在实地调查与评价过程中，应重点突出其地理位置、地形特征、植被覆盖情况、资源类型、气候特征、科学价值、对当地社会经济发展的影响、资源出现的高发时间与持续时间等方面的调查，重点采集云雾多发区海拔、云雾多发区的发生范围、发生频率、持续时间、影响程度、气温、水文等基本特征项数据。

6.2.2　极端与特殊气候显示地

极端与特殊气候显示地是指易出现极端与特殊气候的地区或地点，如新疆火焰山特殊气候显示地。所谓极端气候，是指当某地的天气、气候出现了超乎常规的"异常"现象，即某地的天气、气候严重偏离其平均状态或邻近地区的常规状态。世界气象组织规定，如果某个（些）气候要素的时、日、月、年值达到 25 年以上一遇，或者与其相应的 30 年平均值的"差"超过了二倍均方差时，这个（些）气候要素值就属于"异常"气候值，出现"异常"气候值的气候就称为"极端气候"。干旱、洪涝、高温热浪和低温冷害等都可以看成极端气候。此外，国内多个地方因为其独特的小气候环境，反而在旅游休闲度假方面发展较好，形成了较好的避暑旅游或避寒旅游、冬季旅游（或冰雪旅游）目的地。在实地调查与评价过程中，应突出其所在地的地理环境、极端或特殊气候的类型、气象水文条件、景观特征、科学价值、周边环境、大型或特殊极端气候事件及其影响力等方面的调查，重点采集极端与特殊气候显示地的范围、发生时间、发生频率等基本特征项数据。

6.2.3　物候景象

物候景象是自然界生物和非生物受外界因素综合影响而表现出来的季节性现象景观，不仅包括各种植物的发芽、展叶、开花、结实、叶变色、落叶等季变现象，而且包括各种动物的蛰眠、复苏、始鸣、交配、繁育、换毛、迁徙等变化现象以及始霜、始雪等气候现象，如北京香山红叶景观、藏羚羊大迁徙、巴音布鲁克天鹅南迁等。在实地调查与评价过程中，应重点突出其群落类型、形态特征、种类组成、形成原因及演化历史、珍稀程度、典型物候景观、栖居动物、动植物的特征变化、景观特点、周围环境等方面的调查，重点采集物候景象的面积或规模、郁闭度、数量、发生时间、气候特征等基本特征项数据。

6.3　天象气候类旅游资源调查与评价实训

6.3.1　实训目的

通过实地考察学习，能充分利用本项目及项目1和项目2的相关知识与技能要点，加深对天象气候类旅游资源概念的理解，了解并掌握天象气候类旅游资源的功能、类型、特点；能有序开展天象气候类旅游资源调查与评价的各个环节，熟练掌握天象气候类旅游资源的认定、调查技巧；完成相关旅游资源的调查表填写，提出相应的保护、开发建议。

6.3.2　实训地点

可利用某周末或专业综合实训周的时间去天象气候类旅游资源较全面且具有代表性的旅游景区，也可随堂通过观赏相关旅游景区的视频进行。

6.3.3　实训教学内容及要求

（1）观察了解天象气候类旅游资源的特点。

（2）做好天象气候类旅游资源调查前的各项准备工作，完成旅游资源单体表的预填。

（3）全面调查实训区域内所有天象气候类旅游资源的基本类型。

（4）提出开发、保护天象气候类旅游资源的对策措施。

6.3.4　实训教学工具与方法

6.3.4.1　实训教学工具

详见2.2准备与使用调查工具。

6.3.4.2　实训教学方法

（1）对全班同学进行分组。

（2）教师组织学生完成准备阶段的各项工作，包括资料的搜集整理、调查表的预填。

（3）邀请旅游景区的专业人员为学生进行专业讲解。

6.3.5　实训教学资料简介

杭州平湖秋月

平湖秋月，"西湖十景"之一，位于白堤西端，孤山南麓，濒临外西湖。凭临湖水，登楼眺望秋月，在恬静中感受西湖的浩渺，洗涤烦躁的心境，是它的神韵所在。西湖属于立体山水景色，有"景在城中立、人在画中游"的美誉，游客无论站在哪个角度，看到的都是一幅素雅的水墨江南图卷，平湖望秋月中更是楼可望、岸可望、水可望。古今皆有赞叹平湖秋月的诗词传世，也有平湖秋月的相关乐曲。

（引自：百度百科"杭州西湖十景""平湖秋月"，有删改）

6.3.6　旅游资源单体调查表示例

浙江省杭州市西湖区"平湖秋月"旅游资源单体调查表

单体名称：平湖秋月

基本类型：DAA太空景象观赏地　　　　　　　　　　　　序号：××××

代　　号	ZJ—HGH—XHQ—DAA—01	其他代号：①	；②
行政位置	杭州市西湖区西湖风景名胜区白堤		
地理位置	东经 120°08′32.28″，北纬 30°15′20.34″		

性质与特征（单体性质、形态、结构、组成成分的外在表现和内在因素，以及单体生成过程、演化历史、人事影响等主要环境因素）

　　平湖秋月，为"西湖十景"之一，位于白堤南段，背依孤山，面湖，是一个临水的平台，平台后侧建有楼阁。这里湖面开阔，月色下湖水波光粼粼，是西湖观赏月亮的最佳场所之一。楼原为御书楼，现为"平湖秋月楼"，重檐歇山顶，三间两弄，宽 13.5 米、长 11 米。楼前建有挑出湖面的石平台，为"平湖露台"，长 24.05 米、宽 20.06 米，三面临水，几乎与湖面相平，左侧为平湖秋月御碑亭，有水泥曲桥与平台相连，右侧有曲桥与湖岸相连，周围有数株香樟树和其他园林树木、假山石。现平湖秋月除开放供游客观赏外，还是群众茗茶休憩之处。

　　宋祝穆在《方舆胜览》序中说："西湖十景，首平湖秋月，盖湖际秋而益澄，月至秋而全逾洁，合水月以观，而全湖之精神始出也"。《西湖志》说："每当清秋气爽，水痕初收，皓魄中天，千顷一碧，恍置身琼楼玉宇，不复知为人间世矣。"唐代这里建有望湖亭，白居易诗中说的"尽日湖亭卧"的"湖亭"即指这里。明代改建为龙王祠。清康熙三十八年（1699 年）在望湖亭故址上建"御书楼"，并在楼前水面铺筑平台、构围栏、建水轩、立碑亭，题名为"平湖秋月"。1959 年秋夏，拆去西边沿湖一带"罗苑"的高耸围墙，把它并入平湖秋月景点，又调整了庭园建筑，种植了石榴、红枫、紫薇、丹桂等花木，掇叠了湖石假山，从而使游览面积增至十余亩。现在，平湖秋月的庭园，掩映在花木丛中，亭、楼、榭，被巧妙地安排在山（孤山）水（外湖）之间，高下错落，极富诗情画意。无论春夏秋冬、阴晴雨雪，时时有景可观，而且情趣各有不同。皎月当空的秋夜，这里的水月云天就更引人入胜了。"万顷湖平长似镜，四时月好最宜秋""穿牖而来，夏日清风冬日日；卷帘相见，前山明月后山山"两副对联，是对其画龙点睛的注脚。

旅游区域及进出条件（单体所在地区的具体部位、进出交通、与周边旅游集散地和主要旅游区、点之间的关系）

　　位于杭州西湖风景名胜区的白堤南端，孤山南麓，濒临外西湖，系"西湖十景"的核心景观之一，与周边景点联系紧密。游客可从北山路断桥或西泠桥步行进入，也可搭乘景区观光车或游船进入。其中，从西泠桥一侧可骑行进入。

保护与开发现状（单体保存现状、保护措施、开发情况）

　　保存完整，已开发；并作为西湖风景名胜区的一部分统一经营、管理与开发。

评价项目	资源要素价值（85分）					资源影响力（15分）		附加值
评价因子	观赏游憩使用价值（30分）	历史文化科学艺术价值（25分）	珍稀奇特程度（15分）	规模、丰度与几率（10分）	完整性（5分）	知名度和影响力（10分）	适游期或使用范围（5分）	环境保护与环境安全
分　　值	25	18	12	4	4	9	5	3
总　　分	80分；四级旅游资源单体							

6.3.7　实训成果及其评价主体与细则

6.3.7.1　实训成果要求

（1）完成不少于 10 个天象气候类旅游资源单体表的填写。

（2）完成对每个旅游资源单体的摄像或摄影工作，其中每个旅游资源单体的照片不少于 5 张，且要求美观。

（3）提出天象气候类旅游资源未来开发的对策与思路，形成汇报 PPT。

6.3.7.2　评价主体及其权重

本次实训成果的评价建议由校内专业老师、企业指导老师及学生代表（每个实训小组各选 1 名代表）参加，权重分别为 40%、40% 和 20%。

6.3.7.3　评分细则

评分细则具体如表 6-2 所示。

表 6-2 天象气候类实训成果评价标准

实训任务名称：_____ 汇报人：_____ 第___组

评价内容		评价分值	评价标准	评价得分
旅游资源单体调查表及摄像照片	旅游资源单体调查表数量	10 分	旅游资源单体表数量在 10 个及以上得 10 分，数量 9 个及以下，按实际完成数量得分	
	旅游资源单体调查表质量	15 分	单体表填写准确、描述达到要求得 12~15 分；单体表填写基本准确、描述基本到位得 7~11 分；单体表填写尚可、描述较弱得 0~6 分	
	旅游资源单体照片	15 分	旅游资源单体照片数量达标且美观度、清晰度较高的得 12~15 分；数量基本达标且美观度、清晰度尚可的得 7~11 分；数量未达标且美观度、清晰度较差的得 0~6 分	
天象气候类旅游资源开发对策与思路	PPT 报告完整性	15 分	包括课题组组成、调查情况、调查步骤与方法、调查结果、对策建议等，每一项得 3 分	
	PPT 报告科学性与合理性	15 分	报告建议科学、合理得 12~15 分；报告建议基本科学、合理得 7~11 分；报告建议科学性与合理性较差得 0~6 分	
表现方式	PPT 演示文稿	10 分	PPT 排版美观大方、有特色得 8~10 分；排版基本整齐且有一定特色得 4~7 分；排版美观度相对较弱得 0~3 分	
	现场演讲	10 分	演讲者形象气质佳、演讲流利、条理清晰得 8~10 分；形象一般、演讲一般得 4~7 分；其他方面得 0~3 分	
	现场答辩	10 分	现场答辩流利、回答内容准确得 8~10 分；答辩一般、内容基本准确得 4~7 分；其他方面得 0~3 分	
评委签名：			合计得分：	

6.4 总结与项目测试

6.4.1 总结

本项目首先介绍了天象气候类旅游资源的定义、旅游价值及其分类，让学习者对其有了初步的认识；然后详细介绍了天象气候类旅游资源各个基本类型的定义、形成、特征，并对其实地调查与评价的主要内容、相关技巧进行了详细阐述；最后以杭州平湖秋月为例，设计了相应的实践实训环节，使学生能够对天象气候类旅游资源做出正确的调查与评价，并完成天象气候类旅游资源调查报告的撰写任务及相应的开发、保护思考，培养学生系统的思维模式与做事方法。

6.4.2　项目测试

主要概念

天象与气候景观、太空景象观赏地、极端与气候显示地、物候景象

客观题

（1）根据人体舒适指数，当气温在（　　）人体会感觉比较舒适。

A. 10~15℃　　　　　　B. 15~20℃　　　　　C. 10~22℃　　　　　　D. 20~25℃

（2）根据《旅游资源的分类、调查与评价》（GB/T 18972-2017），雾凇属于（　　）。

A. 云雾多发区　　　　　　　　　B. 极端与气候显示地

C. 物候景象　　　　　　　　　　D. 太空景象观赏地

（3）以下属于天象气候类旅游资源基本类型的是（　　）。

A. 云雾多发区、太空景象观赏地、地表光现象、物候景象

B. 光环现象观察地、避暑气候地、避寒气候地、日月星辰观察地

C. 云雾多发区、避暑气候地、避寒气候地、物候景象

D. 云雾多发区、光环现象观察地、避寒气候地、物候景象

简答题

（1）天象气候类旅游资源主要有哪些？

（2）简述雾凇的形成及调查要领。

分析题

（1）结合实际分析物候景观的旅游价值及调查内容。

（2）分析天象气候类旅游资源与地文景观类旅游资源的基本特征与异同。

应用题

（1）以极端与特殊气候显示地为例，阐述天象气候类旅游资源调查与评价要领，并谈谈其开发过程中应注意哪些问题。

（2）以某山地型自然景观地为例，说明该地可能会包括哪些天象气候类旅游资源，应该如何保护与开发？

调查与评价建筑设施类旅游资源

【思维导图】

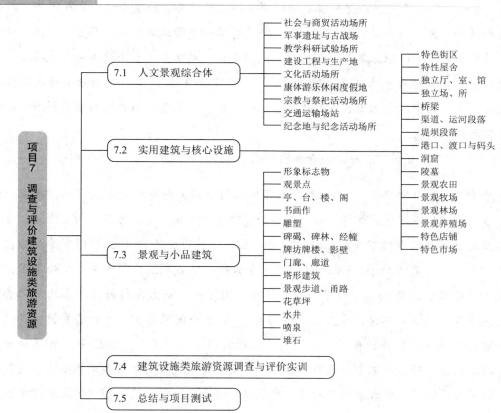

项目7 调查与评价建筑设施类旅游资源

- 7.1 人文景观综合体
  - 社会与商贸活动场所
  - 军事遗址与古战场
  - 教学科研试验场所
  - 建设工程与生产地
  - 文化活动场所
  - 康体游乐休闲度假地
  - 宗教与祭祀活动场所
  - 交通运输站
  - 纪念地与纪念活动场所

- 7.2 实用建筑与核心设施
  - 特色街区
  - 特性屋舍
  - 独立厅、室、馆
  - 独立场、所
  - 桥梁
  - 渠道、运河段落
  - 堤坝段落
  - 港口、渡口与码头
  - 洞窟
  - 陵墓
  - 景观农田
  - 景观牧场
  - 景观林场
  - 景观养殖场
  - 特色店铺
  - 特色市场

- 7.3 景观与小品建筑
  - 形象标志物
  - 观景点
  - 亭、台、楼、阁
  - 书画作
  - 雕塑
  - 碑碣、碑林、经幢
  - 牌坊牌楼、影壁
  - 门廊、廊道
  - 塔形建筑
  - 景观步道、甬路
  - 花草坪
  - 水井
  - 喷泉
  - 堆石

- 7.4 建筑设施类旅游资源调查与评价实训

- 7.5 总结与项目测试

【项目案例导入】

案例 1： 全球唯一一家"深坑酒店"——上海佘山世茂洲际酒店于 2018 年 11 月 20 日正式对外营业，这是世界上海拔最低的酒店。酒店的选址位于佘山脚下一个海拔 –65 米的采石矿坑中。该矿坑源于 20 世纪初因城建需要采石，久而久之便形成了巨坑。1999 年，上海市矿产局停止核发采矿许可证，采石场就此关闭。后来由世茂集团取得开发权，在深坑造酒店的构想开始了。通常建筑都从下往上建造，在深坑里造酒店可以说史无前例。经过十年打造，这个"挂在"坑壁上的主体建筑终于建造成功：深坑酒店的总建筑高度约为 74 米，分为水上、水下两个部分，包括地上 2 层和地下 16 层，最底下的 2 层为水下建筑。其中露出"坑表"的地上两层建筑内含酒店大堂、会议中心和餐饮娱乐中心。水下 2 层的建筑部分则采用水族馆设计理念，为客人营造当下比较流行的水下入住体验。结合酒店基地采石坑的特点，酒店还引入了蹦极中心、水下餐厅、水上 SPA、室内游泳池等适合崖壁和水上活动的多种娱乐服务。除了蹦极中心和景观餐厅位于地面层外，其余项目均临水设置。深坑酒店并非一个独立的项目，而是与商业配套为主的纳米假日城和以独家酒店为主的纳米魔法小镇一起组成了佘山纳米魔幻城项目。该建筑被美国国家地理誉为"世界建筑奇迹"。2021 年 9 月 27 日，上海佘山世茂洲际酒店荣获第十八届中国土木工程詹天佑奖。此外，该项目也是矿山旅游的重要创新利用典型案例之一。

（引自：百度百科"上海佘山世茂洲际酒店"，有删改）

案例 2： 2017 年 7 月 17 日，第二届国际乡村旅游大会在浙江安吉召开，安吉旅游成了乡村旅游的中国发展样板。作为"两山"理念诞生地、中国美丽乡村发源地，安吉早已在历史的长河中烙下乡村旅游的印记。在此之前的 5 月 19 日，原国家旅游局在北京公布了网民最喜欢的 30 个旅游目的地，安吉位列榜首。上榜理由是：处处景区，步步风景，绿水青山望不尽，竹影婆娑不虚行。2021 年，安吉余村因其丰富的文化资源和自然资源，以及在可持续发展方面的努力，从 75 个国家的 170 个申请乡村中脱颖而出，成功入选首批联合国世界旅游组织"最佳旅游乡村"名单。2023 年，世界最佳旅游乡村联盟成立暨浙江省乡村旅游"五创"行动启动仪式在浙江省湖州市安吉县天荒坪镇余村举行。眼下，安吉正积极打造"高能级、现代化、国际范"的中国式现代化乡村旅游集聚区，形成了以大余村为代表的全球合伙人共建模式、以石岭村为代表的农家乐集聚区转型升级模式、以小瘾·半日村为代表的空心村改造模式、以大竹园为代表的新农村建设成果转化模式、以国企主导的"空心村"转化乡宿群落模式。近两年，始于安吉县梅溪镇红庙村的"深蓝计划"很"出圈"。这是由一个大学生团队负责的废弃矿坑改造计划——沿着爱心形状的矿坑湖改建出咖啡馆、观景平台和露营地。项目负责人程铄钦说："到我们这里旅游的人从不间断，而且每卖出一杯咖啡，村里还能获得 49% 的分红。"除了咖啡，山上的一顶帐篷也撑起了年轻人的创业梦；回乡青年们热衷于创办各类隐藏在山水间的民宿，吸引都市游客的目光；位于上墅乡的大麓音乐山谷是乡村民谣音乐的聚集地，引进众多音乐人才来到安吉驻留创作，累计举办音乐会 140 余场，带动安吉乡村音乐的兴起。

随着休闲度假时代的到来，乡村地区的建筑、农田、林场等资源被前所未有地开发出来，成为人们休闲度假旅游的好去处，在以前看来并不具有资源独特性优势的资源（如农田、林地等）成为人们可以游憩观赏和休闲活动的重要场所。

目前，世界各地各式新型建筑和场地不断涌现，并增设了各种旅游休闲功能，而建筑和场地本身也可成为中外游客追捧的对象，建筑设施类旅游资源在现代旅游产业发展过程中发挥着从旅游吸引物到接待服务的重要作用，同时也是观光旅游到休闲度假旅游转型的重要载体。

（引自：央广网．湖州安吉：振兴乡村旅游，大自然里寻找工位［EB/OL］．https://news.cnr.cn/local/dftj/20231103/t20231103_526473288.shtml，有删改）

【项目导读】

学习目的意义：建筑设施类旅游资源是旅游资源体系的重要组成部分，正确理解、认识建筑设施类旅游资源的含义，认识建筑设施类旅游资源中主要的、常见的基本类型的定义、特征、分布、属性，并对其进行正确的评价，对建筑设施类旅游资源的开发利用具有重要意义。

项目内容概述：本项目通过对建筑设施类旅游资源定义、类型、属性特征等内容的分析与评价，初步形成建筑设施类旅游资源正确的认识和评价；通过建筑设施类旅游资源中主要的、常见的基本类型的定义、特征、分布及属性的介绍，使学习者能够掌握建筑设施类旅游资源中常见的、主要的基本类型旅游资源的评价、开发利用技能。

【项目学习目标】

知识目标： 熟悉建筑设施类旅游资源的功能价值与分类体系；掌握建筑设施类旅游资源体系中各个基本类型资源的内涵、特征、成因及属性。

技能目标： 能够正确识别不同基本类型的建筑设施类旅游资源；挖掘建筑设施类旅游资源的旅游功能与价值；能够对不同基本类型的建筑设施类旅游资源进行科学、合理的评价，并能提出相应的开发、保护建议。

素质目标： 培养尊重环境、节约资源、关注可持续发展和人民生活质量的社会责任感；了解中华优秀传统文化和现代建筑成就，提升对中国文化和民族自信的认识，倡导文化传承与创新精神。

建筑设施反映了一个国家、一个时代、一个民族的设计思想与建筑水平，是一个国家社会经济发展、综合国力与悠久历史文化的体现。具体来说，建筑设施类旅游资源是指可以满足人们求美、求异、求知的旅游需求，旅游者可以从中增长历史、建筑、美学和科学等方面的知识，并能了解一个国家或地区、民族的建筑风格与传统习俗，具有观光、游览、休闲、度假、科研等多种功能。

第一，观赏游览价值。建筑是指供人们生产、生活、游憩、观赏及其他活动的房屋或场所。人类的活动场所随着人们长期的社会实践而形成其自有的存在法则，成为社会文明的结晶。游客在观赏和游览建筑设施的过程中，可以充分调动自己的想象力、情感等进行观赏，更好地理解建筑设施背后蕴含的文化内涵，更好地欣赏建筑设施表现出来的艺术美与形态美。

第二，科普研学价值。各式各样建筑设施中所涉及的科学技术是人们在长期的社会实践中产生和积累起来的，其合理的结构形式、独特的风貌和巧妙的设计手法，是建筑设施科技发展水平的充分体现，是人类智慧的结晶。如房屋、桥梁、堤坝、运河等体现了人类改变和优化自身生活环境的建筑，它们的选址、建造、形式都蕴含着精妙的科学；景观农田、牧场、林场、养殖场等蕴含着人类顺应大自然、适应大自然、与大自然共生的过程；各种古典园林与现代景观公园，利用建筑科学、环境科学、生态学和"天人合一"的哲学理念，进行叠山理水、植物配置、建筑营造而组合成有机的整体，创造出丰富多彩的景观，同时也创造了人与自然和谐统一的理想环境。

第三，文化传承价值。我国是一个地域辽阔的国家，在长期的发展过程中，因不同的区域位置形成了不同的文化圈，即区域文化，建筑设施也随之积淀了特定的区域文化特征。通过对建筑设施丰富文化内涵的感受，可以了解和认识各个地区人们的社会活动、意识形态以及物质生活、精神生活的状况，让游客充分体验地域文化和历史文化的魅力，如客家土楼、延安窑洞、草原蒙古包等。

第四，相关衍生价值。近年来，我国各地充分利用地方特色建筑，结合文创周边、旅游休闲、美食购物、旅拍打卡等，对传统建筑设施类旅游资源的功能与价值进行了延拓，如福建泉州的西街、浙江杭州的小河直街等，均使传统建筑焕发了新的青春与活力。

根据《旅游资源分类、调查与评价》（GB/T 18972—2017），建筑设施类旅游资源具体可以分为人文景观综合体、实用建筑与核心设施、景观与小品建筑 3 个亚类、39个基本类型（见表 7-1）。

表 7-1　建筑与设施类旅游资源分类一览

主类	亚类	基本类型
E 建筑设施	EA 人文景观综合体	EAA 社会与商贸活动场所 EAB 军事遗址与古战场 EAC 教学科研试验场所 EAD 建设工程与生产地 EAE 文化活动场所 EAF 康体游乐休闲度假地 EAG 宗教与祭祀活动场所 EAH 交通运输站 EAI 纪念地与纪念活动场所
	EB 实用建筑与核心设施	EBA 特色街区 EBB 特性屋舍 EBC 独立厅、室、馆 EBD 独立场、所 EBE 桥梁 EBF 渠道、运河段落 EBG 堤坝段落 EBH 港口、渡口与码头 EBI 洞窟 EBJ 陵墓 EBK 景观农田 EBL 景观牧场 EBM 景观林场 EBN 景观养殖场 EBO 特色店铺 EBP 特色市场
	EC 景观与小品建筑	ECA 形象标志物 ECB 观景点 ECC 亭、台、楼、阁 ECD 书画作 ECE 雕塑 ECF 碑碣、碑林、经幢 ECG 牌坊牌楼、影壁 ECH 门廊、廊道 ECI 塔形建筑 ECJ 景观步道、甬路 ECK 花草坪 ECL 水井 ECM 喷泉 ECN 堆石

7.1　人文景观综合体

人文景观综合体包括社会与商贸活动场所、军事遗址与古战场、教学科研试验场所、建设工程与生产地、文化活动场所、康体游乐休闲度假地、宗教与祭祀活动场所、交通运输场站、纪念地与纪念活动场所 9 个基本类型。

7.1.1　社会与商贸活动场所

社会与商贸活动场所是指进行社会交往活动、商业贸易活动的场所。旅游是一种典型的社会交往活动。社会与商贸活动场所通常是一个城市、地区或社区中商贸活动比较发达的地方，如市场、购物中心、社区中心、广场等，也较能体现一个区域的商业特点和文化氛围。其中，社会交往活动场所类的旅游资源在城市、社区、乡村中都较为多见，一般为公共活动空间，如公园广场社区中心、村口广场、街道路旁的口袋公园等，提供一定休憩和休闲设施；商业贸易活动场所类的旅游资源拥有多样化商业服务设施，集购物、旅游、餐饮、娱乐、休闲等多功能于一体，通常都是地方城市的商业综合体。商业综合体的概念源自"城市综合体"，是以建筑群为基础，融合商业零售、商务办公、酒店餐饮、公寓住宅、综合娱乐五大核心功能于一体的"城中之城"，如上海外滩、香港 IFC、福州东二环泰禾广场、苏州圆融时代广场、深圳万象城等。在实地调查与评价过程中，应注重其类型属性、主要功能、主要构筑物及其建筑特色、场地规模、建设年代、运营情况及其所产生的社会影响等方面的描述，重点采集其占地面积、构筑物建筑面积、高度、建设时间、经营或商贸规模等基本特征项数据。

7.1.2　军事遗址与古战场

军事遗址与古战场是指古时用于战事的场所、建筑物和设施遗存。我国历史上发生的无数次的重大战役，并对整个历史进程形成了巨大的影响，如长平之战、官渡之战、赤壁之战、牧野之战等。同时，自 1840 年"鸦片战争"以来，我国在反对帝国主义、封建主义和资本主义的过程中，尤其是自"9·18"事变以来，各地都留下了珍贵的红色遗址类旅游资源。在实地调查与评价过程中，应突出发生战事的背景与渊源、战事的规模及参与者、战场的留存现状、战争过程及战争所造成的历史影响与意义、相关的人和事物、周边环境等方面内容的描述，重点采集战争发生的具体时间、战场的范围与面积、参与战争的人数等基本特征项数据。

想一想：红军万里长征路上有哪些知名战役及其遗址，通过网络工具梳理其开发利用现状，分享可吸引特定人群的产品开发方案。

7.1.3　教学科研试验场所

教学科研试验场所是指各类学校和教育单位、开展科学研究的机构和从事工程技术试验场所的观光、研究、实习的地方。随着人们文化生活水平的不断提高，人们对精神生活的要求越来越高，人们开始走进高等学府、科研机构等场所来开阔视野、增长知识、丰富阅历。如清华大学、北京大学等历史悠久、内涵深厚、校园优美的高等学府与酒泉、西昌、太原、文昌等航天中心，充分依托其专业性、知识性与趣味性，越来越受到人们的关注。近年来，"名校游"已经成为暑期旅游热点，让子女感受到名牌大学的风采，激励他们努力学习，是不少家长带领子女参观名校的愿望。因此，北京大学、清华大学、浙江大学、南京大学、复旦大学、武汉大学等研学旅游产品异常火爆。在实地调查与评价过程中，应对其性质与类型、所涉及的主要内容及特色、构筑物建造年代、建筑风貌与材质、科学与文化价值、科研技术优势、重要历史事件或人物、重要科研成果等方面进行详细描述，重点采集其占地面积、建筑面积、建筑层高、建筑年代、科研人员或相关人员数量等基本特征项数据。

阅读材料 7-1：西昌卫星发射中心

西昌卫星发射中心（Xichang Satellite Launch Center，XSLC，又称"西昌卫星城"），是中国卫星发射基地之一。组建于 1970 年，管理使用西昌、文昌两个航天发射场。西昌发射场 1982 年交付使用，位于四川省凉山彝族自治州冕宁县，是全球十大发射场中气候条件最为复杂的发射场之一。

西昌发射中心是中国举世闻名的北斗母港、探月母港、天链母港、空间站建造母港，每年 10 月至次年 5 月是最佳发射季节。发射中心于 1983 年建成，1984 年以来发射过中国第一颗试验通信卫星、实用通信广播卫星及实用通信卫星，1990 年又将美国制造的"亚洲一号"通信卫星送入地球同步转移轨道。该中心是中国首个完成 200 次发射的航天发射中心，创造了中国航天史上新的纪录。从"1"到"100"，西昌卫星发射中心用时 32 年，而从"100"到"200"仅用 6 年时间。

西昌发射中心是中国重要的航空、航天基地。随着改革开放的不断深入，已渐渐揭开了其神秘的面纱，成为旅游热线上一颗光彩夺目的明珠。来自国内外的游客在这里参观卫星发射，仰望着喷薄升腾的运载火箭冉冉升起，主要参观点包括发射架、发射指挥控制大厅、长征三号火箭实体和卫星发射及控制中心（一般通过视频录像了解发射过程）。

（引自：百度百科"西昌卫星发射中心"，有删改）

7.1.4　建设工程与生产地

建设工程与生产地是指经济开发工程和实体单位，如工厂、矿区、农田、牧场、林场、茶园、养殖场、加工企业以及各类生产部门的生产区域和生产线。建设工程与生产地是发展工农业旅游的主要旅游资源，基于此可开发集体验、研学、休闲、购物、娱乐等功能于一体的工农业旅游示范点。在实地调查与评价过程中，应注重其生产类型、建设年代、主要产品及使用价值、主要构筑物或场地的规模（类型、数量等）、核心生产工艺或生产景观、生产或开发历史描述、使用范围及其所产生的社会影响、科学文化价值、相关产品品牌、相关重要人物等方面的描述，重点采集其范围、总面积、构筑物或场地的规模数量、开始生产年代等基本特征项数据。

> **阅读材料 7-2：工业旅游前景广阔　示范基地大有可为**
>
> 融合了诗情画意与冷酷厚重的工业旅游，正越来越受到关注，成为各地区和工业企业创造"诗与远方"旅游目的地、打造特色文旅产品的机遇。2023 年 10 月 12 日，文化和旅游部发布公告，确定北京市 798 艺术区等 69 家单位为国家工业旅游示范基地。文化和旅游部资源开发司相关人员表示，本次入选单位涉及汽车制造、食品服装、遗址遗迹、博物馆等多种类型，通过企业参观、博物馆展示、遗址遗迹观光、文化创意体验等多种形式，可以让游客体验形式多样、内容丰富的工业旅游乐趣，满足新时代人民群众对工业历史文化、创新科技、艺术设计等多方面的消费需求。
>
> 发展工业旅游，不仅可以助力工业城市发展旅游经济、转型升级、塑造新形象，还有利于丰富旅游供给，引导新时代人民群众了解工业历史、工业文化、工业科技、工业艺术等，增强制造强国建设意识。事实上，在此次发布的 69 家国家工业旅游示范基地中，就不乏深挖工业旅游资源、创造多元化工业旅游产品，以高质量高水平的管理和服务，为不断升级的文旅消费需求提供多样化选择的优秀案例。
>
> 首先，是让工业遗产"活起来"。随着时代变迁、产业结构升级，许多老工业基地面临转型难的问题。工业旅游的发展恰好为这些老厂房、老设备等工业遗产的再利用提

供了新思路，使得工业遗产得到保护利用，焕发新生。坐落于江苏省常州市的运河五号创意街区，将其打造成为设施完备、功能完善、服务全面、氛围独特的文创园区，使得老厂房"凤凰涅槃"，实现了国家级工业遗产向时尚"文旅产业"的华丽转身。

其次，让工业文化"传下去"。工业遗产蕴含着大量的工业文化和精神，通过工业旅游将优秀工业文化传播具有重要的意义和价值。集旅游观光、科普研学、培训、党建、生产于一体的福建省泉州市七匹狼工业园，也在打好工业文化牌。通过七匹狼男装馆、匠心观光车间、"红色战狼之家"党建馆三大板块，可以让游客深入了解七匹狼的奋斗史、特色党群工作品牌的做法和成效，并将"爱拼敢赢"的晋江精神不断发扬光大。

再次，让地方经济"跑起来"。在旅游消费升级、制造业向服务业延伸、城市更新等大背景下，发展工业旅游成为诸多工业城市和企业推动经济增长、促进转型升级、构建新形象的重要举措。依托全国重点文物保护单位——"国宝窖池"，李渡酒业不仅蹚出了一条"旅游＋酒文化"的酒文旅融合创新发展之路，也在江西南昌李渡镇开辟了一条乡村振兴共同富裕之路。

最后，让特色产业"火起来"。以弘扬龙江黑土文化、振兴民族乳业为主题的飞鹤智能化工业观光产业园，示范经验是以智能工厂为核心，构建出可观、可玩、可学、可购物、可休闲的一站式工业旅游运营生态体系。通过发展工业旅游，展示企业品牌形象和知名度，传递企业核心理念，增强游客对企业文化的认同。位于浙江湖州的欧诗漫珍珠文化园工业旅游示范基地，整洁的车间、先进的设备以及产品生产的每一个环节，游客可清晰地看到工厂内部流水线作业，深层次感受欧诗漫珍珠加工产品"变身"的过程，震撼有趣。此外，亲子研学、护肤教育培训、珍珠养殖科普、珍珠文化传播、透明工厂观光等一系列活动，让游客获得丰富知识和快乐体验的同时，也深深地感受到了欧诗漫传承文化、坚守实业的工匠精神。

［引自：马艳. 工业旅游前景广阔　示范基地大有可为［N］. 中国工人报，2023-11-03（A8），有删改］

想一想： 你认为周边有哪些产业工厂可以开展何种形式的工业旅游或农业旅游？

比一比： 建设工程与生产地（EAD）中也有林场、牧场、养殖场等，它们与实用建筑与核心设施（EB）中的景观农田（EBK）、景观牧场（EBL）、景观林场（EBM）、景观养殖场（EBN）之间有何区别。

7.1.5　文化活动场所

文化活动场所是指进行文化活动、展览、科学技术普及的场所。随着国民经济的发展与人们生活水平的提高、科学文化的普及、文化程度的提升，人们对精神文化的追求日益提高。为此，各地纷纷围绕各种主题规划建设相关的文化活动场馆，如各种少年宫、文化馆、展览馆、会展中心、城镇或社区文化广场、农村文化礼堂等。在实地调查与评价过程中，应突出其文化活动类型、主要内容与特色、建筑风貌与特色、主要厅堂功能、主要活动开展情况、科学与文化价值、表现形式等方面的描述，重点采集其占地面积、建筑面积、建造年代、最大承载量、参观人数等基本特征项数据。

想一想：文化活动场所（EAE）和独立场、所（EBD）的区别是什么？你觉得各大城市的会展中心、博物馆及图书馆分别属于哪一种基本类型？

7.1.6　康体游乐休闲度假地

康体游乐休闲度假地是指具有康乐、健身、休闲、疗养、度假条件的地方。康体休闲游乐度假地通常以丰富齐全的娱乐设施、优雅的环境、浓郁的文化氛围、富有人情味与个性特色的服务品质而吸引中外游客，主要由观光游憩资源、生态环境资源、配套服务设施及服务等要素构成。目前，康体、休闲、游乐、度假已经成为人们生活中不可或缺的一部分，如何更好地发挥康体休闲游乐度假地的各项功能，已经成为旅游经营管理者亟待解决的问题。在实地调查与评价过程中，应突出其性质与类型、范围面积、总体风貌、主要活动项目内容、游憩设施情况、各项配套服务设施的功能与使用价值、接待容量或构筑物数量、周围环境状况、气候条件等方面的描述，重点采集其范围面积、建筑面积、建设时间、年游客量、平均逗留时间、相关经济社会效益等基本特征项数据。

7.1.7　宗教与祭祀活动场所

宗教与祭祀活动场所是指进行宗教、祭祀、礼仪活动场所的地方。宗教祭祀活动源于古代人们对自然现象的不理解，在祭拜自然和祖先的信仰下，人们开始修建与此相关的礼制建筑并进行祭祀活动。同时，宗教祭祀文化与天文、地理、建筑、绘画、书法、雕刻、音乐、舞蹈、文物、描绘等密切相关。根据活动开展对象的不同，可分为宗教人物、民间信仰神灵人物两大类。为更好地发挥宗教祭祀旅游资源，在实地调查与评价过程中，应突出其供奉类型、何种宗派或人物、相关人与事及历史渊源、镇寺之宝、始建年代及其发展历史、周边环境、建筑风貌及其历史价值、建筑物的总体布局特征、辐射范围等内容的描述，重点采集其始建年代、重修（建）年代、建筑规模（占地面积、建筑面积）、建筑朝向、最大承载量、年游客（香客）接待量等基本特征项数据。

7.1.8 交通运输场站

交通运输场站是指用于运输通行的地面场站等。按照场站的类型，可以分为汽车站、火车站、地铁站和机场等；按照业务类型，可以分为客运站、货运站和客货运站等；按照年代不同，可以分为历史车站（如浙江嘉兴站）、现代车站（如拉萨火车站、北京大兴机场）。历史车站作为一个重要的历史舞台，记录着我国近代史上的种种传奇和悲欢离合，它像一个驻留时光、故事和感情的地方。在实地调查与评价过程中，应突出其功能类型、建设年代与背景意义、建筑结构与外观、建筑材料、典型景观、相关的人物与事件、配套设施、运营情况、对当地社会经济发展的影响、周边环境、辐射范围等内容的描述，重点采集其建设年代、规模面积、车次或航班信息、运营效益、年客（货）运量等基本特征项数据。

> **阅读材料 7-3：青藏铁路上最大的客运火车站——拉萨站**
>
> 拉萨站（Lasa Railway Station）位于中国西藏自治区拉萨市，海拔 3600 多米，距布达拉宫仅 20 千米，是中国铁路青藏集团有限公司管辖的客运一等站，是青藏铁路最大的车站，也是青藏铁路标志性工程之一。2006 年 6 月 20 日，拉萨站竣工；2006 年 7 月 1 日，伴随着青藏铁路开通运营，拉萨站投入使用。拉萨站站房建筑面积为 2.36 万平方米，站场规模为 6 台 10 线。拉萨站在外观上采用传统藏式建筑风格，在功能上着重"以人为本"的设计。拉萨站站房以布达拉宫式建筑为设计蓝本，采用红、白、黄三色为主要色调。站房主体结构呈斜体，坐南朝北，中间设有窄窗。拉萨站犹如一座现代化的藏式建筑，与布达拉宫隔河相望，与古城拉萨和谐地融为一体。
>
> （引自：百度百科"拉萨站"，有删改）

想一想：为什么各类交通运输场站会对游客产生吸引力？

7.1.9 纪念地与纪念活动场所

纪念地与纪念活动场所是指为纪念故人或开展各种纪念与礼仪活动的馆室或场地。有历史影响的人物的住所或为历史著名事件而保留的建筑物，具有很高的历史文化价值，如毛泽东故居、蔡元培故居等。该类型旅游资源通常与地方人物（如帝王、政治家、军事家、文人、知名商贾、民族英雄等）、特色街区、地方事件等旅游资源类型伴生。根据纪念活动对象的不同，可以分为纪念知名历史人物（如山东曲阜孔庙）与纪念祭拜宗族长辈（如江西婺源俞氏宗祠）。在实地调查与评价过程中，要突出其纪念对象、性质类型、功能特征、建筑布局与风貌、发展历史、建筑材料、历史文化价值、相关人物或事件、周边环境等方面的描述，重点采集其建设年代、重修或重建年代、规模面积（占地面积、建筑面积）、层高、最大承载量、年游客量等基本特征项数据。

想一想： 祖居、故居与旧居有何差异？名人故居与历史纪念建筑在保护或复原的过程中，应注意哪些问题？可以设计哪些创新型旅游产品或项目？请举例。

7.2　实用建筑与核心设施

实用建筑与核心设施包括特色街区，特性屋舍，独立厅、室、馆，独立场、所，桥梁，渠道、运河段落，堤坝段落，港口、渡口与码头，洞窟，陵墓，景观农田，景观牧场，景观林场，景观养殖场，特色店铺，特色市场 16 个基本类型。

7.2.1 特色街区

特色街区是指反映某一时代建筑风貌，或经营专门特色商品和商业服务的街道。特色街区由于塑造城镇景观和城镇优良形象的需要，它们或与城镇发展的历史息息相关，或是城镇中重要的商贸集散地。作为历史街区型的特色街区，可充分利用其丰富的文化内涵与历史古迹，通过对其保护、修缮与复原，既可满足当地居民对历史的怀念，又可满足旅游者的探秘心理，如杭州的河坊街、上海新天地等；作为现代特色商贸型街区，主要特色是体现在商贸方面的经济功能，如南京新街口、重庆解放碑步行街、哈尔滨中央大街等。在实地调查与评价过程中，应对其性质类型、功能特点、结构布局、特色建筑及风格、经营业态、主要商铺名号或知名品牌、相关人物或事件、相关节庆活动、历史渊源等内容进行详细描述，重点采集其建设年代、街巷长度、街面宽度、沿街建筑高度、面积（占地面积、建筑面积）等基本特征项数据。

7.2.2　特性屋舍

特性屋舍是指具有观赏游览功能的房屋。一般来说，各地的特色民居通常具有地方建筑风格和历史色彩，并以独特的建筑风貌、多样的历史文化遗迹、深厚的地方人文内涵、特有的传统民俗文化活动、古朴的环境氛围等为主要吸引点，成为旅游市场供应体系中的重要组成部分。根据国际古迹遗址理事会第 12 届大会通过的《乡土建筑遗产的宪章》有关规定，传统与乡土建筑应该是整个存在于乡土社会中，与生产生活相关的建筑，除了有单纯的住宅外，还有寺庙、祠堂、书院、戏台、酒楼、商铺、作坊、牌坊、小桥等。我国较为著名的传统与乡土建筑有山西王家大院、北京四合院、侗族竹楼、福建土楼等。在实地调查与评价过程中，应对其功能特点、特色与风格、建筑院落结构、建筑材料、相关历史文化与科学价值、与所在地（古城、古镇、古村或寺院等）的关系、相关人物与事件、建设时代背景及历史渊源、周边环境等内容进行详细描述，重点采集其建设年代、层数、高度、长度、面积（占地面积、建筑面积）、进数、开间及相应尺寸、文物保护级别等基本特征项数据。

想一想： 特性屋舍和纪念地与纪念活动场所、特色街区等资源类型有何异同？请举例。

7.2.3　独立厅、室、馆

独立厅、室、馆是指具有观赏游览功能的景观建筑。与特性屋舍等不同的是，独立厅室、馆的主要定位是景观，即其建筑本身可作为一个景观节点，同时又处于一个景观区域较好的环境当中。在古代园林、宅第中，厅、室、馆多具有区域小型公共建筑的性质，用以会客、宴请、观赏花木。因此，室内空间较大，门窗装饰考究，造型典雅、端庄，前后多置花木、叠石，使人置身厅内就能欣赏园林景色。如苏州留园中的五峰仙馆，是苏州园林中最大的厅堂建筑，是以石林小院为中心的一组院落，因旧时厅内梁柱均为楠木，故俗称"楠木厅"。在实地调查与评价过程中，应突出独立厅、室、馆的主要功能与类型、建设年代与背景意义、主体建筑的格局与风貌、相关人物与事件、周边环境等方面的描述，重点采集厅、室、馆的类型、面积（占地面积、建筑面积）、规格、朝向等基本特征项数据。

想一想： 你觉得作为独立厅、室、馆这类具有观赏游览功能的景观建筑，应该有怎样的建筑和周边环境特征？其与特性屋舍有什么区别？

7.2.4　独立场、所

独立场、所是指具有观赏游览功能的文化艺术、体育场馆等空间场所。进入 21 世纪以来，随着人们闲暇时间越来越多，怀着对美好生活的向往，各种戏剧院、主题演艺馆、音乐厅、博物馆、美术馆、图书馆、体育馆、科技馆、非遗馆等成为人们日常休闲和旅游休闲的重要载体。与文化活动场所（EAE）相比，独立场、所的功能相对单一且固定。作为世界互联网大会的永久会址，位于浙江省桐乡市北端的乌镇景区，依托东栅和西栅两个部分，形成了"观光＋休闲"的体验型古镇景区，完美融合了观光和度假功能，景区内除了名胜古迹、住宿酒店和特色街区以外，还有各种主题的文化展馆，如婚庆展馆、茅盾文学奖展馆、木心美术馆等，这些场馆设施深度刻画了乌镇景区的文化内涵，将传统文化以现代的方式进行多角度呈现。在实地调查与评价过程中，应突出其主要功能与类型、建设年代与背景意义、主体建筑的格局与风貌、建筑材料、相关人物与事件、周边环境等方面的描述，重点采集其面积（占地面积、建筑面积）、规格、朝向、层数、最大承载量等基本特征项数据。

阅读材料 7-4：乡村图书馆

图书馆以它独有的魅力在乡村建设工作中占据一席之地，不仅为村民提供了日常休闲的公共室内场所，也成为游客旅行过程中的精神文化熏陶之地。

先锋云夕图书馆，位于浙江桐庐戴家山村，是先锋书店开设的第 11 家书店。地处独特的畲族山村，以地域自然景观为背景，成为当地村民和"异乡读者"的纽带，成为地方文化创意产业的一个聚焦点。云夕图书馆，由两座毗邻的畲族民居改造而成。改造后的图书馆，依旧保留了古老民居的木石结构，一幢为艺术咖啡馆，一幢为图书馆和活动空间。图书馆约 150 平方米，收藏了民俗文化、地理、乡土文学、人物传记、诗歌、摄影艺术、书院文化等 4000 多个品种、近 2 万册图书。云夕图书馆是先锋书店走出江苏的第一个公益项目，图书销售所得全部利润将捐赠给当地畲族贫困学生。

试一试： 试着从资金、场地、运营的角度分析一下乡村图书馆的建设会面临什么样的问题？该如何破解这些问题？

（引自：王晶，等 . "中国最美书店"开在浙江山村的"云端"上：照亮乡村"耕读与致富路"〔EB/OL〕. https://tidenews.com.cn/video.html?id=629687&duration=71.0&isVertical=1&fsize=8245147&width=720&height=1280&video_h5_mode=1&source=1，有删改）

7.2.5　桥梁

桥梁是指跨越河流、山谷、障碍物或其他交通线而修建的架空通道。建设桥梁的目的是允许人、车辆、火车或船舶穿过障碍。我国造桥历史悠久，早在 5000~6000 年前的半坡遗址中已有桥梁建筑。总体而言，我国的桥梁拥有明显的地域性、多样性、多功能性与公益性等特征。按照主要材料分，可以分为木桥、石桥、砖桥、竹桥、藤桥、铁桥等；按结构及外观分，可分为梁桥、浮桥、索桥、拱桥、斜拉桥、混凝土斜拉桥、组合梁斜拉桥、钢斜拉桥等。随着现代科技的发展，世界各地新型大桥逐渐增多，如杭州湾跨海大桥、港珠澳大桥等。在实地调查与评价过程中，应突出桥的功能特征、建筑结构与外观、建筑材料、典型景观、相关的人物与事件、相关传说、运营情况、对当地社会经济发展的影响、周边环境等内容的描述，重点采集其建设年代、规模（高度、宽度、长度、跨数）等基本特征项数据。

阅读材料 7–5：港珠澳大桥

港珠澳大桥（Hong Kong–Zhuhai–Macao Bridge ）是我国境内一座连接香港、广东珠海和澳门的桥隧工程。位于广东珠江口伶仃洋海域内，为珠江三角洲地区环线高速公路南环段。

港珠澳大桥于 2009 年 12 月 15 日动工建设，2017 年 7 月 7 日实现主体工程全线贯通，2018 年 2 月 6 日完成主体工程验收，同年 10 月 24 日上午 9 时开通运营。

港珠澳大桥东起香港国际机场附近的香港口岸人工岛，向西横跨南海伶仃洋水域接珠海和澳门人工岛，止于珠海洪湾立交。桥隧全长 55 千米，其中主桥 29.6 千米。桥面为双向六车道高速公路，设计速度 100 千米 / 小时。工程项目总投资额 1269 亿元。港珠澳大桥因其超大的建筑规模、空前的施工难度和顶尖的建造技术而闻名世界。

2023年经港珠澳大桥珠海公路口岸出入境旅客超过1630万人次。2024年2月13日，港珠澳大桥珠海公路口岸单日出入境客流达14.4万人次，单日出入境车流首次突破1.8万辆次，双双刷新历史最高纪录。

截至2024年3月9日21时，港珠澳大桥边检站数据显示，经该站查验的出入境"港车北上"数量已突破50万辆次。

（引自：百度百科"港珠澳大桥"，有删改）

7.2.6　渠道、运河段落

渠道、运河段落是指正在运行的人工开凿的水道段落。通常与自然水道或其他运河相连，用以沟通地区或水域间水运的人工水道。除航运外，渠道、运河段落还可用于灌溉、分洪、排涝、给水等。我国最重要、最典型的渠道、运河段落型资源是京杭大运河、灵渠。京杭大运河是世界上最长的运河，全长1794千米；是始掘于春秋，形成于隋代，发展于唐宋，最终在元代贯通五大水系（海河、黄河、淮河、长江、钱塘江）、纵观南北的水上交通要道。在实地调查与评价过程中，应对其性质类型、建造年代与背景意义、对地方经济社会发展的作用影响、所依托的自然环境、沿途设施或村镇（城）、通航能力、相关人物与事件等内容进行详细描述，重点采集其长度、宽度、深度、年通航能力、建造年代等基本特征项的数据。

阅读材料 7-6：红旗渠

红旗渠，国家5A级旅游景区，全国重点文物保护单位，位于河南省安阳市林州市，是20世纪60年代林县（今林州市）人民在极其艰难的条件下，从太行山腰修建的引漳入林的水利工程，被人称之为"人工天河"。

红旗渠以浊漳河为源，渠首位于山西省平顺县石城镇侯壁村。工程于1960年2月动工，至1969年7月支渠配套工程全面完成，历时近十年。该工程共削平了1250座山头，架设151座渡槽，开凿211个隧洞，修建各种建筑物12408座，挖砌土石达2225万立方米。

总干渠长70.6千米，渠底宽8米，渠墙高4.3米，纵坡为1/8000，设计最大流量23立方米每秒，全部开凿在峰峦叠嶂的太行山腰，工程艰险。灌区共有干渠、分干渠

10 条，总长 304.1 千米；支渠 51 条，总长 524.1 千米；斗渠 290 条，总长 697.3 千米；农渠 4281 条，总长 2488 千米；沿渠兴建小型一、二类水库 48 座，塘堰 346 座，共有兴利库容 2381 万立方米，各种建筑物 12408 座，其中凿通隧洞 211 个，总长 53.7 千米，架渡槽 151 个，总长 12.5 千米，还建了水电站和提水站。已成为"引、蓄、提、灌、排、电、景"成龙配套的大型体系。

20 世纪 70 年代，在红旗渠修建过程中孕育形成的"自力更生、艰苦创业、团结协作、无私奉献"的红旗渠精神，成为一笔宝贵的精神财富。1974 年，中国参加联合国大会时，放映的第一部电影就是纪录片《红旗渠》。

（引自：百度百科"红旗渠"，有删改）

7.2.7　堤坝段落

堤坝段落是指防水、挡水的构筑物段落。它是人工在海、河、湖岸上所筑的堤坝，以防海潮、洪水的袭击或调节水利资源。我国著名的古代堤坝有海塘、荆江大堤和黄河大堤；现代堤坝有葛洲坝、三峡大坝、现代海塘等。堤坝段落往往建筑宏伟、气势磅礴，而且周边环境优美、景色雄伟壮观。在实地调查与评价过程中，应对其建造年代、对地方经济社会的作用影响、典型景观、建筑材料、发展历史、相关人物与事件、相关祭祀节庆活动、周边环境等内容进行详细描述，重点采集其长度、宽度、高度、建造年代、修建年代等基本特征项数据。

阅读材料 7-7：鱼鳞石塘

2019 年 10 月，钱塘江海塘海盐敕海庙段和海宁段被列入第八批全国重点文物保护单位名单。海盐敕海庙段海塘南至南台头闸北侧，北至城北路口，长约 2300 米；海宁海塘西起翁家埠，东至高阳山，全长约 53600 米。鱼鳞石塘系为防钱塘江潮汐之患而筑，是我国古代著名的水利工程之一。

鱼鳞石塘始建于 1700 多年前，五代时吴越钱王是开先河者，曾征泥工大规模修建海塘，但钱塘江海塘的大规模修筑却在明清之后。明嘉靖二十一年（1542 年），浙江水利金事黄光昇修筑海盐海塘，著有《筑塘议》，认为海塘易圮原因：一是塘基不实，"塘根浮浅"；二是塘身不严密，"外疏中空"。他精心研究海盐县令王玺纵横交错砌法修筑石塘的经验，创筑五纵五横鱼鳞塘，创造了较为完备的重力式桩基石塘的结构形式，成为明代塘工技术的集大成者。黄光昇还将海盐海塘按《千字文》字序进行编号、分段，这一措施在清代被扩大用于杭州湾南、北两岸。黄光昇的事迹在《中国水利史纲要》等书中有记载，并与大禹等同列为中国古代最杰出的44位治水人物。近年来，钱塘江上游杭州段及南岸（杭州市、绍兴市）等均陆续挖掘出海塘遗迹。

（引自：百度百科"鱼鳞石塘"，有删改）

7.2.8 港口、渡口与码头

港口、渡口与码头是指位于江、河、湖、海沿岸进行航运、过渡、商贸、渔业等活动的地方。港口是具有水陆联运设备和条件，供船舶安全进出和停泊的运输枢纽，是水陆交通的集结点和枢纽，工农业产品和外贸进出口物资的集散地，船舶停泊、装卸货物、上下旅客、补充给养的场所。由于港口是联系内陆腹地和海洋运输的一个天然界面，因此，人们也把港口作为国际物流的一个特殊结点，如浙江宁波港、上海洋山港。渡口是指道路越过河流以船渡方式衔接两岸交通的地点。码头则与港口、渡口等伴生。在实地调查与评价过程中，要突出其功能类型、基本或非基本港口、建设年代与发展历史、相关政策、运营情况及其对当地社会经济的影响、周边环境等内容的描述，重点采集其建设年代、运营规模、范围面积、吞吐量、运营效益、国际航线等基本特征项数据。

7.2.9 洞窟

洞窟是指由水的溶蚀、侵蚀、风蚀作用或人工作用形成的可进入的地下空洞。一般而言，水蚀形成的叫水溶（海蚀）洞，风蚀形成的叫风蚀洞。作为人文类旅游资源，一般不包括纯粹的水溶（海蚀）洞、风蚀洞，加上部分地下空洞由地质构造作用形成，一般建议纳入地文景观类旅游资源中的沟壑与洞穴（ACD）。此处所指的洞窟，一般是指在自然或人工作用形成的基础上，融入各类人类生产、文化习俗等遗址遗迹的地下空洞。在实地调查与评价过程中，应对其形态特征、类型、岩性组成、构造特征、形成原因及演化规律、景观特征、洞内气候特征、洞内景观、洞内生物、生产遗迹、摩崖石刻等文化遗迹或其他文物特征等进行重点描述，重点采集其岩层年代、发育年龄、高度与宽度、面积、长度（深度）与走向、洞厅数量、最大洞厅的面积、最大承载量等基本特征项数据。

想一想： 敦煌莫高窟、金华双龙洞、桂林象鼻洞（山）、重庆奉节天坑、龙游石窟等分别属于哪一类旅游资源？

7.2.10　陵墓

陵墓是指帝王、诸侯陵寝及领袖先烈的坟墓，是缅怀先人烈士、探究历史文明、文化体验观光的重要载体。其中帝王、诸侯陵寝包括了坟墓及墓地的宫殿建筑，以及一般以墓葬为主的园林。陵寝一般规模宏伟，地表地下建筑堂皇；陵墓内殉葬品内容丰富，文物众多；从建筑到出土文物具有极高的科学价值和历史文化艺术价值。同时，历史上陵寝陵园都十分注重选址，往往处于山水风光优美、风水极佳之处，具有较高的观赏游览价值与历史文化科学价值。我国各地已经发掘的陵寝较多，主要有周陵、秦陵、汉陵、唐陵、宋陵、明陵、清陵等，以及早期部落首领陵墓，如太昊陵、女娲陵、黄帝陵、大禹陵、尧帝陵等。此外，我国各个少数民族的葬仪不同，不易保存，导致大型陵寝不多。领袖先烈的坟墓通常指陵寝陵园以外的坟墓，如孔子墓、岳飞墓等历史名人墓。古代墓葬一般由地上和地下两部分构成，墓中殉葬品与墓碑、墓志铭等对了解当时的社会状况、生产水平、文学、艺术、科学技术发展程度等有较大帮助，为研究我国古代史、天文学史、理学史、工艺史、医学史等提供了极为珍贵的资料。在实地调查与评价过程中，应对其墓主名号、建设年代、形态特征及布局特点、典型景观、相关文物、相关祭祀活动、相关人物与事件、历史渊源、周边环境等内容进行详细描述，重点采集其始建年代、重修年代、出土文物数量、占地面积等基本特征项数据。

阅读材料 7-8：明清皇家陵寝

2000 年明显陵根据文化遗产遴选标准 C（Ⅰ）（Ⅲ）（Ⅵ）被列入《世界遗产目录》；清东陵根据文化遗产遴选标准 C（Ⅰ）（Ⅲ）（Ⅳ）（Ⅴ）（Ⅵ）被列入《世界遗产目录》；清西陵根据文化遗产遴选标准 C（Ⅰ）（Ⅲ）（Ⅳ）（Ⅴ）（Ⅵ）被列入《世界遗产目录》。2003 年明孝陵和明十三陵被列入《世界遗产目录》；2004 年，清永陵、清福陵、清昭陵被列入《世界遗产目录》。

世界遗产委员会的评价是：明清皇家陵寝依照风水理论，精心选址，将数量众多的建筑物巧妙地安置于地下。它是人类改变自然的产物，体现了传统的建筑和装饰思想，阐释了封建中国持续五百余年的世界观与权力观。

明清皇家陵寝是指建于中国明清时期的皇家陵寝建筑群，是大型建筑群与自然环境有机融合的创造性杰作，是14—20世纪中国历史上最后两个古代王朝（明、清）文化和建筑传统的独特见证。明朝的开国皇帝朱元璋对陵寝制度做了重大改革，他将地上的封土堆由以前的覆斗式方形改为圆形或长圆形，又取消寝宫，并扩大了祭殿建筑。清代沿袭明代制度，更加注重陵园与周围山川形胜的结合，在典礼规制上更加完备。明清皇家陵寝依照风水理论，精心选址，是中国古代陵寝制度的集大成者。

明朝，从太祖朱元璋推翻元朝政权，建元洪武（1368年），到崇祯十七年（1644年），统治时间277年，其间经历了16位皇帝。其中，惠帝朱允炆因"靖难之役"下落不明，没有营建陵园；代宗朱祁钰因夺门之变被废，以亲王之礼葬于北京西郊景泰陵；其余14位皇帝都依帝制建造了陵园。

满族人建立的清朝（1644—1911年）是中国最后一个封建王朝。自清太祖努尔哈赤开基至辛亥革命后宣统皇帝退位，共历经12帝，统治295年。清代帝王陵寝，从建陵年代和地理位置，可分为清初关外三陵、清东陵和清西陵三个陵区。皇帝、皇后、亲王、公主、嫔妃的陵制级别相当严格，形成了一套程式化的规则。

（引自：国家文物局.明清皇家陵寝［EB/OL］.http://www.ncha.gov.cn/art/2021/7/23/art_2539_170137.html，有删改）

7.2.11 景观农田

景观农田是指具有一定观赏性功能的农田。通常是农作物在较大的空间上形成美丽的景观，使得农业的生产性与审美性相结合，是生产、生活、生态三者的有机结合体。景观农田可以是在人类社会农耕文明和自然地貌两者作用下共同形成；也可以通过人为特定创造设计达到观赏性的农田景观，如各地出现的麦田怪圈、大地彩绘、五彩稻田等。在实地调查与评价过程中，应对其作物种类、设计思路与理念、相关人物或事件、景观特点、周围环境和游赏方式、配套服务设施等进行详细描述，重点采集景观农田面积、作物种类、观赏季节、观赏持续时间等基本特征项数据。

想一想：哈尼梯田、龙胜梯田、云和梯田等属于哪一类旅游资源？为什么？你认为景观农田和普通梯田的核心区别或差异点在哪里？

7.2.12　景观牧场

景观牧场是指具有一定观赏游览功能的牧场。牧场一种是指适于放牧的草场，另一种是指经营畜牧业的生产单位。我国草场资源位于世界第二位，仅次于澳大利亚。我国的四大牧区分别为新疆牧区、内蒙古牧区、西藏牧区和青海牧区。随着我国自驾游的盛行，这些牧区迎来了源源不断的游客。2017 年，农业部印发了《农业部办公厅关于推介休闲观光牧场的通知》（农办牧〔2017〕15 号）和《休闲观光牧场推介标准（试行）》，引导消费者观光体验我国牧业，认定的第一批休闲观光牧场分别为北京归原奶庄、河北君乐宝乳业优致牧场、内蒙古子昂牧业奶牛主题公园、黑龙江飞鹤乳业观光牧场、郑州昌明奶牛科普乐园、洛阳生生乳业农牧庄园、四川德阳原野有机牧场、陕西农垦牧业华山牧场等。自 2019 年起，改为奶业休闲观光牧场的推介评价，更加聚焦奶业发展。在实地调查与评价过程中，应对其类型特征、生产与经营、地形地貌、景观特点、周围环境和游赏方式、配套服务设施等进行详细描述，重点采集其面积、观赏季节、观赏持续时间、最大承载量等基本特征项数据。

比一比： 动物园和景观牧场有什么区别？依据旅游资源的基本类型，动物园适合归类到哪一种资源类型中呢？

7.2.13　景观林场

景观林场是指具有一定观赏游览功能的林场。林场是培育、管理或采伐森林的地方和单位，它不仅在我国森林培育和保护方面取得了巨大的成就，也是非常具有吸引力的旅游资源。林场资源在夏季可以成为避暑胜地，在秋季形成壮观的色叶林、在冬季皑皑白雪的装点下更是有一番不同的雪景体验，森林公园的开发与建设便是对林场资源进行旅游利用的有效途径。在实地调查与评价过程中，应对其林木种类、保护与培育历史、地形地貌、景观特点、周围环境和游赏方式、配套服务设施、相关人物与事件等内容进行详细描述，重点采集其面积、林木种类、观赏季节、观赏持续时间、最大承载量等基本特征项数据。

阅读材料 7-9：塞罕坝机械林场与塞罕坝精神

塞罕坝属地域概念，特指河北省承德市围场满族蒙古族自治县坝上区域，广义包括塞罕坝机械林场、御道口牧场、红山军马场、红松洼自然保护区、乌兰布统自然保护区。

"塞罕"是蒙古语，意为美丽；"坝"是汉语，意为高岭，全名可译为"美丽的高岭"。

300 年前的塞罕坝，曾经是清朝的"木兰围场"。此后历经围垦、战乱、山火和掠夺性采伐，到 20 世纪 60 年代，当年"山川秀美、林壑幽深"的太古圣境和"猎士五更行""千骑列云涯"的壮观场面已不复存在。塞罕坝地区退化为高原荒丘，呈现"黄沙遮天日，飞鸟无栖树"的荒凉景象。

1962 年，林业部在塞罕坝机械林场、大唤起林场、阴河林场的基础上组建塞罕坝机械林场总场，塞罕坝定名。从 1962 年到 1982 年，塞罕坝人在沙地荒原上造林 96 万亩，其中机械造林 10.5 万亩，人工造林 85.5 万亩。1993 年 5 月经林业部批准，在河北省塞罕坝机械林场的基础上建立塞罕坝国家森林公园。2002 年，经河北省政府批准建立森林生态系统类型省级自然保护区。2007 年 5 月，通过国务院审定被批准为国家级自然保护区。

目前，塞罕坝林地面积由 24 万亩增加到 115.1 万亩，森林覆盖率由 11.4% 提高到 82%，防止水土流失量 513.55 万吨。塞罕坝是生态文明建设的生动范例！

2017 年 8 月，习近平总书记对河北塞罕坝林场建设者感人事迹作出重要指示指出："55 年来，河北塞罕坝林场的建设者们听从党的召唤，在'黄沙遮天日，飞鸟无栖树'的荒漠沙地上艰苦奋斗、甘于奉献，创造了荒原变林海的人间奇迹，用实际行动诠释了'绿水青山就是金山银山'的理念，铸就了牢记使命、艰苦创业、绿色发展的塞罕坝精神。"

2021 年 8 月 23 日，习近平总书记在塞罕坝机械林场月亮山考察，对林场打造人防、技防、物防相结合的一体化资源管护体系，守护森林资源安全取得的成绩给予肯定。习近平总书记强调，我国人工林面积世界第一，这是非常伟大的成绩。塞罕坝成功营造起百万亩人工林海，创造了世界生态文明建设史上的典型，林场建设者获得联合国环保最高荣誉——地球卫士奖，机械林场荣获全国脱贫攻坚楷模称号。希望珍视荣誉、继续奋斗，在深化国有林场改革、推动绿色发展、增强碳汇能力等方面大胆探索，切实筑牢京津生态屏障。

（引自：百度百科"塞罕坝机械林场"，有删改）

比一比：景观林场和林地（CAA）有什么区别？

7.2.14 景观养殖场

景观养殖场是指具有一定观赏、游览功能的养殖场，一般包括家畜养殖、家禽养殖、水产养殖和特种养殖等类型。随着乡村旅游的兴起，养殖场也逐渐通过科技化、景观化、休闲化等改造，实现养殖业与旅游业的融合发展。如青岛田瑞牧业将青岛市崂山脚下的一个养鸡场打造成了当地集旅游观光、宣传教育、休闲娱乐于一体的著名旅游景点。这个养鸡场以科学设计和建设为前提，通过建设全封闭游客通道、室内展馆，有效突破蛋鸡防疫安全、生产污染与游客批量参观的技术障碍。在这里游客丝毫闻不到鸡场的"象征性气味"，因为他们的鸡粪采用传送带集中自动清除，全程不落地运出养殖区，直接还田或加工有机肥用于果品采摘园和部分园林绿化施肥，属于典型的循环农业、生态农业模式。在实地调查与评价过程中，应对景观养殖场的养殖种类、功能分区、景观特点、周围环境和游赏方式等进行详细描述，重点采集景观养殖场面积、养殖种类、技术特点、繁育季节、养殖场设施等基本特征项数据。

试一试：通过百度搜索梳理目前景观养殖场的基本简介，比较分析其核心业态与经营模式，其核心竞争力与吸引力分别是什么？

7.2.15　特色店铺

特色店铺是指具有一定观光游览功能的店铺。特色店铺是指销售某种特色商品的场所。特色旅游商品是旅游者到访旅游目的地必然追寻、购买的对象，以留作纪念、馈赠亲友或自用。目前，我国各大旅游城市均拥有诸多特色店铺，如北京同仁堂、杭州胡庆余堂、广州陈李济、武汉叶开泰作为我国四大药店，均系各地的著名旅游景区。该类旅游资源通常位于城镇地区，可与特色市场、特色街区或社会与商贸活动场所等伴生。在实地调查与评价过程中，应突出其商铺名号、主要功能特点、经销商品的规格、建筑格局与风貌、相关人物与事件、相关荣誉或奖项、经营情况、商品创新、品牌与 IP、历史渊源等内容的描述，重点采集其建设年代、店铺面积、特色商品种类及其数量、年经营效益等数据。

想一想：目前，我国各地旅游商品琳琅满目，但对促进地方旅游经济的发展作用依然有限。请问，在开发相关旅游资源时，应注意哪些问题？

7.2.16　特色市场

特色市场是指具有一定观光游览功能的市场。由于特色市场拥有较大的规模，通常是各个旅游城市旅游者参观游览、购物体验的主要对象。目前，各地也出现了诸多的特色市场、特色商城，并成功创建了国家 A 级旅游景区，如浙江义乌小商品市场、海宁中国皮革城、绍兴柯桥轻纺城等。在实地调查与评价过程中，要突出其性质类型、空间格局、发展历史、配套设施、建筑风格、特色景观、经营内容、相关节庆活动、特色品牌等内容的描述，重点采集其建设年代、投资规模、经营效益、市场规模、店铺数量等基本特征项数据。

阅读材料 7-10：中国小商品城

中国小商品城，又称为中国义乌国际商贸城，坐落于浙江中部义乌市，创建于1982年，是我国最早创办的专业市场之一。40多年来，经历四次搬迁八次扩建，现拥有营业面积400余万平方米，由国际商贸城、篁园市场、宾王市场3个市场簇群组成，商位7万个，从业人员20多万，日客流量20多万人次，是国际性的小商品流通、信息、展示中心，中国最大的小商品出口基地之一，2005年被联合国、世界银行与摩根士丹利等权威机构称为"全球最大的小商品批发市场"。

国际商贸城一区于2001年10月奠基，2002年10月22日正式投入运营，市场占地420亩，建筑面积34万平方米，总投资7亿元，分为主体市场、生产企业直销中心、商品采购中心、仓储中心、餐饮中心五大经营区，是原浙江省旅游局指定的购物旅游定点单位，被浙江省工商局授予全省首个"五星级市场"称号。

国际商贸城二区于2004年10月22日开业，市场占地483亩，建筑面积60余万平方米。市场配套有商务楼、写字楼、四星级酒店及东、西两个广场，开通环线观光旅游车。2005年市场通过了ISO 9001质量管理体系认证、ISO 14001环境管理体系认证，并通过了国家4A级旅游景区评定。

国际商贸城三区建筑面积46万平方米，经营户8000余户。市场内人、货流畅通无阻，汽车可达各个楼层，设有多个地面停车场和屋顶停车场。现代物流、电子商务、国际贸易、金融服务，以及住宿、餐饮、娱乐等服务功能配套齐全。

国际商贸城四区是第六代市场，于2008年10月21日开业，建筑面积达108万平方米，拥有商位16000个。市场东西两侧为配套辅房，集成现代物流、电子商务、国际贸易、金融服务、餐饮服务等市场配套服务设施，还拥有4D影院、旅游购物等特色商业娱乐服务。

国际商贸城五区占地266.2亩，建筑面积64万平方米，总投资14.2亿元，分地上五层、地下两层，拥有商位7000余个，主营进口商品、床上用品、纺织品、针织原材料、汽车用品及配件等行业。

（引自：百度百科"中国义乌国际商贸城"，有删改）

7.3　景观与小品建筑

景观与小品建筑包括形象标志物，观景点，亭、台、楼、阁，书画作，雕塑，碑碣、碑林、经幢，牌坊牌楼、影壁，门廊、廊道，塔形建筑，景观步道、甬路，花草坪，水井，喷泉，堆石 14 个基本类型。

7.3.1　形象标志物

形象标志物是指能反映某处旅游形象的标志物。形象标志物一般置于区块的显要位置或中心区域，如景区入口、主要道路的道路交叉口、主要广场、外部可视的最高处、城镇交通要道出入口等，通常以构筑物、标识标牌、雕塑、植物造型、公共艺术等方式呈现。这些形象标志物必须具有造型上的艺术性，并与区域文化和旅游结合，成为反映地方文化和旅游形象的标志物。如福建泉州钟楼之于泉州古城、南湖红船之于嘉兴、三潭印月之于杭州。在实地调查与评价过程中，应突出其形态、特色与风格、建造材料、周边环境、相关人物与事件、历史渊源等方面的描述，重点采集其建设年代、高度、长度、面积等基本特征项数据。

7.3.2　观景点

观景点是指用于景观观赏的场所。景区景点需时时为游客提供能够从各个方面来欣赏美景的良好观赏点，使游客在观光游览过程中能够获取最富有艺术情趣或美感的视觉体验效果。游客在游览行进过程中，因其视点是运动的，导致对同一景物会因观赏视距、观赏角度等因素产生不同的视觉效果，即"远近高低各不同"。一般而言，各地通常以观景平台、亭、台、楼、阁等形式出现，此处主要是指观景平台或观景点位。在实地调查与评价过程中，应对其所处地理位置、整体风貌与环境特征、景观特色、典型景观、构筑物形态、相关文化内涵等进行详细描述，重点采集其方位、高度、范围、面积、时间等基本特征项数据。

7.3.3　亭、台、楼、阁

亭、台、楼、阁是指供游客休息、乘凉或观景用的建筑。亭多建于游步道旁，供行人或游客休息、乘凉或观景用。亭一般为开敞性结构，没有围墙，顶部可分为三角、四角、六角、八角、圆形等多种形状。因为造型轻巧、选材不拘、布设灵活而被广泛应用在园林建筑之中，如杭州西湖边聚贤亭与湖山映衬，亲水性特别高，受到游客的喜爱。台起源于商周，盛行于春秋战国时期，是最古老的园林建筑形式，古代的宫殿建筑多建于台之上。早期的台是一种高耸的夯土建筑，以作登眺之用，其功能主要是祭祀，兼有观景和娱乐功能。楼与阁互通，无严格区分。楼和阁多为木结构，构架形式有井傒式、重屋式、平坐式、通柱式等。我国古代园林和现代园林中亭台楼阁类的景观建筑很多，形制多样。其中，楼阁由于体量、高度远远超过周围一般低平建筑，能压住周围环境，常成为主景。中国古代著名楼阁首推黄鹤楼、滕王阁与岳阳楼。在实地调查与评价过程中，应对其使用性质、整体风貌、形态特征、典型景观、相关人物与事件及历史渊源、周边环境、建筑材料、文化内涵等进行详细描述，重点采集其建设年代、重建或重修年代、高度、长度、面积、最大承载量等基本特征项数据。

7.3.4　书画作

书画作是指具有一定知名度的书画作品。艺术是人类精神文化的一项重要内容，书画作品对于传承优秀传统文化、研究人类发展文化都具有重要意义。所有艺术都需要传播而不断发展、弘扬，书画作品和所有艺术一样，都需要传播才能与时俱进地发展。随着传统文化传承和创意产业的发展，近年来，在文化旅游区中设立大师工作室、书画工作室屡见不鲜，这也是书画艺术逐渐从自己的圈子中走出来、进入大众视野的重要途径。如上海田子坊的发展就源于艺术家这个特殊群体的进入，而上海新天地至今都留有著名艺术家陈逸飞的"逸飞之家"，内有陈逸飞的书画作品。值得注意的是，书画作与旅游购品类的画作有两个典型差异：一是书画作通常有现场载体，不可移动，具有典型的观赏价值；二是必须具有一定的知名度，往往由知名人士创作而成，一般具有唯一性。在实地调查与评价时，应突出其作者或依托团队及其性质与类型、历史渊源及社会影响、知名度与影响力、表现内容与表现形式等方面的描述，重点采集其创作年代、影响期限、覆盖率或吸引观众数量、获奖级别等基本特征项数据。

7.3.5 雕塑

雕塑是指用于美化或纪念而雕刻塑造、具有一定寓意、象征或象形的观赏物和纪念物。雕塑作为艺术表现形式之一，种类丰富多样，通常可以从形式、材质、环境、功能四个方面来区分。按形式可以分为圆雕、浮雕、透雕三种。圆雕又称立体雕，是指非压缩的，可以多方位、多角度欣赏的三维立体雕塑；浮雕是雕塑与绘画结合的产物，用压缩的办法来处理对象，靠透视等因素来表现三维空间，并只供一面或两面观看，浮雕有浅浮雕与高浮雕之分；透雕是在浮雕的基础上，镂空其背景部分，其中又有单面雕、双面雕、凹雕之分。按材质可以分为玻璃钢雕塑、不锈钢雕塑、铸铜雕塑、锻铜雕塑、石雕塑、水泥雕塑、砂岩雕塑、陶瓷雕塑、木雕塑、石膏雕塑、玉雕塑等，其中各种材质都有其自身价值与特点。按环境可以分为城市雕塑、园林雕塑、室内雕塑、室外雕塑、校园雕塑、广场雕塑、公园雕塑、案头雕塑、架上雕塑等。按功能可分为纪念性雕塑、主题性雕塑、装饰性雕塑、功能性雕塑和陈列性雕塑。近年来，公共艺术以不同的雕塑形式吸引着大众的眼球，成为公共空间中的重要点缀。值得注意的是，与旅游购品类的金石雕刻、雕塑制品（GCE）相比，雕塑通常依托于具体的环境空间且具有不可移动性和唯一性。在实地调查与评价时，应突出其作者或依托团队及其性质与类型、主题、材质、历史渊源及社会影响、知名度与影响力、表现内容与表现形式等方面的描述，重点采集其创作年代、高度、长宽等基本特征项数据。

阅读材料 7-11：人民英雄纪念碑

人民英雄纪念碑（Monument to the People's Heroes）位于北京天安门广场中心，在天安门南约 463 米、正阳门北约 440 米的南北中轴线上，是中华人民共和国中央政府为纪念中国近现代史上的革命烈士而修建的纪念碑。人民英雄纪念碑是中华人民共和国成立后首个国家级公共艺术工程，也是中国历史上最大的纪念碑，由著名建筑学家梁思成先生主持设计，林徽因担任美术设计。林徽因主张以最能代表中国传统文化特色的唐代风格为蓝本，来表达人民对英雄烈士们的歌颂与怀念，位于西安碑林的石台孝经碑便成为人民英雄纪念碑的最初设计蓝本之一。从 1949 年 9 月 30 日毛主席亲自奠基，直至 1958 年 5 月 1 日正式落成，是中华人民共和国成立以来耗时最长的大型艺术项目。

人民英雄纪念碑镌刻着毛泽东同志 1955 年 6 月 9 日所题写的"人民英雄永垂不

朽"八个金箔大字；背面碑心由 7 块石材构成，内容为毛泽东起草、周恩来书写的 150 字小楷字体碑文。下层须弥座束腰部四面镶嵌八幅巨大的汉白玉浮雕，分别以"虎门销烟""金田起义""武昌起义""五四运动""五卅运动""南昌起义""抗日游击战争""胜利渡长江"为主题，在"胜利渡长江"的浮雕两侧，另有两幅以"支援前线""欢迎中国人民解放军"为题的装饰性浮雕。浮雕高 2 米，总长 40.68 米，浮雕镌刻着 170 多个人物形象，生动而概括地表现出中国人民 100 多年来，特别是在中国共产党领导下 28 年来反帝反封建的伟大革命斗争史实。

（引自：百度百科"人民英雄纪念碑"，有删改）

试一试：请同学找到人民英雄纪念碑和石台孝经的图片进行对比，你认为人民英雄纪念碑应该属于雕塑类（ECE）旅游资源还是碑碣、碑林、经幢类（ECF）旅游资源？

7.3.6　碑碣、碑林、经幢

碑碣、碑林、经幢是指雕刻记录文字、经文的群体刻石或多角形石柱。碑碣和碑林是指为纪事颂德而筑的刻石。一般来讲，古人把长方形的刻石叫"碑"，把圆首形的或形在方圆之间，上小下大的刻石，叫"碣"。秦始皇刻石纪功，大开树立碑碣的风气。东汉以来，碑碣渐多，有碑颂、碑记，又有墓碑，用以纪事颂德，碑的形制也有了一定的格式，此时到现代留存的碑刻最多。在唐代，"碑"和"碣"的用法是有区别的，五品以上的用碑，五品以下的用碣，到后世往往混用。碑碣和碑林保存了大量书法和篆刻艺术珍品，既是重要的文史资料，又是名贵的观赏宝物。古都长安的"碑林"则是中国专门收藏碑刻最早、最多的地方，现存由汉到清的碑碣共计 3000 余件。历史上，陕西西安碑林、山东曲阜孔庙碑林、台湾高雄南门碑林、四川西昌地震碑林被称为中国四大碑林。经幢带有宣传性和纪念性，最早的时候由于印度佛教的传入，特别是唐代中期佛教密宗的传入，将佛经或佛像起先书写在丝织的幢幡上，为保持经久不毁，后来改为书写在石柱上，因刻的主要是《陀罗尼经》，因此称为经幢，是源于古代的旌幡。经幢一般由幢顶、幢身和基座三部分组成，主体是幢身，刻有佛教密宗的咒文或经文、佛像等，多呈六角或八角形。在我国五代与两宋时最多，一般安置在通衢大道、寺院等地，也有安放在墓道、墓中、墓旁的。在实地调查与评价过程中，要突出其表现内容、发展历史、历史文化价值、何人手迹、纪事颂德的主要内容、周边环境等内容，重点采集其起始年代及各年代的数量、范围、高度等基本特征项数据。

阅读材料 7-12：石台孝经

石台孝经是碑林第一碑。据《新唐书·玄宗纪》记载，唐天宝四载（745年），玄宗李隆基提倡《孝经》，诏令"天下民间家藏《孝经》一本"。在宰相李林甫、国子祭酒李齐古的主持下，石台孝经镌刻而成，并被立于长安城务本坊国子监内。石台孝经的碑文由皇帝（唐玄宗）以他本人喜爱的八分隶体书写。玄宗书法在汉隶风格中求变化，字体雍容华贵，反映出盛唐气象，是唐隶的成熟典范之作。

石碑的碑座是由线刻双狮和蔓草纹饰的三层石台，由此得名"石台孝经"。原石由四块黑色细石合成，长方柱体，四面刻字，高620厘米，宽120厘米。原石现藏于西安碑林。

（引自：百度百科"石台孝经"，有删改）

想一想：摩崖字画应该属于哪一类旅游资源？

7.3.7　牌坊牌楼、影壁

牌坊牌楼、影壁是指为表彰功勋、科第、德政以及忠孝节义所立的建筑物，以及中国传统建筑中用于遮挡视线的墙壁。牌坊牌楼和影壁是中国建筑文化的独特景观，是由中国文化诞生的特色建筑。牌坊牌楼在园林、寺观、宫苑、陵墓、街道、传统村落中均有建造。安徽歙县棠樾牌坊群不仅体现了徽文化程朱理学"忠、孝、节、义"伦理道德的概貌，也包括了内涵极为丰富的"以人为本"的人文历史，同时是徽商纵横商界三百余年的重要见证；牌楼曾作为多届世博会中国馆的门面建筑，吸引了世人的视线。影壁可位于大门内，也可位于大门外，前者称为内影壁，后者称为外影壁。形状有一字形、八字形等，通常是由砖砌成，由座、身、顶三部分组成，座有须弥座。著名的影壁有故宫的九龙壁、中南海新华门内的"为人民服务"影壁等。在实地调查与评价过程中，要对其发展历史、类型、功能、材质、历史文化价值、纪事颂德的主要内容、周边环境等内容进行详细描述，重点采集其起始年代、高宽等基本特征项数据。

7.3.8　门廊、廊道

门廊、廊道是指门头廊形装饰物，不同于两侧基质的狭长地带。该类旅游资源在园林中较为常见，是一种引导性的景观建筑或通道。在实地调查与评价过程中，要对门廊类型、形式、风格、材质、功能以及周边环境等内容进行详细描述，重点采集其起始年代、长宽等基本特征项数据。

7.3.9 塔形建筑

塔形建筑是指具有纪念、镇物、标明风水和某些实用目的的直立建筑物。随着佛教的传入，印度式佛塔与中国的高台建筑、楼阁建筑相融合，形成了具有典型中国特色的塔形建筑物：一是色彩方面，以质朴暗灰色为主要格调，显现平稳、庄重与典雅，呈现圣洁、纯净与崇高的美感；二是环境方面，积极吸收了中国古典园林艺术，注重人工与自然的和谐。因此，我国塔形建筑物有着崇拜与审美功能的特色，从而使塔形建筑物可以独立成为旅游景点，供游客登临、眺望和游览。在实地调查与评价过程中，应对其形态特征及形状、功能类型、建筑式样、建筑材料、相关人物与事件、历史渊源、周边环境等进行详细描述，重点采集其始建年代、重修或重建年代、层数、高度、面积（占地面积、建筑面积）等基本特征项数据。

想一想：塔形建筑物如果同时属于形象标志物（ECA）的时候，应该优先把它归到哪一类？

7.3.10 景观步道、甬路

景观步道、甬路是指用于观光游览行走而砌成的小路。景观步道不能通车，可供游人步行或骑车者徜徉其间。随着科技的发展，景观步道也出现了很多创造性的设计，如可在夜间发光的荧光步道。在实地调查与评价过程中，应对其类型、使用性质、所连接的区域、特色、修筑方式、使用材料、功能、周边环境等内容进行详细描述，重点采集其建造年代、宽度、长度、高度等基本特征项数据。

想一想：景观步道在游客的旅游过程中能够提供什么样的旅游体验？

7.3.11 花草坪

花草坪是指天然或人造的种满花草的地面。将花草坪作为一种旅游资源的基本单元，是基于其具有观赏价值并构成吸引物的关键部分均在"花"上，而且要相对集中、形成规模集聚优势。鉴于花是植物生长过程中的一种自然生理现象，花期总是在一定的时间内完成，具有季节性和周期性，也使得花草坪的旅游活动具有季节性和周期性。近年来，全国各地不断涌现了各种各样的花海类景区，主要是围绕田园生态风光和创意农业，营造相应的大地艺术景观。但是值得注意的是，在开发建设或挖掘此类旅游资源时，应以保护耕地为前提。在实地调查与评价过程中，应对其形态特征、种类组成、景观特点及周围环境、园林用途、经济用途等进行详细描述，重点采集其面积、花卉种类、开花季节、花季持续时间等方面的数据。

想一想：请以某一种花为例，谈谈如何利用"花语"来有效开发花卉旅游资源或创新旅游活动。

7.3.12　水井

水井是指用于生活、灌溉用的取水设施，对于人类文明的发展有重大意义。我国已发现最早的水井是浙江余姚河姆渡文化遗址的方形木结构水井，井深 1.35 米，边长为 2 米，其年代为距今约 5700 年。中国民间长期习用的是圆形筒井，其直径多为 1~2 米，深度一般为数米到二三十米，多位于拥有浅层地下水区域。在实地调查与评价过程中，应对其建造年代、产生的作用与影响、水井的水文特征、地质特征、建筑材质、形态特征、建造原因、相关历史事件或人物、周边环境等内容进行详细描述，重点采集其深度、直径、水量、建造年代、水质等基本特征项数据。

阅读材料 7-13：坎儿井

坎儿井是干旱地区利用地下渠道截引砾石层中的地下水，引至地面，实现地表自流灌溉的水利设施，它普遍存在于中国新疆吐鲁番地区。坎儿井的结构，大体上是由竖井、暗渠、明渠和涝坝（小型蓄水池）四部分组成。吐鲁番的坎儿井总数近千条，全长约 5000 千米。各地叫法不一，如陕西叫作"井渠"，山西叫作"水巷"，甘肃叫作"百眼串井"，也有的地方称为"地下渠道。"

（引自：百度百科"坎儿井"，有删改）

7.3.13　喷泉

喷泉是指人造的由地下喷射水至地面的喷水设备。喷泉是重要的景观，它是一种水景艺术，体现了动、静结合，形成明朗活泼的气氛，给人以美的享受，是丰富游览体验的重要载体。喷泉的种类很多，大体可以分为两种：一是因地制宜，根据现场地形结构，仿照天然水景制作而成，如壁泉、涌泉、雾泉、管流、溪流、瀑布、水帘、跌水、水涛、漩涡等；二是完全依靠喷泉设备人工造景。后者在建筑领域广泛应用，发展速度很快，种类繁多，有音乐喷泉、程控喷泉、摆动喷泉、跑动喷泉、光亮喷泉、游乐趣味喷泉、超高喷泉、激光水幕电影等。在实地调查与评价过程中，应对其位置、形式类型、形态特征、周边环境等内容进行详细描述，重点采集其建造年代、运营时间与频率等基本特征项数据。

7.3.14　堆石

堆石是指由石头堆砌或填筑形成的景观。无论是传统园林还是现代园林，堆石都是一项重要的景观要素，蕴含着独特的人文内涵，起着丰富空间构成、加强游览体验等作用。苏州狮子林以叠石取胜，洞壑宛转，怪石林立，水池萦绕。而在我国西南藏区，也有着特殊的堆石景观，叫作玛尼堆，藏语称"朵帮"，就是垒起来的石头之意。藏族人认为石头是有灵性的，所以会在路口、湖边或者山上堆玛尼石堆以实现祈福的意愿。在实地调查与评价过程中，应对其位置、类型、形式、形态特征、周边环境、寓意、相关人物或事件等内容进行详细描述，重点采集其面积、高度、建造年代等基本特征项数据。

7.4　建筑设施类旅游资源调查与评价实训

7.4.1　实训目的

通过实地考察学习，能充分利用本项目及项目 1、项目 2 的相关知识与技能要点，加深对建筑设施类旅游资源概念的理解，了解并掌握建筑与设施类旅游资源的功能、类型、特点；能有序开展建筑设施类旅游资源调查与评价的各个环节，熟练掌握建筑设施类旅游资源的认定、调查与评价技巧；完成各个旅游资源的调查表填写，提出相应的保护、开发建议。

7.4.2　实训地点

可利用某周末或专业综合实训周的时间去建筑设施类旅游资源较全面且具有代表性的景区，也可随堂通过观赏建筑设施类资源为主的景区视频进行。

7.4.3　实训教学内容及要求

（1）观察了解建筑设施类旅游资源的特点。

（2）准备旅游资源调查前的各项准备工作，完成资源调查表的预填。

（3）全面调查实训区域内所有建筑设施类旅游资源的基本类型。

（4）提出保护、提升和开发建筑设施类旅游资源的对策措施。

7.4.4　实训教学工具与方法

7.4.4.1　实训教学工具

详见 2.2 准备与使用调查工具。

7.4.4.2　实训教学方法

（1）对全班同学进行实训调研分组。

（2）教师组织学生完成准备阶段的各项工作，包括资料的搜集整理、调查表的预填。

（3）邀请景区的专业人员为学生进行专业讲解。

7.4.5　实训教学资料简介

杭州灵隐寺

杭州灵隐寺，又名"云林禅寺"，位于杭州西湖风景区西部灵隐山麓、飞来峰旁。灵隐寺始建于东晋年间，距今已近 1700 年历史，是我国佛教禅宗十大名刹之一。当时印度僧人慧理来杭，看到这里山峰奇秀，以为是"仙灵所隐"，就在这里建寺，取名灵隐。后来济公在此出家，由于他游戏人间的故事家喻户晓，灵隐寺因此闻名遐迩。五代吴越国时，灵隐寺曾两次扩建，大兴土木，建成为九楼、十八阁、七十二殿堂的大寺，房屋达 1300 余间，僧众达 3000 余人。灵隐寺自创建以来，曾毁建 10 余次，1956 年和1975 年两次整修，形成了现在的规模。

（引自：根据杭州灵隐寺官网整理）

7.4.6 旅游资源单体调查表示例

浙江省杭州市"灵隐寺"旅游资源单体调查表

单体名称：灵隐寺

基本类型：EAG宗教与祭祀活动场所 序号：××××

代　　号	JG-HGH-XHQ-EAG-12	其他代号：①　　　　　；②
行政位置	杭州市西湖区灵隐街道灵隐路	
地理位置	东经120°05′48.19″，北纬30°14′34.20″	

性质与特征（单体性质、形态、结构、组成成分的外在表现和内在因素，以及单体生成过程、演化历史、人事影响等主要环境因素）

　　佛教禅宗寺庙建筑群，是杭州市最大的丛林寺院、中国十大名刹之一。整体为院落式结构，主要建筑沿南北向伸展的中轴线布局，自南而北依次为天王殿、大雄宝殿、药师殿、藏经楼、华严殿，西厢有五百罗汉堂等配殿、东厢有大慈阁和云林斋堂等配殿。

　　初建于东晋咸和三年（328年），由印度僧人慧理创建，寺名意为"仙灵所隐"。清康熙二十八年（1689年）康熙南巡时赐名"云林禅寺"。寺在唐会昌年间曾毁，后稍有兴复。经五代时吴越国的修建开拓，一度香火鼎盛，曾有9楼18阁72殿、房屋1300余间、僧众3000余人。1359年遭兵毁，明清两代6次毁而复建。中华人民共和国成立后又经多次大修，五百罗汉堂和藏经楼等系近年重建和新建。

　　大雄宝殿是宣统二年（1910年）由江苏盛宣怀斥巨资用美国红松修建，这批红松原是李鸿章用以兴建海军军舰的木材，后部分被慈禧太后用以修建北京颐和园，部分木材便运到杭州拱宸码头，转拨给灵隐寺，1949年一根主梁被白蚁蛀空，倒塌压毁佛像。1953年重修大雄宝殿，改为永久性的水泥建筑，而殿内的24根梁柱经过防潮、防蛀、混凝土加固后，依然顶立在那里。大雄宝殿殿高33.6米，为我国单层重岩结构最高建筑。大殿中释迦牟尼佛像是1953年重修灵隐寺时由中央美术学院华东分院邓白教授以唐代禅宗著名雕像为蓝本构思设计，周恩来总理亲自审定，华东分院雕塑系教师和东阳木雕厂艺人合作创制的，用24块香樟木雕成，佛像上悬宝盖，彩花垂旒，高24.8米，石莲花座到背光顶19.6米，佛身净高9.1米，佛像全身为贴金，两次贴金共用黄金86两，是我国最大的香樟木雕坐像，也是我国寺内第二大佛。整座佛像头微前倾，两眼凝视，右手微抬成说法印。大殿内两侧站立的就是佛教的护法神二十诸天。

　　寺庙坐落在灵隐山麓，掩映在古树林中，南侧冷泉池水质清澈，北、西、南三面植被茂密，环境幽静，飞来峰造像等众多景点紧邻分布在寺庙周围。

旅游区域及进出条件（单体所在地区的具体部位、进出交通、与周边旅游集散地和主要旅游区、点之间的关系）

　　单体位于西湖西北部、北高峰南麓、飞来峰北侧，与西湖相距3千米，有专门旅游公共交通线路通达，并与杭州市区主要旅游景点相连。

保护与开发现状（单体保存现状、保护措施、开发情况）

　　系第七批全国重点文物保护单位，寺庙建筑及其周围环境均受严格保护。灵隐寺是杭州市区最著名的旅游景点之一。近年来，杭州市已经通过西湖景区"单双号限行"及预约制等形式控制游客流量，加强对寺庙及其周边环境的保护。

评价项目	资源要素价值（85分）					资源影响力（15分）		附加值
评价因子	观赏游憩使用价值（30分）	历史文化科学艺术价值（25分）	珍稀奇特程度（15分）	规模、丰度与几率（10分）	完整性（5分）	知名度和影响力（10分）	适游期或使用范围（5分）	环境保护与环境安全
分　　值	28	23	13	8	4	9	4	3
总　　分	92分；五级旅游资源单体							

7.4.7　实训成果及其评价主体与细则

7.4.7.1　实训成果要求

（1）完成不少于 10 个建筑设施类旅游资源单体表的填写。

（2）完成对每个旅游资源单体的摄像或摄影工作，其中每个旅游资源单体的照片不少于 5 张，且要求美观。

（3）提出建筑设施类旅游资源未来开发的对策与思路，形成汇报 PPT。

7.4.7.2　评价主体及其权重

本次实训成果的评价建议由校内专业老师、企业指导老师及学生代表（每个实训小组各选 1 名代表）参加，权重分别为 40%、40% 和 20%。

7.4.7.3　评分细则

评分细则具体如表 7-2 所示。

表 7-2　建筑设施类实训成果评价标准

实训任务名称：_____　　　　汇报人：_____　　　　第___组

评价内容		评价分值	评价标准	评价得分
旅游资源单体调查表及摄像照片	旅游资源单体调查表数量	10 分	旅游资源单体表数量在 10 个及以上得 10 分，数量 9 个及以下，按实际完成数量得分	
	旅游资源单体调查表质量	15 分	单体表填写准确、描述达到要求得 12~15 分；单体表填写基本准确、描述基本到位得 7~11 分；单体表填写尚可、描述较弱得 0~6 分	
	旅游资源单体照片	15 分	旅游资源单体照片数量达标且美观、清晰度较高的得 12~15 分；数量基本达标且美观度、清晰度尚可的得 7~11 分；数量未达标且美观度、清晰度较差的得 0~6 分	
建筑设施类旅游资源开发对策与思路	PPT 报告完整性	15 分	包括课题组组成、调查情况、调查步骤与方法、调查结果、对策建议等，每一项得 3 分	
	PPT 报告科学性与合理性	15 分	报告建议科学、合理得 12~15 分；报告建议基本科学、合理得 7~11 分；报告建议科学性与合理性较差得 0~6 分	
表现方式	PPT 演示文稿	10 分	PPT 排版美观大方、有特色得 8~10 分；排版基本整齐且有一定特色得 4~7 分；排版美观度相对较弱得 0~3 分	
	现场演讲	10 分	演讲者形象气质佳、演讲流利、条理清晰得 8~10 分；形象一般、演讲一般得 4~7 分；其他方面得 0~3 分	
	现场答辩	10 分	现场答辩流利、回答内容准确得 8~10 分；答辩一般、内容基本准确得 4~7 分；其他方面得 0~3 分	
评委签名：			合计得分：	

7.5　总结与项目测试

7.5.1　总结

本项目首先介绍了建筑设施类旅游资源的定义、旅游价值及其分类，让学习者对建筑设施类旅游资源有了初步的认识；然后详细介绍了建筑设施类旅游资源各个基本类型的定义、形成、特征，并对其实地调查与评价的主要内容、相关技巧进行了详细阐述；最后以浙江杭州灵隐寺为例，设计了相应的实践实训环节，使学生能够对建筑设施类旅游资源做出正确的调查与评价，并完成调查报告的撰写任务及相应的开发、保护思考。

7.5.2　项目测试

主要概念

社会与商贸活动场所、康体休闲游乐度假地、文化活动场所、纪念地与纪念活动场所、特色街区、特性屋舍、景观牧场、形象标志物、塔形建筑、特色店铺、桥梁

客观题

（1）以下不属于江南三大名楼的是（　　　）。

A. 黄鹤楼　　　　　　B. 岳阳楼　　　　　　C. 滕王阁　　　　　　D. 天一阁

（2）根据旅游资源分类、调查与评价，河南洛阳白马寺属于（　　　）。

A. 宗教祭祀活动场所　　　　　　B. 纪念地与纪念活动场所

C. 碑碣、碑林、经幢　　　　　　D. 文化活动场所

（3）以下旅游资源的基本类型属于实用建筑与核心设施亚类的是（　　　）。

A. 特性屋舍、特色街区、独立场（所）、景观牧场、特色市场

B. 建筑遗迹、特色街区、特色社区、原始聚落或活动地、文化活动场所

C. 建筑遗迹、特色街区、特色社区、名人故居与历史纪念建筑、文化活动场所

D. 特性屋舍、特色街区、特色社区、宗教活动与庙会、文化活动场所

简答题

（1）建筑设施类旅游资源主要有哪些？

（2）康体休闲游乐度假地调查内容。

（3）建筑设施类旅游资源形成的基本条件是什么？

分析题

（1）结合案例分析社会与商贸活动场所调查及评价要领。

（2）结合案例分析独立厅、室、馆景观调查与评价要领。

（3）对比分析塔形建筑与亭、台、楼、阁在调查与评价过程中的异同。

应用题

（1）以杭州野生动物世界为例阐述建筑设施类旅游资源调查与评价要领。

（2）试分析建筑设施类旅游资源的旅游价值。

调查与评价历史遗迹类旅游资源

【思维导图】

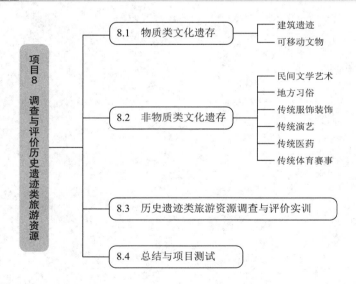

【项目案例导入】

  2023 年 3 月 27 日至 28 日，由中国文物报社、中国考古学会主办的 2022 年度全国十大考古新发现终评会在京召开。本次活动共收到 32 个参评考古项目，经过初评、终评等环节选出 2022 年度全国十大考古新发现，分别是湖北十堰学堂梁子遗址、山东临淄赵家徐姚遗址、山西兴县碧村遗址、河南偃师二里头都邑多网格式布局、河南安阳殷墟商王陵及周边遗存、陕西旬邑西头遗址、贵州贵安新区大松山墓群、吉林珲春古城村寺庙址、河南开封州桥及附近汴河遗址、浙江温州朔门古港遗址 10 个项目，主要表现出如下几个特征。

一是多项成果为城市建设中的重要考古发现。首先，是贵州贵安新区大松山墓群，位于贵州贵安新区马场镇，为配合贵州医科大学新校区一期项目建设，贵州省文物考古研究所联合北京大学、四川大学、中山大学对该墓群开展了全面考古发掘，共清理墓葬2192 座，出土各类文物 4000 余件（套）。其次，是吉林珲春古城村寺庙址，西约 100米为唐代渤海国时期城址温特赫部城，西北约 4 千米为唐代渤海国都城东京八连城，遗址现为县级文物保护单位，考古人员对遗物进行了全部采集，其中编号文物 16306 件。吉林省文物考古研究所副所长解峰说，考古发现的 2 号寺是首次全面揭露的渤海国高等级佛寺，为研究我国唐代高等级佛寺平面布局、建筑组合、建筑结构及探讨我国古代舍利瘗埋制度提供了重要材料。再次，是河南开封州桥，是北宋东京城御街与大运河（汴河段）交叉点上的标志性建筑。河南省文物考古研究院院长刘海旺说，州桥石壁是目前国内发现的北宋时期体量最大的石刻壁画，从规模、题材、风格方面均代表了北宋时期石作制度的最高规格和雕刻技术的最高水平，填补了北宋艺术史的空白，见证了北宋时期文化艺术的发展高度。最后，是浙江温州朔门古港遗址，是在基建考古工作中被发现的，主要遗迹有古城水陆城门相关建筑遗存、8 座码头、1 条木栈道、多组干栏式建筑、成片房址、水井等，并出土沉船 2 艘、数以 10 吨计的宋元瓷片以及漆木器、琉璃、砖雕等大量遗物，各类遗存年代跨度从北宋延续至民国，尤以宋元为主。温州市文物考古研究所所长梁岩华说，朔门古港遗址是迄今国内外海上丝绸之路港口遗址最为重要的考古发现，在世界航海史上具有突出价值。

二是"老"遗址考古再添新成果。在十大考古新发现中，二里头、殷墟等著名考古遗址的新发现，引人关注。首先，是位于河南洛阳盆地中东部的二里头遗址，现存面积 300 万平方米。自 1959 年以来，考古工作发现了主干道路网络、宫城等重要遗存，确认它是中国青铜时代最早具有明确规划的大型都城。2019 年以来，考古人员展开新一轮发掘，发掘总面积 5000 余平方米，新发现的主干道路及其两侧墙垣，揭示二里头都城为宫城居中、显贵拱卫、分层规划、分区而居、区外设墙、居葬合一的多网格式布局，这是二里头都城布局考古中的一项重大突破。其次，2021 年，中国社会科学院考古研究所安阳工作队启动了商王陵及周边区域的考古勘探，先通过勘探寻找小屯宫殿区到王陵区之间的干道，其次搞清商王陵区的范围，后续搞清洹河北岸地区的功能区划。这些发现改变了商王陵园的格局，将推动对商代陵墓制度乃至商文化、商史的研究。

三是为中华文明探源提供实证。在十大考古新发现中，不乏世界级的发现，为中国百万年的人类史、一万年的文化史、五千多年的文明史提供了实证。首先，是湖北十堰学堂梁子遗址，因为曾发现两具约100万年前的直立人头骨化石（俗称"郧县人"）而闻名，是一处集古人类化石、古动物化石和石制品于一体的重要的旧石器时代遗址。中国社会科学院考古研究所所长陈星灿说，"郧县人" 3号头骨是一个世界级的发现，对百万年的人类史，尤其是中国百万年的人类史提供了非常重要的资料。其次，是山东临淄赵家徐姚遗址，发现一处距今1.31万~1.33万年的临时性活动营地，至少有火塘3处，围绕火塘发现遗物1000余件，以动物骨骼为主，陶片、陶塑次之，少量石制品、蚌壳制品。其发掘与研究为理解农业起源过程中的人类行为、技术选择、生态位构建、景观变迁及社会组织模式之间的复杂关系提供了全新视角，从认识上改变了东亚地区农业起源模式的观察视角，从而更深刻地揭示了东西方农业起源路径的差异。最后，是位于山西省吕梁市兴县的碧村遗址。截至2022年年底，遗址共计完成发掘面积6000平方米，较全面呈现了各阶段聚落范围、核心区布局和城门结构，基本明确了遗址的兴衰历程，出土一批颇具特色的陶器和制作精美的骨器及玉石器。碧村遗址是晋陕大峡谷东岸发现的规模最大的一座史前石城，与同期盛极一时的石峁古城遥相呼应。遗址占据河套石城文化圈向中原过渡的前沿要地，是揭示天下万国时代北方与中原之间文化交融、展现以中原为中心的中华多元一体文明形成轨迹的重要窗口。

[引自：王珏. 全国十大考古新发现揭晓（推进文化自信自强）[N].人民日报，2023-03-29（12），有删改]

想一想： 你认为上述十大考古新发现有什么旅游价值？有哪些创意开发利用的方法？

【项目导读】

学习目的意义： 五千年的历史赋予了我国大量宝贵的历史遗迹类旅游资源。认识和理解这种类型旅游资源的特征，理解其背后发生的深刻历史背景及其原因或规律是进行科学调查和评价的根本前提，更是新时代文化与旅游产业深度融合的基本要求、必然趋势。

项目内容概述：主要介绍历史遗迹类旅游资源的概念、价值和基本类型，阐述其基本特征，分析历史遗迹旅游资源的旅游价值及其调查和评价要点。

【项目学习目标】

知识目标：了解历史遗迹类旅游资源的含义；掌握历史遗迹类旅游资源的不同类型；理解历史遗迹类旅游资源的形成的历史背景和原因；理解历史遗迹类旅游资源的旅游价值和深刻人文内涵；理解历史遗迹类旅游资源的旅游价值；理解和掌握历史遗迹类旅游资源在调查与评价过程中的独特之处，能够对历史遗迹类旅游资源做出合理的评价。

技能目标：能识别不同类型的历史遗迹类旅游资源；能够分析历史遗迹类旅游资源的人文精神；立足于对历史遗迹类旅游资源特殊性的理解，能对其进行全面科学的调查和评价，并能提出未来开发利用的合理化建议。

素质目标：能挖掘文化和旅游资源中蕴藏的爱国情感和中华民族自豪感，逐步树立文化自信；具有法律意识，履行道德准则和行为规范，积极参与国家文物保护、文化传承等相关工作。

历史遗迹是人类在发展过程中留下的物质性遗迹、遗址、遗物和非物质性传统文化、习俗等，是人类适应自然、利用自然和改造自然的结果，是人类历史的载体和见证。如果从猿人开始算起，人类的发展历史，已经走过了 1000 多万年历程。在这漫长的发展进程中，人类不断改造自然、改造自身，留下了许许多多可供人们瞻仰的遗址遗迹、文化习俗。历史遗迹类旅游资源是指能够对旅游者产生吸引力，满足旅游者探幽访古、寻根问祖、乡愁体验、科普研学等需求，且在不破坏其传承与保护的前提下，能够为旅游业所利用并产生效益的物质性与非物质性历史遗迹类资源。

历史遗迹类旅游资源往往承载着久远、厚重的人类生产、生活痕迹，是特定历史时期人类某些生产、生活活动的产物，反映了各个时代的政治、经济、文化、科学技术、建筑、艺术、社会风俗等方面的特点和水平，是历代人类的智慧结晶，昭示着特定历史时期特定生产、生活的特征，是历史的真实写照。因此，通过合理的旅游开发和利用能够满足旅游者了解人类历史演变、了解传统文化深刻内涵、探寻历史秘密与追忆过往等现实需求。具体而言，历史遗迹类旅游资源具有历史性和时代性、多样性和广泛性、民族性和地域性、不可再生性和唯一性等特征，通常含有知识提升的功能、艺术审美的功能、科学研究的功能、社会发展的功能、追忆往昔的功能和文化体验的功能，主要体现在以下几个方面。

一是满足旅游者了解人类历史演变的需要。历史遗迹类旅游资源展现和反映了一定历史时期的人类文明，它们与现代人类生产、生活方式和环境有着巨大差异，对现代旅游者充满陌生、神秘、奇特之感。历史遗迹形成于人类各个历史发展阶段之中，是人文旅游资源的重要组成部分。了解自然与历史环境的演变，探索人类进步的足迹，追寻社会文明的真谛，成为现代旅游的主要动机之一。

想一想：我国于 2001 年首次提出、2004 年正式启动中华文明探源工程，取得了丰硕的成果。可以满足现代旅游者哪些需求？

二是满足旅游者探寻、感受优秀传统文化的需求。现代旅游讲究参与性，注重文化内涵，强调经历和体验。历史遗迹高度真实记录了传统文化的基本特征，是传统文化的具体体现和高度凝聚，是旅游者探讨文化演变脉络的重要窗口。散布于中华大地的无数历史遗迹，构成一部宏大的中华文化发展演变的史册，为旅游者体验传统文化的博大精深提供了可能，为现代游客树立文化自信提供了保障。近年来，各地文博场馆时常火爆出圈就是最好的证明。

三是满足旅游者了解不同时代科学技术的需要。历史遗迹蕴含极为丰富的科学技术价值，尤其是表现在各个交通、城池、水利、建筑等方面的工程历史遗迹上，是古代科学思想、发明创造、技术进步的具体反映，凝聚着不同时代人们的聪明才智，展示着社会科学技术发展的历史进程。因此，历史遗迹类旅游资源为旅游者深刻了解不同时代科学技术的发展和内容创造了实证条件。

四是满足旅游者了解历代人民生活方式的需要。历代的生活方式，如住房、服饰、饮食、器物、习俗、医药、体育等，与现代的生活方式大相径庭，即使是与十年前、二十年前相比，也存在极大的差异。通过对相关历史遗迹类旅游资源的开发与体验，游客可以充分认识不同时代人们的生活方式及其成因，满足游客的好奇心、神秘感或怀旧的心愿。

五是满足旅游者了解、鉴赏不同时代审美与文学艺术的需要。时代不同，美学观点大不相同，表现出不同的美学追求趋向和意境效果，也会因此衍生出不同的民间文学艺术作品。这些无法捕捉或物化的美学思想物化在历史遗迹旅游资源上面，是各个时期美学的形象展示，也是现代旅游者切身理解和感受各个时期美学思想、民间文学艺术的重要场所。文学作品、神话传说、民风民俗、礼仪节庆，往往是一地深厚文化内涵的生动体现，能够很好地帮助旅游者从深层次理解和感受旅游资源所蕴含的深刻的人文之美。如欧阳修的《醉翁亭记》在启发和引导旅游者在感受自然的同时，能够由自然的美景联想到人生的道理，启迪人生、陶冶情操。

根据《旅游资源分类、调查与评价》（GB/T 18972—2017），历史遗迹类旅游资源可分为 2 大亚类、8 个基本类型，如表 8-1 所示。

表 8-1　历史遗迹景观类旅游资源分类一览

主类	亚类	基本类型
F 历史遗迹	FA 物质类文化遗存	FAA 建筑遗迹　FAB 可移动文物
	FB 非物质类文化遗存	FBA 民间文学艺术　FBB 地方习俗　FBC 传统服饰装饰　FBD 传统演艺　FBE 传统医药　FBF 传统体育赛事

8.1　物质类文化遗存

物质类文化遗存，又称"物质文化遗产"（Material Cultural Heritage）或"有形文化遗产"，即传统意义上的"文化遗产"，是指人们可直接触摸、或鉴赏、或体验、或参观的实体性历史遗迹类旅游资源。根据《保护世界文化和自然遗产公约》（简称《世界遗产公约》），通常可包括历史文物、历史建筑、人类文化遗址；根据《旅游资源分类、调查与评价》（GB/T 18972—2017），可包括建筑遗迹和可移动文物 2 个基本类型。与非物质类文化遗存最大的区别在于，物质类文化遗存具有典型的实体性、稳定性与可存储性。

想一想：《旅游资源分类、调查与评价》（GB/T 18972—2003）中遗址遗迹类中的人类活动遗址、文化层两个基本类型可以归类到《旅游资源分类、调查与评价》（GB/T 18972—2017）历史遗迹类中的哪个基本类型？为什么？

8.1.1　建筑遗迹

建筑遗迹是指具有地方风格和历史色彩的历史建筑遗存。根据建筑遗存的年代、区域、功能或风格等特征，可以分为不同类型的建筑遗迹，如根据我国建筑遗迹的年代不同，可以分为原始社会时期的建筑遗迹、夏商西周与春秋时期的建筑遗迹、战国秦汉与三国时期的建筑遗迹、两晋与南北朝时期的建筑遗迹、隋唐与五代时期的建筑遗迹、两宋与金辽时期的建筑遗迹、元明清时期的建筑遗迹、民国与近现代建筑遗迹；如根据我国建筑遗迹的功能不同，可以分为生活型建筑遗迹（城堡废墟、宫殿址、村址、居址、作坊址、寺庙址、墓址等）、经济生产型建筑遗迹（山地矿穴、采石坑、窑穴、仓库、水渠、水井、窑址）、公共服务型建筑遗迹（码头、车站、道路等）和防卫型建筑遗迹（壕沟、栅栏、围墙、边塞烽燧、长城、界壕及屯戍遗存等）。在实地调查与评价过程中，要突出其构筑物类型、形成年代与演化历史、典型证据、遗存状况、所处环境形态、科学与历史文化价值等内容的描述，重点采集其构筑物的数量、范围面积、所属年代、发现或发掘时间等基本特征项数据。

> **阅读材料 8-1：良渚古城遗址**
>
> 良渚古城遗址，位于浙江省杭州市余杭区瓶窑镇凤都路，地处浙西山地丘陵与杭嘉湖平原接壤地带，地势西高东低，南面和北面都是天目山脉的支脉，东苕溪和良渚港分别由城的南北两侧向东流过，凤山和雉山两座自然形成的小山分别被利用到城墙的西南角和东北角。
>
> 良渚古城遗址由良渚古城核心区、水利系统、祭坛墓地和外围郊区等部分组成，占地总面积达 100 平方千米，规模极为宏大。其中，良渚古城的核心区面积为 800 万平方米。
>
> 良渚文化的年代为距今 5300~4300 年，持续发展约 1000 年，属于新石器时代晚期的考古学文化。分布于长江下游一带，共发现了 136 个遗址，这里先后发现了高等级墓地、祭坛、玉礼器系统、大型宫殿基址 300 余处。
>
> 良渚古城遗址，被誉为"中华第一城"，良渚古城外围水利系统是迄今所知中国最早的大型水利工程，也是世界最早的水坝，良渚古城是中国长江下游环太湖地区的一个区域性早期国家的权力与信仰中心。良渚文化对其后五千年的中华文明发展拥有广泛而

深远的影响，可实证中华文明的发展特征——多元一体，并真实、完整地保存下来，它是人类文明发展史上具有杰出代表性的东亚地区史前大型聚落遗址。

1996 年，良渚古城遗址被国务院公布为第四批全国重点文物保护单位。2019 年 7 月 6 日，良渚古城遗址获准列入《世界遗产名录》。2023 年 6 月 15 日，杭州第 19 届亚运会火种在良渚古城遗址公园大莫角山采集。

（引自：良渚遗址［EB/OL］. https://www.lzsite.cn/GuanYu/index.html，有删改）

8.1.2 可移动文物

可移动文物是指各时代重要实物、艺术品、文献、手稿、图书资料、代表性实物等，可分为珍贵文物和一般文物。文物是人类在历史发展过程中遗留下来的遗物、遗迹，是人类宝贵的历史文化遗产，是具体的物质遗存。可移动文物的基本特征包括：首先是由人类创造的，或者是与人类活动有关的；其次是已经成为历史的过去，不可能再重新创造的；最后是可移动保护或开发的。在实地调查与评价过程中，要突出其文物类型、形成年代与演化历史、典型证据、遗存状况、材质、发现或发掘情况（时间、地点、人物等）、科学与历史文化价值等内容的描述，重点采集其文物的数量、材质、所属年代、发现或发掘时间等基本特征项数据。

阅读材料 8-2：圆明园十二生肖兽首铜像

圆明园十二生肖兽首铜像原为圆明园海晏堂外喷泉的一部分，是清乾隆年间的红铜铸像。1860 年英法联军侵略中国，火烧圆明园，兽首铜像开始流失海外。截至 2020 年 12 月，牛首、猴首、虎首、猪首、鼠首、兔首、马首 7 尊兽首铜像通过不同的方式回归祖国。其中，猪首铜像和马首铜像由何鸿燊先生分别于 2003 年和 2019 年出资购买后送归国家。2013 年 4 月 26 日，法国皮诺家族在北京宣布向中国无偿捐赠鼠首和兔首。2019 年 11 月 13 日，何鸿燊将马首铜像捐赠给国家文物局，回归圆明园永久收藏。龙首、蛇首、鸡首、狗首、羊首等剩余 5 尊仍下落不明。

兽首由驻华耶稣会教士郎世宁在乾隆二十四年（1759 年）设计，他以兽头人身的十二生肖代表一天的二十四小时，每座铜像轮流喷水，蔚为奇观。

（引自：百度百科"圆明园十二生肖兽首铜像"，有删改）

8.2 非物质类文化遗存

非物质类文化遗存，又称"非物质文化遗产"（Intangible Cultural Heritage）或"无形文化遗产"，通常简称为"非遗"。根据《中华人民共和国非物质文化遗产法》规定：非物质文化遗产是指各族人民世代相传并视为其文化遗产组成部分的各种传统文化表现形式，以及与传统文化表现形式相关的实物和场所，主要包括：传统口头文学以及作为其载体的语言；传统美术、书法、音乐、舞蹈、戏剧、曲艺和杂技；传统技艺、医药和历法；传统礼仪、节庆等民俗；传统体育和游艺；其他非物质文化遗产。根据《旅游资源分类、调查与评价》（GB/T 18972—2017），可包括民间文学艺术、地方习俗、传统服饰装饰、传统演艺、传统医药、传统体育赛事 6 个基本类型。与物质类文化遗存最大的区别在于，非物质类文化遗存具有典型的寄宿性或伴生性、时间性与不可存储性。

想一想：物质类文化遗存与非物质类文化遗存相比，其各自的开发与利用优势是什么？

8.2.1 民间文学艺术

民间文学艺术是指民间对社会生活进行形象概括而创作的文学艺术作品，是由特定的民族、族群或者社群内不特定成员集体创作和世代传承，并体现其传统观念和文化价值的文学艺术表达，通常包括但不限于以下类型：一是民间故事、传说、诗歌、歌谣、谚语等以言语或者文字形式表达的作品；二是民间歌曲、器乐等以音乐形式表达的作品。在实地调查与评价过程中，要突出其类型、形成年代与演化历史、形成背景与影响力、主要人物或事件、文学艺术作品主题或内容、科学与历史文化艺术价值等内容的描述，重点采集其所属年代、影响面或辐射范围、传承发展情况等基本特征项数据。

> **阅读材料 8-3：中国民间四大爱情故事与宁波方特东方神画**
>
> 中国民间四大爱情故事是指在中国民间以口头、文稿等形式流传最为宽广、影响最大的四个爱情故事，分别为牛郎织女、孟姜女、白蛇传、梁山伯与祝英台。
>
> 牛郎织女的传说始于《诗经·大东》："跂彼织女""睆彼牵牛"的记载。《古诗十九

首·迢迢牵牛星》已称牛郎织女为夫妻。应劭《风俗通义》载："织女七夕当渡河，使鹊为桥，相传七日鹊首无故皆髡，因为梁（注：桥）以渡织女也。"故事已初步形成，并与七夕习俗相结合。

孟姜女的传说起源于《左传》杞梁妻拒绝齐侯郊吊、遵守礼法的记载。后来《檀弓》中"齐庄公袭莒于夺（隧），杞良死焉，其妻迎其柩于路而哭之哀"的记载是故事的雏形。汉代刘向《列女传（四）》记："齐杞梁殖战死，其妻哭于城下，十日而城崩。"又唐（佚名）《琱玉集》记"秦时有燕人杞良，娶孟超女仲姿为妻，因良被筑长城官吏所击杀，仲姿哭长城下，城即崩倒。"可知这个传说在唐代已盛行，但孟仲姿和杞良，在传说中已改名为孟姜女和范喜良。

白蛇传在中国广为流传，开始时是以口头传播，后来民间以评话、说书、弹词等多种形式出现，又逐渐演变成戏剧表演，后来又有了小说。民国之后，还有歌剧、歌仔戏、漫画等方式演绎；到了现代也有根据《白蛇传》拍成的电视剧、电影，编排成的现代舞和新编的小说等。以《白蛇传》的名字出现大抵出现在清朝后期，之前并没有一个固定的名字。

梁祝的故事最早见于南北朝时郭茂倩所作《乐府诗集》中的《华山畿》；晚唐张读的《宣宝志》有较详细的记载。到明代以冯梦龙为代表的众多文人墨客投入梁祝故事的创作和考证中。

宁波方特东方神画，位于宁波杭州湾新区跨海大桥南岸，是国家 4A 级旅游景区。作为传承中国历史文化的主题乐园，在创意初期即将整个园区以民间传说、民间戏曲、经典爱情传奇、神秘文化、杂技与竞技、民间节庆、民间手工艺、综合项目八大类别进行区域划分。其《女娲补天》《千古蝶恋》《长城绝恋》《惊魂之旅》《神州塔》等 20 多个优秀的主题演艺项目。

（引自：百度百科"中国四大民间传说"，有删改）

想一想： 一是民间文学艺术与非物质文化遗产两个概念的差别是什么？请举例说明。二是民间艺术团体与民间文学艺术有什么关系？

8.2.2　地方习俗

地方习俗是指社会文化中长期形成的风尚、礼节、习惯及禁忌等，是特定社会文化区域内历代人们共同遵守的行为模式或规范。主要包括民族风俗、节日习俗、传统礼仪等。地方习俗由于是历史时期长时间形成的，它对社会成员有一种非常强烈的行为制约作用，是社会道德与法律的基础和相辅部分，更是现代游客体验地方风情以及地方旅游业发展的核心竞争力。地方习俗具有典型的地方特色性、类型多样性、传承发展性、集体约束性等特征。因此，不同民族或地区、不同历史时期、不同季节或场景下，均有不同的地方习俗展现方式，如藏族的献"哈达"与敬酥油茶、回族的禁食猪肉及相应制品以及各地在春节、元宵、清明、端午、中秋、重阳等特定节日的习俗都有较大差异。在实地调查与评价过程中，要突出其类型、形成年代与演化历史、形成背景与影响力、主要人物或事件、地方习俗的主题与背景环境、相关节庆活动、科学与历史文化价值等内容的描述，重点采集其发生时间与地点、影响面或辐射范围、传承发展情况等基本特征项数据。

想一想： 你所在地区有哪些地方特色习俗？在旅游开发过程中，应该注意哪些问题？

8.2.3　传统服饰装饰

传统服饰装饰是指具有地方和民族特色的衣饰。我国不同民族的文化各不相同，其中一个重要表现就是风格各异的服饰文化。如今，随着旅游内涵的不断扩充，特色服饰也成为旅游地的吸引力要素之一。所谓服饰，是指装饰人体的物品总称，包括服装、鞋、帽、袜、手套、围巾、领带、腰带、发饰等。服饰主要具有御寒、遮羞、装饰三方面的作用，且与当地的经济、政治、思想、文化、地理、历史以及宗教信仰、生活习惯等因素有密切关系。在实地调查与评价过程中，要突出其始产年代、发展历程、背后蕴含的历史文化内涵与意义、对服饰历史的影响、现代的发展演绎、服装面料、典型特征等方面的描述，重点采集特色服饰的典型尺寸、开始年代等基本特征项数据。

阅读材料 8-4：Cosplay 与西塘汉服文化周

Cosplay 是英文 Costume Play 的简写，是指利用服装、饰品、道具以及化妆来扮演动漫作品、游戏中以及古代人物的角色。玩 Cosplay 的人则一般被称为 Cosplayer。当代 Cosplay 最初成形的目的仍是出于一种商业上的行为而并非像现在这样是一种流行品位上的消费，主流说法是起源于美国迪士尼的米老鼠扮演者。近年来，Cosplay 文化在动漫、游戏界不断热门化和发扬光大，同时借助各种 Cosplay 活动、传媒推广、互联网资讯传播等，使 Cosplay 的自由参与者激增，Cosplay 才渐渐得到了真正的、独立的发展，并在各个国家都有各自的发展特点。

值得注意的是，Cosplay 受国内目前网络游戏、虚拟穿越小说、动漫产业、文化复兴等多重因素的影响，以复古或模拟地方或传统服饰装饰的玩家越来越多。2013 年 11 月 1 日，由方文山倡导并发起的西塘汉服文化周在国家 5A 级旅游景区——浙江嘉善西塘古镇举行。该活动以中华传统服饰文化、礼仪文化的弘扬及传承为根本目的，是中华传统服饰和传统礼仪文化大规模的呈现，内容主要包括朝代嘉年华、汉服好声音、水上 T 台秀、汉服之夜、水上传统婚礼、汉服相亲大会、汉服发展高峰论坛、国学好好玩、西塘杯传统射箭邀请赛、草船借箭、中国风集市、文创作品展、霹雳之夜、拜师礼、铠甲展、中华武备展演、"西塘杯"古诗词大赛、全民汉服 K 歌 & 生日会、美少女雅集、每日主题穿搭、礼·乐、一席一会、杨树云中国古典妆造大师课、汉礼婚博会、汉服橱窗、汉服娃衣展、国学讲堂等。

西塘汉服文化周至 2023 年年底已经举办 11 届，2017 年获中国旅游总评榜"年度最具影响力节庆活动"，2020 年入选浙江省首批文化和旅游 IP 库。该活动不仅展示了中华传统服饰之美，更是借助传统服饰的冠带之规，展现中庸、正直、诚信等中华礼教文化的精髓，具有继承弘扬传统文化、加强民族团结、强化民族自信心的重要意义。

（引自：百度百科"Cosplay""西塘汉服文化周"，有删改）

8.2.4 传统演艺

传统演艺是指民间各种传统表演方式，包括民间音乐、民间舞蹈、传统戏剧、曲艺等。在古代，民间演艺多在岁时节日演出，酬神兼以娱人，而且与集市贸易相联系。庙会是民间戏曲演出的重要时段，除此之外，还有很多民俗宗教性的戏曲、杂耍等表演，如开光戏、求雨戏、丰收戏、还愿戏、谢神戏等。另外，民间演艺也与人生仪礼密切相关，旧中国的宗族制度下，开堂祭祖、修订族谱，或者族人高中、升迁、荣归、祖钱、赐匾、立牌坊等，都要迎班演戏，婚丧嫁娶自不必说。还有中国各大城镇、水陆商埠、各行行会、同乡会每遇新春团拜、祖师诞辰或重大交涉、公私集会都要请戏班演"堂会戏"。在实地调查与评价过程中，应突出民间演艺的演艺性质与类型、主要内容及特色、演艺程序、庆典方式、历史渊源、社会影响等方面的描述，重点采集其创始年代、演出时间、相关人物、相关特定节日等基本特征项数据。

阅读材料 8-5：信天游

信天游是流传在我国西北广大地区的一种民歌形式。在陕北它叫"信天游"，又称"顺天游""小曲子"，在山西被称为"山曲"，在内蒙古则被叫作"爬山调"。其歌词都是以七字格"二二三式"为基本句格式的上下句变文体，而表现则以浪漫主义的比兴手法见长。

信天游唱词一般为两句体，上句起兴作比，下句点题，基本上是即兴之作。这些口语化的诗句，语出惊人，形象生动，具有极强的艺术感染力。其内容主要以反映爱情和婚姻、反抗压迫、争取自由为主。陕北人唱信天游，既唱生活的快乐，也唱个人的忧愁；既不乏浪漫，又注重现实，是对生活美的追求和感情的寄托。著名曲目有《兰花花》《走西口》《山丹丹开花红艳艳》《赶牲灵》《五哥放羊》《圪梁梁》《东山上点灯西山上明》。

（引自：百度百科"信天游"，有删改）

8.2.5　传统医药

传统医药是指当地传统留存的医药制品和治疗方式，是非物质文化遗产名录的一个名录项。《中华人民共和国宪法》第二十一条规定"国家发展医疗卫生事业，发展现代医药和我国传统医药"。2017 年 7 月 6 日，习近平主席致信祝贺金砖国家卫生部长会暨传统医药高级别会议召开时指出，传统医药是优秀传统文化的重要载体，在促进文明互鉴、维护人民健康等方面发挥着重要作用。我国中草药资源主要包括三大类：植物药，如金银花、连翘、甘草、当归等；动物药，如鹿茸、蜈蚣等；矿物药，如磁石、石膏等。中草药材的生长需要特定的地理环境，我国地理环境复杂多样，不同的地理环境孕育了不同的中草药材，如吉林人参、宁夏枸杞、甘肃黄芪、山西党参、云南三七等。丰富的中草药材必然伴随着各地传统或特色的治疗方式。在实地调查与评价过程中，应突出药材及制品类型、产地、药用价值与保健功效、制作加工方式、历史渊源与社会影响、生长环境、传统治疗方式及其适用范围、主要传承人或有影响力的人物与事件等内容的描述，重点采集其中草药材、医药制品及治疗方式等方面的特征项数据。

阅读材料 8-6：云南白药

　　云南白药是驰名世界的中成药，中国国家地理标志产品，由云南民间医生曲焕章于 1902 年成功创制。云南白药由名贵药材制成，具有化瘀止血、活血止痛、解毒消肿之功效。问世百多年来，云南白药以其独特、神奇的功效被誉为"中华瑰宝，伤科圣药"。

　　云南白药原名"曲焕章百宝丹"。曲焕章原在云南江川一带是有名的伤科医生，后为避祸乱，游历滇南名山，求教当地的民族医生，研究当地草药，苦心钻研，改进配方，历经十载，研制出"百宝丹"，另外他还研制出虎力散、撑骨散的药方。1916 年，曲焕章将它们与白药的药方一起交给云南省政府警察厅卫生所检验，合格后颁发了证书，允许公开出售。1917 年，云南白药由纸包装改为瓷瓶包装，行销全国，销量骤增。1923 年后，云南政局混乱，曲焕章在此期间钻研配方、总结临床经验，使云南白药达到了更好的药效，形成了"一药化三丹一子"，即普通百宝丹、重升百宝丹、三升百宝丹、保险子。此时"百宝丹"已享誉海外，在东南亚地区十分畅销。1931 年，曲焕章在昆明金碧路建成"曲焕章大药房"。1955 年曲焕章的妻子缪兰英向政府献出该药的配方，之后云南白药开始在其他药厂生产。1956 年，国务院保密委员会将该处方、工艺列为国家保密范围。1970 年，周恩来总理批示建立云南白药专厂。1984 年，国家医药管理局将云南白药配方、工艺列入国家绝密。1999 年，云南白药全面进行现代化企业再造。

　　云南白药的主要成分就是三七，又名田七，明代著名的药学家李时珍称其为"金不换"。清朝药学著作《本草纲目拾遗》中记载："人参补气第一，三七补血第一，味同而功亦等，故称人参三七，为中药中之最珍贵者。"三七的产地十分集中，云南占绝大部分。云南三七分布较广，几乎在海拔 1200~1700 米的地区都有种植，其中以文山州各县为主要产区，文山州砚山、马关、西畴等县栽培三七已有三四百年的历史，被誉为"三七之乡"。

　　云南白药创制至今，已有 100 多年的历史，其处方现今仍然是中国政府经济知识产权领域的最高机密。1979 年、1984 年、1989 年三度获国家优质产品金质奖章，产品有传统瓶装和胶囊剂两种。2015 年 9 月 17 日，胡润研究院发布《2015 胡润品牌榜》，云南白药位列医药保健品行业榜首。2021 年 10 月，入选《2021 胡润中国最具历史文化底蕴品牌榜》第 22 位。2022 年 12 月，云南白药在公益盛典上荣获"特别贡献奖"。

　　（引自：百度百科"云南白药"，有删改）

8.2.6　传统体育赛事

传统体育赛事是指当地定期举行的传统体育比赛活动，可包括体育健身比赛、竞技活动或健身活动。我国民间健身活动自古以来便有，是指生活在一定地域的一个或多个民族所独有的，在人民大众中广泛传承的、具有修身养性、健身技击、休闲养生、竞技表演、观赏游艺、趣味惊险、民俗音乐歌舞交融特色的体育活动形式。随着时间的延续，这些健身活动往往成为当地传统健身活动，包括传统导引、养生、健身、保健、医疗体育和民间、传统体育等项目。这些健身运动项目有别于竞赛体育项目，健身项目主要体现在重参与，并通过举行健身比赛吸引更多的人参与到健身运动中来。民间健身活动有很强的娱乐性和表演性，这些活动作为祭祀形式、健身手段和男女社交方式的活动，既"娱己"又"娱人"。在实地调查与评价过程中，应突出其性质与类型、组织形式与参与方式、主要内容及特色、历史渊源、社会影响及范围、举办地点、相关人与事物等方面的描述，重点采集举办时间、创始年代、传奇人物及数量等基本特征项数据。

阅读材料 8-7：那达慕

"那达慕"是蒙古语的译音，意为"娱乐、游戏"，以表示丰收的喜悦之情。那达慕大会是蒙古族历史悠久的传统节日，在蒙古族人民的生活中占有重要地位。

每年七八月牲畜肥壮的季节举行的那达慕大会，是人们为了庆祝丰收而举行的文体娱乐大会。那达慕大会上有惊险刺激的赛马、摔跤，令人赞赏的射箭，有争强斗胜的棋艺，有引人入胜的歌舞。赛马也是大会上重要的活动之一。比赛开始，骑手们一字排开，个个扎着彩色腰带，头缠彩巾，洋溢着青春的活力。赛马的起点和终点插着各种鲜艳的彩旗，只等号角长鸣，骑手们便纷纷飞身上鞍，扬鞭策马，一时红巾飞舞，如箭矢齐发。前五名到达终点者，成为草原上最受人赞誉的健儿。射箭、摔跤等比赛也吸引着众多牧民。

每年农历六月初四开始的为期 5 天的那达慕，是蒙古族人民的盛会。那达慕大会的内容主要有摔跤、赛马、射箭、套马、下蒙古棋等民族传统项目，有的地方还有田径、拔河、篮球等体育项目。

2006 年 5 月 20 日，那达慕经国务院批准列入第一批国家级非物质文化遗产名录。

（引自：百度百科"那达慕"，有删改）

8.3　历史遗迹类旅游资源调查与评价实训

8.3.1　实训目的

通过实地考察学习，能充分利用本项目及前面项目的相关知识与技能要点，加深对历史遗迹类旅游资源概念的理解，了解并掌握历史遗迹类旅游资源的功能、类型、特点；能有序开展历史遗迹类旅游资源调查与评价的各个环节，掌握历史遗迹类旅游资源的认定、调查技巧；完成各个旅游资源的调查表填写，提出相应的保护、开发建议。

8.3.2　实训地点

可利用某周末或专业综合实训周等时间去历史遗迹类旅游资源较全面且具有代表性的景区（如历史文化名城、名镇、名村等），也可随堂提供相应景区的视频、照片、文本等资料进行课堂实训。

8.3.3　实训教学内容及要求

（1）观察了解历史遗迹类旅游资源的特点。

（2）准备旅游资源调查前的各项准备工作，完成资源调查表的预填。

（3）全面调查实训区域内所有历史遗迹类旅游资源的基本类型，并能对其进行较为客观的开发价值和开发方向的分析评价。

（4）提出开发、保护历史遗迹类旅游资源的对策措施。

8.3.4　实训教学工具与方法

8.3.4.1　实训教学工具

详见 2.2 准备与使用调查工具。

8.3.4.2　实训教学方法

（1）对全班同学进行实训调研分组。

（2）教师组织、指导学生完成准备阶段的各项工作，包括资料的搜集整理、调查表的预填。

（3）邀请景区的专业人员为学生进行专业讲解。

8.3.5　案例实训教学资料简介

良渚文化遗址

良渚文化为中国新石器文化遗址之一，分布地点在长江下游的太湖地区，其中心在浙江省良渚。1936年发现的该文化遗址，于1959年依照考古惯例按发现地点良渚命名，是为良渚文化。良渚文化存续时间为距今5300年至4300年前，属于新石器时代。该文化遗址最大特色是所出土的玉器。自墓葬中挖掘的玉器包含有璧、琮、钺、璜、冠形器、三叉形玉器、玉镯、玉管、玉珠、玉坠、柱形玉器、锥形玉器、玉带及环等。另外，陶器也相当精致。

良渚位于杭州城北18千米处余杭区良渚镇。发现于1936年，是新石器时代晚期人类聚居的地方。出土的石器有镰、镞、矛、穿孔斧、穿孔刀等，磨制精致，特别是石犁和耘田器的使用，说明当时已进入犁耕阶段。良渚遗址区内拥有一座面积约30公顷的宫殿区、约300公顷的内城和约500公顷的外城，其年代不晚于良渚文化晚期。考古学家指出，这是长江中下游地区首次发现的良渚文化时期的城址，也是目前所发现的同时代中国最大的城址。当时"良渚"势力占据了半个中国，新发现的这座古城相当于良渚文化时期的首都。

（引自：根据良渚遗址官网整理）

8.3.6　旅游资源单体调查表示例

浙江省杭州市余杭区"良渚文化遗址"旅游资源单体调查表

单体名称：良渚文化遗址

基本类型：FAA建筑遗迹　　　　　　　　　　序号：××××

代　　号	ZJ—HGH—YHQ—FAA—01	其他代号：① 　　　　　；②
行政位置	浙江省杭州市余杭区良渚镇	
地理位置	东经120°02′35.53″，北纬30°22′57.80″	

续表

性质与特征（单体性质、形态、结构、组成成分的外在表现和内在因素，以及单体生成过程、演化历史、人事影响等主要环境因素）

基本情况：据对有关遗址出土文物的碳-14测定，良渚文化距今约5300年至4300年，先后延续约千年。遗址分布的良渚镇、瓶窑、安溪为新石器时代晚期人类聚居地。良渚文化遗址已成为实证中华五千年文明史的最具规模和代表性的遗址。经过半个多世纪的考古调查和发掘，初步查明主要分布在余杭区良渚、安溪、瓶窑镇地域内。以莫角山为核心呈辐射分布，有村落、墓地、祭坛、大型建筑基址和城址等各种遗迹。良渚古城遗址已被认为是良渚文化时期的政治、经济、文化和宗教中心。

考古历史：1936年，浙江省省立西湖博物馆职员施昕更在良渚镇发现并发掘以黑陶和磨光石器为代表的新石器时代遗址。1959年，中国社会科学院考古研究所所长夏鼐在《长江流域考古问题》中，正式提出了"良渚文化"的命名。1977年，考古学家苏秉琦阐述了区系类型的理论，说明良渚文化是长江中下游太湖地区文化序列中的一个阶段，即由马家浜—崧泽文化—良渚文化的发展序列。从1987年至1993年，最能代表良渚文化的莫角山遗址、反山遗址、瑶山遗址、汇观山遗址四大遗址依次发现。2007年，良渚古城被发现。2010年，良渚古城的外城得到初步确认。2015年，浙江省文物考古研究所发现和确认古城外围大型水利系统。

古城遗址：城址是良渚古城遗址的核心，北、西、南三面被天目山余脉围合，位居三山之中。长命港、钟家港等古河道逶迤穿过这片城址，与城址内外星罗棋布、纵横交错的河流湖泊，共同形成了山环水抱的选址特征，空间布局呈向心式三重结构，自内而外由宫殿区、内城与外城三组人工营造的遗存组成。

宫殿区包括位居内城中心的莫角山台地及其南侧的皇坟山台地、池中寺台地，三处地势最为高爽的台地曾是良渚最高统治者居住和活动的场所。其中，莫角山台地整体呈长方形覆斗状，东西长670米、南北宽450米，面积约30公顷，台顶与周边稻田的高差为9~15米。其主体部分主要为人工堆筑而成，堆筑的土方总量约211万立方米。在莫角山台地顶部共发现35座房屋基址，其中7座位于大莫角山台基上，4座位于小莫角山台基上。在莫角山东坡发现一处因粮仓失火形成的废弃炭化稻米堆积坑，据测算，堆积的炭化稻米总量约2.6万斤。后来又在池中寺台地发现了面积超过5000平方米的废弃炭化稻米堆积。

城址的内城由四面的城墙围合。内城平面略呈圆角长方形，南北长约1910米，东西宽约1770米，总面积约300公顷。内城城墙周长近6000米，宽约20~60米，墙体内外两侧还有一些凸出的形似埠头的构造，最宽处达到150米。城墙现存较好的地段相对高度约4米，一般残高约2米。内城除位于中心的宫殿区外，还发现有20多处人工营造的台地，既有反山这样等级无与伦比的贵族墓地，也有钟家村台地这样包含手工业作坊在内的居址。内城已发现的古河道纵横交错，已发现的9座城门中，只有1座陆路城门，位于南城墙的居中部位，其他8座均为水城门，每面城墙各有2座。

外城位于内城外围，面积约500公顷，由17处断续分布的人工营造台地构成，主要是墓地与居址复合的遗址，其中长垄状的扁担山、和尚地、里山、郑村、高村、卞家山等台地，断续相连，基本跟内城北、东、南三面城墙保持平行，从而构成了外城半闭合的轮廓框架。

外围水利系统：由谷口高坝、平原低坝和山前长堤等人工堤坝遗址，跟相关的山体、丘陵、孤丘以及天然溢洪道等自然地形组成。整个水利系统通过11条人工堤坝与山体、孤丘等构成了高坝区和低坝区上、下两级系统。谷口高坝与相连山体形成高坝系统，山前长堤、平原低坝与相连的山体、孤丘形成低坝系统，它们与具有溢洪功能的山体间的天然隘口，构成了较为完整的水利体系。整个水利系东西两端相距11千米，南北相距5.5千米，总占地面积76.2公顷，堆筑的总土方量达288万立方米。

谷口高坝位于古城西北方向的大遮山南麓，已发现的6条水坝遗址，分为东西两组，东组包括岗公岭、老虎岭和周家畈，西组包括秋坞、石坞和蜜蜂垄，坝体跟自然山体相连，均选在山谷的最窄处，长度在50~200米，坝顶海拔25~40米，相对高度10~15米，每组各自封堵一个较高山体中的较大谷口。

平原低坝位于谷口高坝南约3.5千米的平原孤丘之间，由梧桐弄、官山、鲤鱼山、狮子山4条堤坝遗址将栲栳山以西的连续孤丘连接起来。坝体长度依孤丘间距远近而不同，在35~360米间，坝顶海拔约10米，相对高度约6米。

山前长堤即塘山遗址，位于古城北侧的大遮山山前，南距古城约2千米，北距山脚约100~200米，东起卢村，向西至毛元岭后折向南至栲栳山，总体呈东西走向的曲尺形，全长约5千米，宽20~50米，坝顶海拔12~20米，相对高度2~7米，是水利系统中最大的单体遗存。山前长堤从东至西可分为三段：东段东西长约1千米，为接近直线走向的单坝结构。中段东西长约2千米，为南北双重堤坝结构，双坝间距约20~30米。双坝之西属西段，东西长约2千米，为曲尺形单坝结构，与双坝的南坝相连并最终向南折至毛元岭。

　　分等级墓地：良渚古城遗址的城址内外分布着若干处不同等级的墓地，其中保存良好、具有代表性的墓地有 5 处，分别是分布于城址东北约 5 千米的瑶山，以及城址内的反山、姜家山、文家山和卞家山。

　　出土器物：包括玉器、陶器、石器、漆器、竹木器、骨角器等，总量达 1 万余件。其中，玉器主要作为随葬品出土于分等级墓地，总数不少于 7000 件，材质以透闪石为主，器型包括玉琮、玉钺、玉璧、三叉形器、冠状饰、锥形器、玉璜、半圆形饰、柱形器、玉镯、玉织具、玉纺轮等，以及圆雕的鸟、龟、鱼、蝉等动物形玉器。玉琮是最重要和最具代表性的玉器类。这种内圆外方，蕴含着"天圆地方"原始宇宙观的简形玉器，是良渚文化的原创器型，是对神人兽面纹所蕴含的神灵崇拜的重要载体。琮也是同时代辐射面最宽、影响力最强的玉器。

　　遗产价值：囿于考古发掘的规模，良渚古城遗址的许多内涵和细节，尚未得到完整、清晰的揭示与呈现，但它由城址、外围水利系统、分等级墓地（含祭坛）等系列遗址、体现用玉制度的精湛极致的良渚玉器 4 类主要人工遗存组成，共同揭示出良渚文化时期中国长江下游环太湖地区一个以稻作农业为经济支撑、出现了复杂的社会分工、阶层分化与城市文明并拥有着统一信仰、神权与王权紧密结合等特征的区域性早期国家的权力与信仰的中心所在。

　　旅游开发：良渚文化遗址核心区已经形成"一院三园"的旅游开发与接待服务体系，分别为国家 4A 级旅游景区良渚博物院、良渚古城遗址公园、瑶山遗址公园、老虎岭遗址公园。

旅游区域及进出条件（单体所在地区的具体部位、进出交通、与周边旅游集散地和主要旅游区、点之间的关系）

　　良渚文化遗址位于杭州市余杭区良渚街道，与杭州市主城区毗邻。外围交通干线有杭州绕城高速、杭长高速和 G104 国道，城市交通主干道主要有良渚大道、瓶仓大道、东西大道（运溪高架路）、莫干山路，城市公共交通有杭州地铁 2 号线的 1222M 接驳专线。遗址公园拥有周边拥有国家版本馆杭州分馆、良渚博物院、杭州兰里景区、杭州双溪竹海漂流景区等知名景区。

保护与开发现状（单体保存现状、保护措施、开发情况）

　　历年来，各级政府非常重视良渚古城遗址的保护管理，依据相关国内、国际遗产保护公约、法律法规要求，制定了一系列保护措施，执行遗产的有效管理。在遗产的保护管理中，根据《保护世界文化与自然遗产公约》及其《操作指南》等阐述的世界文化遗产的保护管理要求开展工作。通过设立杭州良渚遗址管理区管理委员会（浙江省良渚遗址管理局）等保护管理机构，建立有效保护管理的体制机制；编制执行《杭州市良渚遗址保护管理条例》等专项政策法规；编制执行《良渚遗址保护总体规划》《良渚古城遗址管理规划》等遗产保护及相关专项规划；实施落实作为国家重点文物保护单位和浙江省省级文物保护单位的保护措施；实行遗产地遗产保护补偿机制，保护成果惠及民众；加强专业知识与保护管理技术的培训；加强遗产展示与宣传；加强遗产保护管理监测等手段执行保护管理，遗产得到有效保护。

　　1994 年，我国政府将良渚文化遗址列入向联合国教科文组织推荐的《世界遗产名录》预备清单，并列入《中国二十一世纪议程优先项目计划》。

　　1996 年 11 月，良渚遗址被列为第四批全国重点文物保护单位。

　　2019 年 7 月 6 日，中国良渚古城遗址被列入《世界遗产名录》。良渚古城遗址是人类早期城市文明的范例，实证中华五千年文明史。此次申遗成功，标志着中华五千年文明史得到国际社会认可。

　　2019 年 9 月 1 日，良渚遗址入编《中国历史》教科书。

　　2021 年 10 月 18 日，良渚遗址入选全国"百年百大考古发现"。

评价项目	资源要素价值（85 分）					资源影响力（15 分）		附加值
评价因子	观赏游憩使用价值（30 分）	历史文化科学艺术价值（25 分）	珍稀奇特程度（15 分）	规模、丰度与几率（10 分）	完整性（5 分）	知名度和影响力（10 分）	适游期或使用范围（5 分）	环境保护与环境安全
分　值	26	25	15	10	4	10	5	3
总　分	98 分；五级旅游资源单体							

8.3.7　实训成果及其评价主体与细则

8.3.7.1　实训成果要求

（1）完成不少于 10 个历史遗迹类旅游资源单体表的填写。

（2）完成对每个旅游资源单体的摄像或摄影工作，其中每个旅游资源单体的照片不少于 5 张，且要求美观。

（3）提出历史遗迹类旅游资源未来开发的对策与思路，形成汇报 PPT。

8.3.7.2　评价主体及其权重

本次实训成果的评价建议由校内专业老师、企业指导老师及学生代表（每个实训小组各选 1 名代表）参加，权重分别为 40%、40% 和 20%。

8.3.7.3　评分细则

评分细则具体如表 8-2 所示。

表 8-2　历史遗迹类实训成果评价标准

实训任务名称：_____　　　　汇报人：_____　　　　第___组

评价内容		评价分值	评价标准	评价得分
旅游资源单体调查表及摄像照片	旅游资源单体调查表数量	10 分	旅游资源单体表数量在 10 个及以上得 10 分，数量 9 个及以下，按实际完成数量得分	
	旅游资源单体调查表质量	15 分	单体表填写准确、描述达到要求得 12~15 分；单体表填写基本准确、描述基本到位得 7~11 分；单体表填写尚可、描述较弱得 0~6 分	
	旅游资源单体照片	15 分	旅游资源单体照片数量达标且美观度、清晰度较高的得 12~15 分；数量基本达标且美观度、清晰度尚可的得 7~11 分；数量未达标且美观度、清晰度较差的得 0~6 分	
历史遗迹类旅游资源开发对策与思路	PPT 报告完整性	15 分	包括课题组组成、调查情况、调查步骤与方法、调查结果、对策建议等，每一项得 3 分	
	PPT 报告科学性与合理性	15 分	报告建议科学、合理得 12~15 分；报告建议基本科学、合理得 7~11 分；报告建议科学性与合理性较差得 0~6 分	
表现方式	PPT 演示文稿	10 分	PPT 排版美观大方、有特色得 8~10 分；排版基本整齐且有一定特色得 4~7 分；排版美观度相对较弱得 0~3 分	
	现场演讲	10 分	演讲者形象气质佳、演讲流利、条理清晰得 8~10 分；形象一般、演讲一般得 4~7 分；其他方面得 0~3 分	
	现场答辩	10 分	现场答辩流利、回答内容准确得 8~10 分；答辩一般、内容基本准确得 4~7 分；其他方面得 0~3 分	
评委签名：			合计得分：	

8.4 总结与项目测试

8.4.1 总结

历史遗迹类旅游资源是我国旅游资源的重要组成部分，是我国旅游景观的重要类型。悠久的历史孕育了灿烂的文化，对这些资源概念的理解、类型的掌握是剖析其旅游价值的基本前提；基于它们的独特性，在调查和评价过程中只有掌握这些要点，才能得出科学的结论，才能为合理开发这些宝贵的旅游资源提供科学的依据。

8.4.2 项目测试

主要概念

物质类文化遗存、非物质类文化遗存、建筑遗迹、可移动文物、民间文学艺术、地方习俗、传统服饰装饰、传统演艺、传统医药、传统体育赛事

客观题

（1）下列属于国标中传统体育赛事类旅游资源的是（ ）。

A. 奥运会　　　　B. 那达慕大会　　　C. 杭州亚运会　　　D. 傣族婚礼

（2）傣族女子的花筒裙属于国标中的（ ）类型旅游资源。

A. 人物　　　　　B. 民间文学艺术　　C. 传统演艺　　　　D. 传统服饰装饰

简答题

（1）建筑遗迹的调查和评价要点是什么，请结合实例说明。

（2）简述地方习俗类旅游资源的调查评价要点。

（3）传统体育赛事类旅游资源调查与评价要点有哪些，请结合实例说明。

分析题

（1）以河姆渡遗址为例，分析历史遗迹类旅游资源类型及其旅游价值（功能）。

（2）以现在非常火爆的杭州宋城大型演艺《宋城千古情》为例，请分析我国旅游演艺类旅游资源的开发现状。

应用题

（1）请大家选择自己熟悉的案例，对我国目前传统地方习俗旅游资源开发利用现状进行深入分析，针对性地指出存在的问题，并提出自己的想法。

（2）请结合你熟悉的例子，根据现代旅游者的旅游需求，分析我国目前历史遗迹类旅游资源的开发现状，并提出自己的看法。

（3）以你所熟悉的某类中草药材为例，提出开发养生康体型旅游度假区的对策与思路。

调查与评价旅游购品类旅游资源

【思维导图】

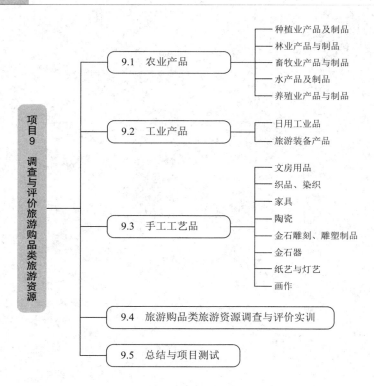

项目9 调查与评价旅游购品类旅游资源

- 9.1 农业产品
  - 种植业产品及制品
  - 林业产品与制品
  - 畜牧业产品与制品
  - 水产品及制品
  - 养殖业产品与制品
- 9.2 工业产品
  - 日用工业品
  - 旅游装备产品
- 9.3 手工工艺品
  - 文房用品
  - 织品、染织
  - 家具
  - 陶瓷
  - 金石雕刻、雕塑制品
  - 金石器
  - 纸艺与灯艺
  - 画作
- 9.4 旅游购品类旅游资源调查与评价实训
- 9.5 总结与项目测试

【项目案例导入】

案例 1： 我国是世界上最早发现和利用茶的国家，是茶的故乡。西湖龙井茶是全国十大名茶之一，属于六大基本茶类中的绿茶，产自浙江杭州。龙井既是泉名也是地名，还是茶名。西湖龙井茶的特点是形状扁平挺直，大小长短匀齐，色泽嫩绿或翠绿，鲜艳有光，香气清高鲜爽，滋味甘甜，具有提神、生津止渴、降低血液中的中性脂肪和胆固醇、抗氧化、抗突然异变、抗肿瘤、抑制血压上升、抑制血小板凝集、抗菌、抗产物过敏等功效。

西湖龙井茶的采制已有 1200 多年的历史。最初的史料源于唐代陆羽著的《茶经》"杭州钱塘天竺、灵隐二寺产茶"的记载。宋朝时，宝云山出产的宝云茶、下天竺香林洞出产的香林茶和上天竺白云峰出产的白云茶，都被列为"贡茶"。清乾隆皇帝下江南时，曾到狮峰山下的胡公庙品饮西湖龙井茶，并赞不绝口。

西湖龙井茶产于西湖西侧的群山之中，其中又以狮峰山、龙井村所产的茶叶品质最佳。历史上西湖龙井有"狮（峰山）""龙（井村）""云（栖）""虎（跑）"四个品号，民国后，"梅（家坞）"也位列其中，现在统称为西湖龙井茶。西湖山区各地所产龙井茶，由于生长条件不同，自然品质和炒制技巧略有差异，形成不同的品质风格。

为了保护西湖龙井茶，国家质监总局已于 2001 年实施了原产地产品保护政策。根据西湖龙井茶的实际产生范围，杭州市政府划定了 168 平方千米的保护区域，凡是在这个区域之外的，都只能叫"钱塘龙井"或"越州龙井"。2022 年 3 月，《杭州市西湖龙井茶保护管理条例》正式实施，这是继 2001 年出台《杭州市西湖龙井茶基地保护条例》后，杭州针对"西湖龙井"品牌保护出台的又一部法规，这也是中国首次对一件地理标志进行两次地方立法。2023 年，"西湖龙井"被评为首届浙江省知识产权奖地理标志一等奖。

（引自：百度百科"西湖龙井"，有删改）

案例 2： 如果说产业振兴在乡村振兴五大振兴整体布局中居于首位，那么"土特产"则是产业振兴之路的路基。此处的"土特产"不仅仅指乡土物产。正如习近平总书记在 2022 年年底召开的中央农村工作会议上所系统阐述的，这三个字足以连缀起一篇乡村产业大文章。只有琢磨透"土特产"三个字丰富的意涵、深刻的逻辑，才能为乡村产业振兴奠定牢固的基础。

"土特产"这三个字，首先意味着要依托本地农业农村特色资源，也就是立足实际、发挥特色。我国幅员辽阔，但气候条件、土壤特性、地理空间等千差万别，这就决定了农业生产要遵循自然规律，否则南辕北辙、事倍功半，"淮南为橘，淮北为枳"说的就是这个道理。近年来，借助脱贫攻坚和乡村振兴的时代机遇，国内不少省份因地制宜，推出不少令人耳熟能详的土特产，如陕西苹果、新疆大枣、宁夏滩羊、四川猕猴桃、黑龙江大米等，有些区县不但实现一县一品，而且向一乡一品、一村一品深入推进。与此同时，不少土特产因品质优还走出国门，比如涪陵榨菜就从"国民下饭菜"转变为"世界名腌菜"，再次证明了"本土的就是世界的"，市场不会在乎你的"出身"，只会在乎你的"成色"。相反，也有不少地方因违背自然规律而教训惨痛。比如，部分地区规划果蔬种植仅考虑土壤条件而忽视了气候等综合因素，结果产品品质不佳、没有市场，最后不得不推倒重来，白白浪费了人力、物力、财力，最主要是耗尽了群众的"心力"，让群众对政府的政策产生不信任。

"土特产"这三个字，还意味着要向多种功能、多元价值要效益。随着高质量发展成为新时代发展主旋律，我国农业的食品保障、生态涵养、休闲体验、文化传承等功能和经济、生态、文化等价值日益凸显。如今的乡村绝不仅是"土里刨食"的所在，也是"好山好水好风光"的荟萃之地，还是绵绵乡愁氤氲的风土。这些因素共同构成人们心中的"诗和远方"，也就使得乡村休闲旅游快速发展成为可能。一定程度上说，乡村休闲旅游业作为"农业＋"文化、旅游、教育、康养等融合发展形成的新兴产业，拓展了农业的生态涵养、休闲体验、文化传承等功能，凸显了乡村的经济、生态、社会和文化价值，在带动农民增收和推进乡村振兴方面发挥了日益重要的作用，是最能体现农业农村多种功能、多元价值的产业。

"土特产"这三个字，更意味着向一、二、三产业融合要效益。一、二、三产业融合发展，意味着农业产业链的延长，而产业链的延长又意味着农业附加值的提升。因此，推进农村一、二、三产业融合发展，是拓宽农民增收渠道、构建现代农业产业体系的重要举措，也是加快转变农业发展方式、探索中国特色农业现代化道路的必然要求。近年来，随着消费升级和新零售业态的快速发展，柳州螺蛳粉、武汉热干面、重庆小面等美食预包装食品在线上销售火爆，并迅速发展成当地知名的"土特产"，这些美食预包装食品，堪称一、二、三产业融合的典范。以重庆小面为例，重庆小面在工业化的过程中，直接拉动了石柱红辣椒、江津花椒、涪陵榨菜、潼南油菜籽等本地知名"土特产"的销售，并且带动了物流、商贸等服务业的兴起。

总之，乡土资源的"转化性创造"、地方风情的"可持续再造"与产业集群的"高质量锻造"，共同形塑了"土特产"发展路线的鲜明标识。琢磨透这三个平常汉字，正是要从乡村看似单调的四时活动中，发现新意与创造的可能，凝聚团结与协作的共识。尊重地方的资源与禀赋，理顺乡亲的需求与期待，包容潮流的进步与更新，"土特产"奠基的是一条立体化重造现代乡村产业的康庄大道。以"土"为本，以"特"为魂，以"产"为旗，我们的乡村产业振兴就有了一条剪不断扯不乱的红线，必可联结乡村活力孕育的现在与生机升腾的未来。

［引自：韩振．把"土特产"这三个字琢磨透［J］．半月谈，2023（5），有删改］

想一想：根据案例 1 和案例 2，你认为什么样的地方特色产业可以转换为旅游购品？旅游购品在地方产业包括旅游业发展过程中的地位和作用是什么？

【项目导读】

学习目的意义：旅游购品是旅游业的重要产业要素之一，是旅游资源的重要组成部分，其发展水平直接影响着游客满意度和旅游业的整体效益。对不同类别旅游购品类资源的深刻认识，是充分理解其旅游价值的基本前提；唯有立足于此我们才能对旅游购品类资源进行细致的调查和科学的评价，才能对提升当地旅游业的经济效益提供决策依据。

项目内容概述：通过对旅游购品资源的内涵、分类和价值的分析阐述，加深我们对旅游购品资源的立体认识；尤其强调不同类别的旅游购品资源的调查评价要点，能够提出不同区域或主题 IP 下旅游购品的发展对策与措施。

【项目学习目标】

知识目标：了解旅游购品的不同类别；理解旅游购品的价值；掌握旅游购品所蕴含的文化内容。

技能目标：能理解和表达旅游购品所蕴含的文化内容；能够对不同旅游购品进行鉴赏与评价；能识别、分析不同类型旅游购品的特征及其旅游价值；能提出科学合理的旅游购品开发设想。

素质目标： 能深刻领会国家乡村振兴与文化传承战略，具备创新思维，认识到创新创业的重要意义；具有法律意识，积极参与知识产权保护和地理标志产品保护等相关工作；具有精益求精的意识与理念，学习工匠精神并应用于实践。

所谓旅游购品，俗称旅游商品或旅游购物品，是旅游业的重要组成部分，是旅游过程的重要环节，旅游商品购物发展的好坏会对地方产业结构调整与旅游经济效益产生重要影响。"旅游"本身是个多元的概念，涉及了多个学科对其的研究，旅游本身也代表了多重含义。在这种多元的研究环境中，旅游商品的概念也是多元视角并存的。旅游商品是不同"角色"的商品，不仅仅是"旅游者"购买的商品，它还可以是"旅游生产系统"生产的商品，以及"旅游商品市场"流通的商品。在需求者维度下，旅游商品指旅游者在旅游活动中所购买的有形商品；在供给者维度下，旅游商品指由旅游生产系统供应的，具有"旅游"内涵的有形商品；在商品流通维度下，旅游商品指在面向旅游者开放的市场上流通的有形商品（卢凯翔，保继刚，2017）。

对游客而言，旅游购品的旅游价值主要包括：一是实用功能，即作为食品、装饰品、学习用品、家用电器、服饰等日用品来使用；二是纪念功能，很多旅游者在购买旅游商品时都非常注重旅游商品所代表和体现的地方性或特殊性，主题越明显的，越是旅游者常住地缺乏的，纪念意义就越强烈；三是馈赠功能，在旅游结束后，回到常住地，将旅游商品作为伴手礼馈赠亲朋好友；四是珍藏功能，尤其是随着现代文创产业与手工制作的逐渐流行，带有明显 IP 特征的部分限量版或知名手工艺人制作的部分旅游购品，具有明显的增值空间与收藏意义。

对旅游地而言，旅游购品对当地旅游业及相关产业的发展会产生重要的影响作用，具体表现在：首先，旅游购品是地方旅游吸引力的重要组成部分和重要承载。国家或地区旅游吸引力的表现形式非常多样，而其中很重要的一部分就是旅游购品，它是当地文化、历史、民俗的重要物化表现形式之一，甚至部分游客出游的主要目的就是购物。其次，旅游购品是旅游发展创新的重要窗口。随着现代旅游者的不断成熟、旅游业的飞速发展，旅游需求呈现出多元化、个性化的特征，在各类旅游产品中，旅游购品是相对更容易创新，也能很好地体现当地旅游业的创新发展，越是新奇的、立足于当地特色的旅游购品越能吸引旅游者的目光。最后，旅游购物是旅游活动的重要组成部分，是旅游收入的重要来源。旅游的传统六大要素"食、住、行、游、购、娱"，购物是旅游者出游获得愉悦体验的重要方式和途径，在出游的过程中旅游者的购买倾向和购买欲望往往强于平常。同时，旅游购物也是分担单一的门票收入风险的重要途径。旅游购物所占比重的多少，已经成为衡量一家旅游企业乃至一个国家或地区旅游业发达程度的重要标志之一。

根据《旅游资源分类、调查与评价》（GB/T 18972—2017），旅游购品类旅游资源主要包含农业产品、工业产品和手工工艺品 3 个亚类，具体包括 15 个基本类型，如表9-1 所示。

表 9-1　旅游购品类旅游资源分类一览

主类	亚类	基本类型
G 旅游购品	GA 农业产品	GAA 种植业产业及制品　GAB 林业产品与制品　GAC 畜牧业产品与制品　GAD 水产品及制品　GAE 养殖业产品与制品
	GB 工业产品	GBA 日用工业品　GBB 旅游装备产品
	GC 手工工艺品	GCA 文房用品　GCB 织品、染织　GCC 家具　GCD 陶瓷　GCE 金石雕刻、雕塑制品　GCF 金石器　GCG 纸艺与灯艺　GCH 画作

9.1　农业产品

农业产品，又称农产品，是农业中生产的物品，包括种植业（如高粱、稻子、花生、玉米、小麦等）、林业、畜牧业、渔业与养殖业等以及各个地区土特产等。国家规定初级农业产品是指农业活动中获得的植物、动物及其产品，不包括经过加工的各类产品或制品。本项目所指的农业产品，不仅包括初级农业产品，而且包括各类经过加工制作的成品或制品。根据《旅游资源分类、调查与评价》（GB/T 18972—2017），本亚类可包括种植业产品及制品、林业产品与制品、畜牧业产品与制品、水产品及制品、养殖业产品与制品 5 个基本类型。

想一想：《旅游资源分类、调查与评价》（GB/T 18972—2017）取消了 2003 版本中的 GAA 菜品饮食。地方特色餐饮属于旅游资源吗？西湖醋鱼、北京烤鸭、笋干老鸭煲、双汇火腿肠等分别属于哪一类旅游购品？

9.1.1 种植业产品及制品

种植业产品及制品是指具有跨地区声望的当地生产的种植业产品及制品。种植业是农业的主要组成部分之一，主要包括各种农作物、果树、药用和观赏等植物的栽培，具体有粮食作物、经济作物、蔬菜作物、绿肥作物、饲料作物、牧草、花卉等园艺作物。在我国通常指粮、棉、油、糖、麻、丝、烟、茶、果、药、杂等作物的生产。我国以农业为立国之本，各类农林畜产品与制品丰富多样，东、西、南、北各地因地理位置、气候、历史遗留等因素呈现出不同特色，各色名优瓜果蔬菜、名酒名茶种类花样繁多，历史悠久。目前，各地充分依托各自种植业的综合优势，大力发展地方特色购物商品系列，成为各个旅游目的地的重要吸引物，如新疆吐鲁番的葡萄、浙江的龙井茶、黑龙江的大米、云南的普洱茶等。在实地调查与评价过程中，应突出农作物及其产品的名称、类型与产地、产品的形态特征、营养成分、保健价值、采集加工方式、历史渊源与社会影响等方面的描述，重点采集其种植或养殖面积、年产量、收获日期、始产年代、获奖类型或等级、代表性产品的数量及价格等基本特征项数据。

想一想：你的家乡最为有名、历史、规模或优势的农作物是什么？能以此为资源依托，开发一系列的旅游购物商品吗？

9.1.2 林业产品与制品

林业产品与制品是指具有跨地区声望的当地生产的林业产品与制品。通常而言，林业与森林资源是密不可分的，但概念与范畴又要大于森林。中国国土辽阔，森林资源少，森林覆盖率低，地区差异很大。全国绝大部分森林资源集中分布于东北、西南等边远山区和台湾山地及东南丘陵，而广大的西北地区森林资源贫乏。同样由于中国国土辽阔、地形复杂、气候多样，林业资源的类型多种多样，有针叶林、落叶阔叶林、常绿阔叶林、针阔混交林、竹林、热带雨林。树种共达8000余种，其中乔木树种2000多种，经济价值高、材质优良的就有1000多种。珍贵的树种如银杏、银杉、水杉、水松、金钱松、福建柏、台湾杉、珙桐等均为中国所特有。经济林种类繁多，橡胶、油桐、油茶、乌桕、漆树、杜仲、肉桂、核桃、板栗等都有很高的经济价值。在实地调查与评价过程中，应突出林种及其产品的名称、类型与产地、产品的形态特征、营养成分、保健或使用价值、加工制作方式、历史渊源与社会影响等方面的描述，重点采集其种植面积、产品或制品产量、主要品牌、代表性产品的数量及价格等基本特征项数据。

想一想：你的家乡最为有名、规模或特色的森林或树木种类是什么？能以此为资源依托，列举 20 个以上的旅游购物商品吗？

阅读材料 9-1：美丽中国不断铺展崭新画卷——10 年我国累计造林 9.6 亿亩，森林覆盖率提高至 24.02%

斑斓的画卷，在砥砺前行中铺展；绿色的华章，在接续奋斗中书写。

习近平总书记在党的二十大报告中指出："必须牢固树立和践行绿水青山就是金山银山的理念，站在人与自然和谐共生的高度谋划发展。""科学开展大规模国土绿化行动。"

党的十八大以来，各地区各部门认真贯彻落实习近平生态文明思想，牢固树立绿水青山就是金山银山理念，持续开展大规模国土绿化行动。10 年来全国森林面积和蓄积量持续"双增长"，森林面积由 31.2 亿亩增加到 34.6 亿亩，森林蓄积量从 151.37 亿立方米增加到 194.93 亿立方米。草原退化趋势得到初步遏制，综合植被盖度达到 50.32%。绿色不断延展，美丽中国不断铺展崭新画卷。

林草资源数量持续增加、质量稳步提高、功能不断增强

春去秋来，十年树木。党的十八大以来，我国累计造林 9.6 亿亩、森林抚育 12.4 亿亩，森林覆盖率提高至 24.02%，为全球贡献了约 1/4 的新增绿化面积，成为全球森林资源增长最快最多的国家。我国人工林保存面积达 13.14 亿亩，居世界首位。

森林莽莽，草原辽远。回望 10 年，我国草原保护修复扎实推进，草原生态功能不断提升。我国实施退牧还草等草原生态修复工程，完成草种改良生态修复 5.14 亿亩。推行禁牧、休牧、轮牧，实行草畜平衡及生态奖补政策，广袤草原"带薪休假"，很多草原严重退化地区复绿增绿、水草丰茂。

重数量更重质量，走出了一条科学、生态、节俭的绿化之路

这 10 年，我国为什么能成为全球增绿最多的国家？

以重点工程为主要载体，大工程带动国土绿化大发展。全面实施天然林保护工程，全国所有天然林休养生息。退耕还林还草工程，两轮累计实施 5.2 亿亩，工程区森林覆盖率提高 4 个多百分点。10 年来，三北防护林体系建设第五期工程全面完成，营造林保存面积 7906.8 万亩。10 年累计建成国家储备林 8869 万亩，增加 4 亿立方米森林蓄积。

众人植树树成林。我国充分调动各方参与积极性，凝聚国土绿化的全民力量。义务植树尽责形式创新拓展为造林绿化、抚育管护、捐资捐物等八大类 50 多种，10 年累计 55.03 亿人次义务植树 216.86 亿株（含折算）。社会造林不断扩大，身边增绿深入开展。城乡绿化美化加快，人居环境显著改善。10 年来全国城市建成区绿化覆盖率由 39.22% 提高到 42.06%，城市人均公园绿地面积由 11.8 平方米提高到 14.87 平方米，村庄绿化覆盖率达到 29%。共建共享绿色家园蔚然成风，走进森林、拥抱自然成为人民群众触手可及的生态福利。

国土绿化，要注重数量，更要注重质量

10 年来，林草部门把高质量发展要求贯穿国土绿化全过程，精准治理、精细管理，走出了一条科学、生态、节俭的绿化之路。

解决好"在哪儿种"。我国全面实行年度造林计划任务带位置上报、带图斑下达，实现"直达到县、落地上图"的精细化管理。各地开展造林绿化空间适宜性评估，作为造林绿化任务安排、用地落实的主要依据。

解决好"种什么"。全国建成各类林木种子生产基地 2360 个、保障性苗圃 641 个，优质林草种苗供应能力明显增强；推广使用乡土树种草种，10 年来主要造林树种良种使用率从 51% 提高到 65%。

解决好"怎么种、怎么管"。实施森林质量精准提升工程，编制实施首个全国森林经营规划。各地在绿化中，坚持造管并重、乔灌草相结合，森林生态功能明显提升。

中国式现代化是人与自然和谐共生的现代化。深入贯彻落实党的二十大精神，让我们在习近平生态文明思想指引下，科学绿化国土，厚植美丽中国亮丽底色，共同建设人与自然和谐共生的美丽家园。

［引自：顾仲阳，刘温馨.美丽中国不断铺展崭新画卷［N］.人民日报，2022-11-13（1），有删改］

9.1.3　畜牧业产品与制品

畜牧业产品与制品是指具有跨地区声望的当地生产的畜牧产品与制品。畜牧业主要包括牛、马、驴、骡、骆驼、羊等相对大型的家畜家禽饲养业和鹿、貂、水獭、麝等野生经济动物驯养业，其生产过程相对更受自然环境与资源的影响。依据畜牧业区划的分区原则与指标，在充分考虑饲料资源、自然环境、饲养技术和社会需要以及民族习惯与生产特点等地区差异的基础上，我国畜牧业可划分为 7 个畜牧业地域类型区，即青藏高原区、蒙新高原区、黄土高原区、西南山地区、东北区、黄淮海区、东海区；根据具体畜牧业生产与人类生活的关系，又可以分为农区畜牧业、牧区畜牧业、草地畜牧业、半农畜牧业和城郊畜牧业 5 种。在实地调查与评价过程中，应突出畜牧业产品与制品的名称、类型与产地、产品与制品的形态特征、营养成分、保健或使用价值、采集或加工方式、历史渊源与社会影响等方面的描述，重点采集其牧场面积、年产量、主要产品或制品种类及品牌、代表性产品的数量及价格等基本特征项数据。

阅读材料 9-2：宁夏滩羊

　　宁夏滩羊集中分布于银川市、石嘴山市以及吴忠所辖县、区的荒原上。辽阔的贺兰山东麓是平坦的山前荒原，具备了适宜滩羊生长繁殖的优越条件，从而成为滩羊最早的生长乐园：一是气候适宜，宁夏地属暖温性干旱草原；二是宁夏天然牧区地势平坦，土质坚硬；三是宁夏干旱少雨，相对湿度低，年积温高；四是植被稀疏，宁夏天然牧场中牧草的矿物质含量非常丰富；五是宁夏滩羊饮用水中含有一定量的碳酸盐和硫酸盐成分，矿化度高，水质偏碱性。用宁夏民间的话说：宁夏的滩羊"吃的中草药，喝的矿泉水"。滩羊作为宁夏的特产，正是宁夏特殊环境生态环境的产物。

　　滩羊羊羔出生 30 天左右，宰杀取皮，经过精细加工成"二毛皮"。"二毛皮"极薄如厚纸，质地坚韧、柔软丰匀，非常轻便，以"轻裘"著称。用"二毛皮"制作的男女皮衣、穿着舒适、美观大方、保温性能极佳，是国家的传统出口商品。用其制作高档服饰的镶边，典雅素致，别具风韵。

　　（引自：百度百科"宁夏滩羊"，有删改）

9.1.4　水产品及制品

　　水产品及制品是指具有跨地区声望的当地生产的水产品及制品。我国拥有广阔的水域，海域面积广大、江河湖泊众多，水产资源品种多、产量高，经过技术加工和包装设计之后可成为许多游客珍爱的旅游商品。我国水产资源大致可分为鱼类、甲壳动物类、软体动物类、藻类、哺乳类五种，鱼类是水产资源中数量最大的类群；大多数海水、淡水鱼类具有种类多、成熟早、生长快、繁殖力强、补充能力大、适应性广等特点，奠定了中国渔业生产的物质基础。根据国家统计局统计数据显示，2022年我国水产品总产量为6865.91万吨，比上年增长2.62%。其中，海水产品产量3459.53万吨（人工养殖2275.70万吨，占比约为65.78%），淡水产品产量3406.38万吨（人工养殖3289.76万吨，占比约为96.58%）。可见，人工养殖已经成为我国水产品及制品的重要生产方式。在实地调查与评价过程中，应突出其产品及制品名称、类型与产地、产品的形态特征、营养成分、保健价值、养殖与加工方式、历史渊源与社会影响等方面的描述，重点采集其养殖面积、年产量、收获日期、收获期、代表性产品的数量及价格等基本特征项数据。

阅读材料9-3：阳澄湖大闸蟹

阳澄湖大闸蟹，产于江苏苏州阳澄湖，中国国家地理标志产品。阳澄湖大闸蟹又名金爪蟹，蟹身不沾泥，俗称清水大闸蟹，体大膘肥，青壳白肚，金爪黄毛，肉质膏腻。煮熟凝结，雌者成金黄色，雄者如白玉状，滋味鲜美。

外观形态：阳澄湖大闸蟹青背、白肚、金爪、黄毛，个体强壮厚实，煮后呈亮橘红色，口味鲜甜。阳澄湖大闸蟹形成的与众不同的四大特点：一是青背，阳澄湖蟹壳呈青灰色，平滑而有光泽；二是白肚，贴泥的脐腹晶莹洁白；三是黄毛，脚毛长而黄，根根挺拔；四是金爪，阳澄湖蟹爪金黄，坚挺有力，放在玻璃上能八足挺立，双螯腾空。

营养价值：螃蟹营养丰富，含有多种维生素，其中维生素A高于其他陆生及水生动物，维生素B2是肉类的5~6倍，比鱼类高出6~10倍，比蛋类高出2~3倍。维生素B1及磷的含量比一般鱼类高出6~10倍。每100克螃蟹可食部分含蛋白质17.5克，脂肪2.8克，磷182毫克，钙126毫克，铁2.8毫克。螃蟹壳除含丰富的钙外，还含有蟹红素、蟹黄素等。

药用价值：据《本草纲目》记载，螃蟹具有舒筋益气、理胃消食、通经络、散诸热、散瘀血之功效。蟹肉味咸性寒，有清热、化瘀、滋阴之功，可治疗跌打损伤、筋伤骨折、过敏性皮炎。蟹壳煅灰，调以蜂蜜，外敷可治黄蜂蜇伤或其他无名肿毒。同时，又是儿童天然滋补品，经常食用可以补充儿童身体必需的各种微量元素。

（引自：百度百科"阳澄湖大闸蟹"，有删改）

9.1.5 　养殖业产品与制品

养殖业产品与制品是指具有跨地区声望的当地生产的养殖业产品与制品。我国养殖业发展历史悠久，且因各地自然资源条件的差异与不同民族的习俗差异，养殖类型、历史、规模及衍生的内容也有较大差异。养殖业主要包括猪、鸡、鸭、鹅、兔、狗、蜂等中小型家畜家禽饲养业，其生产过程相对更加受人为因素的影响与制约。在实地调查与评价过程中，应突出其产品名称、类型与产地、产品的形态特征、营养成分、保健价值、采集加工方式、历史渊源与社会影响等方面的描述，重点采集其养殖产量、养殖周期、年产量、始产年代、获奖类型或等级、主要品牌商品、代表性产品的数量及价格等基本特征项数据。

想一想：畜牧业与养殖业的区别或差异是什么？

9.2 　工业产品

工业产品，是工业中生产的物品，是工业企业进行工业生产活动的直接有效成果。必须同时具备以下四个条件：一是本企业生产活动的成果，任何外购和未经本企业加工而转销的产品和物资，不是工业产品；二是本企业工业生产活动的成果，而本企业非工业生产活动的成果如基建部门、厂外运输、农副业部门、生活福利部门的生产经营成果，不是工业产品；三是本企业工业生产活动的直接成果，而期间产生的废料、残渣不是工业产品，但与主要产品同时产出的关联产品和利用废料、残渣制造的副产品，具有新的使用价值和独立的经济价值，属于工业产品，如部分家具生产企业利用生产家具产生的边角料制作成红木钢笔、红木书签等；四是本企业工业生产活动的有效成果，即符合产品原定用途和质量标准的产品才是工业产品，完全不符合质量标准的废品不是工业产品。但是，虽不完全符合质量标准，但可在原定用途上降级使用的次品、等外品，应视为工业产品。因此，在判定某工业品是否为当地工业产品，首先应判断其是否出自被调查区域本地企业生产或加工制作而成。根据《旅游资源分类、调查与评价》（GB/T 18972—2017），本亚类可包括日用工业品和旅游装备产品 2 个基本类型。

9.2.1　日用工业品

指具有跨地区声望的当地生产的日用工业品，包括各种日用百货、箱包、雨具、电子电器、玩具、化妆品、文体用品、钟表、线带、针棉、纺织品、领带、服装等。日用工业品，主要指旅游者在旅游活动中购买的日用生活品等物。该类旅游商品不仅可以在旅游生活中使用，而且可以用于日常生活，主要包括轻工产品类、纺织产品类、五金交电类、化工商品类等。在实地调查与评价过程中，应突出其产品名称、类型与产地、产品的形态特征、主要功效或用途、原料、制作方式、历史渊源与社会影响、相关的人与事物、品牌知名度、知识产权等方面的描述，重点采集其生产厂址面积、年产量、始产年代、获奖类型及数量、原料组成成分及产品性能指标、代表性品牌的价格等基本特征项数据。

想一想：以牛肉干、鱿鱼丝等为代表的旅游食品类商品，应该属于哪一类旅游购物商品或哪一个基本类型？

9.2.2　旅游装备产品

指具有跨地区声望的当地生产的户外旅游装备和物品。通常是参加各种探险旅游及户外活动时需要配置的一些设备，主要包括帐篷、背包、睡袋、防潮垫或气垫、登山绳、岩石钉、安全带、上升器、下降器、大小铁锁、绳套、冰镐、岩石锤、小冰镐、冰爪、雪杖、头盔、踏雪板、高山眼镜、羽绒衣裤、防风衣裤、毛衣裤、手套、高山靴、袜子、防寒帽、冰锥、雪锥、炊具、炉具、多功能水壶、吸管或净水杯、指北针、望远镜、等高线地图或其他资料、防水灯具、各种刀具、登山表、皮肤风衣、速干衣、水袋包、防水袋等常规装备物品以及特色休闲船艇、无人机等特色装备物品。虽然都是工业产品，但与上述日用工业品不同的是，旅游装备产品通常只在户外运动或休闲时使用，而前者主要在家庭范围内或普通生活中使用。近年来，随着冰雪旅游、登山旅游、水上旅游、露营旅游等旅游新业态的持续发力，不仅提升了旅游目的地的流量，而且带火了旅游装备产品。在实地调查与评价过程中，应突出其产品名称、类型与产地、产品的形态特征、主要功效或用途、原料、制作方式、适宜人群或使用范围、相关的人与事物、品牌知名度、知识产权等方面的描述，重点采集其生产厂址面积、年产量、始产年代、获奖类型及数量、原料组成成分及产品性能指标、代表性品牌的价格等基本特征项数据。

想一想： 某游客在 2023 年年底携带全家去哈尔滨旅游，在某网络平台上订购了 3 套滑雪装备，请问该行为是否为旅游购物行为？为什么？

9.3　手工工艺品

手工工艺品，俗称"民间手工艺品"，是指具有跨地区声望的当地生产的传统手工产品与工艺品，是民间的劳动人民为适应生活需要和审美要求，就地取材，以手工生产为主的一种工艺美术品。我国传统手工艺品种类繁多、制作精巧、设计新颖，是传统文化艺术的重要组成部分，集民族性、地域性、实用性、艺术性、纪念性于一身，品种繁多，如皮具、宋锦、竹编、草编、手工刺绣、蓝印花布、蜡染、手工木雕、油纸伞、泥塑、剪纸、民间玩具等，受到中外游客的青睐。因此，在判定某工艺品是否为本亚类旅游购物商品，首先应判断其是不是工业化、标准化生产，还是纯手工化生产加工。只有通过手工生产或加工制作而成的才属于此类。根据《旅游资源分类、调查与评价》（GB/T 18972—2017），本亚类可包括文房用品，织品、染织，家具，陶瓷，金石雕刻、雕塑制品，金石器，纸艺与灯艺，画作 8 个基本类型。

想一想： 不同地区遗留的根雕或木雕，应该属于哪一类旅游购物商品？

9.3.1　文房用品

又称文房用具，是指文房书斋的主要文具，通常是以笔、墨、纸、砚等为代表，是中国传统文化的重要组成部分，也是世界文化科学史上璀璨的明珠。明代屠隆在《文具雅编》中记述了 40 多种文房用品，通常较为常见的有笔掭（又称笔砚，用于验墨浓淡或理顺笔毫，常制成片状树叶形）、臂搁（又称秘阁、搁臂、腕枕，写字时为防墨沾污手，垫于臂下的用具，呈拱形，以竹制品为多）、诗筒（日常吟咏唱和书于诗笺后，可供插放的用具，多以竹制，取清雅之意）、笔架（又称笔格、笔搁，供架笔所用）、笔筒、笔洗（笔使用后以之濯洗余墨，多为钵盂形，也作花叶形或他形）、墨床、墨匣、镇纸、水注（注水于砚面供研磨，多作圆壶、方壶，有嘴，也常作辟邪、蟾蜍、天鹅等动物形）、砚滴、砚匣（又称砚盒，安置砚台之用）、印章（用于钤在书法、绘画作品上，有名号章、闲章等，多以寿山石、青田石、昌化石等制成，也有铜章、玉章等）、印盒（又称印台、印色池，置放印泥，多为瓷、玉质）等。在实地调查与评价过程中，应突出其产品类型与产地、形态特征、主要原料、制作加工方式、历史渊源与社会影响、相关的人与事物、非遗传承情况等方面的描述，重点采集其年产量（件）、始产年代、获奖类型及数量、收藏或转卖情况、市场价格、销售渠道等基本特征项数据。

阅读材料 9-4：文房四宝

中国古代传统文化中的文书工具，即笔、墨、纸、砚。文房四宝之名，起源于南北朝时期。历史上，"文房四宝"所指之物屡有变化。在南唐时，"文房四宝"特指安徽宣城诸葛笔、安徽徽州李廷圭墨、安徽徽州澄心堂纸、安徽徽州婺源龙尾砚。自宋朝以来"文房四宝"则特指宣笔（安徽宣城）、徽墨（安徽徽州歙县）、宣纸（安徽宣城泾县）、歙砚（安徽徽州歙县）、洮砚（甘肃卓尼县）、端砚（广东肇庆，古称端州），元代以后湖笔（浙江湖州）渐兴，宣笔渐衰；改革开放后，宣笔渐渐恢复了生机。

改革开放40多年来，我国经济社会发展取得巨大进步，人民生活水平不断提升，不仅中小学生开始日益普及书法、绘画写作，而且以科普研学旅游、休闲度假旅游或家庭亲子旅游等为主要目标的书法教育机构、度假酒店或民宿、研学营地或基地、休闲茶艺空间等，均推出了相应的服务功能或设施。

（引自：百度百科"文房四宝"，有删改）

9.3.2　织品、染织

指纺织及用染色印花的织物。织品，又称纺织用品，主要可分为刺绣、丝绸、服饰和地毯四大类。织绣类旅游购品主要包括南京云锦、成都蜀锦、苏州宋锦、杭州织锦以及少数民族的黎锦、壮锦、傣锦、瑶锦、侗锦、苗锦、土家锦等；编织类旅游购品包括竹编、草编、柳编、藤编、葵编、棕编、麻编等。染织，广义为染与织的合称。染即染色，染色在某种意义上含印花，因为织物印花是局部染色；织即织造、织花；染织狭义指印花和织花。在实地调查与评价过程中，应突出其产品类型与产地、形态特征、主要原料、制作加工方式、历史渊源与社会影响、相关的人与事物、图案花纹及其代表意义、非遗传承情况等方面的描述，重点采集其工作室或生产空间的面积、设施设备、年产量（件）或生产周期、始产年代、获奖类型及数量、市场价格、销售渠道等基本特征项数据。

阅读材料 9-5：刺绣、绫罗绸缎及印花

　　刺绣是针线在织物上绣制的各种装饰图案的总称，分丝线刺绣和羽毛刺绣两种。即用针将丝线或其他纤维、纱线以一定图案和色彩在绣料上穿刺，以绣迹构成花纹的装饰织物。它是用针和线把人的设计和制作添加在任何存在的织物上的一种艺术。刺绣是中国民间传统手工艺之一，在中国至少有两三千年历史。中国刺绣主要有苏绣、湘绣、蜀绣和粤绣四大门类。刺绣的技法有：错针绣、乱针绣、网绣、满地绣、锁丝、纳丝、纳锦、平金、影金、盘金、铺绒、刮绒、戳纱、洒线、挑花等，刺绣的用途主要包括生活和艺术装饰，如服装、床上用品、台布、舞台、艺术品装饰。近年来，十字绣又开始在国内外各个年龄层中开始流行起来。

　　绫罗绸缎是日常生活中对丝织品的通称，并非一个完整的分类方法。中国古代丝织品种有绫、罗、绢、绸、缎等。

　　● 绫：以斜纹组织为基本特征的丝织品，可分为素绫和纹绫。素绫是单一的斜纹或变化斜纹织物，纹绫则是斜纹地上的单层暗花织物。绫盛行于唐代，其中以缭绫最为著名。

　　● 罗：采用绞经组织使经线形成明显绞转的丝织物。罗在商代已经出现，在唐代，浙江的越罗和四川的单丝罗均十分著名。其中，单丝罗表观具有均匀分布的孔眼，后来称为纱。

　　● 绢：古代对质地紧密轻薄、细腻平挺的平纹类丝织物的通称。平纹类织物早在新石器时期已经出现，并一直沿用至今，历代又有𬘓、缟、纺、绨等变化。

　　● 绸：指抽茧绪加捻成线织出的平纹织物。清代的绸有江绸、宁绸、春绸、绉绸等，指平纹地或斜纹地上显花的暗花织物。民国时期，大量的平纹素织物也称为绸。今天，绸成为丝织品的通称。

　　● 缎：经纬丝中只有一种显现于织物表面并形成外观光亮平滑的丝织品。缎织物最早见于元代，明清时成为丝织品中的主流产品，是采用挖梭工艺织入彩色丝线的提花织物。根据不同的组织，妆花织物可分为妆花纱、妆花罗、妆花缎等。妆花始于唐宋，盛于明清，是中国古代丝织品最高水平的代表。

　　● 妆花：中国明清时期用挖梭（俗称过管）方法织造纹饰的彩色提花丝织物。织锦

中云锦的品种之一，产地在江苏南京一带。

● 织金：在不同的组织上再织入金线的织物，出现于唐代，流行于宋元，最为著名的是元代的纳石矢。织金通常要求纹样花满地少，充分发挥显金效果。

● 经锦：锦是用彩色丝线以重组织织成的多彩显花织物，是古代丝织品中结构最为复杂、变化最为丰富的一种。织锦始于西周，唐以前主要采用以经线显花的经锦。

● 纬锦：受到西域纺织文化的影响，魏唐时织锦开始使用彩色纬线织出图案，称为纬锦。中唐起，纬线显花成为丝绸提花织物中的主流。

● 宋式锦：明清时期，苏州织锦颇为盛行，其部分花色继承宋代风格而称"宋式锦"。宋式锦采用特结经固结显花纹纬，纹样多为几何纹骨架中饰以团花或折枝小花，配色典雅和谐。

● 双层锦：以双层组织显示图案。其组织早在汉唐时期已经出现，明清又重新流行。其图案均为两色，正反面纹样一致，色彩相反，多为中小型的满地纹样。

● 绒：全部或部分采用起绒组织、表面呈现绒毛或绒圈的丝织物。汉代出现绒圈锦，在锦上织出绒圈。明清时期的绒有漳绒、漳缎等多种名称。

● 缂丝：采用通经断纬法以平纹组织织成。织制时以本色丝作经，用小梭将各色纬线依画稿挖梭织入，最后不同色彩的纬线间出现空隙，如"雕镂之状"，因此又称克丝。缂丝技术出现于唐代，盛行于宋代，一直延续至今。

印花品种主要有四种：

● 直接印花：将染料或颜料拌以黏合剂，并用凸纹版或镂空版将其直接印在织物上显花的方法。秦汉时期，直接印花采用型版印花与手绘相结合的方法，以后又有了进一步的发展。

● 夹缬：将丝绸夹于两块镂空花版之间，利用花版的紧夹进行纺染，解开花版，花纹即现。夹缬始于唐，并盛行于唐宋两代，明清时期依然使用，多见于浙江和西藏一带。

● 绞缬：又称扎染，用线或织物本身将织物扎结后入染，解结成纹，纹样具有晕色效果。绞缬出现于东晋时期，唐宋时极盛，至今一直沿用。

● 蜡缬、灰缬：蜡缬是用蜡作防染剂进行防染印花的产品。蜡缬又称蜡染，最早出现在东汉时期的棉布上，似由西域输入，魏唐间流传渐广。由于中原地区产蜡很少，唐代出现以灰代蜡的防染印花，亦称灰缬，明清时被广泛用于棉织物，即现今流行的蓝印花布。

（引自：百度百科"刺绣""染织品种"，有删改）

9.3.3　家具

指生活、工作或社会实践中供人们坐、卧或支撑与贮存物品的器具。我国家具历史悠久，工艺精湛，至明代发展到了历史高峰，形成了鲜明、独特的民族风格。北京、苏州、广州等主要产地又形成了强烈的地方特色，至今依然保持着我国家具的传统做法和传统式样。传统家具具有怀旧与情调、天然与淳朴、大气与充溢等特征。在实地调查与评价过程中，应突出家具的类型与产地、形态特征与功能、主要原料、制作加工方式或工艺、历史渊源与社会影响、相关的人与事物、品牌或历史、图案花纹及其代表意义、非遗传承人等方面的描述，重点采集其加工生产空间、制作流程、年产量（件）、始产年代、获奖类型及数量、收藏或转卖情况、市场价格、销售渠道等基本特征项数据。

> **阅读材料 9-6：推动佛山家居"体验型消费"升级，打造中国家居走向世界的桥梁**

2023 年国庆长假，位于佛山市顺德区乐从镇的罗浮宫国际家具博览中心（以下简称"罗浮宫"）人气火爆。依托强大的品牌、平台优势与行业聚集力，罗浮宫为推动佛山家居行业消费动能增长与释放，持续发挥着"强引擎"作用。

创新：脱颖而出的关键

顺德乐从通过串联家具产业集群资源，建设罗浮宫家居创意设计园，结合乐华家居集团总部生产基地、蒙娜丽莎智能家居中心，打造数字化智能化示范工厂、示范车间，打造国内最具竞争力的智能家居设备及系统研发产业基地。与此同时，广东省家居设计研发中心落户罗浮宫家居创意设计园，推动了乐从家具产业的发展。乐从被誉为"中国家居商贸与创新之都"，作为中国的家具集散地，佛山大道（乐从段）已形成了延绵十余里，经营面积近 300 万平方米，容纳了海内外 3450 多家家具经销商，拥有各式家具2 万多种的宏大规模。近年来，罗浮宫家居集团结合商贸与旅游，创新打造"世界家居文化游购体验目的地"。作为国家 4A 级旅游景区、免门票的家居文化博物馆，罗浮宫国际家具博览中心让消费者在家居购物的同时，还可以欣赏恢宏灿烂的建筑美景，体验丰富多样的家居文化。

服务：超越感官的艺术

罗浮宫致力于成为中国家居走向世界的桥梁，成为世界家具面向中国的窗口。一方面，罗浮宫通过产品力、服务力和原创力的塑造，助力海量中国家具品牌实现成长腾飞，走向广阔的全球市场。同时，通过优质的服务配套、优秀的原创品牌和优越的营商环境，吸引全球上千个知名品牌、近万件家居设计精品以罗浮宫作为展现窗口和交易平台，迎来105个国家和地区、超过200万人次的参观采购，更为数百万全球家庭创造优质、健康、环保的美好家居生活环境，声名远播海内外。

罗浮宫一直坚持深化商贸＋旅游战略，努力打造全球家居主题文旅目的地。2012年获评为国家4A级旅游景区，打造了中国商业旅游新模式，实现了"1+1＞2"的游客体验。消费者既可购物，还可享受一场丰富多彩的文化体验之旅。

（引自：梁正杰. 罗浮宫：推动佛山家居"体验型消费"升级，打造中国家居走向世界的桥梁［EB/OL］. https://www.sohu.com/a/731420074_121347613，有删改）

9.3.4 陶瓷

陶瓷是由瓷石、高岭土、石英石、莫来石等烧制而成，外表施有玻璃质釉或彩绘的物器。具体而言，陶瓷是以天然黏土以及各种天然矿物为主要原料经过粉碎混炼、成型和煅烧而成的各种制品。之前，人们把用陶土制作成的且在专门的窑炉中高温烧制的物品称作陶瓷，陶瓷是陶器和瓷器的总称。陶瓷的传统概念是指所有以黏土等无机非金属矿物为原料的人工工业产品。陶瓷的主要产区为彭城镇、景德镇、醴陵、高安、丰城、萍乡、黎川、佛山、潮州、德化、淄博、唐山、北流等地，其中景德镇是我国"瓷都"之一。陶瓷类旅游购品主要以日用陶瓷（如餐具、茶具、缸，坛、盆、罐、盘、碟、碗等）和艺术工艺陶瓷（如花瓶、雕塑品、园林陶瓷、器皿、相框、壁画、陈设品等）等为主。在实地调查与评价过程中，应突出其产品类型与产地、形态特征、主要原料、制作加工方式、历史渊源与社会影响、相关的人与事物、图案花纹及其代表意义、非遗传承情况、工业化发展替代情况等方面的描述，重点采集其年产量（件）、始产年代、获奖类型及数量、收藏或转卖情况、市场价格、销售渠道等基本特征项数据。

阅读材料 9-7：龙泉青瓷烧制技艺

龙泉凭瓷生辉，龙泉青瓷始于三国两晋，盛于宋元，中兴于当代，以"清澈如秋空、宁静似深海"的哥、弟窑瓷器享誉海内外，龙泉"哥窑"与著名的官、汝、定、钧并称宋代五大名窑。从宋代开始，龙泉青瓷以主角的身份，参与开拓了漫长的世界"海上陶瓷之路"，使龙泉成为"国家级出口基地"，成为"海上丝绸之路"重要起始地。2006 年 5 月 20 日，龙泉青瓷烧制技艺经国务院批准列入第一批国家级非物质文化遗产名录（传统技艺，编号Ⅷ -9）。2009 年 9 月 30 日，联合国教科文组织保护非物质文化遗产政府间委员会第四次会议上，浙江龙泉青瓷传统烧制技艺被正式列入《人类非物质文化遗产代表作名录》。2016 年，中国青瓷小镇被列为省"十大示范特色小镇"和住建部第一批中国特色小镇创建名单。2017 年，创成大窑龙泉窑国家考古遗址公园，获评中国青瓷公园，龙泉青瓷作品连续四次入选世界互联网大会，在中国嘉德拍卖行成功首拍龙泉青瓷。

龙泉青瓷工艺流程由配料、成型、修坯、装饰、施釉和素烧、装匣、装窑、烧成八个环节组成，其中施釉和烧成两个环节极富特色。坯件干燥后施釉，可分为荡釉、浸釉、涂釉、喷釉等几个步骤。厚釉类产品通常要施釉数层，施一层素烧一次，再施釉再素烧，如此反复四五次方可，最多者要施釉十层以上，然后才进入正烧。素烧温度比较低，一般在 800℃左右。而釉烧则在 1200℃左右，按要求逐步升温、控温，控制窑内气氛，最后烧成成品。南宋至元代前期，龙泉窑曾烧制薄胎厚釉器物，施一层釉烧一次，最厚可达十余层。

（引自：百度百科"龙泉青瓷烧制技艺"，有删改）

9.3.5　金石雕刻、雕塑制品

指用金属、石料或木料等材料雕刻而成的工艺品，通常可包括金雕、石雕、木雕、竹雕、根雕、漆雕等多种材质的类型，但一般不包括目前国内大小城市雕塑（即以硬质材料制成的设置于广场、公园、绿地、街道旁或建筑物前等城市空间的室外雕塑）。在实地调查与评价过程中，应突出其产品类型与产地、形态特征、主要原料、制作加工方式、历史渊源与社会影响、相关的人与事物、非遗传承情况、主要制作人等方面的描述，重点采集其年产量（件）、始产年代、获奖类型及数量、收藏或转卖情况、市场价格、销售渠道等基本特征项数据。

石雕，指用各种可雕、可刻的石头，创造出具有一定空间的可视、可触的艺术形象，借以反映社会生活、表达艺术家的审美感受、审美情感、审美理想的艺术。常用的石材有花岗石、大理石、青石、砂石等。2008 年以传统美术（编号：Ⅶ-56）入选第二批国家级非物质文化遗产名录。国内主要知名的石雕生产区包括湖南浏阳、福建惠安、浙江温岭、浙江青田、浙江临安、山东嘉祥、河北曲阳、台湾埔里、北京大石窝等。

木雕，一般选用质地细密坚韧、不易变形的树种如楠木、紫檀、樟木、柏木、银杏、沉香、红木、龙眼等。采用自然形态的树根雕刻艺术品则为"树根雕刻"。木雕有圆雕、浮雕、镂雕或几种技法并用。在我国，木雕流派大多是以地域来区分的，如东阳木雕、乐清黄杨木雕、泉州木雕、广东潮州金漆木雕、福建龙眼木雕、北京宫灯、台湾木雕、宁波朱金木雕、云南剑川木雕、湖北木雕船、曲阜楷木雕刻、苏州红木雕刻、上海红木雕、南京仿古木雕、江苏泰州彩绘木雕、山西木雕、山东潍坊红木嵌根雕、上海黄杨木雕、宁海白木小件雕、辽宁永陵桦木雕、贵州苗族龙舟雕和面具雕、江西傩面具雕、湖北通山木雕、咸浦邦木雕、天津木雕、东山海柳雕等。其中，最为著名的是泉州木雕、东阳木雕、乐清黄杨木雕、广东潮州金漆木雕、福建龙眼木雕，被称为"中国五大木雕"。

根雕，是一种雕刻方法，是中国传统雕刻艺术之一，是以树根（包括树身、树瘤、竹根等）的自生形态及畸变形态为艺术创作对象，通过构思立意、艺术加工及工艺处理，创作出人物、动物、器物等艺术形象作品。根雕工艺讲究"三分人工，七分天成"，意为在根雕创作中，应主要利用根材的天然形态来表现艺术形象，辅助性进行人工处理修饰。因此，根雕又被称为"根的艺术"或"根艺"。

（引自：百度百科"石雕""木雕""根雕"，有删改）

9.3.6 金石器

指用金属、石料制成的具有观赏价值的器物。值得注意的是，根据《旅游资源分类、调查与评价》（GB/T 18972—2017），建筑与设施大类、景观与小品建筑亚类中的雕塑和金石器有较大的雷同或重复之处，尤其是目前国内各大城镇的道路、公园、广场等地所设置的各类城市雕塑，基本上以金属或石材为材料，且通常具有纪念意义或观赏价值。为便于区分，传统手工工艺品亚类的金石器则主要指可移动的工艺品或器物为主，且可以买卖。因此，在实地调查与评价过程中，应突出其产品类型与产地、形态特征、主要功能或意义、主要原料、制作加工方式、历史渊源与社会影响、相关的人与事物等方面的描述，重点采集其始产年代、获奖类型及数量、收藏或转卖情况、市场价格、销售渠道等基本特征项数据。

想一想： 2011 年 7 月 2 日，浙江嘉兴人吴菊萍勇敢地伸出双手，去接十楼坠下的两岁妞妞，整座杭城为之感动，成就了"最美妈妈"的美好故事。事后，由国家工艺美术大师韩美林先生负责创作设计的"最美妈妈雕塑"也安置于杭州钱江新城青少年发展中心东北角的休憩广场——最美妈妈广场。请问，该"最美妈妈雕塑"应该属于哪一类旅游资源？

9.3.7　纸艺与灯艺

指以纸材质和灯饰材料为主要材料制成的平面或立体的艺术品。具体而言，纸艺是指以各种纸张、纸材质为主要材料，通过剪、刻、撕、拼、叠、揉、编织、压印、裱糊、印刷、装帧，或者借助高科技（如激光）等手段制作而成的平面或者立体的艺术品和纸艺作品。常见的表现类型有传统纸雕、3D 免切割立体纸雕、台湾纸藤花、立体刻画、纸蕾丝、纸艺包装、折纸、衍纸、纸艺小品等。纸艺既古老丰富又现代多样，从东方平面或立体的剪纸、折纸、纸扎（彩灯、风筝、欢门、明器纸扎、戏曲人物纸扎等）等到西方二维或多维的剪影、纸拼贴、纸构成、纸雕塑、纸装置、纸浆艺术、实用纸艺（纸玩具、纸家具等）等；从民间艺人的乡土纸艺，到印象派、立体派、野兽派、表现主义及包豪斯的现代纸艺，源远流长，生生不息。而以花灯等为代表的灯艺，则是灯光艺术与立体纸艺的完美结合。在实地调查与评价过程中，应突出其产品类型与产地、形态特征、主要原料、制作加工方式、历史渊源与社会影响、相关的人与事物、图案人物及其代表意义、非遗传承情况等方面的描述，重点采集其年产量（件）、始产年代、获奖类型及数量、市场价格、销售渠道等基本特征项数据。

9.3.8 画作

又称为绘画作品，是指具有一定观赏价值的手工画作品，主要包括国画、农民画、贝雕画、羽毛画、枝叶画、石画等。在实地调查与评价过程中，应突出其产品类型与产地、形态特征、主要原料、制作加工方式、历史渊源与社会影响、相关的人与事物等方面的描述，重点采集其年产量（件）、始产年代、获奖类型及数量、市场价格、销售渠道等基本特征项数据。

想一想： 画作（GCH）与书画作（ECD）的差异是什么？

9.4 旅游购品类旅游资源调查与评价实训

9.4.1 实训目的

通过实地考察学习，能充分利用本项目及项目 2 的相关知识与技能要点，加深对旅游购品类旅游资源概念的理解，了解并掌握旅游购品类旅游资源的功能、类型、特点；能有序开展旅游购品类旅游资源调查与评价的各个环节，熟练掌握旅游购品类旅游资源的认定、调查技巧；完成各个旅游资源的调查表填写，提出相应的保护、开发建议。

9.4.2 实训地点

可利用某周末或专业综合实训周的时间去旅游购品类旅游资源较全面且具有代表性的景区（如历史特色街区、特色小镇、商品工厂等），也可随堂或在邻近景区内进行。

9.4.3 实训教学内容及要求

（1）观察了解旅游购品类旅游资源的特点。

（2）准备旅游资源调查前的各项准备工作，完成资源调查表的预填。

（3）全面调查实训区域内所有旅游购品类旅游资源的基本类型。

（4）提出开发、保护旅游购品类旅游资源的对策措施。

9.4.4　实训教学工具与方法

9.4.4.1　实训教学工具

详见 2.2 准备与使用调查工具。

9.4.4.2　实训教学方法

（1）对全班同学进行实训调研分组。

（2）教师组织学生完成准备阶段的各项工作，包括资料的搜集整理、调查表的预填。

（3）邀请景区或商店、工厂的专业讲解人员为学生进行专业讲解。

9.4.5　实训教学资料简介

鸡血石

鸡血石是辰砂条带的地开石，其颜色比朱砂还鲜红。因为它的颜色像鸡血一样鲜红，所以人们称其为鸡血石。我国最早发现的鸡血石是浙江杭州市临安区昌化玉岩山鸡血石。后来又发现了内蒙古赤峰市巴林右旗的巴林鸡血石。20 世纪 90 年代又在陕西、甘肃、四川、湖南、云南等地发现了鸡血石。由于现在临安的昌化朱砂（汞矿）已经关闭，所以现存的鸡血石产量相当有限，市场价格不断上涨。

（引自：百度百科"鸡血石"，有删改）

9.4.6　旅游资源单体调查表示例

浙江省杭州市临安区"鸡血石"旅游资源单体调查表

单体名称：鸡血石

基本类型：GCE金石雕刻、雕塑制品　序号：××××

代　号	JG—HGH—LAS—GCE—01	其他代号：①　　　　　；②
行政位置	杭州市临安区大峡谷镇玉山村	
地理位置	东经 120°05′48.19″，北纬 30°14′34.20″	

性质与特征（单体性质、形态、结构、组成成分的外在表现和内在因素，以及单体生成过程、演化历史、人事影响等主要环境因素）

　　昌化鸡血石产于浙江省临安区大峡谷镇西北面的玉山村，因历史上系原昌化县辖地，故名昌化鸡血石，又名凤血石。据传说，鸡血石具有兴家避邪之效，还为皇帝安国镇邦之用。走势自西南向东北延伸。主矿区在康山岭，海拔948米。矿区地处中山浅谷区，四周群山环抱，峻岭延绵，玉岩山鼎峙其中。昌化鸡血石矿中鸡血矿体的产出形态是多种多样的，主要受构造裂隙控制，即顺层理产出和穿插层理产出两种。

　　昌化鸡血石的开采加工始于明初，距今已有600多年历史。最早发现鸡血石的是上溪乡邵家村（今玉山村）的一位农民。之后，邵家村和邻近村庄的村民相继上山采石，并加工成工艺品。清咸丰年间，来自徽州的一位商人，用铁锤铜凿挖鸡血石加工成方章，销往全国各地，从单个开采演化为规模开采。到20世纪20年代，鸡血石的开采步入机械开采。

　　鸡血石的颜色有鲜红、淡红、紫红、暗红等，最可贵的是带有活性的鲜红血形。鸡血石产自低温热液矿床、火山岩或热泉沉积矿的朱砂条带的头尾及边缘地带，产量相当有限。鸡血石主要作为印章或工艺雕刻品材料，是"印石三宝"之一。鸡血石含有辰砂（朱砂）、石英、方解石、辉锑矿、地开石、高岭石、白云石等矿物，且大部分含硫化汞等多种成分的硫化物以及硅酸盐矿物。产地不同，质地成分也不同，但都离不开硫化汞成分。

　　目前，昌化朱砂（汞矿）已经关闭，所以现存的鸡血石相当有限，市场价格不断上涨。

旅游区域及进出条件（单体所在地区的具体部位、进出交通、与周边旅游集散地和主要旅游区、点之间的关系）

　　鸡血石矿位于临安区大峡谷镇玉山村，介于浙西大峡谷与石长城之间，为清凉峰旅游度假区旅游大环线的中心区域。矿区距南侧原上溪乡政府2千米，距北侧原新桥乡政府5千米，距昌化镇50千米，距临安市区100千米，距杭州主城区150千米，交通主要靠公路。矿区南侧的通道华源公路自汤苦公路的华光潭，经鱼跳贯穿上溪全乡至矿山末端的源头村，全长19.6千米。北侧的县道原石公路自汤苦公路到龙山。

保护与开发现状（单体保存现状、保护措施、开发情况）

　　开发历史近百年，大规模开发始于20世纪70年代初，主要矿藏现由开发商承包经营。

评价项目	资源要素价值（85分）					资源影响力（15分）		附加值
评价因子	观赏游憩使用价值（30分）	历史文化科学艺术价值（25分）	珍稀奇特程度（15分）	规模、丰度与几率（10分）	完整性（5分）	知名度和影响力（10分）	适游期或使用范围（5分）	环境保护与环境安全
分　值	28	24	15	6	4	9	4	3
总　分	93分；五级旅游资源单体							

9.4.7　实训成果及其评价主体与细则

9.4.7.1　实训成果要求

（1）完成不少于10个旅游购品类旅游资源单体表的填写。

（2）完成对每个旅游资源单体的摄像或摄影工作，其中每个旅游资源单体的照片不少于5张，且要求美观。

（3）提出旅游购品类旅游资源未来开发的对策与思路，形成汇报PPT。

9.4.7.2　评价主体及其权重

本次实训成果的评价建议由校内专业老师、企业指导老师及学生代表（每个实训小组各选 1 名代表）参加，权重分别为 40%、40% 和 20%。

9.4.7.3   评分细则

评分细则具体如表 9-2 所示。

表 9-2   旅游购品类实训成果评价标准

实训任务名称：_____   汇报人：_____   第___组

评价内容		评价分值	评价标准	评价得分
旅游资源单体调查表及摄像照片	旅游资源单体调查表数量	10 分	旅游资源单体表数量在 10 个及以上得 10 分，数量 9 个及以下，按实际完成数量得分	
	旅游资源单体调查表质量	15 分	单体表填写准确、描述达到要求得 12~15 分；单体表填写基本准确、描述基本到位得 7~11 分；单体表填写尚可、描述较弱得 0~6 分	
	旅游资源单体照片	15 分	旅游资源单体照片数量达标且美观度、清晰度较高的得 12~15 分；数量基本达标且美观度、清晰度尚可的得 7~11 分；数量未达标且美观度、清晰度较差的得 0~6 分	
旅游购品类旅游资源开发对策与思路	PPT 报告完整性	15 分	包括课题组组成、调查情况、调查步骤与方法、调查结果、对策建议等，每一项得 3 分	
	PPT 报告科学性与合理性	15 分	报告建议科学、合理得 12~15 分；报告建议基本科学、合理得 7~11 分；报告建议科学性与合理性较差得 0~6 分	
表现方式	PPT 演示文稿	10 分	PPT 排版美观大方、有特色得 8~10 分；排版基本整齐且有一定特色得 4~7 分；排版美观度相对较弱得 0~3 分	
	现场演讲	10 分	演讲者形象气质佳、演讲流利、条理清晰得 8~10 分；形象一般、演讲一般得 4~7 分；其他方面得 0~3 分	
	现场答辩	10 分	现场答辩流利、回答内容准确得 8~10 分；答辩一般、内容基本准确得 4~7 分；其他方面得 0~3 分	
评委签名：			合计得分：	

9.5   总结与项目测试

9.5.1   总结

本项目首先介绍了旅游购品类旅游资源的定义、旅游价值及其分类，让学习者对旅游购品类旅游资源有了初步的认识；然后逐个介绍了旅游购品类旅游资源各个基本类型的定义、形成、特征，并对旅游购品类旅游资源的实地调查与评价的主要内容、相关技巧进行了详细阐述；最后以浙江临安昌化鸡血石为例，设计了相应的实践实训环节，使学生能够对旅游购品类旅游资源做出正确的调查与评价，并完成旅游购品类旅游资源调查报告的撰写任务及相应的开发、保护思考。

9.5.2 项目测试

主要概念

旅游购品、农业产品、工业产品、手工工艺品、种植业产品及制品、林业产品与制品、畜牧业产品与制品、水产品及制品、养殖业产品与制品、日用工业品、旅游装备产品

客观题

（1）下列属于水产品及制品的是（　　　）。

A. 陕西凉皮　　　　　B. 藏族糌粑　　　　　C. 维吾尔族抓饭　　　　D. 苗族酸汤鱼

（2）著名的浙江"三门青蟹"与千岛湖鱼头属于（　　　）。

A. 养殖业产品与制品　　　　　　　　B. 传统手工艺与工艺品资源

C. 中草药材及制品资源　　　　　　　D. 水产品及制品资源

（3）下列属于种植业产品及制品资源的是（　　　）。

A. 云南白药　　　　B. 浙江寿仙谷　　　　C. 甘肃宁夏枸杞　　　　D. 阿克苏加丽果

（4）下列哪个不属于画作类资源（　　　）。

A. 东北林区农民画　　　　　　　　　B. 浙江舟山渔民画

C. 梵·高的《星月夜》　　　　　　　D. 陕西剪纸

（5）下列哪个属于金石雕刻、雕塑类旅游商品（　　　）。

A. 城市广场的铜牛　　　　　　　　　B. 古民居中的石头雕像

C. 古街古董店里的木雕　　　　　　　D. 铜雕明星公仔

（6）下列哪个属于日用工业品类旅游购品（　　　）。

A. 山东德州扒鸡　　　B. 野营帐篷　　　C. 创意保温杯　　　D. 孔明灯

简答题

（1）旅游购品类旅游资源有哪些基本类型？

（2）简述手工工艺品与日用产品两大亚类旅游资源的调查评价要点。

分析题

（1）以杭州龙井茶为例，分析其调查评价要点，并由此分析旅游购品的旅游价值。

（2）以蚕丝被或画作、陶瓷等为例，请分析我国旅游商品开发的现状。

应用题

（1）请大家选择自己熟悉的案例，对我国旅游商品的开发现状进行深入分析，针对性地指出存在的问题，并提出自己的想法。

（2）请以具体某个旅游景区为例，深入剖析该景区的核心优势与主题文化，提出可开发的旅游购品系列。

调查与评价人文活动类旅游资源

【思维导图】

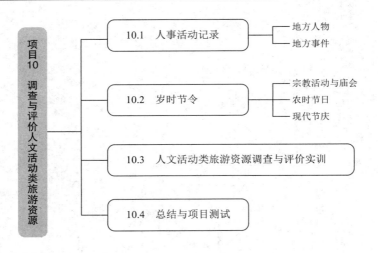

【项目案例导入】

　　杭州第 19 届亚运会，是继 1990 年北京亚运会、2010 年广州亚运会之后，中国第三次举办亚洲最高规格的国际综合性体育赛事。

　　杭州亚运会以"中国新时代·杭州新亚运"为定位、"中国特色、亚洲风采、精彩纷呈"为目标，秉持"绿色、智能、节俭、文明"的办会理念，坚持"杭州为主、全省共享"的办赛原则，共设有 56 个竞赛场馆，分布在杭州、宁波、温州、湖州、绍兴、金华各地。其中，新建场馆 12 个、改造场馆 26 个、续建场馆 9 个、临建场馆 9 个。另有 31 个训练场馆、1 个亚运村和 4 个亚运分村（运动员分村）。

2020 年 4 月 3 日，杭州 2022 年第 19 届亚运会吉祥物正式向全球发布，吉祥物组合"江南忆"在互联网云端与网友们见面，三个机器人造型的吉祥物分别是琮琮、莲莲和宸宸。

杭州亚运会竞赛项目设置为：40 个大项，61 个分项，481 个小项。40 个竞赛大项包括 31 个奥运项目和 9 个非奥运项目，同时，在保持 40 个大项目不变的前提下，增设电子竞技、霹雳舞两个竞赛项目。杭州亚运会诞生 482 块金牌。

2023 年 9 月 23 日晚，第十九届亚洲运动会开幕式在浙江省杭州市隆重举行，国家主席习近平出席开幕式并宣布本届亚运会开幕。在开幕式现场，承载着全亚洲亿万人热情的"数字火炬手"与最后一棒火炬手汪顺，共同点燃杭州亚运会主火炬塔。

（引自：百度百科"杭州第 19 届亚运会"，有删改）

想一想：结合 2008 年北京奥运会、2010 年上海世博会、2016 年 G20 杭州峰会、2022 年北京冬奥会、2023 年杭州亚运会等系列重大节事活动案例，谈谈这些活动为我们创造了哪些旅游资源？其可持续发展的影响力或竞争力有多强？

【项目导读】

学习目的意义：人文活动类旅游资源是旅游资源的重要组成部分，正是它们的存在赋予了旅游资源鲜活的生命力。其开发利用水平直接影响着旅游地旅游产品的整体文化内涵和品牌效应。对人文活动类旅游资源不同类别的认识，是充分理解其旅游价值的基本前提；唯有立足于此才能对人文活动类旅游资源进行细致的调查和科学的评价，才能对合理开发利用提出科学建议。

项目内容概述：本项目主要任务是厘清人文活动类旅游资源的概念和类别，对其所具有的旅游价值进行了深入的分析，并针对不同的人文活动类旅游资源指出其调查评价过程中应把握的要点，提出相应的开发对策与措施。

【项目学习目标】

知识目标：了解人文活动类旅游资源的类别；充分理解其表达的人文情怀；掌握人

文活动类旅游资源的旅游资源所蕴含的文化内容。

技能目标： 理解和表达人文活动类旅游资源所蕴含的文化内容；掌握不同类型人文活动旅游资源的旅游价值；掌握不同类别人文活动类旅游资源调查与评价的基本要点；提出旅游开发设想。

素质目标： 能从地方人物与事件中汲取相关职业发展的启示，提升个人品德与精进个人能力；能感悟人事活动与岁时节令中的绿色低碳、科学发展、文化自信等精神理念与居安思危、忧国忧民的责任意识。

人文活动类旅游资源是指以社会民风、民情、民俗为主体，反映社会风貌、人文意识、人文教育以及人文文化等内容，可以被旅游业开发利用的活动性、过程性旅游资源。人类文化活动丰富多彩，是人类历史发展过程中的积淀和结晶，同时又代表了地方人文特色，是游客最容易参与的部分，也是旅游业开发中最具变化性、神秘性的部分，其旅游价值主要体现在以下几个方面。

第一，历史文化价值。人文活动旅游资源具有鲜明的时代性、民族性和地域性，往往是一个地区和民族的历史及文化发展历程的生动再现，具有很高的历史文化研究价值。如历代帝王将相、文人墨客游历风景名胜区留下大量诗词、游记、题字、传说等，既丰富了旅游区的历史文化底蕴，又增加了旅游景观美的内涵。

第二，品牌形象价值。人文活动类旅游资源能够直接或者间接地影响旅游资源品牌的形成和知名度的大小。一方面人文活动类的旅游资源能够丰富和提升旅游资源的文化内涵，提升景观的美感；另一方面随着现代社会旅游者对文化内涵和精神需求的狂热追求，人文活动类的许多旅游资源已经独立成景，如北京奥运会与冬奥会对北京旅游、G20 杭州峰会和杭州亚运会对杭州旅游的品牌影响力都是巨大的。

第三，旅游经济价值。越是文化内涵深厚，表现力越强、表现形式越丰富多样，就越能聚焦旅游者的目光，为旅游目的地带来可观的旅游经济收益。尤其是作为旅游产业发展要素中的"节事""商务"等要素，将对相关产业发展的带动更为明显。

第四，科普教育价值。参观、游览、体验当地的民俗风情，就必然会受到在地文化的熏陶和感染，不仅能增长游客的见识，而且可能会影响其价值观念和行为准则。游客通过参与、体验人文活动类旅游资源而得到感触，在潜移默化中塑造和陶冶各自的高尚情操。

　　根据《旅游资源分类、调查与评价》（GB/T 18972—2017），人文活动类旅游资源可以分为 2 个亚类、5 个基本类型，如表 10-1 所示。

表 10-1　人文活动旅游资源分类一览

主类	亚类	基本类型
H 人文活动	HA 人事活动记录	HAA 地方人物　HAB 地方事件
	HB 岁时节令	HBA 宗教活动与庙会　HBB 农时节日　HBC 现代节庆

10.1　人事活动记录

　　本亚类包括地方人物与地方事件 2 个基本类型。鉴于名人效应、重大事件对提升地方旅游知名度、推动旅游产业发展具有强大的作用，导致各地在旅游资源开发过程中争抢名人属地的事件时有发生。因此，深入挖掘地方知名人物及其相关事件，也是发展旅游业的重要内容。与 2003 版《旅游资源分类、调查与评价》的标准相比，此次将原先遗址遗迹类旅游资源中社会经济文化活动遗址遗迹中的历史事件发生地（EBA）等也并入地方事件（HAB），且更加突出了人物与事件的"地方"性。

10.1.1　地方人物

　　地方人物是指当地的历史和现代名人，应该对当地历史和社会发展产生过重要影响的人物。在我国悠久的历史长河中，各个领域涌现出的杰出人物使得历史和文化的积淀尤为丰厚，同时也正是因为有了这些人物的聚集，众多的历史事件以及无数的文化遗产才具有了鲜活的生命力和灵魂。根据地方人物的自有特征，又可以分为政治名人、文化名人、学术名人、军事名人、宗教名人、商业名人、技术名人、体育名人、娱乐名人等类型。就政治名人而言，从远古时期的大禹到封建社会时期的秦始皇、唐太宗李世民、成吉思汗，再到近代的李大钊、毛泽东、周恩来等。值得注意的是，并不是说某个知名人物曾经到访过某地就属于该地的地方人物了，而应该判断其是否在此生活居住、学习或工作过。在实地调查与评价过程中，应突出其出生年代与背景、人物类型、祖籍、故居情况、主要成就与影响、成就事业的地点等方面内容的描述，重点采集其生卒年月、重要纪念日等基本特征项数据。

10.1.2　地方事件

地方事件是指当地发生过有影响的历史和现代事件。重大历史事件往往令人震撼，发人深省；在历史事件中，往往会造就一批历史人物。人物与事件结合后，形成名人文化，成为人文活动旅游资源中的一个重要组成部分。开发和利用事件旅游资源，可以还原历史，令游客感受到历史的真实面貌。根据事件的不同，可以将事件划分为战争事件（如"七七事变"）、自然灾害事件（如 2004 年印度尼西亚海啸、2008 年汶川大地震）、政治事件（如西安事变）、事故灾难（如 2001 年美国"9·11 事件"、2011 年日本福岛核电站泄漏事件等）等类型。该类旅游资源通常与地方人物、现代节庆等旅游资源伴生。在实地调查与评价过程中，应突出事件的类型与性质、事件涉及的主要人物、事件发生地、主要经过及其经济与社会影响等内容的描述，重点采集事件的发生时间、重要纪念日、影响力等基本特征项数据。

阅读材料 10-1：四川青川地震遗迹国家地质公园

四川青川地震遗迹国家地质公园位于四川省广元市青川县境内，总面积 53.58 平方千米，包括东河口和荞鱼洞两个园区。东河口园区呈堰塞湖、滑坡、地裂缝、山体张裂变形、崩塌等多种地质破坏形态，是铭记"5·12"汶川特大地震灾难，弘扬伟大的抗震救灾精神，展示灾后重建成果，集缅怀、感恩、教育、体验等功能于一体的园区。荞鱼洞园区位于白家乡境内，地质遗迹为喀斯特地貌，由 4 个数千米长的溶洞组成，洞穴内堆积类型多样，千姿百态的钟乳石惟妙惟肖。

四川汶川"5·12"特大地震后，青川县红光乡东河口村是广元市受灾最为严重的一个小村落。为让人们牢记这一历史灾难，缅怀死难同胞，汶川大地震第一个地震遗址保护纪念地——广元市青川县东河口地震遗址公园 2008 年 11 月 12 日落成。

公园往上是一条 100 多米的图片长廊，一幅幅图片再现了东河口村的今昔，再现了从中央到地方各级领导关怀灾区人民的身影，再现了四面八方亲人们救援灾区的动人场面，再现了灾区人民奋力自救的无畏精神。再往上是一个广场，中心立着三块大石，排列成一个大大的"川"字。三块巨石以 5.12 米和 2.28 米的间距排列着，寓意 5 月 12 日和 14 时 28 分。

公园是汶川大地震首个地震遗址纪念公园，是汶川大地震中地质破坏形态最丰富、地震堰塞湖数量最多最为集中的地球应力爆发形成的地震遗址群。红光乡东河口村、石坝乡青龙村、马公乡窝前村和苏河乡三凤村四大地球应力爆发形成的崩塌现场，集中展示了地震造成的崩塌、地裂、隆起、断层、褶皱等多种地质破坏形态。

（引自：百度百科"四川青川地震遗迹国家地质公园"，有删改）

10.2 岁时节令

岁时节令也称为岁时、岁事、时节、时令等，是人们在社会生活中约定俗成的一种集体性习俗活动。南朝梁人宗懔的《荆楚岁时记》，是我国较早出现的一部记载地域性岁时习俗的笔记小品，反映了古代的社会众生相和人们的生活情趣。各种岁时风俗活动的产生，显示了我们祖先对自然运动规律的认识与把握，探究其根源，即人们祈望五谷丰登、人畜两旺、岁岁平安。此处的岁时节令，自然还包括了现代节庆。现代节庆旅游资源，是指能够对人们产生吸引，并可以被用来开发成消费对象的节日和活动的总和。立足于旅游业发展的需要和旅游者的不断成熟，现代节庆类旅游产品的开发越来越受到关注，现代节庆旅游资源也日益成为旅游者眼中旅游地的重要吸引要素之一，其作用主要表现为：塑造旅游地形象，提升旅游地知名度；极大地促进旅游地的交通、通讯、城建、绿化、环卫等基础设施建设的步伐，优化旅游地环境；增加旺季客流量、弥补淡季需求不足；改善投资环境推进旅游地招商引资；提高心理预期，带动消费，促进相关产业发展；弘扬地方传统文化，推进旅游地文明建设；创造新的就业机会，减轻就业压力；节前、节后蝴蝶效应使节事活动产生较长影响（余青等，2005）。本亚类包括宗教活动与庙会、农时节日和现代节庆 3 个基本类型。

10.2.1 宗教活动与庙会

宗教活动与庙会是指宗教信徒举办的礼仪活动以及节日或规定日子里在寺庙附近或既定地点举行的聚会。我国宗教主要有佛教、基督教、伊斯兰教、道教。在漫长的历史发展过程中，不同类型的宗教以其不同的信仰为特征，通过不同的表现方式，为我们留下了大量的传统宗教习俗。随着社会的发展，以及宗教本身发展的需要，现代宗教正在以多种形式向世俗化方向转变，而这一转变使得更多的百姓能够了解和接受宗教，更多的民间团体以钱、物、人的方式参与宗教，弱化了宗教肃穆的气息，增强了宗教的娱乐性，使得广大游客能够普遍接受，尤其是少数民族的宗教活动，更是以其强烈的神秘性、差异性、故事性吸引了众多旅游者的目光。常见的佛教活动有浴佛节、盂兰盆会、释迦牟尼成佛日等，常见的道教活动有三会日、三元日、五腊日、三清圣诞等，常见的伊斯兰教活动有开斋节、古尔邦节、圣纪节等，常见的基督教活动有复活节、圣诞节、升天节等。庙会，又称庙市，是中国民间宗教及岁时风俗，也是我国集市贸易形式之一，其形成与发展和地方的宗教活动有关，流行于全国广大地区。古代，"日中为市"，进行集市贸易。至南北朝时，统治者信仰佛教，大造寺庙，菩萨诞辰、佛像开光之类盛会应运而生，商贩为供应游人信徒，百货云集，遂成庙市。在实地调查与评价过程中，应突出其宗教类型、地方特点、活动形式与地点、历史渊源、社会影响及范围、相关的人与事物等方面的描述，重点采集其开始年代、活动开始时间、活动结束时间、参与人数等基本特征项数据。

阅读材料 10-2：中国主要传统节日

我国历史文化久远，传统民俗活动众多。除上述具有明显宗教活动或庙会相关的活动以外，目前更为人民大众所接受的传统节日主要如下。

春节：狭义上指农历正月初一，广义上指农历正月初一至正月十五，又称岁首、新春、新岁、新年、新禧、年禧、大年等，口头上又称度岁、庆岁、过年、过大年等。围绕祭祝祈年，以除旧布新、迎禧接福、拜神祭祖、祈求丰年等活动形式展开，内容丰富多彩，热闹喜庆，年味浓郁。

元宵节：农历正月十五，又称灯节、小正月、元夕、上元节。主要有赏花灯、吃汤圆、猜灯谜、放烟花等系列传统民俗活动，部分地方还有耍龙灯、耍狮子、踩高跷、划旱船、扭秧歌、打太平鼓等民俗表演。

清明节：4月5日左右，又称踏青节、行清节、三月节、祭祖节等。既是一个扫墓祭祖的肃穆节日，也是人们亲近自然、踏青游玩、享受春天乐趣的节日。

端午节：农历五月初五，又称端阳节、重午节、龙舟节、正阳节、浴兰节、天医节、药草节、天中节等。以祈福纳祥、压邪攘灾等形式展开，内容丰富多彩，热闹喜庆。祈福纳祥类习俗主要有扒龙舟、祭龙、放纸龙等，压邪攘灾类习俗主要有挂艾草、浸龙舟水、洗草药水、拴五色彩线等，节庆食品主要有粽子、五黄等。

七夕节：又称七巧节、七姐节、女儿节、乞巧节、七娘会、巧夕、牛公牛婆日、双七等，是世界上最早的爱情节日。习俗有夜晚坐看牵牛织女星、访闺中密友、拜祭织女、祈祷姻缘、切磋女红、乞巧祈福等。

中秋节：农历八月十五，又称月夕、秋节、仲秋节、拜月节、团圆节等，是中国民间的传统节日。源自天象崇拜，由上古时代秋夕祭月演变而来，自古便有祭月、赏月、吃月饼、玩花灯、赏桂花、饮桂花酒等民俗。

重阳节：农历九月初九。有登高祈福、秋游赏菊、佩插茱萸、祭神祭祖及饮宴求寿等习俗。

冬至：12 月 22 日左右，又称日南至、冬节、亚岁等，兼具自然与人文两大内涵，既是二十四节气中一个重要的节气，也是中国民间的传统祭祖节日。在中国南方地区，有冬至祭祖、宴饮的习俗。在中国北方地区，每年冬至日有吃饺子的习俗。

小年：并非专指一个日子，由于各地风俗，被称为"小年"的日子也不尽相同。小年期间主要的民俗活动有扫尘、祭灶等。

除夕：农历腊月三十或农历腊月的最后一天。

（引自：百度百科"中国传统节日"，有删改）

想一想：近年来，关于春节年味不足的说法屡有提及，你是如何看待这个问题的？旅游业在其中可以有哪些作为？

10.2.2　农时节日

农时节日是指当地与农业生产息息相关的传统节日，即与当地农业、林业、牧业或渔业等农业生产活动紧密相连的传统节日。作为传统岁时节令的重要组成部分，农时节日与传统节日的初衷相近，以祈求农事顺利、丰收、平安等为主。而且与春节、元宵、清明等传统节日相比，农时节日则往往因各地农事活动的差异以及季节性、民族性、地域性等有较大差异，如每年农历六月初六，贵州榕江、车江地区的侗族以及布依族地区有一个"洗牛节"，家家牵牛下河，为其洗身，并杀鸡鸭为牛祝福，愿耕牛清洁平安，并感谢耕牛对农业发展的贡献；又如藏族在秋收、打场和送肥结束后的藏历十一月间举行"娱驴节"，浙江宁波象山县一带每年 9 月举行开渔节等。在实地调查与评价过程中，应突出其主题性质与类型、主要内容及特色、活动项目数量与规模、活动地点、组织形式、经费来源、举办规律、历史渊源或典故、经济与社会影响及范围等方面的描述，重点采集其始办时间、举办时间（季节）、历届参与人数或规模、活动举办频率等基本特征项数据。

阅读材料 10-3：中国农民丰收节

2018 年 6 月 7 日，《国务院关于同意设立"中国农民丰收节"的批复》（国函〔2018〕80 号）同意自 2018 年起，将每年农历秋分设立为"中国农民丰收节"。具体工作由农业农村部有关部门组织实施。这是第一个在国家层面专门为农民设立的节日。

2018 年 9 月 23 日，首届中国农民丰收节在北京主会场顺利举办。

2019 年 9 月 23 日，第二届"中国农民丰收节"成功举办，当年未举办全国性的主会场和分会场活动，活动重心下沉到县、乡、村，提高农民的参与度和基层的覆盖率。

2020 年 9 月 22 日农历秋分时节，2020 年中国农民丰收节主场活动在运城市万荣县黄河农耕文明博览园隆重举行，以"庆丰收、迎小康"为主题的第三个中国农民丰收节正式启幕。

2021 年 9 月 23 日，2021 年中国农民丰收节湖北主会场活动在襄阳市襄州区国家现代农业示范区（何岗村）举行。

2022 年 9 月 23 日，以"庆丰收·迎盛会"为主题的广东省庆祝 2022 年中国农民丰收节主会场活动在珠海市斗门区拉开帷幕。

2023 年 9 月 23 日，以"庆丰收、促和美、兴乡村"为主题的中国农民丰收节四川庆丰收活动在眉山市东坡区太和镇永丰村开幕。

（引自：百度百科"中国农民丰收节"，有删改）

10.2.3 现代节庆

现代节庆是指当地定期或不定期的文化、商贸、体育活动等，通常可包括但不限于旅游节、文化节、体育节、商贸节等。其中，文化旅游节通常由文化和旅游主管部门、行业协会、相关媒体或旅游企业发起、组织并参与；体育运动类节庆活动通常由体育主管部门、行业协会或相关媒体、体育企业发起、组织并参与；商贸节通常由商务、经信等部门、行业协会或行业龙头企业等发起并组织参与。与传统节日相比，现代节庆组织相对更加规范化、有序化并讲究一定的政治、经济或社会效益，但稳定性有时候反而会更差一些。在实地调查与评价过程中，应突出其主题性质与类型、主要内容及特色、活动项目数量与规模、活动地点、组织形式、经费来源、举办规律、历史渊源、经济与社会影响及范围等方面的描述，重点采集其始办时间、举办时间（季节）、历届参与人数或参展单位、相关经济效益指标、活动举办频率等基本特征项数据。

阅读材料 10-4：中国国际进口博览会

中国国际进口博览会（China International Import Expo，CIIE），由中华人民共和国商务部、上海市人民政府主办，旨在坚定支持贸易自由化和经济全球化、主动向世界开放市场。2017 年 5 月，习近平主席在"一带一路"国际合作高峰论坛上宣布，中国将从 2018 年起举办中国国际进口博览会。

2018 年 11 月 5 日至 10 日，首届中国国际进口博览会成功举办，吸引了 172 个国家、地区和国际组织，3600 多家企业参展，40 多万名境内外采购商到会洽谈采购，成交额达到 578 亿美元。

2019 年 11 月 5 日至 10 日，第二届中国国际进口博览会成功举办，共有 181 个国家、地区和国际组织参会，3800 多家企业参加企业商业展，超过 50 万名境内外专业观众注册参会，展览面积达 36.6 万平方米。交易成果丰硕，按一年计，累计意向成交 711.3 亿美元，比首届增长 23%。

2020 年 11 月 5 日至 10 日，第三届中国国际进口博览会成功举办，总展览面积近 36 万平方米，近 40 万名专业观众注册报名，3000 多名境内外记者报名采访，累计意向成交额达 726.2 亿美元，较第二届增长 2.1%。

2021 年 11 月 5 日至 10 日，第四届中国国际进口博览会成功举办，企业商业展共有来自 127 个国家和地区的 2900 多家企业参展。超过 280 家世界 500 强及行业龙头企业参展，展会吸引 3000 多家中外媒体记者报名采访。现场成交成果丰硕，按一年计，意向成交金额达 707.2 亿美元。

2022 年 11 月 5 日至 10 日，第五届中国国际进口博览会成功举办，企业商业展共有来自 127 个国家和地区的 2800 多家企业参展。展示 438 项代表性首发新产品、新技术、新服务，超过上届水平。首次搭建的数字进博平台吸引 368 家企业线上参展，浏览量达 60 万次。坚持"政府＋市场"发展方向，组建 39 个交易团、近 600 个交易分团。按一年计，意向成交金额 735.2 亿美元，比上届增长 3.9%。

2023 年 11 月 5 日至 10 日，第六届中国国际进口博览会成功举办，超 400 项新产品、新技术、新服务集中亮相。进博会正在成为加速创新成果引入和落地的"驱动器"和"孵化器"，越来越多的先进医疗器械、创新药在这里进行全球首发、亚洲首秀、中国首展。按一年计，意向成交金额 784.1 亿美元，比上届增长 6.7%。

（注：根据中国国际进口博览会官方网站相关资料整理）

10.3　人文活动类旅游资源调查与评价实训

10.3.1　实训目的

通过实地考察学习，能充分利用本项目及项目 2 的相关知识与技能要点，加深对人文活动类旅游资源概念的理解，了解并掌握人文活动类旅游资源的功能、类型、特点；能有序开展人文活动类旅游资源调查与评价的各个环节，熟练掌握人文活动类旅游资源的认定、调查技巧；完成各个旅游资源的调查表填写，提出相应的保护、开发建议。

10.3.2　实训地点

可利用某周末或专业综合实训周的时间去人文活动类旅游资源较全面且具有代表性的城市或古村落，也可随堂通过相关视频观摩进行。

10.3.3　实训教学内容及要求

（1）观察了解人文活动类旅游资源的特点。

（2）准备旅游资源调查前的各项准备工作，完成资源调查表的预填。

（3）全面调查实训区域内所有人文活动类旅游资源的基本类型。

（4）提出开发、保护人文活动类旅游资源的对策措施。

10.3.4 实训教学工具与方法

10.3.4.1 实训教学工具

详见 2.2 准备与使用调查工具。

10.3.4.2 实训教学方法

（1）对全班同学进行实训调研分组。

（2）教师组织学生完成准备阶段的各项工作，包括资料的搜集整理、调查表的预填。

（3）邀请专业人员为学生进行专业讲解。

10.3.5 实训教学资料简介

西湖国际博览会

西湖国际博览会创办于 1929 年 6 月，此后停办 71 年，1999 年 6 月重新开办。2000 年 10 月 20 日第二届西湖国际博览会开幕，定名为"中国杭州——2000 西湖国际博览会"（简称"中国杭州西湖国际博览会"或"西湖国际博览会"）。2023 年 6 月 6 日至 6 月 27 日，2023 世界休闲博览会暨杭州西湖国际博览会以"广博、精专、年轻、消费、双创、开放"为主题顺利举行，按照"整合品牌项目、开拓国际合作、服务产业发展、汇聚青年群体"的目标方向，共安排了 20 个专业展会、节庆和休闲文化活动，如中国（杭州）国际电子商务博览会、"潮起钱塘"全球跨境电商峰会、杭州"亚运消费季"、数智消费嘉年华等活动。

（引自：百度百科"杭州西湖国际博览会"，有删改）

10.3.6 旅游资源单体调查表示例

浙江省杭州市"西湖国际博览会"旅游资源单体调查表

单体名称：西湖国际博览会

基本类型：HBC现代节庆　　　　　　　　　　　序号：××××

代　号	JG—HGH—XHQ—HBC—01	其他代号：①	；②
行政位置	杭州市西湖区北山街道北山路		
地理位置	东经 120°08′25.11″，北纬 30°15′34.32″		

性质与特征（单体性质、形态、结构、组成成分的外在表现和内在因素，以及单体生成过程、演化历史、人事影响等主要环境因素）
为加快杭州市的城市发展，扩大城市影响力，杭州市委、市政府于 2000 年再次举办了西湖国际博览会（以下简称西博会），此后每年举办。西博会的成功召开，标志着杭州市向国际化城市的靠拢。 　　西博会是一个牵动整个城市的系统工程。通过全市上下的齐心协力，西博会在成功举办的同时，也促进了杭州市的经济与社会的全面发展。西博会已成为杭州市含金量极高的"金名片"，成为发展经济的"助推器"。 　　西博会中高档次的展览是汇聚商流、物流、技术流、人才流、信息流、资金流的平台和商品展示、技术推广、寻找贸易机会的最直观、便捷、集中以及快速导入市场的载体。高层次的会议则是发布、传播、学习和交流新经济、新科技、新观念、新思想、新知识的载体。大型国际会议和国际展览还是发展对外经济贸易和技术交流的重要手段，依托西博会，与各地经贸人士开展经济、科技、贸易、投资、交流、合作与竞争，凸显中心城市的集聚与辐射作用。 　　西博会以展促旅，以旅带展，举办的多项旅游活动吸引了大量客流。商务旅游的兴起，促进了杭州旅游业产业结构的多样化、高级化。西博会的集聚辐射效应，形成了广泛的城市吸引力；西博会造就了新的企业群体，带动旅游、广告、设计、购物、餐饮等服务业的发展。积极促进会展与旅游、会展与文化和会展与主导产品的融合，架起杭州与世界进行积极合作和文化交流的桥梁，极大地促进了杭州市经济社会的发展。 　　2023 年举办了第二十五届西博会，会期为 2023 年 6 月 6 日至 6 月 27 日，围绕"广博、精专、年轻、消费、双创、开放"主题，按照"整合品牌项目、开拓国际合作、服务产业发展、汇聚青年群体"的目标方向，共安排了 20 个专业展会、节庆和休闲文化活动，如中国（杭州）国际电子商务博览会、"潮起钱塘"全球跨境电商峰会、杭州"亚运消费季"、数智消费嘉年华等活动。 　　西湖博览会始办于 1929 年。由于国民革命军北伐胜利，当时的浙江省政府为纪念统一、奖励实业、振兴文化，决定筹办西湖博览会。首届西博会有 8 个场馆，分别为革命纪念馆、博物馆、艺术馆、农业馆、教育馆、卫生馆、丝绸馆和工业馆，展出商品达 14.76 万件，从 6 月 6 日开幕，到 10 月 10 日闭幕，前后历时 137 天，参观人数总计达 2000 余万人次，盛况空前。1929 年西湖博览会轰动了浙江和全国，影响波及国外，与历史上著名的 1893 年"芝加哥博览会"、1900 年"巴黎博览会"和 1927 年"费城博览会"并称为国际性庆典。
旅游区域及进出条件（单体所在地区的具体部位、进出交通、与周边旅游集散地和主要旅游区、点之间的关系）
西博会的各项活动涉及杭州各个区、县、市。其中，西博会博物馆位于西湖区北山路 41-42 号，系 1929 年第一届西湖博览会工业馆的原址。 　　地铁：可乘坐地铁 1 号线和 2 号线在凤起路站下车后步行前往。 　　公交：7 路、27 路、51 路、52 路、118 路、Y10 路，葛岭站下车后步行前往。 　　西博会博物馆位于国家级重点风景名胜区、国家 5A 级旅游景区西湖景区内，周边拥有断桥残雪、平湖秋月、宝石流霞等典型景点。
保护与开发现状（单体保存现状、保护措施、开发情况）
杭州市委、市政府每年举办一次西湖国际博览会，并不断丰富内容、创新表现形式，目前已经成为浙江省乃至全国最具世界品牌影响力的文化节庆活动之一。

评价项目	资源要素价值（85 分）					资源影响力（15 分）		附加值
评价因子	观赏游憩使用价值（30 分）	历史文化科学艺术价值（25 分）	珍稀奇特程度（15 分）	规模、丰度与几率（10 分）	完整性（5 分）	知名度和影响力（10 分）	适游期或使用范围（5 分）	环境保护与环境安全
分　值	30	23	14	7	4	9	4	3
总　分	94 分；五级旅游资源单体							

10.3.7 实训成果及其评价主体与细则

10.3.7.1 实训成果要求

（1）完成不少于 10 个人文活动类旅游资源单体表的填写。

（2）完成对每个旅游资源单体的摄像或摄影工作，其中每个旅游资源单体的照片不少于 5 张，且要求美观。

（3）提出人文活动类旅游资源未来开发的对策与思路，形成汇报 PPT。

10.3.7.2 评价主体及其权重

本次实训成果的评价建议由校内专业老师、企业指导老师及学生代表（每个实训小组各选 1 名代表）参加，权重分别为 40%、40% 和 20%。

10.3.7.3 评分细则

评分细则具体如表 10-2 所示。

表 10-2 人文活动类实训成果评价标准

实训任务名称：_____　　汇报人：_____　　第___组

评价内容		评价分值	评价标准	评价得分
旅游资源单体调查表及摄像照片	旅游资源单体调查表数量	10 分	旅游资源单体表数量在 10 个及以上得 10 分，数量 9 个及以下，按实际完成数量得分	
	旅游资源单体调查表质量	15 分	单体表填写准确、描述达到要求得 12~15 分；单体表填写基本准确、描述基本到位得 7~11 分；单体表填写尚可、描述较弱得 0~6 分	
	旅游资源单体照片	15 分	旅游资源单体照片数量达标且美观度、清晰度较高的得 12~15 分；数量基本达标且美观度、清晰度尚可的得 7~11 分；数量未达标且美观度、清晰度较差的得 0~6 分	
人文活动类旅游资源开发对策与思路	PPT 报告完整性	15 分	包括课题组组成、调查情况、调查步骤与方法、调查结果、对策建议等，每一项得 3 分	
	PPT 报告科学性与合理性	15 分	报告建议科学、合理得 12~15 分；报告建议基本科学、合理得 7~11 分；报告建议科学性与合理性较差得 0~6 分	
表现方式	PPT 演示文稿	10 分	PPT 排版美观大方、有特色得 8~10 分；排版基本整齐且有一定特色得 4~7 分；排版美观度相对较弱得 0~3 分	
	现场演讲	10 分	演讲者形象气质佳、演讲流利、条理清晰得 8~10 分；形象一般、演讲一般得 4~7 分；其他方面得 0~3 分	
	现场答辩	10 分	现场答辩流利、回答内容准确得 8~10 分；答辩一般、内容基本准确得 4~7 分；其他方面得 0~3 分	
评委签名：			合计得分：	

10.4　总结与项目测试

10.4.1　总结

本项目首先介绍了人文活动类旅游资源的定义、旅游价值及其分类，让学习者对人文活动类旅游资源有了初步的认识；然后形式详细介绍了人文活动类旅游资源各个基本类型的定义、形成、特征，并对人文活动类旅游资源的实地调查与评价的主要内容、相关技巧进行了详细阐述；最后以杭州西湖国际博览会为例，设计了相应的实践实训环节，使学习者能够对人文活动类旅游资源做出正确的调查与评价，并完成人文活动类旅游资源调查报告的撰写任务及相应的开发、保护思考。

本项目与第一版教材相比，也有较大的改动与创新。一是根据《旅游资源分类、调查与评价》（GB/T 18972—2017），将 2003 版的两个亚类的相关旅游资源单体归并至历史遗迹类旅游资源的非物质文化遗存亚类；二是更加丰富并调整了岁时节令亚类中的各个基本类型，尤其是增加了农时节日（HBB）、归并了现代节庆（HBC），较好解决了 2003 版现代节庆具有多种功能属性而难以归类的现象；三是尚未有效解决人文活动主类与历史遗迹主类非物质文化遗存亚类之间的部分重叠关系，有待后续优化完善。

10.4.2　项目测试

主要概念

人文活动、地方事件、宗教活动与庙会、农时节日、现代节庆

客观题

（1）下列属于国标中现代节庆类旅游资源的是（　　　）。

A. 元宵节庙会　　　　　　　　　　B. 那达慕大会

C. 中国（上海）国际进博会　　　　D. 傣族婚礼

（2）下列哪些不属于地方人物（　　　）。

A. 该地出生的将军　　　　　　　　B. 曾经是在此"下乡"的知青作家

C. 曾经在此演出的明星　　　　　　D. 曾经在此工作过的省部级领导

（3）下列哪个活动不属于宗教活动与庙会类旅游资源（　　　）。

A. 元宵节赶集　　　　B. 七月半祭祀　　　　C. 七夕节相亲　　　　D. 观音菩萨生日

（4）下列哪个活动不属于农时节日类旅游资源（　　　）。

A. 开耕节　　　　　　B. 稻香节　　　　　　C. 洗牛节　　　　　　D. 端午节

简答题

（1）旅游人文类旅游资源有哪些亚类和基本类型？

（2）简述岁时节令类旅游资源的调查评价要点。

（3）如何判断宗教活动与庙会的两面性？

分析题

（1）以中国国际孔子文化节会为例，分析其调查评价要点，并由此分析旅游节类旅游资源的旅游价值。

（2）比较分析宗教活动与庙会活动、现代节庆活动及农时节日活动的差别及其影响力差异。

应用题

请大家选择自己熟悉的农业生产案例，对我国目前传统农时节日类旅游资源开发利用现状进行深入分析，针对性地指出存在的问题，并提出自己的想法。

项目 11

综合评价与撰写旅游资源报告

【思维导图】

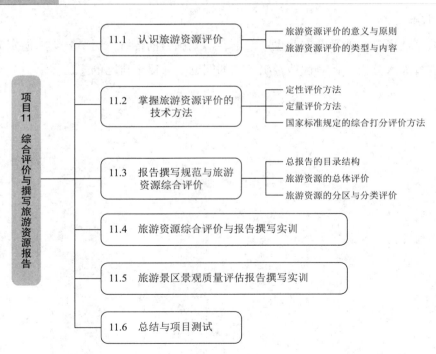

项目 11 综合评价与撰写旅游资源报告

| 11.1 认识旅游资源评价 | — 旅游资源评价的意义与原则 |
| — 旅游资源评价的类型与内容 |

| 11.2 掌握旅游资源评价的技术方法 | — 定性评价方法 |
| — 定量评价方法 |
| — 国家标准规定的综合打分评价方法 |

| 11.3 报告撰写规范与旅游资源综合评价 | — 总报告的目录结构 |
| — 旅游资源的总体评价 |
| — 旅游资源的分区与分类评价 |

| 11.4 旅游资源综合评价与报告撰写实训 |

| 11.5 旅游景区景观质量评估报告撰写实训 |

| 11.6 总结与项目测试 |

【项目案例导入】

2024 年 1 月 25 日，文化和旅游部公布拟确定北京市北京（通州）大运河文化旅游景区、河北省唐山市南湖·开滦旅游景区等 21 家旅游景区为国家 5A 级旅游景区。本次新晋 21 家国家 5A 级旅游景区分布在 21 个省、自治区和直辖市，是自 2022 年 7 月以来最新一批 5A 级旅游景区。作为 2024 年的第一批 5A 级旅游景区，主要有以下特点。

一是多为近年通过景观质量评估。此次新晋国家 5A 级旅游景区中，大多在 2019—2020 年间通过国家 5A 级旅游景区景观质量评审。具体情况是：2015 年和 2017 年通过国家 5A 级旅游景区景观质量评审的数量均各有 1 家；2019 年通过国家 5A 级旅游景区景观质量评审的数量为 8 家，占比超过三成；2020 年通过国家 5A 级旅游景区景观质量评审的数量为 11 家，占比超过五成。

二是文旅融合类景区增多。从 2019—2024 年新晋国家 5A 级旅游景区类型来看，自然生态类依然是新晋景区主力军。但值得关注的是，以"文化旅游区"命名的 5A 级旅游景区开始增多。单纯以自然生态、历史遗迹、现代游乐等大类为基础进行细分的单一类型景区在下降，文旅融合类型景区数量开始增多。

三是面积延续摆脱求大。总体而言，此次新晋 5A 级旅游景区延续了不追求大面积的发展方向，10 平方千米以下的景区有 11 家，超过半数。但其中，也不乏面积上百平方千米的山川大河类景区，如四川阿坝州四姑娘山景区（560 平方千米）、吉林松原市前郭查干湖景区（506.84 平方千米）、宁夏吴忠市青铜峡黄河大峡谷旅游区（126 平方千米）。

（引自：品橙旅游．盘点：新晋 21 家国家 5A 级旅游景区特色解读（收藏版）［EB/OL］．https://new.qq.com/rain/a/20240129A03C1C00，有删改）

想一想： 目前，我国各个旅游景区在创建国家 3A 级及以上旅游景区时，均可能需要根据《旅游景区质量等级的划分与评定》（GB/T 17775—2003）细则二的要求，通过景区景观质量的评估与审查。为什么创建中高级旅游景区需要通过景观质量的评估？这个评估该怎么做？

【项目导读】

学习目的意义： 评价工作是旅游资源调查与评价过程中核心组成部分。通过本项目内容的学习，能够使各位学习者有效掌握旅游资源综合评价的技术方法，掌握旅游资源调查与评价总报告、景区景观质量评估报告的撰写要求与技巧，为后续的图纸绘制、实际应用做好准备。

项目内容概述： 第一，初步了解旅游资源评价的内涵、原则与意义，明确旅游资源评价的内容与类型；第二，全方位掌握旅游资源评价的技术方法；第三，以国家标准为准则，结合调查与评价总报告的撰写要求，分别对旅游资源的品质评价、类型评价、分区或集聚区评价方法进行详细阐述；第四，选取实例，进行区域旅游资源评价与报告撰写的实训、旅游景区景观质量评估报告撰写实训。

【项目学习目标】

知识目标： 了解旅游资源评价的概念、意义与原则；掌握旅游资源评价的内容；理解旅游资源评价过程中应注意的相关事项；掌握旅游资源调查与评价报告、景区景观质量评估报告的撰写要求。

技能目标： 掌握旅游资源评价的技术方法，能根据旅游资源保护、开发利用的实际需要，能科学、合理地选择相应的评价方法对旅游资源进行应用性评价；能独立撰写旅游资源调查与评价的总报告；能协同撰写景区景观质量评估报告。

素质目标： 学会换位思考，能分析不同利益主体的需求及价值内涵；能协同开展项目合作，科学、客观地开展旅游资源的评价；培育创新思维，挖掘新型旅游资源。

旅游目的地能够得到成功开发并吸引游客，关键在于正确地评价旅游资源。适合开发的资源种类、发展方式等，都是旅游业实践过程中必须解决的核心问题。20 世纪 50 年代末，地理和林业学者首先关注旅游资源评价，他们从自然资源的物理客观属性着手，逐渐构建了一系列的分类评价体系、理论和方法；还有部分学者从供给和需求两个角度对旅游资源进行评估，以游客需求来决定旅游资源潜在价值的方法，其不足之处在于无法详细地列出以自然为基础的旅游资源的数量和质量。因此，20 世纪 80—90 年代逐渐引入土地评价技术并在此基础上加以改进，从而设计出较为成熟的评价系统，并应用到旅游资源的开发和管理实践中。同时期，国内社会经济和旅游业初步发展，国内旅游客源市场扩大、游客体验要求提高，对旅游资源开发评价不再是单一的技术性评价，而是在吸收国外研究成果的基础上，引入旅游开发、旅游体验和旅游活动视角，从美感、交通、市场、区位等多方面对旅游资源进行综合性的技术评价和体验性评价。进入 21 世纪，随着旅游发展类型更加丰富和多元化，旅游资源开发的评价也逐渐从供给者角度转向需求者角度，更关注旅游市场的动态需求，并引入旅游吸引物的概念；其中，更多的旅游学者和旅游开发实践者从社会建构视角对旅游资源和旅游产品开发进行分析和评价。总体来说，在过去旅游发展的 60 多年间，旅游资源开发的评价经历了"要素评价—综合评价—社会评价"的过程（保继刚等，2020）。基于此，本项目认为旅游资源评价是指在旅游资源调查的基础上对旅游资源现状进行深层次的剖析与研究，是从合理开发利用、保护旅游资源、获取最大综合效益与社会建构等视角出发，采取一定的技术方法，对一定区域内旅游资源本身的价值、外部开发条件、社会发展阶段特征与市场需求等进行系统评判和鉴定的过程，也是对一个区域发展旅游业的潜力及前景的研判工作。

11.1　认识旅游资源评价

11.1.1　旅游资源评价的意义与原则

11.1.1.1　旅游资源评价的意义

通过对旅游资源类型、性质、结构、功能、规模、分布、开发历史与现状条件等方面的评价，确定区域旅游资源的数量、品质，评估各种旅游资源在区域中所处的地位，为区域旅游规划设计、开发建设、经营管理、资源培育、生态保护等提供科学依据。

11.1.1.2　旅游资源评价的原则

（1）客观真实的原则旅游资源作为一种客观存在的资源，其品质、数量、规模、性质、结构、历史等一般都是确定的，不以评价者或开发者的意志为转移。资源本身涉及的内容非常丰富，在进行评价工作时要本着实事求是、客观真实的态度，对旅游资源的各项价值、可开发程度，未来可能产生的政治、经济、文化、生态效益，资源的美学价值等方面都要真实地予以判断，不能凭借评价者的个人喜好或开发商的兴趣爱好而任意夸大或缩小其真实情况，尽可能采取客观、科学的评价标准，这样才能确保评价结果的客观性、公正性，以避免过度开发或投资浪费。

（2）系统综合的原则。作为一种特殊的资源，旅游资源所涉及的面更广、内容更多、情况更复杂。在对旅游资源进行评价时，要对旅游资源进行系统、全面的评价。比如对旅游资源的价值进行分析评价时，不仅要考虑其观赏价值、历史价值，而且要考虑其运动休闲价值、康体养生价值及其他特殊价值。同时，旅游资源吸引力的大小，不仅取决于资源本身，而且还取决于资源所在地区的经济发展水平、地理环境、交通区位条件、客源市场需求、投资环境等多方面的条件。因此，在评价过程中，要综合衡量，全面、系统地分析，准确反映旅游资源的整体价值。

（3）动态发展的原则。旅游资源本身及其所处环境均处于不断的发展变化过程中。在调查与评价过程中，要摸清楚资源的形成及发展规律，而不能以静态的眼光、僵化的思维来看待资源，既不能局限于过去，更不能局限于现状。

想一想：近年来，社会上不断涌现新型旅游资源，游客外出旅游也不再仅限于传统的旅游景区，一座商场、一个咖啡屋、一家民宿、一片草地等都使游客蜂拥而至，这些都是真正的新兴旅游资源吗？

（4）宏观微观相结合的原则。在对区域旅游资源进行调查评价时，既要注意对跨区域同类资源的具体数据进行分析比较，也要注意对区域自有资源的系列微观数据进行概括性总结与归纳。在宏观评价的基础上，要有具体的数据作为辅助证据，用具体的调查资料与相似案例作为有力的补充。

（5）定性定量相结合的原则。在旅游资源的评价过程中，要注重定性评价与定量评价的有机结合。定性评价相对简便易行，应用范围较广，包含内容丰富，但缺乏可比性，只能反映旅游资源的概况，而且主观性较强，在实际应用过程中应学会换位思考；定量评价则是根据一定的评价标准与评价体系，以全面系统的方法，对旅游资源的各个评价因子进行量化，使结果更具可比性。

11.1.2 旅游资源评价的类型与内容

11.1.2.1 旅游资源评价的类型

根据不同的目的，旅游资源的评价类型可以分为旅游资源单体评价、旅游资源类型评价、旅游资源专题评价、旅游资源分区评价。

（1）旅游资源单体评价。主要是指针对单个旅游资源单体的评价，是进行旅游资源类型评价、专题评价、分区评价的基础与前提，也通常是在旅游资源实地调查与评价过程中就应完成的。

（2）旅游资源类型评价。主要是指针对某一个类型的旅游资源集群的评价。根据类型设计范围的大小，又可分为大类、亚类和基本类型三个层次。在实际操作过程中，通常以大类为划分标准。如新疆阿克苏地区可展开地文景观类旅游资源的评价，阿尔山国家森林公园可展开生物景观类旅游资源的评价。

（3）旅游资源专题评价。主要是指针对某一个专项目的的旅游资源集群的评价。比如，某风景名胜区为了更好地测定区内各个旅游资源的环境承载力与保护现状，可展开风景名胜区旅游资源的保护性专题评价。又如，某地为促进乡村特色农业发展，可展开乡村旅游资源的专题评价。

（4）旅游资源分区评价。主要是指针对某特定区域的旅游资源集群的评价。根据分区范围的大小，其实际评价区域范围可以是某一个旅游景区，也可以是一个乡镇或县级市等。此项评价也是实践中最为常见的。

11.1.2.2　旅游资源评价的内容

旅游资源评价的内容极为广泛、丰富和复杂，主要涉及旅游资源本体评价、环境评价和开发条件评价三个方面（见图 11-1）。

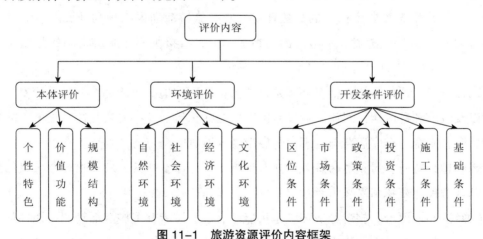

图 11-1　旅游资源评价内容框架

（1）旅游资源本体评价。

①旅游资源的个性特色。旅游资源的特色（特色性、奇异性）是吸引旅游者出游的关键性因素，是旅游资源开发的灵魂。通过调查与对比研究，可找出旅游资源的个性与特色，并为确定旅游资源的开发方向和具体旅游项目的建设提供依据。

②旅游资源的价值功能。旅游资源的功能是其价值的具体体现，并决定了其旅游开发以及未来运营管理的方向。拥有美学观赏、历史文化、科学考察、经济社会等价值

的旅游资源，通常具有观光游憩、文化体验、休闲度假、康体养生、商务会议、科普研学、娱乐美食等功能。

③旅游资源的规模结构。旅游资源的规模是指旅游资源数量的多少、占地面积或范围的大小，与旅游资源的密度直接相关；旅游资源的结构是指旅游资源的空间分布与组合特征。因此，旅游资源的规模与结构不仅是旅游资源评价的主体内容之一，更是决定旅游资源的规模集聚效应，体现其群体价值特征，是形成各类旅游区、景区或风景名胜区的主要参考。值得注意的是，在考虑一定范围内旅游资源的数量时，还应考虑资源的匹配度或互补性、各个要素的组合度或协调性等问题。

想一想：为什么评价一定范围内旅游资源的数量时，还应考虑资源的匹配度或互补性、各个要素的组合度或协调性等问题？

（2）旅游资源环境评价。旅游资源的环境评价包括自然环境、社会环境、经济环境、文化环境四个层面的内容。

①自然环境评价。旅游自然环境是指旅游资源所处区域的地质地貌、气象水文、土壤植被、生物生态等要素构成的自然环境。它是旅游活动得以顺利开展的重要外部环境条件之一，也是旅游资源不可分割的组成部分，直接关系到旅游资源的品质与开发前景。

②社会环境评价。旅游社会环境是指旅游资源所在地的政治局势、社会治安、医疗保健以及政府和社区居民对旅游业发展的态度与认识等。这些要素往往与投资方的营商环境、资产安全、有序运营与管理，与旅游者的游览安全及财产安全等有关。

想一想：随着乡村旅游的日益成熟与发展，国外很多地区以及国内部分区域已经出现过社区居民开始抵制发展乡村旅游的行为，请问为什么？

③经济环境评价。旅游经济环境是指能够满足旅游者开展旅游活动的一切外部经济条件，主要包括劳动力、物力与财力以及基础设施等条件。旅游经济环境要素将直接影响到旅游资源开发的成本与效益、旅游地的可进入性和旅游服务质量。

④文化环境评价。旅游文化环境是指旅游资源所处区域的文化习俗、礼仪制度等，其涉及了未来区域旅游资源开发的特色内涵与品牌形象。在少数民族地区，还有可能涉及地方准入项目或产品。

（3）旅游资源开发条件评价。旅游资源的开发利用条件主要包括区位条件、市场条件、政策条件、投资条件、施工条件与基础条件等方面。

①区位条件评价。区位条件是影响旅游资源可开发性的重要因素，主要包括资源所处的地理位置、交通条件、距离客源地的时空距离以及与周边旅游区或旅游集散中心的关系等内容。它不仅影响到旅游资源的品质与吸引力、开发规模，而且影响到旅游资源未来的线路布置和开发利用的方向。地理位置与交通条件是相辅相成的，是提高旅游资源可进入性的根本与前提，其最直接的评价标准即为距离主要客源地的时空距离。而影响到时空距离的，不仅涉及客源地与资源地的道路等级，而且与交通工具、线路安排等因素均有关联。

阅读材料 11-1：中国高速铁路

2003 年 10 月 11 日，秦沈客运专线通车，设计时速 250 千米 / 小时，全长 404 千米。从此，拉开了我国高速铁路的辉煌篇章。2008 年 3 月 31 日，时速 350 千米的首列国产化 CRH3 高速动车组在"唐车"下线，进入测试运行。2008 年 8 月 1 日，京津城际铁路开通运营，成为中国内地第一条设计速度 350 千米 / 小时级别的高速铁路。2010 年 12 月 3 日，在京沪高铁枣庄至蚌埠段进行综合试验的"和谐号" CRH380A 新一代高速动车组试车最高时速达 486.1 千米。2010 年至 2018 年，中国已在长三角、珠三角、环渤海等城市群建成高密度高铁路网，东部、中部、西部和东北四大板块区域之间完成高铁互联互通。2022 年 8 月 30 日，中国首条跨海高铁——新建福厦铁路全线铺轨贯通；10 月 31 日，世界最长海底高铁隧道——甬舟铁路金塘海底隧道开工建设；11 月 30 日，世界最长高速铁路跨海大桥——南通至宁波高速铁路杭州湾跨海铁路大桥正式开工建设。截至 2023 年年底，中国高速铁路运营里程已达 4.5 万千米。我国已成为世界上高速铁路系统技术最全、集成能力最强、运营里程最长、运行速度最高、在建规模最大的国家。

（引自：百度百科"中国高速铁路"，有删改）

想一想： 高速铁路、普通铁路、高速公路、普通公路、水运、航空等道路交通方式，对地方旅游市场的开拓有何差异？

②市场条件评价。市场条件的评价包括供给市场的条件评价与需求市场的条件评价。前者是指与被评价旅游资源相似或不同旅游资源的开发程度与规模，为未来旅游资源的差异化开发、设计或组合式发展奠定基础。因此，要注重与周边相关旅游区的对比

分析，而具体周边范围的大小又与资源本身的影响力或投资规模成正比关系。后者即为客源市场的条件评价，它决定了被评价旅游资源未来的开发、设计方向与发展规模。通过对旅游资源所处区域目标需求市场的相关特征分析（如市场空间范围、消费层次、消费习惯等），并以此为依据，有针对性地进行相应的规划设计与开发建设，才能促进区域旅游业的发展。

③政策条件评价。政策条件评价要重点分析两个方面：一是各级政府所有的相关法律法规涉及评价旅游资源及其所在区域的相关规定，尤其体现在土地使用性质、建筑密度、容积率、"三区三线"及部分经营项目的准入门槛等方面；二是各级政府所出台的相关惠旅支旅政策，对待评价旅游资源及其所在区域的相关规定，可以关注税费减免、基础配套、投资奖补等方面。

④投资条件评价。旅游业是资金密集型产业，旅游资源的开发利用需要大量的资金支持，且回收周期较长。资金来源是否充裕、财力储备是否雄厚，直接关系到旅游开发的深度、广度及开发的可能性。因此，在对旅游资源进行评价过程中，要评价区域投资效益条件，明晰项目的可行性，确定投资收益率。

⑤施工条件评价。对涉及旅游资源开发建设的相关施工条件，主要包括两个部分：一是旅游资源所在地的自然基础条件，可依据地质、地貌、水文、气象、土壤等因素将其划分为适宜建设地区、基本适宜建设地区与不适宜建设地区，尤其是要匹配所在地的"三区三线"要求；二是涉及旅游资源开发建设的相关技术条件评价，尤其是开发建设类似于户外滑雪场等运动休闲类项目的时候。

⑥基础条件评价。在进行旅游资源调查与评价过程中，可以将其划分为已开发旅游资源与未开发旅游资源。在评价过程中，针对已开发旅游资源，应注意总结先前开发过程中的成功经验和失败教训，剖析其中存在的问题与不足，为下一步开发利用和保护旅游资源提出更好的意见或建议。

11.2　掌握旅游资源评价的技术方法

对旅游资源的评价存在着应用性和研究性两种取向，包括定性评价与定量评价两类方法。由于评价的目的、资源的赋存条件、开发基础与导向的不同，均须采取不同的评价方法。在实际应用过程中，最为典型的应用性定性评价方法包括一般体验性评价、"三三六"评价方法、美感质量评价方法等；最为典型的应用性定量评价方法主要包括国家标准《旅游资源分类、调查与评价》（GB/T 18972—2017）、《风景名胜区总体规划规范》（GB/T 50298—2018）和《旅游景区质量等级的划分与评定》（GB/T 17775）的景观质量评价方法。下面将重点介绍几种实用性强、应用较为广泛的定性、定量评价方法。

11.2.1　定性评价方法

11.2.1.1　一般体验性评价方法

一般体验性评价是由评价者根据自己亲身体验对一个或一系列的旅游资源（集聚区）就其整体质量进行定性评价。可通过设定的问卷请大量的旅游者或相关旅游专家、管理人员对旅游资源的优劣排序并进行统计，或统计旅游资源在报刊、旅游指南、书籍、网络平台上出现的频率，或邀请各相关领域的专家学者集中讨论评议等方式，形成一个国家或地区、旅游景区或旅游度假区最优旅游资源的评价序列，以大致说明其整体质量、知名度或影响力。事实上，该评价方法通常由传播媒介、政府部门或相关行业协会发起，其评价目的多着眼于推销和宣传。如 1985 年由《中国旅游报》主持的"中国十大名胜"评比，2001 年国家旅游局启动的"中国最佳旅游城市"评比，各类协会组织的"国内或华东地区十大旅游目的地"评比等。值得注意的是，虽然该评价方法简单易行，只要求对旅游资源（集聚区）的整体进行评价，但通常仅限于已开发且知名度相对较高的旅游资源（集聚区），否则评价范围具有很大的局限性，无法应用于尚未开发的旅游资源（集聚区）。

想一想： 某地级市境内拥有已开发旅游区数十个。目前，该市旅游管理部门与旅游协会将联合开展"十大旅游区"的评比活动，请问可以邀请哪些地区的评价者参与评价？

11.2.1.2　"三三六"评价方法

"三三六"评价方法是由卢云亭于 2001 年首先提出的，可以概括为"三大价值"、"三大效益"和"六大条件"。其中，"三大价值"是指旅游资源的历史文化价值、艺术观赏价值和科学考察价值；"三大效益"是指经济效益、社会效益和环境效益；"六大条件"是指地理位置和交通条件、资源的地域组合条件、旅游客源市场条件、市场投资能力条件、施工难易条件、旅游容量条件（见表 11-1）。

表 11-1 "三三六"评价方法的评价因素[①]

价值评价	历史文化价值	①世界级 ②国家级 ③省级或地区级 ④县级
	艺术观赏价值	①地方特色的浓郁程度 ②历史感的深浅 ③艺术性的高低
	科学考察价值	①自然科学方面 ②社会科学方面 ③教学方面
效益评价	经济效益评价	①增收创汇 ②促进经济收入的增加 ③扩大当地居民就业机会 ④税收
	社会效益评价	①促进文化交流 ②宣传自身形象 ③精神文明建设 ④提高当地居民文化素质 ⑤保护民族文化
	环境效益评价	①提高污染物的处理能力 ②游客产生污染物的数量 ③生态平衡的保持
条件评价	地理位置和交通条件	①地理位置 ②可进入性 ③交通条件 ④气候
	资源的地域组合条件	①景观的集中程度 ②自然风景与人文风景的融合度 ③主要景点和次要景点的安排 ④旅游路线、特色
	旅游客源市场条件	①一级市场、二级市场、三级市场 ②一段时间内（通常是 1 年）游客的增长情况
	市场投资能力条件	①国家投资 ②地方投资 ③部门投资 ④企业投资 ⑤个人投资 ⑥国外投资
	施工难易条件	①工程技术条件 ②基础设施供应条件 ③工程的设计和审批、耗资的数量、工期的长短、天气对施工的影响
	旅游容量条件	①容人量（人／平方米）②容时量（小时／景点）

11.2.1.3　美感质量评价方法

旅游资源美感质量评价一般是基于对旅游者或专家体验的深入分析，建立规范化的评价模型，评价结果多是具有可比性的尺度或数量值。关于自然风景质量的视觉评估，目前较为公认的有专家学派、心理物理学派、心理学派和现象学派四大学派。

11.2.1.4　"六字七标准"评价方法

该评价方法由黄辉实提出，主要从旅游资源的本身和资源所处环境两大方面予以评价。从旅游资源本身而言，提出了"六字"评价法，分别为美、古、名、特、奇、用；从旅游资源所处的环境而言，提出了"七标准"评价法，分别为季节性、污染状况、联系性、可进入性、基础结构、社会经济环境、市场七个标准。

[①]　王昆欣.旅游资源评价与开发［M］.北京：清华大学出版社，2010.

11.2.2　定量评价方法

定量评价分析方法是依托一定的统计、分析、计算等技术方法，根据一定的评价标准和评价模型，以全面系统的方法，用具体的数量来表示旅游资源（集聚区）的各个评价因子，其结果具有可比性。但是，定量评价方法的结果往往代表某一个时间节点，对某些无法量化的因素难以表达。该方法通常又可以分为技术性单因子定量评价法和综合性多因子定量评价法。

11.2.2.1　技术性单因子定量评价法

所谓技术性单因子定量评价法，是评价者在评价旅游资源（集聚区）时，集中考虑某些典型而又关键的因素，并对这些因素进行适宜性评价与优劣势评价。这种评价方法主要适用于开展专项旅游资源开发、旅游活动开展或旅游环境保护等方面，如登山、养生、滑翔、游泳、滑雪等。

想一想： 随着现代旅游产业新兴业态的不断创新与涌现，我们对传统旅游资源的认识应注意哪几方面的问题？请举例。

11.2.2.2　综合性多因子定量评价法

综合性多因子定量评价方法是在考虑多个因子的基础上，利用一定的数学分析方法，对旅游资源（集聚区）进行综合评价。具体的评价方法包括层次分析法、指数评价法、共有因子评价法等，以下重点介绍层次分析法。

层次分析法是由美国运筹学家萨蒂（Saaty）于 1973 年提出的一种系统分析方法。它把问题的各个组成因素划分为相互联系的有序层次，对各个层次的组成因素的相对重要性给予数量标定，然后运用相关数学分析方法进行处理，以求得各因子重要程度的量化结果，并通过排序来分析和解决问题。具体应用到旅游资源（集聚区）的评价过程中，可遵循如下步骤。

（1）设计评价标准体系。国内最先将该方法应用于旅游资源评价的是保继刚[①]，其将旅游区内的各个特征因素进行划分，共分为综合层、项目层和因子层三个层次（见表11-2）。

---

① 保继刚.旅游资源定量评价初探［J］.干旱区地理，1988，11（3）：60-63.

表 11-2　旅游资源定量评价参数

综合层	分值	项目层	分值	因子层	分值
资源价值	72	观赏特征	44	愉悦度	20
				奇特度	12
				完整度	12
		科学价值	8	科学考察	3
				科普教育	5
		文化价值	20	历史文化	9
				宗教朝拜	4
				修养娱乐	7
景点规模	16	景点地域组合	9	—	
		旅游环境容量	7		
旅游条件	12	交通通信	6	便捷	3
				安全可靠	2
				费用	1
		饮食	3	—	
		旅游商品	1		
		导游服务	1		
		人员素质	1		
合计	100	—	100		

（2）明确各评价因子的权重、分值。通过前面的定性评价方法，经过主观判断，再经过调查和分析（如德尔菲法）确定各个分项的得分值，然后通过相应的数学处理方法，建立反映对应因子关系的矩阵，以此获得评价因子排序权重及位次。然后以满分100为标准，对各个层次的因子进行赋值。

（3）依据评价模型展开资源评价。利用相应的评价模型，对旅游资源（集聚区）进行综合性评价，求得最后的评价结果。

阅读材料 11-2：专家咨询法（德尔菲法）

所谓专家咨询法，又称为德尔菲法，是系统工程学中应用较广的一种科学预测方法。其实质是利用专家的知识、经验和智慧，对许多无法通过量化评定并带有很大模糊性的决策方案，通过微信、QQ、邮件、电话、E-mail、访谈等方式进行问答咨询，并进行多次信息交换和反馈，使相关学者专家取得相对较一致的意见，从而达到评价和预测的目的，其具体做法如下图所示。

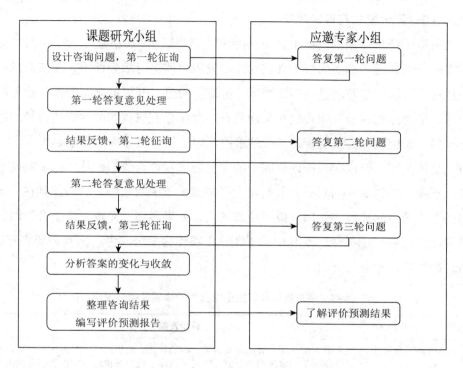

（引自：百度百科"德尔菲法"，有删改）

11.2.3　国家标准规定的综合打分评价方法

《旅游资源分类、调查与评价》（GB/T 18972—2017）中所采用的旅游资源评价方法，基本沿用了 2003 版的综合打分评价方法，是介于层次分析法与共有因子评价法之间的一种综合性多因子定性评价方法。

11.2.3.1　共有因子评价体系与结构

该评价体系将"旅游资源共有因子"划分为"评价项目"和"评价因子"两个层次。"评价项目"包括"资源要素价值""资源影响力""附加值"三项。其中，"资源要素价值"含"观赏游憩价值""历史文化科学艺术价值""珍稀奇特程度""规模、丰度与几率""完整性"5 个因子；"资源影响力"含"知名度和影响力""适游期或使用范围"2 个因子；"附加值"仅含"环境保护与环境安全"1 个因子，但其并非真正意义上的共有因子，因此是作为"附加值"来考虑（详见表 11-3 与表 2-6、表 2-7、表 2-8）。

11.2.3.2　评价要求与评定程序

在共有因子评价体系的基础上，可由专家（调查组）、旅游业主为主执行，必要时吸收游客的意见，遵照标准的技术规范对旅游资源单体进行赋分评价。在实际的赋分过程中，也可以采取德尔菲法进行多回合赋分处理。对已经开发的旅游资源，也可吸收旅游者参与。值得注意的是，调查组在实地调查的时候是完成资源的预赋值或预评级，该结果还要经专家组或相关旅游管理部门的最终认定审核，具体程序方法如下。

（1）整体判断。要依次根据评价因子的实际要求和评价依据，从整体上判断目标旅游资源属于哪一个档次。判断时，要站在大区域或大范围的立场上，考虑其在全国乃至世界同类型资源中的地位或作用。值得注意的是，如果碰到"多重价值组合"时，可根据评价目的的需要，选择全部或其中的 1 项或 2 项作为赋分参考；而且只要拥有其中 1 项价值，即可获得相应的分值。

表 11-3　旅游资源共有因子综合评价体系及赋分说明

评价项目	评价因子	评价及赋分方法
资源要素价值（85分）	观赏游憩使用价值（30分）	全部或其中一项具有的观赏价值、游憩价值、使用价值。分为 4 个档次，从高到低分别赋予一定区间的分值。可先从整体上确定评价对象的档次，再根据实际情况，赋予此档次内的某一分值。如果拥有的价值项目多，赋分时应优先考虑
	历史文化科学艺术价值（25分）	同时或其中一项具有的历史价值、文化价值、科学价值、艺术价值。分为 4 个档次，从高到低分别赋予一定区间的分值。可先从整体上确定评价单体属于哪个档次，再根据实际情况赋予具体分值。如果拥有的价值项目多，在赋分时优先考虑
	珍稀奇特程度（15分）	物种的珍稀程度和景观的奇特程度。分为 4 个档次，从高到低分别赋予一定区间的分值。可先从整体上确定评价单体属于哪个档次，再根据实际情况，赋予其实际分值
	规模、丰度与几率（10分）	独立型单体要参考其规模，集合或集聚型单体要参考其结构和密度，周期性或季节性单体要参考其发生概率或频率。分为 4 个档次，从高到低分别赋予一定区间的分值。可先从整体上确定评价单体的档次，再根据实际情况赋予其实际分值
	完整性（5分）	形态与结构的完整性。分为 4 个档次，从高到低分别赋予一定区间的分值。可先从整体上判断评价单体的档次，再根据其实际情况赋予其实际分值
资源影响力（15分）	知名度和影响力（10分）	单体在区域内的知名度与影响力。分为 4 个档次，从高到低分别赋予一定区间的分值。可先从整体上确定评价单体属于哪一个档次，再根据实际情况，赋予其实际分值
	适游期或使用范围（5分）	单体开发后的适游期或适游人群。分为 4 个档次，从高到低分别赋予一定区间的分值。可先从整体上确定评价单体属于哪一个档次，再根据实际情况，赋予其实际分值

续表

评价项目	评价因子	评价及赋分方法
附加值	环境保护与环境安全	旅游资源及其所处环境受到保护与污染的程度。分为 4 个档次，从高到低分别赋予一定区间的分值。可先从整体上确定评价单体的档次，再根据实际情况赋予实际的分值

（2）分值计算。在确定单体属于具体某一档次的前提下，应根据单体的实际情况，在赋分区间范围内进行微调，并确定一个因子的实际分值。假如某旅游资源拥有多项价值组合，可以适当提高分值；反之，则可以降低一些分值。在得出各个评价因子分数的基础上，相加以得到最后的总分。

（3）等级确定。根据表 2-9 最后确定旅游资源的等级。

（4）编制统计表。在完成区域内全部旅游资源单体后，应及时编制旅游资源单体统计一览表，样表如表 11-4 所示。

表 11-4　旅游资源单体统计一览表（样表）

单体序号	单体名称	单体代号	行政位置	地理位置	主类	亚类	基本类型	等级	新单体

11.3　报告撰写规范与旅游资源综合评价

在完成所有旅游资源单体评价定级与单体统计表的基础上，接下来就要认真开始进行旅游资源调查与评价报告的撰写工作。就报告的类型而言，通常包括总报告、分类报告、工作报告、专题报告等几类。本子项目将重点阐述总报告的撰写要求与技巧。

11.3.1　总报告的目录结构

旅游资源调查与评价的总报告包括正文与附件两部分。正文的目录结构主要包括前言、调查区旅游环境或资源的形成背景、旅游资源的开发历史和现状、旅游资源的基本类型、旅游资源的综合评价（包含总体评价、分区评价、分类评价、集合区评价）、旅游资源的保护与开发建议、参考文献；附件主要包括旅游资源图集（具体参见项目

12）、旅游资源单体统计一览表（表11-4）、旅游资源单体简介、相关影像资料或其他资料，如调查区的资料卡片库、调查日记、资源信息数据库等。

阅读材料11-3：某省旅游资源普查总报告目录

第一章　旅游资源形成与演化的省域背景

第一节　自然地理背景

第二节　历史与人文背景

第三节　社会与经济背景

第二章　旅游资源开发利用的历史与现状

第一节　历史时期旅游资源的开发利用

第二节　中华人民共和国成立后、改革开放前旅游资源的开发利用与保护

第三节　改革开放后、文旅融合前旅游资源的开发利用与保护

第四节　文旅融合后旅游资源的开发利用与保护

第三章　旅游资源总体评价

第一节　旅游资源的丰度

第二节　旅游资源的品质

第三节　旅游资源的空间分布

第四节　旅游资源评价的基本结论

第四章　省域旅游资源的分区评价

第一节　×××旅游分区旅游资源评价

第二节　×××旅游分区旅游资源评价

第三节　×××旅游分区旅游资源评价

第五章　省域旅游资源分类评价

第一节　地文景观类旅游资源

第二节　水域景观类旅游资源

第三节　生物景观类旅游资源

第四节　天象气候类旅游资源

第五节　建筑设施类旅游资源

第六节　历史遗迹类旅游资源

11.3.1.1 前言

在总报告中,前言的内容主要包括旅游资源调查的目的、调查的地区、调查的任务、调查人员的组成、时间的安排、主要工作成果以及调查的发起机构等。

11.3.1.2 调查区旅游环境

调查区的旅游环境,即为旅游资源的形成背景或原因。根据旅游资源的基本类型,其形成背景或原因主要包括三个方面:一是自然与生态环境,即在阐述地理位置与范围面积的基础上,具体叙述地质地貌条件、气候水文条件、土壤植被条件、生物与生态条件等内容,且其中大部分资料可从地方志中找到;二是历史与人文环境,主要包括调查区域的建制沿革、时代变迁与文化积淀、人居环境与地方风俗等内容;三是社会与经济背景,主要包括行政区划与人口结构、经济水平与产业特色、发展规划、战略目标以及区域社会经济发展形势等内容。最后,应完成调查区实际资料表。

11.3.1.3 旅游资源的开发历史和现状

根据旅游资源的开发状态,重点阐述已开发旅游资源的开发历史与现状情况,主要叙述两个方面的内容:一是历史时期旅游资源的开发利用历史,包括各个时代的开发利用情况与取得的成绩;二是中华人民共和国成立以后各个重要阶段的开发利用历史或当前的开发利用情况,以及所取得的相关成绩。该部分内容可以从地方志、文旅主管部门或相关职能部门的资料中获取信息。

11.3.1.4　旅游资源的基本类型

重点阐述调查区内所拥有的主类、亚类和基本类型的数量及其占所有数量的比例（见表 11-5）以及旅游资源的名称、位置、规模、形态、特征等基本情况。

表 11-5　各层次旅游资源数量统计

系　列	标准数目	调查区	
		数目	占全国比例（%）
主类	8		
亚类	23		
基本类型	110		

11.3.1.5　旅游资源的综合评价

旅游资源的综合评价包括总体评价、分区评价、分类评价和集聚区评价四类。总体评价的内容又包括旅游资源的丰度评价、旅游资源的品质评价、旅游资源的空间分布特征评价以及总体评价的结论等；分区评价则是根据资源的性状与特征、地理环境要素等因素，将被调查区划分为若干个分区，并对分区内的资源进行评价、分区之间的资源进行比较研究；分类评价则分别从八大类旅游资源的丰度、品质和集聚区等方面做出评价；集聚区评价主要包括集聚区概念的界定与相关内容的评价两个方面。

11.3.1.6　旅游资源的保护与开发建议

主要包括被调查区域旅游资源的开发利用现状、旅游资源保护的现状与存在问题以及原因分析、旅游资源保护的主要任务、旅游资源开发利用的主要思路等内容。

11.3.1.7　参考文献

在报告的结尾部分，要罗列出本次旅游资源调查与评价所参考的主要文献，主要内容可参考项目 2.1 基础资料的准备与搜集。

在报告的实际撰写过程中，可依据具体的调查与评价目的，对报告的内容进行一定的调整和增补。

11.3.2　旅游资源的总体评价

11.3.2.1　旅游资源的丰度评价

在旅游资源的评价时，可设计旅游资源的密度、类型丰度与储量丰度三个指标来予以体现。

（1）旅游资源的密度。所谓旅游资源的密度，是指一定区域范围内，单位面积内拥有旅游资源的个体数量，通常用"个/平方千米"来表示。鉴于大部分旅游资源单体的面积差异较大，也可认为旅游资源的密度是一定区域范围内，所有旅游资源单体的面积之和占总面积的比重，具体可用如下公式表示：

$$p = \frac{\sum_{i=1}^{n} S_i}{S}$$

公式 11-1

其中：p——旅游资源密度；S_i——第 i 个旅游资源单体的面积；S——区域总面积；i——区域旅游资源的数量。

值得注意的是，由于很多旅游资源并无明确的地域范围或面积，尤其是天象气候类旅游资源、旅游购品类旅游资源与人文活动类旅游资源。因此，公式 11-1 通常在系统分析、评价地文景观类旅游资源、水域景观类旅游资源、生物景观类旅游资源、历史遗迹类旅游资源、建筑设施类旅游资源的专项评价中运用。

练一练： 2023 年，浙江省某县级市为编制文旅融合发展总体规划，对全市文化和旅游资源进行了再次详细调查。通过调查，共获得旅游资源单体 412 个，市域总面积为 1931 平方千米。请问，该市的旅游资源密度是多少？

（2）旅游资源的类型丰度。所谓旅游资源的类型丰度主要是指一定区域范围内，其旅游资源所涉及的主类、亚类与基本类型的拥有率，通常包括主类拥有率、亚类拥有率与基本类型拥有率三个指标。如某地通过旅游资源普查共获取的旅游资源分属 8 个主类、23 个亚类、108 个基本类型，主类和亚类的拥有率均为 100%，基本类型比全国总数仅少 2 个，拥有率为 98.18%。从资源类型的拥有数量及拥有率来看，其旅游资源的类型十分丰富。在报告的撰写过程中，要在前述三个指标的分析基础上，注重以下两个层次的评价总结：一是调查区内自然旅游资源与人文旅游资源的总体格局。旅游学术界一般认为，通过比较某个区域自然旅游资源与人文旅游资源的基本类型数量，可以在很大程度上反映出区域旅游资源的总体结构与特色。二是比较八个主类旅游资源中基本类型的拥有率，并对其进行排序，以凸显调查区域内旅游资源的特色所在。

（3）旅游资源的储量丰度。所谓旅游资源的储量丰度，是指在对旅游资源进行定量分析研究时，通过专家讨论确定一定范围内各个资源单体等级的影响力，即分别赋予各等级单体一定的影响系数，再乘以各等级单体数量并求和。具体可用如下公式表示：

$$C = \sum_{i=1}^{5} x_i g_i$$

公式 11-2

其中，C——某地旅游资源的储量丰度；x_i——第 i 级旅游资源单体的影响系数；g_i——第 i 级旅游资源单体的数量；i——旅游资源单体的等级。

2002 年全国旅游资源普查试点项目《杭州市旅游资源普查》及 2003 年浙江省旅游资源普查时，均引用了"旅游资源储量"的概念，将各等级旅游资源的单体数量分别乘以 10（五级）、7（四级）、5（三级）、3（二级）、1（一级），其总和确定为某一区域或某一类型的旅游资源储量。在报告的撰写过程中，在区域旅游资源总储量的叙述分析基础上，应注重以下两个层次的评价总结：一是调查区内自然旅游资源的储量与人文旅游资源的储量的总体格局与对比。二是比较八个主类的旅游资源的储量值，并对其进行排序，以凸显调查区域内旅游资源储量分布的类型特征。

练一练： 某县共有旅游资源单体 350 个，其中五级旅游资源单体 5 个、四级旅游资源单体 13 个、三级旅游资源单体 45 个、二级旅游资源单体 106 个，一级旅游资源单体 181 个。假设各等级旅游资源的影响系数分别为 11、9、7、5、1，请计算该县旅游资源的总储量丰度。

试一试： 不同等级旅游资源单体的影响力因素该如何确定，尝试通过层次分析法和德尔菲法来确定。在大数据时代，是否还有其他更加精准的方法？

11.3.2.2 旅游资源的品质评价

旅游资源的品质就是指旅游资源的质量，其实质是旅游资源的评价等级及其表现特征。区域旅游资源的品质主要体现在两个方面：其一是区域范围内所有旅游资源单体的平均品质；其二是所有旅游资源单体的等级构成。前者可用旅游资源的平均品质分表示，即将旅游资源的储量除以旅游资源的单体总数，即可求出旅游资源的平均品质分（见公式 11-3）；后者可以用优良级旅游资源单体（即三级及以上旅游资源单体）的数量及其占总量的比重来反映。

$$q = \frac{C}{\sum_{i=1}^{5} g_i} = \frac{\sum_{i=1}^{5} x_i g_i}{\sum_{i=1}^{5} g_i}$$

公式 11-3

其中，q——某地旅游资源的平均品质；C——某地旅游资源的储量丰度；x_i——第 i 级旅游资源单体的影响系数；g_i——第 i 级旅游资源单体的数量；i——旅游资源单体的等级。

在报告的撰写过程中，在区域旅游资源的总体平均品质分析与周边或相似地区的对比分析基础上，应注重以下两个层次的评价总结：一是调查区内自然旅游资源的平均品质与人文旅游资源的平均品质对比，以突出该地区是以自然旅游资源或人文旅游资源见长。二是比较八个主类旅游资源的平均品质分，并对其进行排序，以明确调查区域内各大类旅游资源孰轻孰重，为将来旅游资源的主要开发方向与品牌树立明确方向。就旅游资源单体的等级构成而言，除了优良级旅游资源单体数占总单体数的比重以外，还可以采用等级与主类两个维度对其进行分析，具体表现形式可以是表格或柱状图。例如，某省旅游资源普查结果显示，全省共有优良级旅游资源单体 3917 个，占全省旅游资源总数的 18.54%，其资源单体的等级构成可由表 11-6 及相应的柱状图、折线图等形式表示。

表 11-6　某省优良级旅游资源单体构成

主类	优良级单体数	五级单体数	四级单体数	三级单体数
地文景观	797	47	134	616
水域景观	360	26	52	282
生物景观	166	8	32	126
天象气候	54	6	10	38
建筑设施	1818	104	303	1411
历史遗迹	112	12	28	72
旅游购品	254	24	42	188
人文活动	356	25	77	254

11.3.2.3　旅游资源总体评价的结论

在前述旅游资源的丰度评价、品质评价与分区评价的基础上，需要提出一个总结性的结论。该总结评论应包括调查区旅游资源的数量特征、类型特征、品质特征、分布特征、典型特色及其与社会大众需求的匹配度等相关内容。如总量丰富、类型多样，以自然旅游资源为主，自然旅游资源与人文旅游资源兼容并蓄；平均品质高，优良级旅游资源多，且有为数不少的极品资源单体；各类资源的丰度和品质差异显著，但均有精品和亮点；资源分布呈大分散、小集中格局，各地均有丰富的旅游资源，区域特色明显等；

资源价值契合"Z 世代"追求自由放松的消费需求，符合"银发群体"的康体养老旅游需求等。

11.3.3　旅游资源的分区与分类评价

在旅游资源总体评价的基础上，应展开调查区内旅游资源的分区评价与分类评价。

11.3.3.1　旅游资源的分区评价

分区评价一般也包括集聚区评价。在实践应用过程中，资源分区的划分目的多种多样，集聚区的划分目的则主要看资源的集聚程度，且通常是可以规模聚集开发的区域。就旅游资源的空间分布而言，其在总报告的分析内容通常包括三个步骤：一是明确资源分区；二是资源的丰度分布分析；三是资源品质的空间差异分析。就旅游资源的分区而言，可依据实际情况选择以下四种方法：第一，直接根据行政区划来进行资源分区，通常适用于资源尚未进行规划开发建设，旅游资源数量、类型等分布相对均匀的地区；第二，依据旅游资源的类型、数量的空间集聚情况来予以分区，该方法在旅游资源的规划、策划与开发建设中较为常用；第三，根据旅游资源的属性特征及其形成原因或背景来进行分区，该方法主要适用于旅游资源的保护或开发利用等方面的研究；第四，根据已有的功能分区进行分区研究。就资源的丰度分布分析，包括类型丰度的空间分布研究、储量丰度的空间分布研究及八个主类的储量空间分布研究等内容，通常采用排序分析与对比分析的方法来突出重点。就资源品质的空间差异分析而言，包括平均品质的分区差异分析、优良级资源的分区差异分析与八个主类的分区差异分析，通常采用排序分析、对比分析及与平均水平或平均优良级资源单体数比较分析等方法，如某省旅游资源分区的平均品质差异分析与优良级结构差异分析结果（见表 11-7）。值得注意的是，假如被调查区域较大，可以在大调查区域的分区基础之上，再进一步分区，如"两江一湖"（富春江—新安江—千岛湖风景名胜区）国家级风景名胜区在富春江分区、新安江分区与千岛湖分区的基础上，对各个分区又进一步进行了分区。

表 11-7　浙江省旅游资源品质分区比较

项目	平均品质分	与全区比较	品质序位	优良级单体数	五级单体数	优良级比例（%）
浙江省	2.56	—	—	3917	252	6.43
环杭州湾分区	2.58	+0.02	—	2031	145	7.14

续表

项目	平均品质分	与全区比较	品质序位	优良级单体数	五级单体数	优良级比例%
杭州市	2.59	+0.03	5	475	41	17.55
宁波市	2.59	+0.03	5	388	27	20.42
嘉兴市	3.29	+0.73	1	318	16	27.51
湖州市	2.50	−0.06	9	274	20	17.93
绍兴市	2.56	0	7	357	26	19.18
舟山市	2.77	+0.21	2	221	17	21.56
金衢丽分区	2.55	−0.01	—	945	66	6.98
金华市	2.75	+0.19	3	382	25	19.59
衢州市	1.96	−0.6	11	210	16	13.38
丽水市	2.34	−0.22	10	353	25	14.93
温台沿海分区	2.54	−0.02	—	941	41	4.36
温州市	2.51	−0.05	8	649	25	19.79
台州市	2.68	+0.12	4	292	16	16.38

（注：该表数据为参考数据，并未更新到最新情况）

11.3.3.2　旅游资源的分类评价

旅游资源的分类评价是指分别对八个主类的旅游资源进行评价，包括分类丰度评价、分类品质评价两个部分。

（1）分类丰度评价。分类丰度评价包括类型丰度及其构成评价、储量丰度及其构成评价两大部分。前者包括各个主类旅游资源的拥有率（亚类拥有率与基本类型拥有率）、各个亚类与基本类型资源的数量、拥有单体数量最多的基本类型及各个基本类型单体拥有量的排序、各个基本类型资源在各个分区的分布规律及其原因分析等内容；后者包括各大主类旅游资源的储量值及其占所在区域整体储量值的比率、各个分区对应类型储量值的排序与其占各自分区总储量值的比率及其高于或低于所在区域平均水平情况、各等级旅游资源单体的数量与储量及其在各个分区的分布规律等内容。

（2）分类品质评价。分类品质评价包括该类旅游资源的平均品质分、各个分区的平均品质分及其与该类资源的平均品质分与所在区域旅游资源平均品质分的差距、各个基本类型优良级旅游资源单体的数量占该基本类型旅游资源单体总量的比例与占全部优良级旅游资源单体数量的比例、各个分区的所有类型优良级单体数量及各个主类优良级单体数量。

11.4 旅游资源综合评价与报告撰写实训

11.4.1 实训目的

在实地考察学习与各个旅游资源单体评价的基础上，充分利用本项目的相关知识与技能要点，加强对相关评价技术方法与数据处理技能的掌握，掌握旅游资源调查与评价报告的撰写要求；能单独完成小型区域旅游资源调查与评价报告的撰写。

11.4.2 实训地点

可利用周末、节假日或专业综合实训周的时间去专业综合实训基地进行全面的调查，或在前述各个项目实训成果的基础上，进行本项目的实训。

11.4.3 实训教学内容及要求

（1）完成所有旅游资源单体调查表与调查区实际资料表。

（2）完成调查区旅游资源单体统计一览表。

（3）完成调查报告相关资料的整理。

（4）完成旅游资源的总体评价、分区或集聚区评价、分类评价等内容的数据处理。

（5）完成旅游资源调查与评价的调查报告文稿及汇报 PPT。

11.4.4 实训教学工具与方法

11.4.4.1 实训教学工具

（1）旅游资源单体调查表。

（2）旅游资源单体统计表。

（3）计算机（配 Office 或 WPS、SPSS、PhotoShop 等软件）。

11.4.4.2 实训教学方法

（1）对全班同学进行实训分组。

（2）教师检查学生已完成的各项工作。

（3）教师讲解调研报告的撰写细则。

（4）学生分组分析相关数据、撰写报告。

11.4.5   实训教学示例

可以参考由程玉申与金平斌作为执行主编，由杭州市出版社于 2004 年 11 月出版的杭州市旅游资源丛书。

11.4.6   实训成果评价主体与细则

11.4.6.1   评价主体及其权重

本次实训成果的评价建议由校内专业老师、企业指导老师及学生代表（每个实训小组各选 1 名代表）参加，权重分别为 40%、40% 和 20%。

11.4.6.2   评分细则

评分细则具体如表 11-8 所示。

表 11-8   旅游资源调查与评价报告评价标准

实训任务名称：＿＿＿＿＿＿＿＿＿＿＿＿　　汇报人：＿＿＿＿＿＿＿＿　　第＿＿组

评价内容		评价分值	评价标准	评价得分
旅游资源调查与评价报告	内容完整性	20 分	包括前言、资源形成背景与原因、资源开发历史与现状、资源评价、开发对策措施、附录与图集等，每缺一项扣 3 分	
	内容的科学合理性、准确性	15 分	资源评价与定位科学、合理、准确得 12~15 分；基本科学、合理准确得 6~11 分；不甚科学、合理、准确得 0~5 分	
	报告的美观度	15 分	报告排版美观大方、有特色得 12~15 分；报告排版基本整齐且有一定特色得 8~11 分；报告排版美观度相对较弱得 0~7 分	
旅游资源基础资料收集与整理	基础资料搜集与整理完整度	10 分	完整度高得 8~10 分；完整度一般得 4~7 分；完整度较差得 0~3 分	
	单体简介与图片视频资料	10 分	单体简介详细、照片丰富得 8~10 分；单体简介一般、照片较多得 4~7 分；单体简介较弱、照片较少较差得 0~3 分	
表现方式	PPT 演示稿	10 分	PPT 演示稿条理清晰、表现到位得 8~10 分；条理基本清晰、表现基本得体得 4~7 分；其他方面得 0~3 分	
	现场演讲	10 分	演讲者形象气质佳、演讲流利、条理清晰得 8~10 分；形象一般、演讲一般得 4~7 分；其他方面得 0~3 分	
	现场答辩	10 分	现场答辩流利、回答内容准确得 8~10 分；答辩一般、内容基本准确得 4~7 分；其他方面得 0~3 分	
评委签名：			合计得分：	

11.5　旅游景区景观质量评估报告撰写实训

11.5.1　实训目的

根据各地旅游景区评定管理相关办法与《旅游景区质量等级的划分与评定》（GB/T 17775）中关于景观质量评价的实施细则，完成特定旅游景区的旅游资源及其景观质量的调查、评价及相关演示工作，提交《××旅游景区旅游景观质量评价报告》、××旅游景区创建宣传视频与××旅游景区旅游景观质量评价汇报 PPT 等材料。

11.5.2　实训地点

可利用周末、节假日或专业综合实训周的时间去专业综合实训基地或校外实践实训基地（以国家 3A 级及以上旅游景区为佳）进行全面的调查，或在前述各个项目实训成果的基础上，进行本项目的实训。

11.5.3　实训教学内容及要求

（1）完成特定旅游景区所有旅游资源单体调查表与调查区实际资料表。

（2）完成特定旅游景区旅游资源单体一览表。

（3）完成特定旅游景区旅游资源吸引力和市场影响力等相关资料的整理。

（4）完成特定旅游景区旅游景观质量评价报告的撰写、排版工作。

（5）完成特定旅游景区创建国家 3A 级及以上旅游景区宣传视频的现场拍摄与剪辑工作。

（6）完成特定旅游景区旅游景观质量评价汇报 PPT。

11.5.4　实训教学工具与方法

11.5.4.1　实训教学工具

（1）旅游资源单体调查表。

（2）旅游资源单体统计表。

（3）计算机（配 Office 或 WPS、SPSS、PhotoShop、爱剪辑等软件）。

（4）特定旅游景区旅游资源高清照片与各类视频资料。

（5）特定旅游景区旅游景观质量评估所需的相关资料。

（6）其他互联网的相关资料。

11.5.4.2　实训教学方法

（1）对全班同学进行实训分组。

（2）由专业教师协助各组学生获取特定旅游景区的相关资料。

（3）专业教师带领学生进行现场调研与评价、视频或照片录制。

（4）专业教师检查学生已完成的各项工作。

（5）专业教师讲解景观质量评价报告的撰写细则及视频制作要求。

（6）学生分组分析相关数据与资料、撰写报告并制作视频、PPT。

（7）学生分组进行汇报演示（视频演示、PPT 汇报、现场答辩）。

11.5.5　实训教学示例

11.5.5.1　浙江古堰画乡创建国家 5A 级旅游景区景观质量评估报告目录

古堰画乡景区位于中国生态第一市——浙江省丽水市，这里山水秀美、人文荟萃，集山、水、林、田、湖、城、镇、村于一体，堪称"诗画浙江"之典范，是"绿水青山就是金山银山"的实践地。景区交通区位优越，距丽龙高速碧湖互通 6.2 千米，距丽水高铁站 30.2 千米，S53、S50、S33 省道贯穿全境。2005 年 4 月，在丽水市委市政府着力打造"艺术之乡、浪漫之都、休闲胜地"的大背景下，古堰画乡用"生态"、"文化"、"休闲"三大特色全力打造美术写生基地、创作基地、商品油画生产基地和生态休闲度假中心（三基地一中心）。2008 年 10 月 1 日，启动古堰画乡部分景点旅游，2009 年 5 月 1 日，景区核心区块整体开园，面向国内外游客经营生态、经营环境、经营乡村、经营文化，并融汇水上娱乐、乡村度假等特色旅游元素。十多年来，古堰画乡景区先后被列入世界首批灌溉工程遗产、联合国教科文组织遗产目录，荣获国家 4A 级旅游景区、中国乡村旅游创客示范基地、国家湿地公园、国家水利风景区等荣誉。

为顺利创建国家 5A 级旅游景区，该景区启动编制创建国家 5A 级旅游景区的景观质量评估报告，报告目录如下：

1 前言

  1.1 基本情况与红线范围

  1.2 景观质量核心优势与特征

2 资源吸引力

  2.1 观赏游憩价值

    2.1.1 通济古堰：世界灌溉工程遗产

    2.1.2 画乡小镇：艺术创作和艺术体验胜地

    2.1.3 百里瓯江："诗画浙江"典范

    2.1.4 乡愁画卷：慢享空间

  2.2 历史文化科学价值

    2.2.1 历史文化价值

    2.2.2 科学价值

  2.3 珍稀或奇特程度

    2.3.1 农田水利史的瑰宝

    2.3.2 绘画史的一个重音

    2.3.3 罕见的城市湿地

    2.3.4 珍稀动植物的天堂

  2.4 规模与丰度

    2.4.1 空间分布有序，便于集聚开发

    2.4.2 资源类型多样，组合优势明显

    2.4.3 资源品质优良，核心优势突出

  2.5 完整性

    2.5.1 旅游资源的完整性

    2.5.2 生态环境的完整性

    2.5.3 保护体系的完整性

3 市场影响力

  3.1 知名度

    3.1.1 品牌知名度

    3.1.2 媒体知名度

　　　3.1.3 网络知名度

　　　3.1.4 各级领导人和名人到访

　　3.2 美誉度

　　　3.2.1 业内知名专家评价（旅游大咖）

　　　3.2.2 游客满意度

　　　3.2.3 游客网络好评率高

　　　3.2.4 历代文学作品中的画乡

　　　3.2.5 获奖与荣誉

　　3.3 市场辐射力

　　　3.3.1 市场辐射洲内外

　　　3.3.2 游客群体类型多样

　　　3.3.3 旅游人数逐年递增

　　3.4 主题强化度

　　　3.4.1 "古堰"与"画乡"两大主题辨识度高

　　　3.4.2 "古堰"与"画乡"两大主题融合度高

　　附录：古堰画乡旅游资源单体一览表

11.5.5.2　浙江省绍兴黄酒小镇创建国家 4A 级旅游景区景观质量评估报告目录

　　绍兴黄酒小镇位于浙江省绍兴市越城区东浦街道核心区——东浦古镇。就宏观区位而言，景区位于长三角南翼、宁绍平原西部，地处越城、柯桥、袍江三大片区交界地，是杭州东南部的经济腹地，是柯桥—越城、柯桥—袍江的必经节点；就微观区位而言，景区东北接镜湖湿地、西临瓜渚湖，南连浙东运河绍兴段、青甸湖，西南望柯岩旅游度假区，在整个绍兴旅游发展格局中保持自己独特的文化特色；就交通区位而言，景区距离杭州萧山国际机场约 35 千米，距离 S9 苏台高速镜湖互通枢纽仅 5 千米，距离 G92 环杭州湾高速柯桥互通枢纽、绍兴互通枢纽均在 20 分钟车程以内，紧邻高铁绍兴北站与 G104 国道，绍兴地铁 1 号线贯穿景区东北角。

　　2020 年 10 月 23 日，被浙江省人民政府命名为第四批省级特色小镇。黄酒相关产业链不断延拓、古镇文化旅游发展水平不断提升。2023 年，绍兴黄酒小镇正式启动创建国家 4A 级旅游景区的相关工作，其编制创建国家 4A 级旅游景区的景观质量评估报告，主要目录如下。

1 绍兴黄酒小镇景区基本情况

1.1 区位条件

1.2 重要历史

1.3 红线范围

1.4 经济指标

1.5 自评得分

2 资源吸引力评价

2.1 观赏游憩价值

2.1.1 水域景观观赏游憩价值

2.1.2 生物景观观赏游憩价值

2.1.3 建筑景观观赏游憩价值

2.1.4 民俗风情观赏游憩价值

2.1.5 天象物候观赏游憩价值

2.2 历史文化科学价值

2.2.1 历史价值

2.2.2 文化价值

2.2.3 科学价值

2.2.4 诗词歌赋

2.3 珍稀或奇特程度

2.3.1 景区是国家级历史文化名镇

2.3.2 景区拥有中国最大的黄酒博物馆

2.3.3 景区坐拥世界级文化遗产节点

2.3.4 景区是国家级和省级特色小镇创建单位

2.3.5 景区拥有国家级非遗与戏曲资源

2.3.6 景区是国家级城市湿地公园——镜湖湿地的重要组成部分

2.4 规模与丰度

2.4.1 规模

2.4.2 丰度

2.5 完整性

2.5.1 规划的编制与实施情况

2.5.2 地方法律法规的实施情况

2.5.3 景区资金投入、人员落实情况

3 市场影响力

3.1 知名度

3.1.1 全国知名媒体纷纷报道黄酒小镇

3.1.2 知名人物与各级领导认可黄酒小镇

3.1.3 已获各类荣誉、奖项

3.1.4 知名旅游节庆活动

3.2 美誉度

3.2.1 市场调查美誉度高

3.2.2 历代诗词名人赞誉

3.2.3 主要新闻媒体赞誉

3.2.4 主要网络电商评价

3.3 市场辐射力

3.3.1 近三年小镇景区游客接待情况

3.3.2 拥有较大比例的外地游客

3.3.3 拥有较大比例的洲内游客及洲际近程游客

3.3.4 "酒文化＋旅游"，经济收益更明显

3.4 主题强化度

3.4.1 黄酒文化主题

3.4.2 红色革命文化主题

3.4.3 非遗体验文化主题

3.4.4 江南水乡主题

附录　黄酒小镇景区旅游资源单体一览表

11.5.6 实训成果评价主体与细则

11.5.6.1 评价主体及其权重

本次实训成果的评价建议由校内专业老师、企业指导老师及学生代表（每个实训小组各选 1 名代表）参加，权重分别为 40%、40% 和 20%。

11.5.6.2 评分细则

评分细则具体如表 11-9 所示。

表 11-9 旅游景区景观质量评估报告评价标准

实训任务名称：＿＿＿＿＿＿＿＿＿＿＿ 汇报人：＿＿＿＿＿＿ 第＿＿＿组

评价内容		评价分值	评价标准	评价得分
景区景观质量评估报告	内容完整性	15 分	包括前言、观赏游憩价值、历史文化科学价值、珍稀奇特程度、完整性、知名度和美誉度、主题强化度、市场辐射力、附录与图集等，每缺一项扣 3 分	
	评价的科学合理性与精准性	15 分	景区评价科学合理且精准得 12~15 分；基本科学合理与精准得 6~11 分；不甚科学合理与精准得 0~5 分	
	报告的美观度	15 分	报告排版美观大方、有特色得 12~15 分；报告排版基本整齐且有一定特色得 8~11 分；报告排版美观度相对较弱得 0~7 分	
景观质量宣传片	视频长度	10 分	视频长度 8~12 分钟得 8~10 分；视频长度 6~8 分钟或 12~14 分钟得 4~7 分；视频长度 6 分钟以下或 15 分钟以上得 0~3 分	
	视频完整度	10 分	视频内容完整度高得 8~10 分；视频内容相对完整得 4~7 分；完整度较差得 0~3 分	
	视频美观度与效果	10 分	视频剪辑拍摄效果好得 8~10 分；视频剪辑拍摄效果一般得 4~7 分；视频剪辑拍摄效果较差得 0~3 分	
表现方式	PPT 演示稿	10 分	PPT 演示稿条理清晰、表现到位得 8~10 分；条理基本清晰、表现基本得体得 4~7 分；其他方面得 0~3 分	
	现场演讲	10 分	演讲者形象气质佳、演讲流利、条理清晰得 8~10 分；形象一般、演讲一般得 4~7 分；其他方面得 0~3 分	
	现场答辩	5 分	现场答辩流利、回答内容准确得 4~5 分；答辩一般、内容基本准确得 2~3 分；其他方面得 0~1 分	
评委签名：			合计得分：	

11.6　总结与项目测试

11.6.1　总结

本项目首先叙述了旅游资源评价的内涵、原则与意义，明确了旅游资源评价的内容与类型；其次重点阐述了当前比较实用的旅游资源评价的技术方法；再次结合调查与评价总报告的撰写要求，分别对旅游资源的品质评价、类型评价、分区或集聚区评价方法进行了详细阐述；最后，设置了旅游资源评价与报告撰写、A 级旅游景区景观质量评估两个实训环节。

11.6.2　项目测试

主要概念

旅游资源评价、一般体验性评价方法、定量评价方法、旅游资源的丰度、旅游资源的品质

客观题

（1）在旅游资源的评价内容中，下列哪一项不属于旅游资源的本体评价？（　　　）

A. 政策条件　　　　　B. 规模结构　　　　　C. 价值功能　　　　　D. 资源特色

（2）下列评价方法中，哪一项不属于定量评价法？（　　　）

A. 国标评价法　　　　　　　　　B. 风景名胜资源评价法

C. 美感质量评价法　　　　　　　D. 层次分析法

简答题

（1）简述旅游资源评价的意义与原则。

（2）简述旅游资源评价的类型与内容。

（3）旅游资源调查与评价总报告的内容应包括哪些？

应用题

某县进行旅游资源普查，其相应的旅游资源单体统计表如下表所示。请分别对该县的旅游资源进行储量丰度评价、平均品质评价与资源等级评价，并给出总结性评论。

某县旅游资源单体统计表

主类	五级	四级	三级	二级	一级	合计
地文景观类	0	1	4	9	20	34
水域景观类	0	0	3	15	25	43
生物景观类	1	1	5	18	22	47
天象气候类	0	1	2	8	7	18
建筑设施类	1	1	8	38	44	92
历史遗迹类	2	1	12	20	21	56
旅游购品类	0	1	2	10	16	29
人文活动类	1	1	1	6	18	27
合计	5	7	37	124	173	346

绘制旅游资源专题图纸

【思维导图】

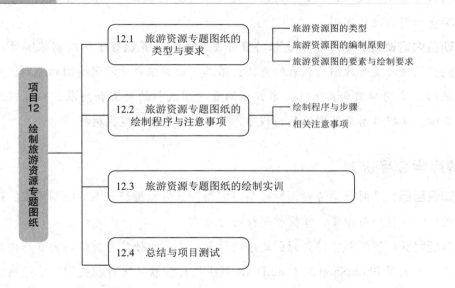

【项目案例导入】

《山东省红色文化地图》于 2023 年 11 月发布，其中主要包括山东省主要不可移动革命文物地图，山东省红色旅游景区地图，山东革命文物保护利用片区红色主题遗产线路图，山东省红色文化特色村地图，中华优秀传统文化、革命文化、社会主义先进文化专题实践教学基地地图和山东省主要开放革命旧址地图。

《山东省红色文化地图》包含山东省 122 家红色旅游景区、122 处对外开放革命旧址、

6条山东革命文物保护利用片区红色主题遗产线路以及全省98个红色文化特色村的分布信息，为广大党员群众、市民游客体验山东省革命文化、学习革命历史、弘扬革命精神提供了实用指南。通过《山东省红色文化地图》，可准确查找红色资源点位，也可参考地图上的红色遗产线路进行游览参观。

（引自：张依盟.山东发布红色文化地图　可准确查找红色资源点位［EB/OL］. http://www.shandong.gov.cn/art/2023/11/12/art_97904_617475.html，有删改）

【项目导读】

学习目的意义： 旅游资源图是一种表示旅游资源要素的专题地图，是旅游资源调查与评价成果的一种直观表现形式。通过本项目的学习，可以使学习者掌握旅游资源地图的绘制程序与相关技巧，能够为后续的评价开发奠定基础。最后以PhotoShop为例，进行旅游资源图的设计实训。

项目内容概述： 第一，熟悉旅游资源图的类型，并能够了解绘制旅游资源图的目的，能够读懂各类资源图所代表的意义；第二，把握旅游资源图绘制的原则，对其绘制的成果形式有明确概念；第三，掌握旅游资源图绘制的要素和要求，确保制图的规范性；第四，掌握旅游资源图绘制的程序，学会制订计划和搜集材料。

【项目学习目标】

知识目标： 了解旅游资源图的类型与原则，掌握旅游资源图的绘制要求；理解旅游资源图绘制的程序与步骤，掌握相关技巧与方法。

技能目标： 能编制旅游资源图的绘制计划，能顺利搜集与整理旅游资源图绘制的相关材料；能利用PhotoShop或CorelDraw等平面处理软件进行相关图纸的绘制；能对相关图纸设计的细节进行有效掌握，并能确保科学、合理、直观。

素质目标： 树立国家版权意识和保密意识，能做好工作地图的保密工作。提高审美水平，能够在图纸设计中体现目的地的文化内涵和艺术美感。关注可持续旅游理念，倡导绿色规划设计，尊重自然环境，不破坏生态平衡。

与文字表达相对抽象、理论不同，图纸的呈现形式更加直观、有效。因此，各行各业都离不开图纸，尤其是在开发建设、城乡规划、建筑设计、机械制造以及艺术设计领域。旅游资源的分布具有典型的空间性，使得通过绘制旅游资源专题图纸能更加直观地反映区域旅游资源的分布规律，有利于科学地规划空间布局，提供旅游开发决策。

12.1　旅游资源专题图纸的类型与要求

12.1.1　旅游资源图的类型

旅游资源图通常可以包括旅游资源分布图、旅游资源分区图、旅游资源类型（分类）图、旅游资源等级图、旅游资源统计分析图等，反映了旅游资源的价值和开发潜力，并为后续旅游资源的开发利用指明方向。需要注意的是，在旅游资源图的绘制中，必须一图一主题，形成一目了然的呈现效果。

12.1.1.1　旅游资源分布图

指按旅游资源的类型、空间分布、等级、数量等指标编制而成的旅游资源专题图，是反映区域旅游资源现状分布规律的专题图纸。

12.1.1.2　旅游资源分区图

从调查区域内旅游资源的特征或形成原因等指标出发，通过区域旅游开发相关条件的综合分析，对不同分区内的旅游资源进行深入的分析评价，并将相关元素编制在图纸上的专题图纸，是进行区域规划设计功能分区或划分专题保护区的前提与基础。

12.1.1.3　旅游资源类型（分类）图

指按照旅游资源的类型，以各类旅游资源的等级、数量等元素为主，分别绘制相关的专项图纸，通常可以包括自然旅游资源图、人文旅游资源图及八个主类的旅游资源图。

12.1.1.4　旅游资源等级图

指按照调查区内所有旅游资源单体的等级差异，彰显各类型、各分区旅游资源等级差异的专项图纸。特殊时候，还可以根据各类型或各分区的平均品质分绘制专题地图，以科学判断可开发区域与开发深度。

12.1.1.5　旅游资源统计分析图

又称为旅游资源评价图，是以各类旅游资源的特点、质量、规模、特色、等级以及功能等评价分析内容为主，反映区域旅游资源质量的旅游资源专题图纸。

12.1.2 旅游资源图的编制原则

12.1.2.1 综合性原则

在绘制旅游资源图的时候，不仅要体现旅游资源的种类、特色、数量、等级和评价结论等信息，还要尽可能地表现调查区的环境背景条件与开发利用条件，如在工作底图上应尽可能地显示当地的地形地貌、水系走向、城镇布局、道路交通等相关信息，以更全面、系统地反映调查区的情况。

12.1.2.2 特色性原则

在绘制旅游资源图的时候，除了要遵循一般地图或图纸的设计要求外，还要借鉴测绘新技术，实现图文并茂，即除了主图以外，还要附带一定的统计分析图、统计表、简要文字说明、相关实景照片等。尤其在设计相关带有招商引资或宣传推广等专题图纸的时候，更应深入挖掘区域旅游资源的核心内涵与要素，并通过一定形式在图纸上予以呈现。

12.1.2.3 美学性原则

通过专题图纸形式真实、形象、集中、直观而又典型地将旅游资源的美传递给读者，使其有身临其境的感觉。因此，在进行图纸绘制的时候，要在表现形式上特别强调艺术美的作用，通过图纸反映出客观世界中资源景观的比例、对称、和谐、完整等形式美，注重比例尺、图面配置、符号系统、彩色、装帧等细节。

12.1.2.4 准确性原则

在绘制旅游资源图的时候，必须准确无误地标明旅游资源的名称、位置、交通路线、历史典故等所有相关的内容。尤其值得注意的是，引用的工作底图必须能客观反映现实情况。一般而言，应从自然资源部或各省（自治区、直辖市）自然资源厅官方网站下载带有审图号的专题地图作为工作底图，切忌直接从网络直接搜索下载未标明时间期限与审图号的地图。

12.1.2.5 层次性原则

在绘制旅游资源图的时候，不仅要设计能够表现出总体特征的图纸，而且要设计相应的分类、分区、分级等图纸，以凸显细节特征，构成相应的体系，使之层次分明、条理清晰。

12.1.2.6　实用性原则

在绘制旅游资源图的时候，要充分考虑旅游资源调查与评价的目的，要遵循实用、贴近现实的原则。

12.1.3　旅游资源图的要素与绘制要求

12.1.3.1　比例尺

所谓比例尺，是指地图上线段的长度与地面上相应距离的水平长度之比。用公式表示为：比例尺＝图上距离／实际距离。比例尺通常有三种表示方法，即数字式、文字式、线段式。数字式，即用数字的比例式或分数式表示比例尺的大小，如地图上 1 厘米代表实地距离 500 千米，可写成"1：50000000"或"1/50000000"；线段式，即在地图上画一条线段，并注明地图上 1 厘米所代表的实际距离；文字式，即在地图上用文字直接写出地图上 1 厘米代表实地距离多少千米，如图上 1 厘米相当于地面距离 500 千米，或五千万分之一。为了图纸表达的标准性，要求放置比例尺于图纸左、右上角，显示清晰，布局合理。

12.1.3.2　图例

旅游资源图的图例通常包括通用图例和资源图例两大类。前者是指底图已有的相关图例，通常包括道路交通、水系湖泊、城镇设施、地形地貌、农作植被等内容；后者则专指表示旅游资源的类型、等级等相关信息的图例，具体如表 12-1 所示。在实际的图纸绘制过程中，也可以用不同的颜色组合来表示各个分区各个主类的旅游资源统计数据。为了图纸表达的标准性，要求放置图例于图纸左、右下角，顶端必须标注"图例"两个字。

表 12-1　旅游资源图图例

旅游资源等级	图例	使用说明
五级旅游资源	★	
四级旅游资源	■	1. 图例大小根据图面大小而定，形状不变。
三级旅游资源	◆	2. 自然旅游资源（旅游资源分类表中主类 A、B、C、D）使用蓝色图例；
二级旅游资源	▲	人文旅游资源（旅游资源分类表中主类 E、F、G、H）使用红色图例。
一级旅游资源	●	

12.1.3.3 风玫瑰图

又叫风向频率玫瑰图，它是根据某一地区多年平均统计的风向和风速的百分数值，并按一定比例绘制，一般多用 8 个或 16 个罗盘方位表示。由于该图的形状形似玫瑰花朵，故名"风玫瑰"。风玫瑰图表示风的吹向（即风的来向），是指从外面吹向地区中心的方向。在区域旅游资源开发利用过程中，必须标注风玫瑰图，以为未来相关设施布局与空间分区提供依据。为了图纸表达的标准性，要求放置风玫瑰图于图纸左、右上角，显示清晰，布局合理，并位于比例尺上部。

试一试： 请通过网络搜索引擎查询本地城市的风玫瑰图，并分析所在地特殊设施（如火电厂、垃圾处理设施、污水处理设施、医院等）的布局是否科学合理。

12.1.3.4 主体内容

指旅游资源图的核心内容与体现，主要包括旅游资源的空间位置、单体名称及其序号、等级、类型、数量、集聚状态与规律、典型景观等内容，其常见的表现形式包括文字、照片、表格、柱状图或饼图等。为了表现形式的丰富性，也可将更加丰富的视频资源以二维码等形式附在图纸的合适位置。

12.1.3.5 其他内容

除了上述内容之外，旅游资源图纸还应具体标记旅游资源图的图名、图号、编制时间、委托单位、调查单位等相关信息。一般置于图纸右下角或右侧，也可在图幅区外设置。

想一想： 旅游资源图通常包含哪些要素？

12.2 旅游资源专题图纸的绘制程序与注意事项

12.2.1 绘制程序与步骤

旅游资源图的绘制通常要遵循如下程序。

12.2.1.1 制订绘制计划

根据旅游资源调查与评价的目的，确定旅游资源图的绘制目的、主题、范围、形式、表现方式以及主图、附图的数量与内容安排，并确定具体的制图人员及分工等。

12.2.1.2 搜集相关资料

在旅游资源现场调查前期资料搜集与整理的基础上，进一步梳理调查过程中所搜集的资料，并进行查漏补缺，通常包括两个层面的工作。

（1）现有资料的搜集与整理。要尽可能地收集被调查区内已有的图像资料（包括普通地图、专题地图、已有的旅游图、卫星影像图、行政区划图、航片或卫片等）、文字资料（研究报告、论文、著作、相关规划等）、数字资料等。其中，图像资料的搜集任务较重，除现场拍摄外，一般直接向委托单位索取，并应获得相应的使用权限。除县级及以上调查区之外，相关工作底图一般直接向委托单位索取。

阅读材料 12-1：标准地图下载索引

（1）自然资源部标准地图下载服务：http://bzdt.ch.mnr.gov.cn/。

（2）天地图各省（自治区、直辖市）标准地图下载服务：https://www.tianditu.gov.cn/。

（注：由教材编写组整理而成）

（2）现场调查资料的整理。由于旅游资源的空间分布资料大部分是在现场工作时直接标记在地形图或行政区划图上，同时还保存有大量现场拍摄的影像资料，这些资料均是图纸绘制的必需材料。

12.2.1.3 编图资料的整理研究

在完成相关资料搜集的基础之上，需要对资料进行认真的研究、分析、评价、归类，使之更具科学性、合理性与合法性。

12.2.1.4 进行绘制设计

根据制图区域的特点和要素确定地图投影形式、比例尺、图例、图幅形式、开本等内容；设计图纸版面（包括主、附图形式，图幅规格，比例尺，内容分配，色彩等），确定各要素的表现方法，附上相关的文字说明。

12.2.1.5 编制原图和辅助稿件

在工作底图上按照由主到次、由大到小、由高级到低级的次序绘制专题要素，并应注明图名、说明和数字标记。同时，编绘出附图，还要编制辅助性的文字稿（含数字）、图片稿、分色样图和设计清样等。

12.2.1.6　清绘印制

将绘制好的主图、附图等交给专业制图人员进行清绘，然后将清绘、整理好的图件和辅助稿件交由专业印制部门印制，如需出版还应提交专业机构进行审图。

12.2.2　相关注意事项

12.2.2.1　版权问题

在旅游资源图的绘制过程中，对于工作底图、相关数据引用、相关影像资料的使用等，必须注明其出处或所有者。一般而言，工作底图应从国家相关职能部门获取；相关影像资料应由工作团队直接拍摄获取或由委托单位提供；相关分析数据应由工作团队直接调查分析或相关职能部门提供。切忌直接从非政府性网络平台下载影像资料。

12.2.2.2　保密问题

在图纸绘制的时候，地形图等相关资料是属于保密的。因此，除了专题地图或用于景区的规划设计、开发建设之外，最好不要用地形图作为工作底图。如果图纸要公开发行，则必须由具有测绘资格与审图资格的相关单位出具相关许可编号或审图号才允许出版发行。

12.2.2.3　集聚区问题

在实际调查过程中经常会发现城镇、古村落或风景名胜区的旅游资源分布相对密集，直接在大图上往往难以清晰表达。因此，可在主图的四周或另辟图幅设计附图，以更清晰地显示相关内容与信息。

12.2.2.4　软件处理问题

在进行软件绘制的过程中，宜将各类要素分图层处理，并不得合并图层，以备后续修改。

12.2.2.5　底图选用问题

底图通常可以选等高线地形图、行政区划图或卫星影像图等几类。但是在实际绘制过程中，需要对原有工作底图进行一定的技术处理。对于县级及以上区域的旅游资源总图，通常可选用小比例尺地图，比例尺通常在 1:20 万以下；对于镇域或较大旅游区的旅游资源总图，通常选用比例尺为 1:1 万至 1:20 万的地图；对于区域范围较小的旅游资源总图，通常选用 1:5000~1:10000 比例尺的地图；特殊情况下为更大比例尺，但往往需要委托单位委托相关测绘部门进行单独测绘。底图一般可通过绘制软件调整为淡色，或者选择灰度模式，以凸显图面上的资源要素。

12.2.2.6　版图与边界问题

涉及行政区级旅游资源调查与评价的时候，必然会使用带有行政区划边界的工作底图。因此，在使用工作底图的时候，必须严格按照程序从国家相关职能部门获取标准地图，或者从自然资源部门标准地图服务下载带有审图号的地图。

12.3　旅游资源专题图纸的绘制实训

12.3.1　实训目的

能针对不同区域范围的项目（如区域性旅游规划、景区旅游规划、度假区旅游规划），根据旅游资源调查与评价的目的，拟订旅游资源图的绘制计划，能有效搜集相关资料，并能利用相关软件有效梳理、研究、分析与归纳资料；能有效阅读与识别地形图等资料；能熟练运用 PhotoShop 或 CorelDraw 等设计软件绘制各类旅游资源图。

12.3.2　实训地点

本项目实训可在带有 PC 计算机的专业综合实验室进行，该计算机需安装微软 Office 或 WPS、PhotoShop、SPSS、CorelDraw 等相关软件，并可连接互联网。

12.3.3　实训教学内容及要求

（1）制订旅游资源图的绘制计划。
（2）搜集旅游资源图所需的工作底图与相关资料。
（3）明确各个旅游资源图的绘制内容或元素。
（4）完成旅游资源图的绘制。

12.3.4　实训教学工具与方法

12.3.4.1　实训教学工具

（1）旅游资源图的工作底图（地形图、行政区划图或卫星影像图）。

（2）旅游资源单体统计表。

（3）计算机（配 Word、Excel 或 SPSS、PhotoShop 等软件）。

12.3.4.2 实训教学方法

（1）由专业教师指导学生搜集资料与整理归纳。

（2）由专业教师指导学生进行旅游资源图的绘制。

12.3.5 实训成果评价主体与细则

12.3.5.1 评价主体及其权重

本次实训成果的评价建议由校内专业老师、企业指导老师及学生代表（每个实训小组各选 1 名代表）参加，权重分别为 40%、40% 和 20%。

12.3.5.2 评分细则

评分细则具体如表 12-2 所示。

表 12-2 旅游资源专题图纸绘制实训成果评价标准

实训任务名称：＿＿＿＿＿＿＿＿＿＿＿ 汇报人：＿＿＿＿＿＿＿ 第＿＿组

评价内容		评价分值	评价标准	评价得分
旅游资源专题图纸的内容	图纸内容的完整性	25 分	包括评价区域位置分析图、红线范围图、空间布局图、等级分析图、资源现状图等，每一张图纸得 5 分	
	图纸内容的准确性	15 分	图纸内容表现科学、准确得 12~15 分；图纸内容表现基本科学、准确得 6~11 分；图纸内容科学性或准确性较弱得 0~5 分	
	图纸要素的完整性	15 分	图纸的比例尺、风玫瑰、图例、编制单位、编制时间、图框等要素应齐全，每一项得 3 分	
旅游资源专题图纸的表现方式	图纸的提交形式	15 分	每张图纸同时提交 JPG、PSD 或 CDR 格式的得 12~15 分；提交 1~2 种格式的得 6~11 分；只提交 1 种格式的得 0~5 分	
	图纸的色彩配置与美观度	15 分	图纸设计美观大方得 12~15 分；图纸设计美观度一般得 6~11 分；图纸设计美观度较差得 0~5 分	
	图纸的图层处理	15 分	图层设计合理得 12~15 分；图层设计基本合理得 6~11 分；图层设计较差得 0~5 分	
评委签名：			合计得分：	

12.4　总结与项目测试

12.4.1　总结

本项目在叙述旅游资源图的类型及其要素组成的基础上，重点阐述了旅游资源图的绘制程序与方法；最后，以 PhotoShop 为例，设计了旅游资源图绘制的实训环节。

12.4.2　项目测试

主要概念

比例尺、风玫瑰图

客观题

（1）某地级市在完成旅游资源普查与评价之后，需要绘制旅游资源的总分布图，宜选用何种比例尺的工作底图？（　　　）

A.1∶1 万以上　　　　　　　　　　B.1∶1 万 ~1∶5 万

C.1∶5 万 ~1∶20 万　　　　　　　　D.1∶20 万以下

（2）某旅游景区在编制旅游资源保护专项图纸的时候，不宜采用哪一类工作底图？（　　　）

A. 行政区划图　　　B. 遥感影像图　　　C. 地形图　　　D. 卫星影像图

简答题

（1）简述旅游资源图的编制原则。

（2）旅游资源图通常包含哪些要素？

旅游资源保护与可持续发展

【思维导图】

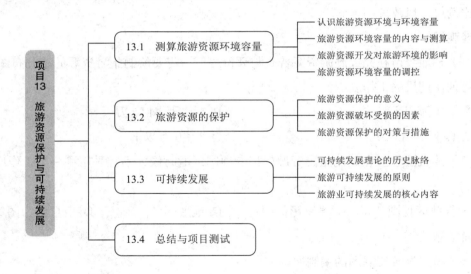

【项目案例导入】

案例1： 国务院印发的《"十四五"旅游业发展规划》（以下简称《规划》）对构建科学保护利用体系作了系统部署。《规划》提出，坚持文化引领、生态优先，把文化内涵融入旅游业发展全过程。坚持"绿水青山就是金山银山"理念，通过发展旅游业促进人与自然和谐共生，稳步推进国家文化公园、国家公园建设，打造人文资源和自然资源保护利用高地。业界认为，《规划》对于"十四五"时期旅游业在发展中保护传承好人文资源、保护利用好自然资源、创新资源保护利用模式，具有重要指导意义。

（一）保护传承好人文资源

坚持保护优先，在保护中发展、发展中保护，以优秀人文资源为主干，深入挖掘和阐释其中的文化内涵，把历史文化与现代文明融入旅游业发展，提升旅游品位，在依法保护管理、确保文物安全的前提下，推动将更多的文物和文化资源纳入旅游线路、融入旅游景区景点，积极传播中华优秀传统文化、革命文化和社会主义先进文化。

深入推进中华文化资源普查工程，协同推进旅游资源普查工作。加强石窟寺保护展示，推进大遗址保护利用和国家考古遗址公园建设，合理配套旅游服务功能。推动革命文物集中连片保护利用和党史文物保护展示，提升重大事件遗迹、重要会议遗址、重要机构旧址、重要人物旧居保护展示水平。推动有条件的文博单位增强旅游服务功能，提高展陈水平。依托非遗馆、非遗传承体验中心（所、点）、非遗工坊等场所培育一批非遗旅游体验基地，推动非遗有机融入旅游产品和线路，实现更好传承传播。对代表社会主义建设成就重大工程项目进行合理旅游开发，深入挖掘其中蕴含的精神内涵。创新"四个共同"的中华民族历史观在旅游景区展陈方式，向游客讲好中华民族共同体故事。

（二）保护利用好自然资源

贯彻落实习近平生态文明思想，坚持生态保护第一，适度发展生态旅游，实现生态保护、绿色发展、民生改善相统一。充分考虑生态承载力、自然修复力，推进生态旅游可持续发展，推出一批生态旅游产品和线路，加强生态保护宣传教育，让游客在感悟大自然神奇魅力的同时，自觉增强生态保护意识，形成绿色消费和健康生活方式。积极运用技术手段做好预约调控、环境监测、流量疏导，将旅游活动对自然环境的影响降到最低。

（三）创新资源保护利用模式

推进国家文化公园建设，生动呈现中华文化的独特创造、价值理念和鲜明特色，树立和突出各民族共享的中华文化符号和中华民族形象，探索新时代文物和文化资源保护传承利用新路径，把国家文化公园建设成为传承中华文明的历史文化走廊、中华民族共同精神家园、提升人民生活品质的文化和旅游体验空间。加快建设长城、大运河、长征、黄河等国家文化公园，整合具有突出意义、重要影响、重大主题的文物和文化资源，重点建设管控保护、主题展示、文旅融合、传统利用四类主体功能区，实施保护传承、研究发掘、环境配套、文旅融合、数字再现五大工程，突出"万里长城""千年运河""二万五千里长征""九曲黄河"整体辨识度。推进优质文化旅游资源一体化开发，科学规划、开发文化旅游产品和商品。推出参观游览联程联运经典线路，开展整体品牌塑造和营销推介。

推进以国家公园为主体的自然保护地体系建设，形成自然生态系统保护的新体制新模式。充分发挥国家公园的教育、游憩等综合功能，在保护的前提下，对一些生态稳定性好、环境承载能力强的森林、草原、湖泊、湿地、沙漠等自然空间依法依规进行科学规划，开展森林康养、自然教育、生态体验、户外运动，构建高品质、多样化的生态产品体系。建立部门协同机制，在生态文明教育、自然生态保护和旅游开发利用方面，加强资源共享、产品研发、人才交流、宣传推介、监督执法等合作。

（引自："十四五"旅游业发展规划［R］.国务院公报，2022 年第 5 号）

案例 2： 2023 年 2 月 17 日，文化和旅游部印发《关于推动非物质文化遗产与旅游深度融合发展的通知》（以下简称《通知》）。非物质文化遗产（以下简称非遗）是中华优秀传统文化的重要组成部分，是旅游的重要资源，丰富了旅游的文化内涵。旅游作为一种新的大众生活方式，为非遗提供了更多的实践和应用场景，激发了非遗的生机和活力。推动非遗与旅游深度融合发展对于扎实做好非遗的系统性保护、促进旅游业高质量发展、更好满足人民日益增长的精神文化需求具有重要意义。

《通知》提出了"加强项目梳理、突出门类特点、融入旅游空间、丰富旅游产品、设立体验基地、保护文化生态、培育特色线路、开展双向培训"8 个方面的内容，对非遗与旅游深度融合的实施落地提供了方向性指导。

首先，"加强项目梳理"和"突出门类特点"，需要清楚理解非遗法中关于非遗内容的六大类别划分，并针对不同类别的遗产项目可以融入旅游的适合程度，因地制宜地建立遗产项目的分类评价和使用标准。再根据所属门类，精准对接旅游产业项目，通过文化内容生产将非遗的文化理念与文化价值植入旅游项目的全过程。对于不适宜参与旅游的非遗项目应坚决予以否定。

其次，"融入旅游空间、保护文化生态"，是对文化生态脆弱性的保护建议。融入旅游产业、开发适宜的旅游产品可以促进非遗在现代化浪潮中得以良好传承，对维护文化生态系统平衡、文化可持续发展等都具有重要作用。

再次，"丰富旅游产品、设立体验基地、培育特色线路"，是从非遗旅游产品体系建构的视角提出了非遗产品设计的工作方向。推动非遗融入旅游，需要设计符合现代艺术审美，且具有时代价值的旅游产品。旅游商品的生产、旅游线路的设计、旅游配套的同步，都需要在不改变文化意涵的基础上进行创新性和开放性的内容生产。非遗产品的生产既需要符合大众对公共文化消费的审美期待，也需要体现每一项非遗项目独树一帜的文化符号。

最后，"开展双向培训"是非遗与旅游深度融合的人才培育基础。要让文化研究者与旅游市场群体能够双向互动，充分沟通，共同从非遗保护的理念出发，理解非遗旅游产业化的过程，进而创新推出符合人民大众需求的非遗旅游产品。

总之，要正确认识以非遗为主题的文化传承与旅游产业发展之间的关系。坚持以文塑旅、以旅彰文，推进文旅深度融合是民族文化生命力与民族经济可持续发展充分体现。无论从国家政策导向，还是从非遗本身的传承功能与发展路径来看，非遗以最恰当的方式融入现代旅游发展可谓恰逢其时、前景广阔。

［引自：萧放，周茜茜.以最恰当方式促非遗与旅游深度融合［N］.中国旅游报，2023-03-02（3），有删改］

【项目导读】

学习目的意义：旅游资源的保护与可持续发展是旅游业得以可持续发展的基础与关键。通过本项目的学习，能够使各位学习者更加深入地认识到旅游资源保护的重要意义，找出当前破坏旅游资源的因素；通过旅游环境容量的测算学习，为科学合理地进行旅游资源的开发奠定基础。

项目内容概述：首先，在对旅游环境与环境容量概念叙述的基础上，阐述了旅游资源开发对旅游环境的影响，提出了旅游资源环境容量调控的对策与措施；其次，阐述旅游资源保护的意义，深入剖析了旅游资源破坏受损的因素，并提出旅游资源保护的对策与措施；最后，在阐述可持续发展的内涵与原则的基础上，提出旅游可持续发展的核心内涵。

【项目学习目标】

知识目标：了解旅游资源保护的意义与可持续发展的内涵与原则；理解旅游资源遭受破坏的因素；理解旅游资源开发对旅游环境的影响；掌握旅游资源保护的对策与措

施；掌握旅游环境容量调控的对策。

技能目标： 能分析测算不同类型旅游景区或旅游资源集聚区的旅游容量；能剖析旅游资源开发过程中可能引起破坏或受损的因素；能提出旅游资源可持续开发的对策与措施。

素质目标： 树立可持续发展与高质量发展理念，真正领会"绿水青山就是金山银山"；树立法律法规意识，注重生态环境与自然、人文旅游资源的保护；树立"天人合一"的理念。

旅游资源开发在受到高度重视和高速发展的同时，已经受到来自社会和环境的巨大压力。长期以来，人们一直认为旅游业是"绿色工业"或"无烟工业"，忽略了旅游开发建设所带来的负面影响；更有甚者，明确违反国家相关的法律法规，对旅游资源及其环境造成了巨大损害，如庐山别墅事件、秦岭别墅事件、千岛湖高尔夫球场事件等。目前，社会各界均已认识到旅游资源及其环境保护的重要性，提出了可持续发展理念。在当下与未来的旅游资源的开发利用过程中，必须始终坚持可持续发展理念与习近平总书记提出的"绿水青山就是金山银山"理论，科学合理确定旅游资源的开发利用方式与环境容量，提高旅游开发质量水平。

13.1　测算旅游资源环境容量

13.1.1　认识旅游资源环境与环境容量

13.1.1.1　旅游资源环境的概念

所谓环境是相对于某一个中心事物而言的，即围绕中心事物的外部空间、条件和状况，便构成某一中心事物的"环境"。按照《中华人民共和国环境保护法》的界定，"环境是指影响人类生存和发展的各种天然的和经过人工改造的自然因素的总体，包括大气、水、海洋、土地、矿藏、森林、草原、湿地、野生生物、自然遗迹、人文遗迹、自然保护区、风景名胜区、城市和乡村等"。

根据环境的定义，旅游环境是以旅游者为中心，以旅游资源为根本，以旅游目的地为基础，并由自然生态环境和人文社会环境共同构成的旅游活动特定区域的环境系统（宋炜等，2009）。它是一个综合概念，主要包括旅游资源的本身环境、旅游自然生态环境、旅游人文社会环境、旅游气氛环境等方面，与旅游资源评价的内容相对应。

旅游资源环境，即旅游资源的本身环境，就是以旅游资源为中心的旅游环境。旅游资源环境由旅游资源以及与旅游资源密切相关联的周围事物构成的总体状况，可以分为单体旅游资源环境、旅游景区景点环境、旅游目的地环境（如乡村、城镇）。

旅游资源环境由自然生态环境和人文社会环境两大部分构成。旅游自然生态环境通常包括旅游资源所在地或旅游区的地形地貌、水文气象、土壤植被与生态环境等内容；旅游人文社会环境是指旅游目的地或旅游资源所在地的政治局势、社会治安、经济水平、社会习俗、旅游服务设施等内容，能进一步影响到旅游者在目的地的选择决策与行为习惯。

旅游气氛环境是指旅游者在旅游过程中，对旅游资源所处环境的"人"和"物"所形成的特定环境的感知，通常涉及地方居民的热情程度、服务质量、服务态度和环境容量等方面。

13.1.1.2 旅游资源环境容量概述

1967 年，由莱佩奇（Lapage）首先引入了环境容量的概念。但真正深入的研究是1977 年劳森（Lawson）等发表的《旅游和休闲的发展：旅游资源评价手册》，其中专门探讨了旅游容量的问题。旅游资源环境容量是指特定时间内某一区域内旅游地或旅游单元（如景区）在不破坏生态平衡、达到旅游资源质量要求，并能满足游人的最低游览要求且不对地方居民造成伤害时所能承受的旅游活动的最大值。

13.1.2 旅游资源环境容量的内容与测算

13.1.2.1 旅游资源环境容量的内容

旅游资源环境容量是旅游环境容量的重要组成部分。在实际的工作中，主要以旅游景区、旅游地为载体对其旅游资源环境容量进行管理。旅游景区环境容量应该随着规划期限、发展阶段、经营管理水平的不同而不同，通常包括环境的生物物理容量、环境的社会文化容量、环境的游客心理容量三类。根据测算时空标准，又可以分为一次性游人容量、日游人容量和年游人容量三个层次。

（1）环境的生物物理容量。主要与自然环境、旅游资源与旅游服务设施的自然属性有关。没有一个生物物理系统可以经得起无止境的开发利用，因此，必须增加环境影响评估环节，在对生态系统脆弱性评估的基础上，设定一个明确的开发使用界限。景区或服务设施的生物物理容量水平取决于其总体面积及其环境的复杂性。对于一个景区而言，日环境的生物物理容量是最容易测定的，也是在旅游景区环境管理中运用最为广泛的。

阅读材料 13-1：提升运营管理能力，有效应对景区瞬时大客流

我国旅游景区至今还没有建立起一套非常科学、系统的管理体系，特别是一些关键领域的标准体系还没有建立起来。比如，目前测算的景区容量是日最大容量，但从景区客流管理角度讲，除了日容量之外，更为关键的是"卡口容量"，即景区中那些热门景点、场所所在点位的瞬时容量。这些地方游客集中度高、停留时间长，一旦发生拥堵，整个景区内的客流就会受到影响，这就是为什么许多景区并没有达到日最大容量仍会发生拥挤的原因。

当然，也有少数景区为了增加收入，有意提高日容量值，当景区收取门票时，一般不会达到上限，而一旦免门票，游客量激增，就会迅速达到饱和值。类似的问题在景区管理领域还有很多，因此，如何推动旅游景区管理科学化、提升管理能力是必须正视的关键性问题。

从城市和目的地管理角度来讲，旅游景区处于旅游产业链上游，具有很强的关联性和溢出效应，建立一体化的目的地管理和服务体系很有必要。旅游景区是增强目的地吸引力和为市场引流的一个要素，在目的地旅游产业体系中居于产业链的前端，且越是高品质、高等级的热点旅游景区对目的地吸引力和市场引流的贡献越大。因此，只有不断完善目的地旅游管理服务体系，特别是旅游公共服务体系，才能为旅游景区的市场引流、客流管理、游客服务等提供有力支撑。要构建一体化的管理、服务系统，包括信息推送、交通导引、停车服务、游客分流、应急处置、救援救济以及旅游产业链的下游连接供给等，形成良好的目的地旅游业发展生态。从这个意义上说，旅游景区发生规模性拥挤等现象，不仅是景区自身问题，也是整个目的地管理的不足。

［引自：王德刚．提升运营管理能力，有效应对景区瞬时大客流［N］．中国旅游报，2023-04-11（3）］

（2）环境的社会文化容量。旅游活动一旦超越一定水平，就会对当地社区居民带来社会、文化、环境方面的负面影响。比如，外来游客的大量涌入，必然会造成社区居民自由游憩空间的退缩、城镇居民的强势文化观念侵蚀社区居民的固有道德观念与风俗习惯。不同的主体对环境的社会文化容量大小评估是不一样的，如一个纯粹以旅游业为生的人对旅游业的看法完全不同于一个与旅游业无关的人，前者认为来景区的游客越多越好，因为其收入是随着游客数量的递增而增加的；后者则认为外来游客跟自己的生活无关甚至会反对外来游客的进入。

（3）环境的游客心理容量。环境的游客心理容量是指一个景区在能保证随时为游客提供高质量旅游体验的同时所接待的最大量。根据景区生态环境、资源本底与接待游客类型的不同，其心理容量的大小也不尽相同。心理容量的大小主要影响因素是拥挤度，但是游客的心理容量相对比较难测算。

13.1.2.2　测算旅游资源环境容量

旅游资源环境容量的测算方法有面积法、线路法与卡口容量法。在旅游资源的保护与开发实践中，这三种测算方法也是相对比较容易操作的，也是最常用的环境容量计算方法。在三种测算方法里面，通常以最小值为旅游资源环境容量的标准。

（1）面积法。面积法是指在单位时间内，单位游客在特定游憩环境或服务设施内活动所必需的最小面积。在进行面积法计算的时候，首先要确定旅游资源分区或集聚区的面积及不同环境或服务设施的生态容量标准。

在面积法计算中，有三种算法：①以整个资源分区或集聚区面积计算。这样虽有简化的优点，适用于旅游环境相对均质，即基本上每个地方都适合开展旅游活动，且每个资源景点或设施的生态容量标准差别不大。②以资源分区或集聚区的实际可游面积计算。这样虽然计算较准确，但是在实际操作过程中，可游面积通常难以恰如其分地进行界定，尤其是还需要明确不同可游区块游客的平均逗留时间，计算过程较为复杂，也是考验地方运营管理能力与水平的关键所在。③以资源自身的面积计算。适用于各个规划层次，同各专项规划口径一致，其适应性较强。同时，还可以衡量资源分区或集聚区中资源点疏密状况和分区划界的合理程度。

假设某景区某景点的游览空间面积为 X_i 平方米，在不影响游览质量的情况下，平均每位游客占用面积为 Y_i 平方米/人，日周转率为 Z_i（日周转率=每日开放时间/游客平均滞留时间），则该景点的日空间容量为：

$$C_i = X_i \times Z_i / Y_i \text{（人）} \qquad \text{公式 13-1}$$

景区日环境总容量等于各分区（景点）日环境容量之和，即

$$C = \sum C_i = \sum X_i \times Z_i / Y_i \qquad \text{公式 13-2}$$

（2）线路法。线路法是指在同一时间内每位游客所必须占有的游览线路长度。这类计算方法主要适用于那些游览空间呈狭长形的资源分区或集聚区，如峡谷型旅游地。同时，即使在相对平坦的旅游景区内，游客也并不是平均分布在可游区域内，而是集中在景区的游览线路上呈相对线性运动，导致游览线路成为人流最为集中的区域。因此，仅用面积法计算并不能准确地反映旅游资源的接待能力与生态容量。

线路容量的大小主要取决于景区内实际可游览线路的长度、宽度、可行程度或险易程度、线路交通组织方式、沿线景点布置结构等因素。通常，仅简单地以可游览线路的长度、宽度、游客周转率指标进行计算。

假设某景区游览线路总长度为 L 米，游览线路间距标准为 I 米，游客日周转率为 Z，则该景区的日空间容量为：

$$C = L \times Z / I \text{（人）} \qquad \text{公式 13-3}$$

试一试： 某景区的山顶观景平台，总面积约 477 平方米，一天开放 12 小时，每人游览时间取 15 分钟，人均最低空间标准取 3 平方米。请问该景点极限日容量为多少人次？当基本空间标准取 5 平方米 / 人时呢？

（3）卡口容量法。卡口容量，即瓶颈容量，主要指旅游景区因交通、景观、空间等因素，限制游客进入参观、游览的"瓶颈"或"卡口"，同时成为生态环境保护与资源永续利用的脆弱点。通常旅游资源保护的核心区或著名的景点周围是人流最集中的地区，在旅游旺季往往形成人流过于集中、负荷过重的局面，从而给资源环境或服务设施造成巨大的压力。比如，敦煌莫高窟为了避免在旅游旺季游客过多，排放的大量二氧化碳会加速壁画、彩塑的褪色，为此景区在旅游旺季增加了参观项目，并设立了旅游接待中心，专门负责预订服务，以控制、分流游客数量。

根据上述三种环境容量测算方法，可以综合计算出旅游资源或游览参观点的接待能力。

13.1.3　旅游资源开发对旅游环境的影响

旅游资源的开发必然会对地方经济、社会、环境系统产生系列影响，且必然是两方面的影响。

13.1.3.1　对旅游环境的积极影响

（1）地方经济环境方面。地方旅游资源的开发，有利于促进地方经济的发展，促进市场的繁荣与稳定，有利于提高政府财政收入和增加社区居民的收入来源渠道。旅游产业的发展，又进一步带动交通运输、工程建筑、制造业、服务业、房地产、金融财政等各行业的发展，整体上提升地方经济产业结构，促进经济转型升级。

（2）地方社会环境方面。通过旅游资源的开发利用，有利于促进地区间的文化交流，促进地方民族文化的保护和发展，尤其是以传统手工艺、传统演艺、传统服饰装饰以及民俗节庆等为代表的非物质文化遗产。同时，旅游资源的开发建设也有利于推动科技的交流和发展；伴随着地方基础设施的完善，也有利于提升社区居民的生活品质。

（3）地方生态环境方面。科学合理的旅游资源开发利用以及理性的旅游经营行为，不仅能提升社区居民的环境保护意识，而且能在地方环境卫生设施建设、园林绿化设计等方面改善生态环境。

阅读材料 13-2：阿者科发展生态旅游实现人与自然的和谐共生

阿者科村位于云南省红河州元阳县哈尼梯田世界文化景观核心区，至今已有 160 余年历史，因其独特的梯田景观、保存完好的哈尼族传统民居和悠久的哈尼传统文化底蕴，成为哈尼梯田世界文化遗产区 5 个申遗重点村落之一，也是第三批国家级传统村落。近年来，阿者科村依托特殊的地理区位、丰富的自然资源和独特的民族文化，以保护自然生态和传统文化为基础，以发展"内源式村集体主导"旅游产业为重点，在保护中开发、在开发中保护，把优质生态产品的综合效益转化为高质量发展的持续动力，走出了一条生态保护、文化传承、经济发展、村民受益的人与自然和谐共生之路。

一是坚持人与自然和谐共生，筑牢自然生态和人文根基。千百年来，哈尼族根据生产生活实践，探索出了独特的土地利用方式，在哈尼梯田世界文化遗产区内形成了森林、村寨、梯田、水系"四素同构"的自然生态循环系统：山顶的森林涵养水源，汇成溪流、泉水流入沟渠，为山腰的村寨生活用水和村寨下方的梯田灌溉提供水源；山顶与山脚有近 2000 米的海拔差，山底的河流因高温蒸发产生的大量蒸汽，随热气团层层上升至森林上空，再形成雨水降落，水顺着梯田层层下注、不断净化，最终汇入河流，形成了周而复始、循环无尽的自然生态系统。

阿者科村总面积 1993.65 亩，拥有水田 1426.16 亩、林地 498.62 亩，农村宅基地面积 22.88 亩，森林和水田是自然生态系统的重要组成部分，也是村民赖以生存和发展的基石，村民们一直保留着尊重山水和梯田的自然理念和风俗习惯：坚持对梯田进行传统"三犁三耙"式精耕细作，每年的播种和收获季节，外出务工村民赶回家乡，完成基础的劳作后再出门；坚持将森林划分为柴火林、水土涵养林和寨神林三类，只有柴火林才能被采伐；村内推选护林员，专门承担巡山护林、防火防盗伐、防无关人员意外闯入的责任，像保护眼睛一样守护大山。同时，当地政府不断加大自然资源保护和管控力度，将村内所属梯田划入永久基本农田，红河州《哈尼梯田保护管理条例》严禁弃耕抛荒和使用高毒性农药进行梯田耕作；通过移土培肥、梯田建设等措施，提升梯田质量，加大地质灾害治理和防护力度。人与自然和谐共生理念的坚持和践行，让阿者科村筑牢了"绿水青山"的自然本底和人文根基。

二是坚持自然保护和文化传承，发展生态旅游产业，促进"两山"转化。为解决乡村人口空心化、文化传承断档和旅游无序开发等问题，平衡好保护与发展之间的关系，2018 年 1 月，中山大学旅游学院保继刚教授团队应元阳县政府邀请，为阿者科村专门编制了"阿者科计划"，实施"内源式村集体企业主导"的旅游开发模式，通过与当地政府合作、外部技术援助，鼓励村民居住在村里，保持原有生产生活方式和村内核心人文景观，把村民作为"自然生态—社会—文化"系统的重要组成部分，防止社会资本入村无序开发和大拆大建；整体保护村寨并统一向游客收取费用，收入归全体村民所有，让村民成为自然生态的拥有者、保护者和受益者。

（引自：自然资源部.生态产品价值实现案例——云南省元阳县阿者科村发展生态旅游［EB/OL］.https://m.thepaper.cn/baijiahao_16025538，有删改）

13.1.3.2　对旅游环境的消极影响

（1）地方经济环境方面。旅游资源的开发管理不当以及与地方社区的关系处理、产权处理不妥，均会对地方经济造成较大影响，包括引起地方社区物价飞涨、地方原有特色产业的消失或产业结构的失衡、新的贫富差距以及经济产业的脆弱等问题。

（2）地方社会环境方面。旅游资源的开发必然会吸引外地游客的进入，如果没法有效控制游客量的涌入，则必然会导致社区的拥挤，降低当地居民的物质与文化生活质量，影响当地居民的价值标准和道德观念，冲击地方社区民俗文化，甚至使之过度商品化而失去其既有意义与韵味。

（3）地方生态环境方面。大量游客的涌入以及不合理的设施建设，必然会加快地方生态环境的破坏，如盘山公路的建设与大体量住宿设施的建设等；同时，游客的超载会加重生态环境自我恢复的压力，导致部分生态物种的繁衍受困；游客素质的偏低与管理水平的低下，也可能造成旅游资源的破坏与生态环境的污染加剧。

13.1.4　旅游资源环境容量的调控

13.1.4.1　环境容量调控的原则

首先，保护生态环境的原则。通过环境容量的测算与控制，使得游客量低于旅游资源环境容量的上限，以保证旅游资源的自我恢复能力并实现永续发展。其次，保证服务质量的原则。尽量给游客提供更多的游憩机会与空间，以满足不同需求和目的的游客。最后，确保适当收益的原则。地方旅游资源的保护，不能完全依靠有限的财政投入，更加不能"一关了之"而闭门谢客，而应创新开发利用形式，实现"绿水青山"向"金山银山"的转换。

13.1.4.2　环境容量调控的措施

首先，可以增加旅游资源的可游览空间，以分流部分资源点过多的客流量。比如，敦煌莫高窟在旅游旺季的时候，通常会开放平时不对外开放的北区，以分流游客，减轻南区的压力。其次，提供预订服务。很多热门旅游资源集聚区域虽然设置了日最高容量，但是经常会超越这一警戒线，因为游客远道而来，很难将其拒之门外；如果为了保证控制容量而将游客挡在门口，则会给游客的旅途留下较差的印象，且容易引起冲突。因此，旅游资源管理或运营部门可提供多渠道的预订渠道，一定程度上还能实现错峰。再次，建立早期预报系统。依托导航地图、地方广播等渠道对区域内各个资源点的客流情况提前进行预报，以便游客能够提前进行决策。最后，不断提升旅游资源集聚区的运营管理水平，一是可以通过启动游步道单循环提高流畅率；二是通过增设临时设施或服务人员提高接待能力等。

想一想：你觉得还有哪些措施可以提升旅游资源的环境容量并保证其可持续发展？

13.2 旅游资源的保护

旅游资源的保护是相对旅游资源的开发利用而言的，是旅游业可持续发展的前提与基础。旅游资源的保护工作，不仅涉及旅游资源本身的保护，而且还涉及其所处经济、政治、社会环境的保护。

13.2.1 旅游资源保护的意义

13.2.1.1 有利于促进旅游业的可持续发展

旅游资源是旅游开发的必备条件与基础之一，是旅游产品的核心组成部分。没有高品质的旅游资源，就没有旅游业的生产与发展基础。旅游资源在经过开发包装成为旅游产品时，可能会受到不同程度的影响或破坏，从而降低或失去自然旅游资源的美学特征与功能价值，失去人文旅游资源的历史文物价值与文化内涵，最终降低乃至丢失旅游资源的吸引力与旅游产品的核心竞争力，严重影响旅游资源的"重复使用性"，并进一步影响到地方旅游经济的可持续发展。因此，保护旅游资源、促进其合理有序开发利用，是促进旅游业可持续发展的基础与关键。

13.2.1.2 有利于改善地方生态环境

自然旅游资源作为自然地理环境的重要组成与精华，是历经亿万年的自然和人类演变过程而得以保存下来的具有旅游价值的珍贵资源。虽然部分自然旅游属于再生性资源，但大部分资源系不可再生资源，一旦被破坏，则基本不可恢复。如桂林山水等极品资源，一旦遭到破坏，数亿年演化遗留的珍贵自然遗产即毁于一旦，从此在地球上消失。自然旅游资源是自然生态环境的重要组成部分，生态环境更是生命的载体与依托。因此，保护旅游资源，有利于生态环境的改善。

13.2.1.3 有利于传承培育历史文化环境

人文旅游资源是地方旅游资源中最富生命力与吸引力的组成部分。"老祖宗"在与自然世界的交互过程中，创造了宏伟的建筑、文物古迹以及地方文化民俗、戏曲等，不仅是重要的旅游资源，其中的精华还以其极高的历史、文化和艺术价值，成为珍贵的世界文化遗产。正如历史不可逆转一样，这些"老祖宗"遗留下来的宝贵遗产，一旦被破坏就无法真正恢复，即使通过仿造，也已失去了真正的内涵意义。通过旅游资源的保护，即可保护其所处的环境，有利于培育人文旅游环境，传承人文旅游资源的内涵精神。

阅读材料 13-3：保护传统文化知识促进生计可持续性

文化遗产往往蕴含着大量传统知识，这些传统知识往往是环境管理与自然保护的智慧宝库，保护好文化遗产本身就有助于更好地管理自然与文化环境，反过来也会有助于保护当地的传统生计。如云南的元阳梯田本身就蕴含着丰富的生态保护的民间智慧，保护梯田就是尊重传统的生态保护与水源管理的知识与经验，这既是保护文化遗产的要求，更是维系传统的梯田系统的生产用水、生活用水的要求和维持传统农耕生计的基本要求。"阿者科计划"本质上就是通过制定有利于保护传统文化的利益分配规则来促进传统生计与文化遗产保护的协调发展。这样的案例也发生在全球其他地方，如瑞典普兰的萨米人因为现代伐木业的快速发展，使他们被迫放弃传统的牧业生计并离开世居地，使当地面临传统文化消失和自然环境退化的威胁。在欧盟的支持下，他们通过一项再野化的项目来监管伐木公司，让河流水位恢复到传统水平，让当地人民作为土地管理的主体，同时也开发萨米文化旅游产品来补偿萨米社区为保护和恢复他们的土地与生态的成本，从而促进当地的可持续发展。

［引自：Ong E C，张朝枝.文化遗产旅游促进联合国 2030 年可持续发展目标的路径［J］.旅游学刊，2023，38（8）：3-5，有删改］

13.2.2　旅游资源破坏受损的因素

旅游资源破坏受损的因素很多，大致可以分为自然因素和人为因素两种。

13.2.2.1　自然因素造成的旅游资源破坏

（1）缓慢性破坏。在自然条件下，许多年代久远的历史遗迹因长时间风吹、雨淋、日晒以及其所处外部环境和动物的破坏，导致旅游资源本身发生了各种物理、化学变化，使其形态、性状逐渐发生缓慢变化，即为缓慢性风化。比如，鸟类的粪便对雕塑、建筑类旅游资源具有化学分解作用，影响度远远大于工业废气；又如，甘肃的敦煌莫高窟除了其所在地的干旱与沙尘带来的侵蚀之外，洞窟开放时游客带入的水汽和二氧化碳等，都可能引起壁画的污损和破裂。20世纪70年代以来，西安大雁塔地基逐渐下沉、塔身向西北方倾斜。1983年，西安市科委组织有关专家进行了《大雁塔倾斜及其加固问题的研究》课题论证，10年的观测、多达12万个数据研究表明，大雁塔塔身倾斜系塔下地面不均匀沉降所致，过量开采地下水，加剧了西安市地面下沉和地面裂缝活动。此外，一些虫害也是造成旅游资源破坏的因素，尤其是白蚁等对古建筑的侵害方面最为明显。

（2）突发性破坏。自然界发生的地震、火山、海啸、山火、台风等自然灾害对旅游资源的破坏力是巨大的。这种破坏在短时间内就会完成，破坏力极大，可能导致整个旅游资源在顷刻间化为乌有。如世界古代七大奇迹之一的罗德岛上的太阳神像即毁于地震；中国历史文化名城云南丽江大研镇的部分建筑于1994年发生的地震中被毁；夏威夷岛一座有700多年历史的名胜古迹瓦吼拉神庙于1997年8月12日被基拉威火山喷发的岩浆淹没；四川李白故居则受损于2008年的汶川大地震；九寨沟近10处景点、20余处文物受损于2018年"8.8地震"。

13.2.2.2　人为因素造成的旅游资源破坏

与自然因素造成的偶然性、突发性或缓慢性而言，人为因素的破坏则更具多样性与严重性。按破坏产生的根源来分，可分为战争性破坏、建设性破坏、生产性破坏、经营性破坏等4种。

（1）战争性破坏。战争是对旅游资源最具毁灭性的一种行为，战争的炮火可以在短时间内使物质性旅游资源化为灰烬。从历史上看，我国集中西园林风格于一体的圆明园，被称为"万园之园"，在1860年被英法联军纵火烧毁，园中珍宝被洗劫一空，至今仍有大量文物流落国外，在1900年又遭八国联军洗劫破坏；2001年，阿富汗塔利班政权把闻名遐迩的世界文化遗产巴米扬大佛炸毁，引起了全世界人民的愤慨。

（2）建设性破坏。建设性破坏主要指工程建设、市镇建设和旅游资源开发建设中的规划或施工不当，导致旅游资源遭到破坏，其破坏方式具体包括三类。一是直接拆毁或占用文物古迹。我国城市化进程的快速推进，使得部分地区拥有悠久历史的文物古迹遭到重大破坏。如中国的古城墙，除西安等少数地方尚保存较为完好外，其他地区（包括北京的大城墙）大部分被拆除；又如苏州61.9%的古典园林和庭院遭到破坏，西园、济园、五峰园、塔影园、梅园等均已从地图上消失。二是工程建设破坏了景观环境。在风景名胜区内，工程建设的不当导致风景区周围的景观和谐及古建筑的风格风貌被破坏殆尽，如沈阳故宫周围的高楼等。三是旅游资源自身开发建设不当引起的破坏。在旅游资源的开发建设过程中，不符合当地生态环境的特征或"画蛇添足"屡见不鲜。受开发者自身文化素养的限制，对旅游资源的文化价值认识不足，造成景点建设中的破坏，如对古建筑修复的不伦不类或盲目采用现代工艺技术、建筑材料等。云南大理在开发中片面考虑古城石板路不利于旅游车辆的行驶，将其改为柏油路，使之与古城风貌格格不入。

（3）生产性破坏。生产性破坏是指工农业生产对旅游资源的破坏和对旅游环境的污染。工业生产对旅游资源及其自然生态环境的破坏是相当严重的。如素有"天下佳山水，古今推富春"的富春江，历史上碧波荡漾、清澈见底。但是在改革开放之后，受沿江修建的小化肥厂、小农药厂、小水泥厂和小造纸厂的污染与非法挖沙的影响，其污染日益严重、江水逐渐浑浊。值得欣喜的是，在"两山理论"的指导下，浙江省的"五水共治"工程，又逐步恢复了"富春山居图"的韵味。同时，落后的农业生产方式，无计划地过度采石、伐木、取水，对风景旅游资源的破坏不仅严重，而且不可逆转。

（4）经营性破坏。除了上述非旅游性破坏因素之外，还有与旅游业经营管理直接相关的破坏性因素，主要表现在两个方面：一是因游客容量设计过大，加速了自然风化的速度，导致古迹的破坏。虽然我国很多旅游景区在规划设计过程中均设置了景区的生态环境容量，但均受多种因素的影响，依然无限制地接待游客；二是由于游客素质低下而导致的环境污染加剧与资源的破坏屡见不鲜。

阅读材料 13-4："野生"景区不能野蛮生长

近年来，国内众多游客不再满足传统出游方式，野外、野生、探险、露营等成为热门旅游方式，特别是原生态、未开发的区域纷纷成为"野生景区""网红景点"。

然而，未开发开放区域大多具有较高生态环境价值，不适宜大规模旅游开发，也不适宜高强度的人为活动。若不加以管控规范，在大批风景优美、视觉冲击感强烈的打卡视频涌现的同时，将面临生态破坏、环境隐患加剧。例如，被誉为人间仙境的巴朗山，因生态破坏，已被永久封闭进行保护。再比如，被贴上"橘子洲最佳拍摄地"标签的湘江碧沙湖地段是长沙新晋"打卡点"，但这一地段实为长沙饮用水水源地，法律明令禁止旅游活动。大量游人依然突破防护区域"打卡"，导致防护栏被人为破坏，对水环境保护带来风险。

"野生"景区不能野蛮生长，四川省有关部门联合发布通知出台约束性规定恰逢其时，很有必要。能够清晰提示游客知道行为边界和行为后果，对有效保护野生景区、规范网红景点打卡产生积极作用。

相关行业监管部门可以借鉴四川省联合发布通知的做法，明确未开发区域的管理要求和惩处规定，切实将"野生"景点纳入日常监管范围。对于恶意破坏生态环境等违法行为要依法查处、追究责任，引导游客清醒知道"野生"景点不是法外之地，促使游客心存敬畏、胸怀敬重，严格遵守相关规定，避免为了博眼球盲目"打卡"。要强化旅行社、旅游企业的管理，杜绝为了游客、流量而无限制地满足游客的体验感、获得感，从而忽视了对生态环境的保护。

［引自：三江鱼."野生"景区不能野蛮生长［N］.中国环境报，2023-10-11（3），有删改］

13.2.3　旅游资源保护的对策与措施

旅游资源的衰败或破坏的因素是多方面的，故相应的对策措施也应是多元化的。在坚持开发与保护和谐原则、群众性保护与专业性保护相结合原则、综合保护与防治结合的原则、依法保护原则的基础上，采取"以防为主、以治为辅、防治结合"的保护措施。虽然，对自然灾害等自然破坏因素不可抗拒，但可采取相应措施减弱其自然风化的程度或降低灾害的破坏程度；针对人为破坏因素，则可通过法律法规、宣传教育、规划设计、经营管理等途径予以避免。

13.2.3.1　健全法律法规体系

虽然我国建立了很多关于资源与环境保护的相关法律法规，但旅游资源的法律保障还是一个相当薄弱的环节。完善我国旅游资源保护立法应着重做好：首先，应在整理现行相关法律法规条文的基础上，制定并不断完善配套的系列法律法规。加快制定《国家公园法》，修改并完善《旅游法》以及《自然保护区条例》《风景名胜区条例》《森林公园管理法》《文物保护法》《非物质文化遗产法》等特别区域保护法，并注重相互之间的协调性。其次，针对自然文化资源的整体性与特殊性，建立、完善、协调、充实有关国家森林公园、风景名胜区、自然保护区、国家重点文物保护单位等保护管理条例、标准和规范。各个地方与景区应根据相关法律法规，结合自身实际及时修订、完善地方或景区管理规范。

值得注意的是，在旅游资源的保护与开发上，不能因噎废食，怕破坏就绝对保护，不准利用和开发；或者担心别人破坏，就自己垄断，拒绝他人参与开发和保护的做法都是不可取的。而是应该在对全民进行普法教育和宣传的基础上，加大执法力度，合理开发利用。

阅读材料 13-5：世遗保护开发须纳入法治化轨道

对于文化遗产，应该始终坚持保护第一。没有科学合理的保护，就谈不上开发利用。申遗成功并不意味着文物保护工作告一段落，所在地应担负起更大的责任将遗产保护好，杜绝利用上的短视行为和开发上的盲目性，使其得到更有效的科学保护和合理利用，让我们民族的历史瑰宝作为"世界遗产"真实、完整地留给子孙后代。虽然目前我国还没有被列入世界濒危遗产名录的项目，但"世遗"保护现状仍不容乐观。对此，一些专家学者建议，加快世界遗产保护的立法步伐，建立国家遗产保护管理机构，成立保护遗产专家委员会，结束"世遗"项目保护和利用中的政出多门、管理混乱、保护不力、利用低下的局面。同时，按照《世界文化与自然遗产保护公约》有关保护遗产的真实性和完整性要求，整治世界遗产地，正确处理遗产、旅游和地方经济发展之间的关系。应该说，申遗与旅游开发并不矛盾，既要从申报程序上保证文化保护的纯粹性，又要从旅游产业发展模式上打破"门票经济"的怪圈，让文化遗产成为旅游的一个环节而非全部。也就是说，加强文化遗产保护，不仅要从体制机制上加以保障，更要从发展方式上予以治理，要像维护生态环境一样，维护好文化遗产。

［引自：吴学安.世遗保护开发须纳入法治化轨道［N］.中国旅游报（数字报），2018-11-19（3），有删改］

13.2.3.2   加强旅游资源保护的宣传教育

旅游资源的保护不仅是当地政府的事情，也是游客和居民共同负有的责任。因此，要加大宣传教育力度，提升广大地方居民的资源环境保护意识。第一，要对当地社区居民加强宣传教育，领会"绿水青山就是金山银山"。在当地社区居民中宣传旅游资源与人、与社会经济的关系，让大家认识到旅游资源保护的重要性与资源环境破坏的严重性，甚至可以在学校乡土教育中开设环境保护讲座，让每一个孩子从小就认识到保护环境的重要性。第二，要加强对旅游者的宣传教育。可通过旅游地的各种宣传媒体、旅游指南、旅游宣传册等途径宣传，也可通过导游、讲解员进行宣传教育，将违规游客且影响恶劣的纳入黑名单。第三，要加强对旅游从业人员的宣传教育。清除人们长期以来认为旅游业是"无烟工业"或"绿色工业"的看法，要在从业人员中树立绿色旅游、低碳旅游的意识，使其自觉成为旅游资源保护的执行者与监护者。第四，要加大对违法、违规者的惩罚力度，使违规违法者受到相对严厉的惩处，使违法违规成本高于其获利成本。

阅读材料 13-6：生态旅游："游"出人与自然的双赢

近年来，人们对于生态旅游的热情日益高涨，亲近、感受自然正成为一种时尚消费。越来越多的旅游者不再满足于一般的观光游览，而是追求更深层次的旅游体验，并注重参与性。目前，生态旅游多以户外游憩的形式出现，包括散步、摄影、野外观察等享受自然的娱乐活动。随着游客的亲自然环境行为日益增强，许多自然保护地开始开展志愿者旅游活动，如洞庭湖上的江豚巡护、一些海洋保护区的红树林保护等。总体来看，它们均强调以自然为对象，旅游目的地的景观、动植物乃至当地居民的生活方式都可以看作吸引旅游者的对象或场景。旅游目的地往往通过特许经营的方式授权第三方来组织和经营生态旅游，从而让旅游者参与、体验来自大自然的乐趣。

生态旅游既是对自然资源的合理利用方式，也是对生态系统的有效管理途径，同时还是环境教育的实用手段，要承担教育功能、体现教育效果。为了使生态旅游者获得深层次的旅游体验，就需要深入了解和把握旅游者的环境意识和旅游景区的环境特征，以便更好地实施环境教育。为此，生态旅游要借助环境教育设施，经过周密的环境设计和解说，进行丰富多彩的环境教育活动。

［引用：张玉钧.生态旅游："游"出人与自然的双赢［N］.光明日报，2021-08-14（9），有删改］

13.2.3.3　加强规划的科学性与权威性

制定可持续发展的旅游资源总体规划设计方案，通过规划对区域内各种旅游活动、服务设施进行合理的布局与建设，加强论证与环境影响评估工作，合理确定旅游资源的环境容量与功能分区，使得区内的生态环境、社会经济效益达到最优化。同时，加强对规划编制后的实施情况监督，确保规划的权威性，以防出现"只规不做"或"规划无用论"的不良现象。应该发动最广大社区居民来共同参与规划、建设、经营与管理监督，最终实现旅游资源及其所在区域的可持续发展。

阅读材料 13-7：历史文化遗产的保护

要坚持保护第一、强化系统保护，牢固树立保护历史文化遗产责任重大的观念，树立保护文物也是政绩的科学理念，统筹好历史文化遗产保护与城乡建设、经济发展、旅游开发；统筹好重要文化和自然遗产、非物质文化遗产系统性保护，加强各民族优秀传统手工艺保护传承；统筹好抢救性保护和预防性保护、本体保护和周边保护、单点保护和集群保护，加强世界文化遗产保护管理监测，维护历史文化遗产的真实性、完整性、延续性，牢牢守住文物安全底线。要对博大精深的历史文化、对前人留下的宝贵财富心存敬畏，正确处理历史与当代、保护与利用、传统与创新、资源与环境的关系，切实做到在保护中发展、在发展中保护，积极推进创造性转化、创新性发展，更好提炼展示中华优秀传统文化的精神标识，让历史文化遗产在新时代焕发新生、绽放光彩，成为增进全民族历史自信与历史认知的重要源泉。

（引自：中共中央宣传部、文化和旅游部、国家文物局印发的《关于学习贯彻习近平总书记重要讲话精神 全面加强历史文化遗产保护的通知》）

13.2.3.4 积极推进政府行政手段

在我国的经济建设中，如何发挥政府的行政干预和调节作用对旅游资源进行保护，是进行旅游资源保护和管理的重要路径。首先，加强研究，发布行政命令、决定或通知。可由旅游环境保护的各个主管部门单独制定、发布，若涉及几个主管部门，则可联合下发。比如，为了加强我国自然保护区、风景名胜区、文物保护单位、森林公园等旅游景点的环境保护工作，国家环保总局、国家旅游局、建设部、林业部、国家文物局于1995 年联合发出了《关于加强旅游区环境保护工作的通知》。其次，不予以审批、勒令整改或予以关闭一些破坏旅游资源的企业。再次，由文旅、园林、公安、建设、资源、生态、市场、交通、物价、文物等部门共同对旅游资源进行综合治理。最后，加大对环保质量不达标的企业和对旅游资源破坏的单位和个人的惩罚。

13.2.3.5 大力开展旅游资源保护专项研究和人才培养

鉴于旅游资源类型多、分布广、引起破坏的原因多种多样，故旅游资源的保护涉及诸多学科、多种技术。因此，旅游资源的保护研究是一项重要的科研项目，涉及旅游资源保护政策的制定、旅游资源保护工程的实施、旅游资源保护的技术方法创新等相关研究。与此同时，更需要相应的专业人才的培养，涉及旅游管理、环境保护、文物考古、地质勘探、生物学、化学以及现代信息技术、物联网等相关领域的人才。

阅读材料 13-8：数字技术对红色旅游资源的保护

数字技术的飞速发展，带动了各行各业的巨大变革，数字化已经广泛渗透到日常生产生活的各个领域，旅游业也逐渐走向数字化转型阶段。相对于其他行业的数字化，旅游行业的数字化不危及安全问题，经济门槛也比较低，时空限制少，私人定制的程度更高，效果更好。所以，数字技术与文化旅游的融合是文化产业的发展趋势。利用数字化技术开展红色文化资源的保护，为红色旅游资源的保护与红色文化的传承开辟了新的路径。传统的文化保护理论及方法存在一定的局限性，如档案与数据保存难以持久，对信息的记录相对零散，展示与传播的渠道也受到制约。相对而言，红色文化旅游资源的数字化呈现与保护具有比较显著的优势：第一，数字化呈现与保护的时效性强，数字化技术能够永久性保护现有的红色文化资源的原始数据；第二，数字化呈现与保护的整体性强，能够详细而全面地记录红色文化旅游资源的环境、布局和文化元素等数据信息；第三，数字化呈现与保护的功能性丰富，涵盖了数字化采集、存储、成像、传播、展示和检验等功能；第四，数字化呈现与保护的应用性多元，能够通过红色文化旅游资源景观基因的数据采集和上传，形成红色文化旅游资源的样本库，丰富文化遗产样本库的类型与内容，实现红色文化旅游资源的数字化管理，促进红色文化旅游资源数字化保护的多元利用。

数字化保护是红色旅游资源保护与利用的新手段、新途径，通过数字技术能够更加有效地传承与弘扬红色精神与红色文化。目前，在不破坏红色旅游资源的前提下，对其进行数字化测绘，完整详细地获取各项数据，进行数据的管理与储存可以降低和挽救其在战争、自然灾害、气候变化和人为疏忽等因素的影响下产生的损失。利用现代先进的数字化测绘技术，不但可以准确地记录红色旅游资源的外观数据，对其进行数字化的记录与可视化表达，而且在测绘中不需要与红色旅游资源产生直接的接触，不会造成人为的破坏。同时从三维数字化呈现的角度，数字化技术能够多方位灵活地展示红色旅游资源。（1）时间的灵活：参观者可以化整为零，利用碎片化的时间来进行游览。（2）空间的灵活：红色旅游资源数字化呈现能够让各种珍贵的红色遗址在任意空间呈现。（3）角度的灵活：数字化呈现的红色旅游资源在观赏的角度上不再有局限与束缚。（4）内容的灵活：参观者可以随意选择参观地点，同时还可以辅以视频、音乐、影像等多种表现方式，使游览内容更丰富更灵活。让公众能够与红色遗址遗迹及红色文物多接触，在普及中了解红色遗址遗迹和红色文物背后丰富的历史底蕴与教育意义。

［引自：詹琳，黄佳，王春，等.基于景观基因理论的红色旅游资源三维数字化呈现——以清水塘毛泽东杨开慧故居为例［J］.旅游学刊，2022，37（7）：54-64，有删改］

13.2.3.6   加快旅游资源的挽救性保护

（1）修复和重建。随着时间的推移，一些文物古迹可能遭到各种破坏，对它们进行抢救性修复可以在一定程度上还原历史，重现历史本来面貌，在坚持"修旧如旧"与"两保持两保存"（保持原来的形制、结构，保存原来的材料、工艺）原则的基础上，以修复为主、重建为辅。

阅读材料 13-9：数字化修复在三星堆文物展出中的应用

自 2021 年起，三星堆新发现的 6 座祭祀坑不断发现重磅文物，频上热搜。这些"网红"都会在新馆出现吗？答案是肯定的。据悉，新馆展出了陶器、青铜器、玉石器、金器、象牙（含象牙雕刻）等各类文物共 1500 余件（套），数量为原展出文物的 3 倍有余。其中有 600 余件文物为初次展出，包括青铜神坛、鸟足神像、骑兽顶尊人像、龟背形网格状器、着裙立人像、虎头龙身像等重器悉数亮相。

在展出文物中，有多组文物实现了"历时三千年 跨坑重聚首"。其中，首次对外披露的青铜神坛组合，由八号祭祀坑出土的青铜神兽、上有 13 个小型青铜人像的镂空基台，三号祭祀坑出土的青铜顶坛人像、青铜持鸟立人像，七号祭祀坑出土的青铜顶尊跪坐人像，以及二号祭祀坑出土的青铜喇叭座顶尊跪坐人像等部分拼合而成，造型繁复，内涵丰富，反映了古蜀祭祀活动场景。

值得关注的是，为了让观众第一时间欣赏到文物风采，同时又能保证下一步文物保护和研究工作顺利开展，青铜神坛、青铜骑兽顶尊跪坐人像、青铜鸟足神像 3 组器物均采用"数字化修复演示"的展陈方式，借助修复师的手工拼对结合 AI 算法，通过数字化虚拟修复技术实现跨坑拼接及修补复原，并通过 3D 打印技术制作出原比例研究性复原的仿制品。

［引自：付远书.数字科技加持 三星堆博物馆新馆震撼揭幕［N］.中国文化报，2023-08-10（1）］

（2）减缓旅游资源的自然风化。旅游资源自然风化的起因是自然界中的光、热、水环境的变化引起的，主要针对历史文物古迹。裸露于地表的旅游资源要完全杜绝自然风化是不可能的，但在一定范围内改变环境条件使之风化过程减缓是完全可能的。比如，将裸露的旅游资源加罩或盖房予以保护。而对因人类活动引起的自然风化作用，则可以通过严格空气质量监测或"轮休"制度予以减缓。

13.3　可持续发展

13.3.1　可持续发展理论的历史脉络

可持续发展理论产生于 20 世纪 80 年代后期，其思想实质、核心内容已为世界许多组织和国家、地区所接受，成为许多国家或地区发展的基本理论，并逐步融入各个行业、各个层面。

13.3.1.1　可持续发展理论的产生背景

"可持续性"最初应用于林业和渔业，指的是保持林业和渔业资源延续不断的一种管理战略。其实，作为一个概念，我国古代就有"莫涸泽而渔，毁林而猎"的说法，强调自然资源的休养生息，以保证其永续利用。但因为在当时，人们的活动能力有限，自然资源相对丰富，对自然还处在顶礼膜拜、唯唯诺诺的阶段，因此就社会整体而言，经济活动与自然环境的矛盾并不十分突出，人类对自然资源的开发利用也在自然环境的承载容量之内。

但是，通过工业革命，人类铸就了驾驭和征服自然的现代科学技术之剑，从而一跃成为大自然的"主宰"。可就是在人类为科学技术和经济发展的累累硕果津津乐道之时，人们却发现自己已经不知不觉地步入了自身挖掘的陷阱、珍稀动植物濒临灭绝、极端气候爆发频率趋高，使得人类发现自己在自然面前是如此的渺小与脆弱。可持续发展理论正是在环境生态危及人类的生存和发展，传统发展模式严重制约经济发展和社会进步的背景下逐步形成的。

13.3.1.2　国外可持续发展理论的历史

人类对经济及其环境影响关系问题的研究可追溯到 20 世纪 50 年代末。1962 年，美国海洋生物学家蕾切尔·卡逊（Rachel Karson）在潜心研究使用杀虫剂所产生的危害之后，发表了环境保护科普著作《寂静的春天》，其中包含着可持续发展思想的萌芽。1968 年，来自世界各国的几十位科学家、教育家和经济学家聚会罗马，成立了以关注、探讨与研究人类面临共同问题为主要目标的非正式国际协会——罗马俱乐部（The Club of Rome），并于 1972 年发表《增长的极限》，深刻阐明了环境的重要性以及资源与人口之间的基本联系，它所表述的"合理的、持久的均衡发展"为孕育可持续发展的思想发展提供了土壤。同年，联合国人类环境会议在斯德哥尔摩召开，第一次将环境与发展的问题纳入世界各国政府和国际政治的事务议程，并通过了《人类环境宣言》。但作为当代的科学术语，可持续发展的确切定义最早见于《世界自然保护大纲》。1983 年 3 月，联合国成立了以挪威首相布伦特兰夫人任主席的世界环境与发展委员会（WCED），并于 1987 年提交了《我们共同的未来》，把人们从单纯考虑环境保护引导到把环境保护与人类发展切实结合起来，实现了人类有关环境与发展的重要飞跃。1992 年 6 月，联合国环境与发展大会（UNCED）在巴西里约热内卢召开，会议通过了《里约环境与发展宣言》（又名《地球宪章》和《21 世纪议程》两个纲领性文件），此外各国政府代表还签署了联合国《气候变化框架公约》等国际文件及有关国际公约。2015 年 12 月 12 日在第 21 届联合国气候变化大会（巴黎气候大会）上通过了《巴黎协定》（The Paris Agreement），是对 2020 年后全球应对气候变化的行动做出的统一安排，其长期目标是将全球平均气温较前工业化时期上升幅度控制在 2 摄氏度以内，并努力将温度上升幅度限制在 1.5 摄氏度以内，《巴黎协定》是已经到期的《京都议定书》的后续。可持续发展得到世界最广泛和最高级别的政治承诺，人类对环境与发展的认识提高到了一个崭新的阶段。

13.3.1.3　我国可持续发展理论的现代实践

我国政府历来重视可持续发展。1994 年 3 月，中国政府编制了《中国 21 世纪人口、资源、环境与发展白皮书》，首次把可持续发展战略纳入我国经济和社会发展的长远规划。1997 年的党的十五大把可持续发展战略确定为我国"现代化建设中必须实施"的战略。2002 年党的十六大把"可持续发展能力不断增强"作为全面建设小康社会的目标之一。2012 年 11 月，党的十八大从新的历史起点出发，做出"大力推进生态文明建设"的战略决策。党的十八大以来，以习近平同志为核心的党中央站在战略和全局的高度，对生态文明建设和生态环境保护提出一系列新思想、新论断、新要求，为努力建设美丽中国，实现中华民族永续发展，走向社会主义生态文明新时代和中国式现代化，指明了前进方向和实现路径。

13.3.2　旅游可持续发展的原则

13.3.2.1　公平性原则

所谓公平，是指旅游资源系统内各个层面选择的平等性、享受权利与承担义务的对等性。主要包括两个方面：其一，是代内之间的横向公平。因此，必须强调给世界各地区人民以公平开发旅游资源、发展旅游业的机会与权利。其二，是代际之间的纵向公平。人类赖以生存的自然资源是有限的，当代人不能因为自己的发展与需求而损害后代人满足其发展需求的条件——自然资源、生态环境、历史文化遗产等，要给后代人以公平利用自然资源和人文旅游资源的权利。

13.3.2.2　持续性原则

可持续发展有着很多的制约因素，其主要限制因素是资源（包括人力资源）和环境。旅游资源及其环境条件是开展旅游业的前提和基础。因此，资源的永续利用和生态环境的可持续性是可持续发展的重要保证。在发展旅游的过程中，任何人都必须以不损害旅游资源及其所处区域的空气、水域、土壤、生物等自然条件为前提，充分考虑资源的临界性，适应资源与环境的承载能力，实现可持续发展。

13.3.2.3　共生性原则

"保护人类共有的地球""共建共享我们的家园"是包括旅游产业在内的全球可持续发展目标，其所体现的公平、重发展、可持续性原则是全人类均应恪守的共同准则。习近平总书记提出的"人类命运共同体"即为此意。

阅读材料 13-10：承认并尊重旅游吸引物权是乡村旅游可持续发展的保障

以阿者科为例，哈尼梯田、蘑菇房聚落、民族文化景观构成了旅游吸引物。从前，这里只是村民生产生活的地方。但是，当我们把这个吸引物做成产品卖给游客的时候，它就具备了生产生活和景观吸引物的双重价值。那么，吸引物的创造者——村民，理应获得收益。

"在乡村旅游开发时，有时候没有把农民在生产生活过程中创造的旅游吸引物视作一种资产。由此，古村落被公司买断，另盖一个新村，把农民全搬走，农民虽然得到了新的住宅、改善了生活，却丧失了旅游吸引物权，这个村落祖祖辈辈数代人创造的文化及吸引力被抢占了。"保继刚说。

"正是结合旅游吸引物权理论，我们在阿者科进行了一场社会实践，一直持续到今天。"保继刚回忆，2018 年 1 月，他组织中山大学与红河学院多名师生，赴哈尼梯田景观核心区实地调研了 5000 多家农户。"团队发现，阿者科存在严重的空心化和收益低问题。当时，村民人均年收入只有 2700 多元。为此，我们提出了解决方案，利用梯田、村落、蘑菇房、村民生产生活方式等形成旅游吸引物，对村寨进行整体改造，统一向游客收取费用，收入归全体村民所有并进行分红。"自此，一场旅游助力乡村振兴的生动实践——"阿者科计划"在红河州的偏远小山村开始了。

"阿者科计划"实行"内源式村集体企业主导"的旅游开发模式，收入归全体村民所有。按照分红规则，乡村旅游发展所得收入三成归村集体旅游公司，用于公司日常运营，七成归村民。归村民的分红再分为 4 个标准执行，帮助村民进行乡村旅游发展和文化遗产保护。

"村里的主要旅游收入来自门票。公司每天的营业收入、存量资金等财务情况公开、透明，每天都通过微信、黑板报、广播等方式让村民知晓，通过旅游分红，激发村民自发保护村落的积极性。2023 年 8 月，阿者科村迎来了第 8 次分红，全村村民领到了'旅游大红包'50 余万元，户均 7955 元。"保继刚说。

（引自：郭子腾，保继刚. 承认并尊重旅游吸引物权是乡村旅游可持续发展的保障 [EB/OL]. https://mp.weixin.qq.com/s/uWEgiQO7V_jzrN9Decr4Xg，有删改）

13.3.3　旅游业可持续发展的核心内容

《我们共同的未来》认为可持续发展是：既满足当代人的需求，又不对后代人满足其需求能力构成危害的发展。其基本思想主要包括三个方面：

首先，可持续发展鼓励经济增长。它强调经济增长的必要性，不仅要重视经济增长的数量，更要追求经济增长的质量，改变以往"高投入、高消耗、高污染"的生产模式和消费模式，实施清洁生产和文明消费。

其次，可持续发展的标志是资源的永续利用和良好的生态环境。它要求在严格控制人口增长、提高人口素质和保护环境、资源永续利用的条件下，进行经济建设、保证以可持续的方式使用自然资源和环境成本，使人类的发展控制在地球或资源环境的承载力之内。

最后，可持续发展的目标是谋求人类社会的全面进步。它认为在人类可持续发展系统中，经济发展是基础，自然生态保护是条件，社会进步才是目的。

当初被誉为"无烟工业"的旅游业，自19世纪中期崛起以来，取得了重大的飞跃。但是，伴随旅游业的迅速发展，对一些地区环境、生态和社会造成的不良后果是严重的：旅游业在促进社会经济和文化发展的同时，对旅游资源的掠夺性开发、对旅游景区的粗放式管理、对旅游环境的污染、对旅游氛围的破坏、对旅游文明的践踏依然多见，结果导致旅游的社会经济和文化作用也在减弱。人们逐渐认识到，旅游业并不是天生的"无烟工业"，只有从有效利用资源和环境保护的角度出发，才能使旅游业得到可持续发展，才能使旅游业成为永远的朝阳产业。

旅游可持续发展，是指在充分考虑自然资源、社会文化、生态环境与旅游产业的相互作用、影响的前提下，把旅游开发控制在环境承受能力之内，努力谋求旅游业与自然、社会文化、人类生存环境协调发展的一种旅游经济发展模式。

旅游业的发展应满足人类可持续发展的多样化、多层次需求，尤其是伴随着现代社会日益趋恶的生态环境，尤其是都市居民整天为钢筋水泥的丛林所包围，周围充斥着汽车尾气、噪声，使得人们对清新的空气、碧绿的溪水、有机的生态食品、优美的居住环境及自然景观的追求日益迫切。因此，旅游业的可持续发展必然以满足人类多样化、多层次的需求为根本目的，满足人们对美好生活的需求。

阅读材料 13-11：文化和旅游部等 17 部门明确促进乡村旅游可持续发展五项措施

为深入贯彻落实乡村振兴战略规划，推动乡村旅游提质增效，促进乡村旅游可持续发展，加快形成农业农村发展新动能，文化和旅游部、国家发展改革委等 17 部门于 2018 年 11 月 15 日印发《关于促进乡村旅游可持续发展的指导意见》，明确了促进乡村旅游可持续发展的五项措施，包括：加强规划引领，优化区域布局，促进乡村旅游区域协同发展；完善基础设施，提升公共服务，改善乡村旅游环境，促进乡村旅游便利化；丰富文化内涵，提升产品品质，丰富乡村旅游产品类型，提高乡村旅游服务管理水平；创建旅游品牌，加大市场营销，培育构建乡村旅游品牌体系，创新乡村旅游营销模式；注重农民受益，助力脱贫攻坚，探索推广发展模式，完善利益联结机制。还提出了完善财政投入机制、加强用地保障、加强金融支持、加强人才队伍建设等推进乡村旅游可持续发展的保障措施。

中国科学院旅游研究与规划设计中心总规划师宁志中认为，随着我国城镇化水平不断提高，乡村旅游市场规模将持续扩大。我国大约 70% 的旅游资源分布在乡村，开发潜力巨大。以资源和市场为导向，优化乡村旅游区域布局，将乡村旅游纳入区域社会经济发展规划，促进乡村旅游规模化、集群化发展，对于区域乡村产业振兴具有重要意义。"只有让农民参与其中，并通过乡村旅游发展令其从中受益，乡村旅游的发展才最有价值和意义。"中国旅游研究院副研究员吴丽云认为，意见的出台有利于引导实现农民致富、投资者获得合理回报、乡村环境持续美化的共赢格局。

（引自：胡浩.文化和旅游部等 17 部门明确促进乡村旅游可持续发展五项措施［EB/OL］.http://www.xinhuanet.com/politics/2018-12/10/c_1210012595.htm，有修改）

13.4　总结与项目测试

13.4.1　总结

本项目在对旅游资源环境与环境容量概念叙述的基础上，重点阐述了旅游资源环境容量的测算方法与技巧，并提出了旅游资源环境容量调控的对策与措施；同时，阐述了旅游资源保护的意义，深入剖析了旅游资源破坏受损的因素，并提出旅游资源保护的对策与措施；最后在阐述可持续发展的内涵与原则的基础上，提出旅游可持续发展的核心内涵。

13.4.2 项目测试

主要概念

旅游资源环境、旅游资源环境容量、旅游资源保护、旅游可持续发展

客观题

（1）下列哪一项不属于人为破坏因素？（   ）

A. 地震灾害   B. 战争破坏   C. 游客违规照相   D. 非专业修复

（2）旅游资源的保护应做到（   ）。

A. 以治为主   B. 以防为主   C. 限制利用为主   D. 绝对保护

简答题

（1）旅游资源环境建设的对策措施是什么？

（2）旅游资源保护的意义是什么？

（3）旅游资源保护的宣传教育手段有哪些？

分析题

（1）全面分析考察杭州西溪国家湿地公园旅游资源及其旅游环境特征，并选择恰当的方法测算其环境容量。

（2）分析旅游资源遭到破坏的主要原因。哪些原因是通过人为努力可以改变的？

应用题

（1）考察当地一个旅游景区，了解其旅游资源保护与开发现状，并从旅游资源保护的角度出发拟订一份《游客游览须知》。

（2）2018 年 6 月 13 日凌晨，几辆挖机在浏阳城南的浦梓巷轰鸣，浏阳市荷花办事处领导同开发商一起对已有 480 多年历史的"戊戌七君子"之一的谭嗣同祖祠实行强拆。你如何看待这个问题？

参考文献

［1］王秀红.河南旅游资源概况［M］.北京：北京理工大学出版社，2018.

［2］赵利民，龙梅.广东旅游资源概论［M］.北京：中国人民大学出版社，2018.

［3］朱晓露.云南少数民族体育旅游资源产品化开发研究［M］.北京：科学出版社，2018.

［4］安佑志，张凤太，李松.山地旅游资源空间分布评价——以贵州省为例［M］.北京：科学出版社，2018.

［5］马洪元.中国休闲旅游资源基础［M］.天津：南开大学出版社，2017.

［6］王俊芳，秦瑞鸿.山东海盐遗址与旅游资源的调查开发［M］.北京：中国社会科学出版社，2016.

［7］王世金.中国冰川旅游资源空间开发与规划［M］.北京：科学出版社，2015.

［8］李庆.重庆旅游资源概论［M］.上海：上海人民出版社，2015.

［9］仪勇，蓝党华.旅游资源学［M］.北京：北京师范大学出版社，2016.

［10］魏敏.旅游资源规划与开发［M］.北京：清华大学出版社，2017.

［11］张林.四川区域旅游资源［M］.成都：西南交通大学出版社，2016.

［12］樊莉娜.旅游资源鉴赏与开发［M］.郑州：大象出版社，2016.

［13］邓爱民，张大鹏.旅游资源开发与管理［M］.北京：中国旅游出版社，2016.

［14］闫莹娜，周显曙.旅游资源开发与规划［M］.北京：清华大学出版社，2016.

［15］唐洪森，王鸳珍.舟山群岛军事旅游资源探究［M］.北京：海洋出版社，2016.

［16］郭盛晖.中国旅游资源赏析与线路设计［M］.北京：北京理工大学出版社，2016.

［17］杨阿莉.旅游资源学［M］.北京：北京大学出版社，2016.

［18］张吉献，李伟丽．旅游资源学［M］．北京：机械工业出版社，2015.

［19］王孟于，刘益真．旅游资源开发与保护［M］．北京：科学技术文献出版社，2015.

［20］祁桂芳，华智海．青海旅游资源概况［M］．北京：旅游教育出版社，2014.

［21］金平斌．浙江省地文旅游资源的可持续利用研究［M］．杭州：浙江大学出版社，2012.

［22］骆高远．旅游资源评价与开发［M］．杭州：浙江科学技术出版社，2003.

［23］王昆欣．旅游资源评价与开发［M］．北京：清华大学出版社，2010.

［24］罗兹柏，杨国盛．中国旅游地理［M］．天津：南开大学出版社，2005.

［25］李炳昌．旅游资源概论［M］．北京：中国财政经济出版社，2008.

［26］谭见安．地理辞典［M］．北京：化学工业出版社，2008.

［27］董建辉．旅游资源开发［M］．北京：电子工业出版社，2009.

［28］甘枝茂，马耀峰．旅游资源与开发［M］．3 版．天津：南开大学出版社，2017.

［29］黄咏梅．中国旅游资源概论［M］．重庆：重庆大学出版社，2009.

［30］吴国清．旅游资源学［M］．北京：清华大学出版社，2009.

［31］吴宜进．旅游资源学［M］．武汉：华中科技大学出版社，2009.

［32］浙江省旅游局，浙江省第一测绘院．浙江省旅游资源地图集［M］．长沙：湖南地图出版社，2004.

［33］金平斌，赵弘中．杭州市旅游资源分析与评价（临安卷）［M］．杭州：杭州出版社，2004.

［34］王恩涌，赵荣，张小林，等．人文地理学［M］．北京：高等教育出版社，2000.

［35］刘咏梅．中国旅游资源［M］．北京：中国劳动社会保障出版社，2008.

［36］谌世龙，王金叶．中外旅游资源［M］．北京：中国林业出版社，北京大学出版社，2009.

［37］杨尚英．旅游气象气候学［M］．咸阳：西北农林科技大学出版社，2007.

［38］傅文伟．旅游资源评估与开发［M］．杭州：杭州大学出版社，1994.

［39］王昆欣．旅游景观鉴赏［M］．北京：旅游教育出版社，2004.

［40］陈传康，刘振礼．旅游资源鉴赏与开发［M］．上海：同济大学出版社，1990.

［41］丁季华．旅游资源学［M］．上海：上海三联书店，1999.

［42］陈福义，范保宁．中国旅游资源［M］．北京：中国旅游出版社，2004.

［43］卢凯翔，保继刚.旅游商品的概念辨析与研究框架［J］.旅游学刊，2017，32（5）：116-126.

［44］保继刚，陈苑仪，马凌.旅游资源及其评价过程与机制：技术性评价到社会建构视角［J］.自然资源学报，2020，35（7）：1556-1569.

附录1　旅游资源分类、调查与评价（GB/T 18972—2017）

附录2　旅游资源调查与评价在线课程链接

1. 智慧景区开发与管理专业国家级教学资源库

课程网址：https://mooc.icve.com.cn/cms/courseDetails/index.htm?cid=lyzzjl033lfp127

课程二维码：

2. 智慧职教 MOOC 学院

课程网址：https://zyk.icve.com.cn/courseDetailed?id=wth3aruqnpxmi5xtdzeuca&open
Course=cvykagottbxoi1oszm4tq

课程二维码：

附录3　旅游资源调查与评价课件

项目策划：张芸艳
责任编辑：张芸艳
责任印制：钱　宬
封面设计：武爱听

图书在版编目（ＣＩＰ）数据

旅游资源调查与评价 ／ 郎富平，陈友军主编；于丹，
陈洁菡副主编． -- 3 版． -- 北京：中国旅游出版社，
2024．8. -- （智慧景区开发与管理专业国家级教学资源
库核心课程配套教材）． -- ISBN 978-7-5032-7391-9

Ⅰ．F590.3

中国国家版本馆 CIP 数据核字第 20241YD920 号

书　　名：旅游资源调查与评价（第三版）

主　　编：郎富平　陈友军
副 主 编：于　丹　陈洁菡
参　　编：陈　璐　刘莎莎　徐　莉　陈添珍　高恬宇
出版发行：中国旅游出版社
　　　　　（北京静安东里 6 号　邮编：100028）
　　　　　https://www.cttp.net.cn　E-mail:cttp@mct.gov.cn
　　　　　营销中心电话：010-57377103，010-57377106
　　　　　读者服务部电话：010-57377107
排　　版：北京旅教文化传播有限公司
经　　销：全国各地新华书店
印　　刷：三河市灵山芝兰印刷有限公司
版　　次：2024 年 8 月第 3 版　2024 年 8 月第 1 次印刷
开　　本：787 毫米 × 1092 毫米　1/16
印　　张：23.25
字　　数：401 千
定　　价：49.80 元
ISBN　　978-7-5032-7391-9